KB206156

역사신학 2

Historical Theology 2

by William Cunningham
translated by Chang W. Seo

역사
신학

2

HISTORICAL THEOLOGY 2

윌리엄 커닝함 지음 | 서창원 역

진리의 깃발

목 차

발간사 · 7
추천사 · 13
역자 서문 · 21

제11장 펠라기안 논쟁 · 25

1. 역사적인 서술 · 32
2. 전적타락-원죄 · 45
3. 회심-주권과 유효한 은혜 · 62
4. 성도의 견인교리 · 77

제12장 성인들과 형상숭배 · 83

1. 역사적 진술 · 88
2. 교리적인 강설 · 102

제13장 국가와 교회의 권세들 · 133

1. 임의기부제도 · 136
2. 권위가 동등한 국가와 교회 · 141
3. 국가만능주의 · 144
4. 교황권지상주의 이론 · 153

William
Cunningham

제14장 스콜라 신학 · 169

제15장 교회법령 · 189

제16장 중세 시대의 진리를 위한 증언들 · 211
    1. 교회의 영속성과 가시성 · 223
    2. 왈도파와 알비파 · 229

제17장 종교개혁시대의 교회 · 241

제18장 트렌트 교회회의 · 277

제 19 장 인간의 타락 · 297

    1. 로마교회와 개신교의 견해 · 299

    2. 아담의 첫 범죄의 죄책 · 307

    3. 원의(原義)의 결핍 · 326

    4. 본성의 타락 · 345

    5. 현세의 욕망 · 349

    6. 중생 이전 행실의 죄악성 · 365

    7. 중생 이후 행실의 죄악성 · 383

제 20 장 자유의지론 · 403

    1. 타락 전후의 자유의지 · 419

    2. 의지의 속박 · 431

    3. 의지의 속박-반대의견들 · 435

    4. 중생한 자의 의지 · 472

    5. 하나님의 섭리하심과 인간의 죄 · 490

발간사

『역사신학』이라는 평범한 제목이 붙은 이 두 권의 책[1]은 전적으로 커닝함 박사가 강의하기 위해 준비한 원고들로 구성된 것이다. 그는 뉴 칼리지를 이끌고 있는 동안 교회사를 수강한 학생들에게 연례적으로 강의했으며, 그 강의 원고를 완벽한 형태로 남겨 두었다. 이 원고들은 세월이 지났음에도 일반적인 핵심사항들뿐 아니라 특별한 진술들조차도 변경할 것이 전혀 없는 내용을 담고 있다. 그러나 사소한 것들은 저자가 직접 신중하게 수정하였다.

커닝함 박사가 교수직에 임명되었을 당시에는 신학교의 교회사 수업에서 단순히 교회의 발흥과 성장에 대한 강의보다는 본질적으로 교회를 이끈 인물들과 사건들, 그리고 그 사건들에 연관되어 있는 교리적인 것들을 곁들인 강의를 하는 것이 전통이었고, 이것은 신학교 강당에서 변함없이 지켜 온 실천사항이었다. 그런데 교회사에 관련된 시민적이고 교회사적인 수많은 논문들과 교재들이 확산되면서, 현대 역사연구의 열매들로 인해 강의방법에 대한 불만족은 더해 갔고, 배우고자 하는 욕구도 사라지

---

1) 편집자 주) 첫 권은 초대교회로부터 종교개혁자들의 신학 입문을 소개하고 있으며 둘째 권은 보다 자세하게 종교개혁자들의 신학에서부터 스코틀랜드 교회에 이르는 개혁신학을 상술하는 아주 방대한 책이다. 금번 한국어 번역판은 독자들의 편의를 도모하고 주제와 시대의 세분화를 위해서 네 권으로 나누어 출판한다.

게 되었다. 이 때문에 윌리엄 커닝함은 그 주제에 대한 목적을 달성하고자 다른 방향의 강의를 도입할 결심을 하게 되었다. 그는 교회사의 핵심과 상세한 내용파악을 위해 시중에서 구할 수 있는 다양한 교회사책을 학생들에게 소개하고, 그것들 중 한두 권을 그의 수업에서 구두시험을 위한 주교재로 사용하였다. 그리고 자주 반복되는 설명들은 가급적 피하고 교회사 그 자체보다 교회사로부터 반드시 익혀야 할 교훈들을 학생들이 깊이 새기도록 추구하였다.

커닝함은 강의에서 종종 자신의 신앙적 견해를 표출하기도 했다. 그는 기독교회의 기록들을 연구함으로써 얻을 수 있는 가치 있고 중요한 유익은 역사의 과정 속에서 진리와 오류의 논쟁 속에서 이루어진 큰 발전을 설명한 것에서 찾을 수 있다고 말하기도 했다. 또한, 그는 그러한 것들이 발생한 사건들이나 그와 같이 제시된 필요성들을 통해서 '하나님의 말씀으로 공급받아 내세워지는 확고한 주장들과 단호한 입장들'과 '더 명료하고 적확한 내용들과 계시의 주도적인 교리들'을 이끌어 낼 수 있다고 확신하였다. 교회사에서 상당한 분량을 차지하고 있는 이단들과 진리와 오류에 대한 논쟁들은 하나님의 축복 가운데서 통일된 결과를 만들어 냈다. 그것은 논쟁들을 통해 선정된 구체적인 용어로 제시되었으며, 이전보다 더욱 성경에 충실한 근거 위에 세워지곤 했다. 진리의 거부나 반박과 상관없이 우리가 믿어야 할 것이 무엇인지에 대한 정확한 이해를 통해서 이루어졌던 것이다. 그리고 그 결과, 기독교의 진리는 애매모호하거나 오해하는 것에서부터 명확한 방식으로 더욱 정교하게 다듬어지게 되었다. 즉, 그것을 새로운 형식으로 강연하여 재생산함으로써 기독교 신앙을 올바르게 구체화하고 표현해 왔던 이전의 방식보다 더 나은 방안을 수용하여 가르친 것이었다.

호된 논쟁과정을 거쳐 진짜 오류로부터 빠져나와 정화되고, 비본질적인 진리로부터 분리하기까지 성경의 기본 교리들에 대해서 충분히 이해하였다고 말할 수 있는 사람은 거의 없을 것이다. 또한, 교회의 신앙고백서들 안에서 그 교리들의 풍성함과 다른 교리들과 관련된 사항들에 관하여 정확하게 선언할 수 있는 자들은 그리 많지 않을 것이다. 4, 5세기에 벌어진 삼위일체 논쟁과 종교개혁 당시에 벌어진 칭의론 논쟁들은 교회의 역사가 종종 증언하는 이 같은 사례에 해당된다. 우리는 이러한 의견들에 대해서 빚진 자들이다. 이 사건들은 그리스도의 교회의 연합과 평강을 깨는 것들이었지만 너무도 중요한 성경적 진리들의 완벽하고 만족스러운 발전과 정립을 위하여 필요한 과정 중 하나였다. 만일 그것들 중 몇몇이 왜곡되거나 전적으로 부정하는 일이 벌어지지 않았다면, 형식적으로나마 명목상 평화가 지속되었을 것이다. 그리고 진리에 대한 부분적인 이해만 이루어지게 되었거나 부정확한 표현들로 남아 있게 되었을 것이다.

교회사 강의의 목적

교회사 강의에서 커닝함 박사는 교회의 기록물들에 대한 연구로부터 도출할 수 있는 교훈들을 강조하는 것을 목적으로 삼았다. 그는 신앙의 주된 교리들을 공격하거나 잘못 전달하는 사람들과 다툼이 벌어질 때, 교회 역사의 추론 안에서 발견할 수 있는 교훈들을 강조함으로써 진리가 더욱 드러나기를 바랐다. 용광로에서 나온 진리들은 그 불 때문에 더욱 순결해진 진리로 탄생되는 것이다. 그는 교회사에서 사도시대 이후로 검증되어 온 논증들과 기독교 진리의 근본적인 논제들을 제시하고 방어해 온 다양한 논쟁들을 소개하면서, 진리가 오류 가운데 빠지지 않도록 이끌었다. 그리고 그 진리 안에서 본질적인 것과 비본질적인 것을 구분하는 과정에 대한 입장들이 커닝함에게 기회들을 제공해 주었다. 또한, 반드시 가르치고 연구해야 할 중요한 진리들을 위하여 교회사의 교훈들을 드러내고 반복해서 가르쳐야 하는 수단을 그에게 공급하였다.

임무수행을 위해 그는 이와 같은 목적을 이루고, 그의 주제를 효과적으로 감당하기에 적합한 방식들을 취했다. 이전에도 그랬듯이 그 안에서 살아가는 그의 신앙과 하나님의 말씀에 적극적으로 헌신하는 믿음생활은 그가 쓴 원고의 각 페이지마다 강하게 표시되어 나타났다. 또한, 모든 분야에서 박학다식한 그의 신학적 지식과 교회사에 대해 속속들이 파악하고 있는 폭넓은 식견, 그리고 주제를 펼쳐 나가는 데 적합한 지성적인 명료성과 확고함이 드러나 있다.

그는 대부분의 논쟁 속에 녹아 있는 잠재적 요소들까지 꿰뚫는 통찰력과 재판관다운 침착함, 그리고 명확함을 지녔다. 그리고 논쟁 속에 내포되어 있는 효과와 그 모든 것이 담고 있는 것들에 대한 판단력과 이해력을 바탕으로, 최소한의 영역 안에서 지루하고 복잡한 논쟁의 참된 결과를 뚜렷하게 제시했고, 아무런 상관이 없는 것과 반드시 다루어야 할 본질적인 것이 무엇인지를 예리하게 분리시켰다. 뿐만 아니라 그는 거기에 미치는 각각의 요소를 정확하게 분배시켰다. 비록 그가 언어의 마술사와 같았지만, 이 책 안에 거론된 중요한 진술들 속에는 단지 언어적 기교 그 이상의 감탄할 만한 뭔가가 들어 있다. 예리한 판단력, 건전한 지성력, 입장에 대한 폭넓고 포괄적인 이해력, 신학적 지식의 무르익음, 진리에 대한 애정은 그가 분파주의자라는 느낌이나 논쟁의 책략자라는 인식을 순식간에 제거시킨다. 또한, 그가 다룬 주제에서 하나님의 계시를 대하는 가운데 드러나는 하나님의 권위를 깊이 공경하는 그의 자세는 칭찬받을 만한 충분한 요소들이다.

엉킨 것을 잘 풀어내는 능력, 그 상황의 이점이 무엇인지 명료하게 제시하는 기술, 질문의 내용을 정확하게 파악하는 자질은 그 어떤 논쟁들보다 뛰어난 것이었다. 그는 실로 종종 논쟁에 대한 필요를 느끼지 못하게 만들거나 필요가 없는 것으로 만들어 버렸다. 그의 지성은 그의 자질을 드러내기에 충분했으며, 논쟁이 어느 쪽으로 흘러가고 있는지 가장 중요한 요점을 파악하도록 이끌었다. 이 덕분에 그는 논쟁에 깊이 관여된 사람들과 그것들이 만들어지는 상황에 빠져들지 않았다. 이 책은 각각의 논쟁이 지닌 본질과 그 결과를 잘 보여 주는 영구 소장의 가치가 있는 책이라고 해도 손색이 없을 정도이다. 모든 시대에 걸쳐 하나님의 말씀을 공부하는 학생들이 관심을 가질 만하고, 교훈을 던져 주기에 충분한 책이될 것을 확신한다.

인쇄소에 넘기기 전에 커닝함의 원고를 수정한 부분은 거의 없다. 다만 주제들을 어떤 순서대로 재배열시킬 것인지에 대해서 받아 적은 것이 전부였다. 그리고 두 권의 분량으로 출판한 것은 책을 만드는 편집자의 손에 의해서 계획된 것이었다. 강의실에서 강의된 순서들은 커닝함 박사가 2년 과정에 적합한 강의내용들로 잘 배치한 것이었고, 그의 지시에 따라 두 반으로 나눠서 가르친 것이었다. 그러나 이 배열을 조금 수정하는 것이 좋다는 편집자들의 의견에 따라, 주제들과 더 연관되어 있는 내용들을 모으고, 논쟁의 연대기 순서에 따라 배열하게 되었다. 일반적으로 본질적인 것에 해당되지 않는 것처럼 보이는 몇몇의 강의들과 내용들은 포함시키지 않았지만 강의의 핵심적인 사항들은 두 권의 내용 속에 모두 담았다. 어떤 경우에는 삽입시켜서 주제의 관련성을 더 명확하게 한 경우도 있다. 최소한의 변형은 강의 형식의 변경이 필요로 할 때, 바꾸어 본 책으로 편찬된 것이다. 요점을 되풀이하여 설명하는 것과 단순히 학문적인 참고사항들은 삭제했으며, 논쟁의 본질을 비켜 가게 한다든지 저자의 의도를 빗나가게 하는 것이 아닌 것들에 해당되는 발음이나 용어들은 수정을 가했다.

늘 말해 왔던 것처럼 뉴 칼리지의 사서인 존 라잉 목사의 훌륭한 도움을 깊이 감사한다. 수많은 인용구들을 살펴 정확한 정보를 담을 수 있도록 하였으며, 이 책들에 포함되어 있는 참고문헌들을 바르게 정리하는 일에 기여하였다. 기꺼이 시간을 할애하고 수고를 아끼지 않은 그의 노고로 인하여 본 책이 출판하게 되었다. 모쪼록 그의 사랑의 수고에 감사드린다.

제임스 부카난
제임스 배너만
1862년 11월 에든버러 뉴 칼리지에서.

추천사

윌리엄 커닝함의 『역사신학』이 한국어로 출판되는 것은 한국의 장로회주의 발전에 하나의 중요한 이정표이다. 한국의 장로교회들은 전 세계에 있는 개혁교회들 중에 어린 식구들 부류에 속해 있다. 왕성하고 열정이 넘치는 한국의 장로교도들은 아시아에서 기독교를 위한 불타오르는 하나의 길이다. 역사가 오래된 지역들과 풍부한 역사를 가진 백성들 가운데서 기독교 증언의 밝은 등불을 비추이는 놀라운 통로이기도 하다.

그보다 더 중요한 것은 한국의 장로교회가 각각 기독교 시대의 많은 세기를 통해서 발전되어 온 기독교교리의 역사를 발굴하는 것이다. 여러분들은 오랜 세월 동안 갈고닦은 풍성한 기독교 역사와 함께 고귀한 신앙을 소유한 그 반열에 들어섰다. 이 역사는 그의 교회와 교회를 세우시는 그의 방편과 수단들을 위한 그리스도의 사랑의 증인으로서 가치가 있는 것이다.

못지않게 중요한 것은 교회가 교리문제나 예배문제나 실천적인 문제에 있어서 성경으로부터 돌아서고, 오류의 길목에서 방황하게 될 때 이 역사 속에는 무슨 일이 벌어졌는지에 대한 경고들로 가득히 채워져 있다는 사실이다. 오늘날 이단들은 새로운 것이 아니다. 동일한 이단들이 과거에도 있었다. 역사는 그로 인해 얼마나 큰 해악이 파생되었는지를 기록하고 있다. 아시아에서 장로회주의의 미래는 균형을 잘 잡는 것이다. 어느 학자는 "과거를 기억할 수 없는 자들은 그것을 반복하는 정죄를 당하게 된다."라고 말한 바 있다.

그렇기 때문에 이제 한국의 장로교도들은 과거 기독교의 풍부함들을 내 것으로 소유할 때이다. 스코틀랜드의 윌리엄 커닝함보다 여러분들을 잘 안내해 주기에 적합한 분은 아무도 없다. 슬프게도 그분 이후로 등장한 스코틀랜드 장로교도들의 세대들은 그가 가르치려고 애쓴 교훈들을 습득하는 데 실패하였다. 스코틀랜드의 교회들은 한국의 교회들처럼 활력이 넘쳤고 살아 있었지만, 오류에 빠졌고 그들의 길을 잃었다. 그 왕성한 장면들은 대체로 다 지나가 버리고 말았다.[2]

우리 주 예수 그리스도께서 한번은 제자들에게 이렇게 말씀하셨다.

"다른 사람들은 노력하였고 너희는 그들의 노력한 것에 참여하였느니라."(요 4:38)

윌리엄 커닝함이 보여 주고 있듯이, 과거에 많은 사람들은 기독교 신앙을 공식화하고 강론하고 변론하기 위해 많은 땀을 흘렸다. 이 『역사신학』에서 커닝함은 한국의 장로교도들에게 도움을 제공하고 있다. 한국장로교도들이 다른 많은 사람들이 수고하였던 것에 참여하고 동시에 이 위대한 작업에서 각자의 역할을 잘 감당할 수 있도록 도움을 주고 있는 것이다. 귀한 책을 한국어로 번역하여 소개하고 있는 칼빈주의 개혁신앙을 전

---

2) 이렇게 말한 교리적인 부패와 그에 따른 쇠퇴에 대한 역사는 이안 하밀톤이 쓴 책 『The Erosion of Calvinist Orthodoxy: Drifting from the Truth in Confessional Scottish Churches』(Christian Focus Publications, Ross-shire, Scotland: 2010)에서 언급된 것이다.

하고 가르치고자 오랫동안 수고를 아끼지 아니하는 나의 친구 서창원 목사의 노고에 깊이 감사를 드린다. 커닝함의 이 귀한 책이 한국의 장로교도들 모두에게 다 읽혀지기를 소망하며 추천의 글을 드린다.

Joel R. Beeke 박사

(미국 퓨리탄개혁신학교 총장)

추천사

참 신학의 역사로서의 역사신학

역사신학은 역사와 신학의 물리적이거나 화학적인 결합을 제시하지 않을 뿐더러, 단지 역사와 신학의 주변이나 경계선상에 있지도 않다. 역사신학은 역사 자체를 주체로 삼는 역사적 신학도, 역사 자체를 대상으로 삼는 역사상 신학도 아니다. 그것은 신학의 역사적 의미나 역사의 신학적 의미를 편향적으로 추구하지 않는다는 점에서 교리사나 신학사와도 구별된다. 그렇다면 무엇인가? 본서에서 우리는 역사신학의 정체성과 적실성이 역사의 신학(theologia historiae)이 아니라 신학의 역사(historia theologiae)에 터 잡고 있다는 사실과, 그리하여 그 의의와 가치가 참 신학(theologia vera)과 거짓 신학(theologia falsa)을 역사라는 시공간대를 빌려 차별화하는 데 있다는 사실을 추론하게 된다. 이러한 추론에는 신학의 대상인 계시의 절대성과 객관성이 역사와 무관하게 전제되어야 한다. 그렇지 않으면 종내 신학의 역사가 아니라 역사의 신학으로 전락해 버리기 때문이다. 이러한 혜안을 갖게 하는 유사한 시도가 이전에도 없지 않았지만, 우리가 커닝햄을 다시금 찾는 이유는 '그의 역사신학'이 지닌 고유함 때문이다. 그것은 기원을 말한다면 성경적이고, 성격에 주목한다면 변증적이며, 역사적 구현을 헤아려 본다면 장로교 혹은 장로회적이라고 자리매김될 것이다.

본서는 결코 역사 자체를 말하지는 않는다. 이곳에서, 역사는 신학이 존재하는 역사, 신학적으로 존재해야 하는 역사로 제시된다. 당대의 실증주의나 회의주의로부터 파생된 역사상대주의를 극복하기 위한 절치부심과 더불어 그것에 대한 혐오나 경멸도 지면마다-다만 온건하게-배어 있다. 본서의 저자는 역사철학자도 아니고 기독교 역사학자도 아니다. 그는 '역사상' 전개된 신학의 '역사적' 의미를 재조명함으로써 그 자체로 통시적이자 공시적인, 곧 구속사적이며 구원론적인 성경의 가르침이 그 가운데 어떻게 개진되고 있는지를 파악하고자 한다. 본서는 초대교회로부터 17세기에 이르는 기독교사를 초대교회, 중세교회, 개신교라고 하는 소위 주류적 흐름에 주안점을 두고 다루고 있다. 본서의 체계는 큰 맥락에서 보면 교리적 의미를 갖는 역사적 사건과 교리 자체를 두 축으로 삼고 진행되는데, 이러한 방법론은 교리사의 맥을 면면히 이어 온 하르낙(Adolf von Harnack), 제베르그(Reinholf Seeberg), 켈리(J. N. D. Kelly), 펠리칸(Jaroslav Pelikan) 등의 저술들과 신경을 그 역사적 배경과 함께 다룬 샤프(Philip Schaff)의 대작을 통하여 전혀 우리에게 낯설지 않다. 다만 이러한 서책들이 교리사 일반을 어떤 역사적 관점에서 전반적으로 소개하는 데 주력하는 반면에, 본서의 저자는 칼빈(John Calvin)의 신학에 터 잡아 녹스(John Knox)에 의해서 형성된 스코틀랜드 장로교 신학의 관점에서 근본교리의 정통성을 논의하고 있다는 점이 주목된다. 이런 측면에서 본서는 쉐드(William G. T. Shedd)의 교리사와 유사한 점이 많다.

본서를 통하여 경건하고 순수한 독자는 참 교회와 참 교리가 불가분리하다는 사실과 교리는 성경에 의해서 규범된 규범으로서 교회의 서고 넘어짐의 조항이 되므로 교리에 대해서 불민해서는 성도가 바로 설 수 없을 뿐만 아니라 교회도 진리이신 그리스도의 몸으로서의 마땅한 자리에 있을 수 없게 된다는 교훈을 깊이 얻게 될 것이다. 또한, 교리의 형성과 계승과 심화가 역사의 사건으로서 조목별로 일목요연하게 소개되어 있을 뿐 아니라 그 신학적 의미가 심오하게 추구되어 있기 때문에 성경의 진리로부터 나온 참 교리(doctrina vera)가 역사의 마디마디에서 어떻게 변함없이 보존되어 왔으며 그 내용의 깊이를 더하고 그 유익의 폭을 넓혀 왔는지를 맛볼 수 있을 것이다. 본서에서 논의되는 삼위일체론, 기독론, 교회론, 인간의 타락론, 자유의지론, 이신칭의론, 속죄론, 국가론 등은 각각의 조직신학 분과의 핵심을 제시하고 있으며, 초대교회의 형성과 주요한 교리논쟁들, 중세교회와 신학과 캐논법, 종교개혁과 로마가톨릭의 반종교개혁, 소시니안주의와 알미니우스주의, 국가교회론 등은 기독교 역사에 있어서 각 시대가 갖는 신학적 의미를 밀도 있게 전하고 있다. 무엇보다 칼빈과 그를 잇는 개혁신학자들의 사상과 개혁교회의 형성과 발전을 다룬 부분은 이에 대한 세간의 많은 오해를 불식시키고 그 진실을 명쾌하고도 정치하게 전개하고 있는, 저자의 신학적 기예가 가장 돋보이는 영역이라고 여겨진다.

번역은 원어에 생명력을 부여하여 다른 언어로 전달하는 또 하나의 창작이라고 해도 과언이 아닐 것이다. 다만 그 창작은 본래의 뜻에 충실히 매여야 한다는 점에서 이차적이라고 해야 할 것이다. 그러므로 옮겨지고 옮기는 두 언어에 대한 통전적 이해와 더불어 언어에 무관히 그 자체로 존재하는 문장의 고유한 의미를 어김없이 전달해 낼 수 있는 전문적 식견이 번역자에게 요구된다고 할 것이다. 우리는 서창원 목사님이 이 두 가지를 겸비하신 분으로서 본서 번역에 최적임자이심을 믿어 의심하지 않는다. 우리가 원서에 못지않게 본 역서에 기대를 거는 한 큰 이유가 여기에 있다.

문병호 교수

(총신대학교 신학대학원 조직신학)

추천사

　성경을 잘 이해하도록 도움을 주는 가치 있는 것들 중 역사신학을 잘 이해하는 것보다 더 나은 것은 몇 가지가 안 된다. 성경에 대한 우리의 해석이 잘 되었는지를 검증할 수 있게 해 주는 장치는 역사신학 안에 있다. 성경을 잘못 헛되이 해석하는 것은 엄청 위험한 일이다. 그렇기 때문에 역사신학에 대한 공부는 진리에 빛을 비추어 주게 되고 오류에 대하여 경고를 하게 한다. 교회사의 저자들은 해 아래 새것이 없다고 이구동성으로 말한다. 여러분은 역사신학 공부를 통해서 여호와증인에 대한 이단사상이 아리안주의에서 찾아짐을 발견하게 될 것이다. 현대 알미니안주의에 대한 이단성은 펠라기안주의와 로마가톨릭주의에서 발견하게 될 것이다. 더 나아가서 여러분은 우리의 선조들이 만들어 놓은 이 귀한 것들과 다른 오류들에 대하여 예리하게 지적한 것들을 통해서 큰 도움을 얻게 될 것이다.

　그 선진들이 남겨 놓은 역사신학의 고전들 중 하나가 윌리엄 커닝함이 쓴 역사신학 책이다. 이 책이 한국어로 번역되어 한국 교회가 소유하게 된 것은 한국 교회에 커다란 축복이라고 말하지 않을 수 없다. 더 나아가 독자들은 서창원 박사가 번역한 이 번역본의 정확성을 통해서도 큰 유익을 얻게 될 것이라고 믿는다. 서창원 박사는 한국에서 활동하고 있는 가

장 유능한 신학자들과 번역자들 중 한 사람이라고 믿는다. 그리하여 나는
이 책을 기쁨으로 마음을 다해 추천해 드린다.

Joseph A. Pipa Jr 박사

(미국 그린빌장로교신학교 총장)

역자 서문

『역사신학』 제2권을 출판하며

총 4권으로 번역본을 출간하고자 한 윌리엄 커닝함의 『역사신학』 중 제2권이 드디어 출판되게 되었다. 제1권이 나온 지 꼬박 1년 6개월이 걸렸다. 이유는 일 년 전에 목회지가 생기면서 서울 생활을 접고 고창으로 이사하게 된 변화 때문이었다. 거의 200여 일을 번역에서 손을 놓을 수밖에 없는 상황이 되었다. 그래도 독자들과의 약속을 지키기 위해 내 자신의 짧은 60여 년의 여정 가운데 가장 영적 전쟁이 심한 환경 속에 있었지만 그 고통을 극복하는 방안 중 하나로 『역사신학』 책을 붙들고 틈틈이 번역하기 시작한 결과, 지난 6월에 다 마치게 되었다(물론 원서로 1권을 끝낸 것이다). 번역을 마칠 때 가진 벅찬 감격은 이루 말할 수 없이 큰 것이었다.

번역하는 순간순간마다 주의 도우심의 손길을 많이 경험하였다. 제1권에서도 밝혔지만 영어 문장 자체가 어려운 것들이 참으로 많아서 한국어로 표현해 내기가 결코 쉽지 않았다. 그럴 때마다 기도하며 주의 지혜를 구하였고 여전히 부족하지만 제1권에 비해서 훨씬 매끄럽게 풀어 갈 수 있었다. 번역 작업은 고된 인내를 요구한다. 책상에 진득하게 앉아서 진땀을 빼는 일이다. 더구나 역사상 최악의 폭염이 지속되고 있는 지금의 상황(물론 번역 자체는 폭염이 시작되기 이전에 끝낸 것이다)은 어쩌면 역사신학의 번역 작업이 그만큼 고된 일이었음을 반증하는 것이라고 생각해 본다.

나머지 제3권과 제4권도 가능한 한 빨리 번역을 마치어 우리들이 받은 귀한 유산을 우리의 후손들도 우리말로 읽고 새길 수 있도록 최선을 다하고자 한다.

커닝함의 『역사신학』은 숱한 어려움을 뚫고 '주의 진리를 거스르지 아니하고 오직 진리를 위하여' 온몸을 던진 믿음의 선진들과 그들의 뒤를 이어받고 있는 동일한 하나님의 일꾼들을 연결해 주는 길잡이로서 손색이 없는 보물이다. 그 일에 작게나마 도움을 줄 수 있는 책을 내놓게 되어서 기쁨은 이루 말할 수 없이 크다. 기독교 역사는 어쩌면 치열한 논쟁의 역사라고 해도 틀리지 않는다. 기독교 역사는 한 시대를 살아가는 믿음의 사람들이 하나님의 진리를 지키고 전파하는 일을 위하여 혼신의 힘을 다 기울인 결과물들이다. 사도들과 선지자들의 터 위에 세워진 교회를 무너뜨리려는 마귀의 집요한 공격을 분쇄시키는 하나님의 역사를 읽게 하는 증거물이다. 무엇이 진정 하나님의 일인지, 하나님의 계시된 참뜻이 무엇인지를 알고 싶어 하는 이들에 의해서 성경적 증거에 기반을 둔 합리성과 비판적 사고를 거듭한 끝에 만들어진 산물이 『역사신학』의 모든 것이다.

물론 시대마다 실패의 역사가 없는 것은 아니다. 그러나 그러한 실패들 속에서도 하나님의 교회는 주의 연대가 무궁하듯이 변함없이 이 땅에 존재하고 있다. 현세대를 살고 있는 한 사람으로서 다음 세대에도 여전히 이어 가게 할 책임감 때문에 내가 받은 신앙의 아름다운 유산을 물려주어야 할 책임에서 벗어날 자는 아무도 없다. 그 사명을 수행하는 데 본 책은 더 없이 큰 유익을 안겨다 줄 것이다. 본 2권의 내용은 중세시대와 종교개혁 시대를 거쳐 오면서 지금 우리가 고백하는 믿는 도리가 어떻게 규정되고 형성되었는지, 그리고 어떻게 지켜졌는지를 들여다보게 한다. 저자의 특유한 개혁주의 역사관, 즉 오로지 성경진리만이 '신앙과 행위의 유일한 규범'임을 역사신학 강의에서 그대로 각인시키고 있는 가치관을 통해 세상에서 일어난 모든 사건들과 특별히 교회 내에서 발생되는 각종 이슈들에 대한 이해를 성경적으로 조명하고 분별케 하는 데 큰 도움을 주고 있다.

제1권에서도 밝혔듯이 이 책은 성경을 정확 무오한 하나님의 말씀으로 확신하지 않는 자들에게는 매우 편협적인 책이다. 또한 장로교도가 아닌 독자들은 용납하기 쉽지 않은 논리도 일부 있다. 그러나 보편적으로 이 『역사신학』은 성경을 하나님의 말씀을 받아서 실천하고자 하는 이들에게는 매우 값진 책이다. 이 책은 인간사에서 하나님의 일하심을 목도할 수 있는 눈을 가지게 한다. 그리고 인간을 구원하여 하늘나라 시민권자로 만드시는 놀라운 섭리의 역사를 섭렵하게 도와준다. 더욱이 우리가 물려받은 진리가 무엇이며, 우리가 물려주어야 할 진리가 어떤 것인지를 확실하게 부여잡게 한다. 교회에서 발생한 문제들을 어떻게 조명하고 답을 찾아야 할지 그 방법론도 선명하게 제시하고 있다.

사실 『역사신학』 책을 번역하면서 우리가 고백하는 진리 하나하나가 저절로 다가온 것이 아니었음을 더 많이 실감하였다. 앞서간 선진들이 있게 됨을 진심으로 감사하였다. 구름같이 둘러싼 허다한 증인들의 반열에서 우리도 우리의 후손들에게 우리가 존재했음을 깊이 감사하는 삶이 되어야 함을 스스로 다짐하는 시간이기도 하였다. 한편 오늘날은 신학적 논쟁이 치열하지 않다는 사실이 신학의 중요성을 퇴색시키고 있다고 느끼는 시간이었다. 물론 논쟁이 될 만한 부분들이 별로 없다는 생각 때문인지도 모른다. 그러나 현 시대를 살아가는 한 사람의 신학자로서 신학의 생활화를 위한 노력은 그 어느 때보다 절실하다. 탈신학화 현상이 노골적으로 벌어지고 있는 현 시대는 과거 역사 속에서 치열한 논쟁과 토론을 통해서 교리 하나하나를 보석 같은 진귀한 것들로 만든 선진들의 수고 못지않은 고된 전투가 필요하다. 진리의 훼손을 방지하고 진리의 기둥과 터인 교회를 순결하게 견고히 세워 가는 작업이 불필요한 시대는 없다. 현 신학적 흐름은 함께 공존하겠다는 흐름이 진리의 각을 무디게 만들었다. 이제라도 하나님의 말씀에 근거하고 있지 않은 것들은 모조리 찾아서 교회와 신학교에서 추방해야 한다. 그렇지 않으면 진리이신 주님의 교회가 될 수 없다. 진리의 말씀이 기준이 되지 않는 곳에서는 목사의 개별적인 철학과 정신에 매몰되는 종교집단이 될 뿐이다. 그 피해는 눈덩이처럼 커진다.

이 책을 나는 기독 신자 모두에게 적극 추천한다. 특히 장로교도들에게 장로회주의에 대한 깊은 자부심과 뿌듯함을 안겨 주기에 충분한 이 책을 통독할 것을 열망한다. 번역상의 미숙한 표현들이나 오류가 있다면 전적으로 역자의 허물과 부족함임을 밝힌다. 출판이 되기까지 수고해 주신 이희수 목사와 교정교열에 힘써 주신 정희경 자매님께 깊이 감사드린다. 마지막으로 옆에서 끊임없는 응원과 기도로 함께하는 아내 유명자 여사에게 감사하며 출판해 주신 진리의 깃발사에도 깊이 감사한다.

"내 백성이여, 내 교훈을 들으며 내 입의 말에 귀를 기울일지어다 내가 입을 열고 비유를 베풀어서 옛 비밀한 말을 발표하리니 이는 우리가 들은 바요 아는 바요 우리 열조가 우리에게 전한 바라 우리가 이를 그 자손에게 숨기지 아니하고 여호와의 영예와 그 능력과 기이한 사적을 후대에 전하리로다"(시 78:1-4).

2018년 8월
최악의 폭염의 때 방장산 기슭에서

제11장

펠라기안 논쟁

제11장

펠라기안 논쟁

펠라기안 논쟁은 주로 '인간론' 혹은 '사람이란 무엇인가?'와 같은 논제를 바탕으로 대륙의 학자들이 주도적으로 이끈 주제들과 관련이 있다. 그리고 그런 문제들이 인간의 구원 문제에 어떠한 영향을 미치게 되는지를 주로 다룬다. 그 논의들은 성경에서 인간의 본성의 조건과 실제 상태에 대해 드러내 주는 교훈들과 연관되어 있다. 물론 만일 그것들이 천국 생활을 즐길 수 있도록 준비하는 데 필요하다면, 그런 요소를 지니고 있는 인간 각자와 그러한 변화들의 유형과 원인들이 무엇인지에 대해서도 다룬다. 사실, 이러한 주제들에 대한 논의는 하나님의 주권과 예정에 대한 심층적인 연구에 뛰어들게 한다. 그러나 그 기초와 출발점은 '인간이란 무엇인가?', '인간의 특성과 역량은 무엇인가?', '하나님의 임재하심을 즐거워하는 인간이 되도록 인간에게 일어나는 변화들을 일으키는 속성과 근원은 무엇인가?'와 같은 질문에 놓여 있다.

따라서 펠라기안 논쟁은 죄에 대하여(*De peccatio*), 은혜에 대하여(*De Gratia*), 소명에 대하여(*De vocatione*), 예정에 대하여(*De prædestinatione*)라는 제목으로 이루어지면, 조직신학적인 작업에서 논의되는 가장 중요하고 어려운 주제들에 포함된다. 직접적으로 하나님과 그리스도에 대해서 다루는 주제보다 본질적으로 중요한 주제는 있을 수 없다. 그러나 지금 우리가 언급한 주제들은 중요도 측면에서 볼 때 결코 비중이 없는 하위에 속하는 것으로 볼 수 없다. 왜냐하면 이것들은 인간의 영혼 구원과 밀접하게 연계되어 있기 때문이다. 따라서 이러한 것들 역시 반드시 알아야 할 주제이다. 그냥 알면 되는 것이 아니라 정확하게 알아야 하고, 그 특성에 있어서도 매우 근본적인 주제들임을 기억해야 한다. 교회사에서는 개인적인 신앙생활의 풍성함이 펠라기안 논쟁에 포함된 요점에 관한 올바른 견해들과 더 밀접한 관련이 있는 것처럼 보인다. 심지어 삼위일체와 그리스도의 인격에 대한 확실한 견해보다 더 중요한 것으로 부각시키는 것처럼 보인다. 그러나 실제로 하나님의 아들의 신성이 부정되는 곳에서 참된 개인적인 종교의 부흥은 결코 일어난 적이 없다. 오히려 진짜 종교적인 상태로 남아 있는 소수의 무리들 가운데서 이 주제들이 건전하게 가르쳐 졌고 오랫동안 견지되어 왔음을 찾아볼 수 있다.

펠라기안 논쟁에 내포된 요지는 본질적으로 건전한 교리에 대한 고백이 없었다는 점에서 참된 기독교가 존재한 적이 결코 없었다는 것이고, 참된 기독교가 부패한 곳에는 언제나 이러한 주제들과 관련된 교리적인 오류가 항상 수반되었다는 것이다. 이 두 가지 현상은 매우 신속하고도 명백하게 진행된다. 배교한 로마교회는 삼위일체 교리에 대한 정통적인 입장을 지속적으로 견지해 왔다. 그러나 로마교회는 교황들과 교회회의를 통해 사제들을 파문시킴으로써 펠라기안 교리들을 고백하는 것을 금지시킨 원칙들은 잘 고수해 왔지만, 실천적인 가르침에서 로마교회가 공식적으로 펠라기안주의를 가르친다고 해도 과언이 아닐 정도로 펠라기안의 오류를 매우 많이 드러냈다. 이는 특히 교회가 얀센파들을 반대하여 18세기 초에 출판한 유명한 칙령 유니제니투스(Bull Unigenitus)[3]를 일반적

---

3) 역자 주) 1343년 교황 클레민트 6세에 의해서 발포된 칙령이자, 1713년 교황 클레민트 11세에 의

으로 수용함으로 인해 벌어진 결과로 볼 수 있다.

펠라기안 논쟁을 삼위일체론자들보다 더 복잡하고 당혹스럽게 만든 한 가지 요소가 있다. 그것은 정서(sentiment)의 다양성을 더 크게 할 여지가 있다는 부분이다. 그리고 심지어 그 교리의 주된 내용들에 동의한다고 말하는 자들 사이에서도 불확실성이나 진술의 범위가 다른 것보다도 이 범주 안에서 더 커지게 할 여지가 있다. 일반적으로 펠라기안이라고 분류되는 자들 중 몇몇, 즉 펠라기우스를 제외하고 그의 즉각적인 추종자들인 콜레스티우스, 줄리안 및 현대 소시니안들과 이성주의자들은 사람들이 천국을 준비하는 삶을 누리게 하기 위해서는 인간 본성의 타락에서부터 도덕적인 결함이나 부패함이 시작되어 고통을 당했다거나 하나님의 은혜로운 역사하심이 절대적으로 필요하다는 사실을 전적으로 부인하였다. 사람들이 적어도 이러한 사실들을 부정하게 되는 한, 논쟁의 기반들은 너무나도 명확하고 분명해진다. 그러나 펠라기안들은 범주를 그렇게 많이 넓히지 않고 논쟁적인 논점을 위하여 분명하고 명확한 토대를 완전히 열어 놓지 않았기 때문에 아직까지는 혐의를 받지 않고 있지만, 인간의 도덕적인 본성에 미치는 타락의 영향들을 매우 과소평가하는 자들이 많이 있다. 또한, 어떤 측면에서는 인간의 회심과 성화의 측면에서 성령의 역할을 바꿔치기 하는 자들이 꽤나 존재한다.

역사적인 측면에서 볼 때, 펠라기안 사상은 본질상 매우 확실한 이단이다. 계시된 진리의 체계 안에서 가장 독특하고 분명한 교리의 근본 뿌리를 뒤흔들어 버리는 명백한 이단이다. 그런데 소위 세미펠라기안주의자들(semi-Pelagianism)은 일반적으로 펠라기안 사상에 접근하는 견해에 있

───────

해서 얀센파들을 대적하는 내용을 널리 알린 칙령을 말한다. '유니제니투스'는 라틴어로 하나님의 독생하신 아들이라는 뜻이다.

어서 깊이 접근하지 않더라도 알 수 있는 다소 모호하고 불명확한 특징들을 지니고 있다. 그리하여 펠라기안 사상이나 그와 유사한 명칭으로 말하는 것은 신학적인 문헌에서 매우 모호하게 사용되곤 한다. 펠라기우스라는 사람의 이름에서 유래된 사상에 대한 정서들을 분명하게 묘사하지 않고, 마치 그 사상을 망각해 버린 것처럼 자연스럽게 일반적인 경향으로 취급하는 것이다. 즉, 이런 주장에 대해서는 확고한 표준은 없다는 듯이 다양한 의견 중 하나로 보는 것이다. 게다가 그들은 본래 그러한 사상이 완전히 발전된 것이 아니라 그를 추종하는 같은 계열에 있는 사람들이 훗날에 발전시킨 것이었다고 말한다. 펠라기안주의라는 단어를 사용하는 것은 그와 유사한 단어를 사용하는 것보다 불명확한 면이 더 많이 존재했다. 이것이 바로 기독교인이라고 고백하는 독특하고 분리된 공동체들에게 펠라기안이라는 존재로 부각되지 않았던 여러 가지 이유 중 하나이다.

소시니안들은 본래 인간의 도덕성과 관련된 특징이나 역량들, 그리고 신적인 은혜를 부어주심에 있어서 펠라기우스의 사상을 있는 그대로 다 수용하였다. 그럼에도 불구하고 사람들이 공개적으로 소시니안의 특성들을 주목할 때 그러한 문제들은 전혀 부각되지 않았다. 그런데 알미니안들은 펠라기안의 오류들을 붙들고 있는 자들로 인식되었다. 이는 모든 알미니안들은 당대의 어거스틴과 교회가 반대했던 펠라기우스와 그의 추종자들에 의해서 주장된 원칙들을 고수했기 때문이었다. 그렇지만 이후에 조금 다른 입장을 취한 알미니안들이 등장했다. 그들은 알미니우스와 웨슬레 감리교도들이었다. 그런데 그들은 인간 본성의 전적 타락과 죄인들의 회심과 성화의 전 과정에 있어서 하나님의 특별한 은혜로운 역사하심이 절대적으로 필요하다는 주장이 펠라기안의 독특한 주된 것들이라고 한 어거스틴의 견해들을 완전히 모순되게 수용했다. 그리고 그들은 이러한 관점에서는 오히려 세미펠라기안들보다도 더 정통적이라고 볼 수 있다.

일반적으로 펠라기안 사상은 인간 타락의 범위나 결과와 관련하여 약간의 결점과 오류를 지닌 것으로 이해된다. 그리고 회심과 성화에 있어서 신적인 은혜의 역사가 필요하다는 것에도 결함이 존재하는 것으로 간주된다. 그런데 우리는 이 부분이 성경적인 교리에서 이탈하는 경향이 있다는 것에 주목할 필요가 있다.

한편, 펠라기안 사상에는 타락이 인간의 도덕성에 미친 해로운 영향들과 인간의 갱신을 위하여 신적인 은혜가 절대적으로 필요하다는 것을 과소평가하게 만드는 강력하고 다양한 유형들이 있다. 이 점에 있어서 다소간의 차이는 있지만, 펠라기안의 견해들은 대체로 모든 시대의 교회 안에 널리 퍼져 나타난다. 그것들은 일반적으로 철학적인 옷을 입고 나타나서 자신이 매우 이성적인 기독교인이라고 생각하는 사람들 가운데 널리 전파되었다. 그리고 도덕성과 가치에 대해서 뜨거운 열정을 가지고 있다는 자들 가운데서도 나타난다. 그러나 때로 우리 시대의 모리소니아니즘(Morisonianism)[4]에서 볼 수 있는 것과 같이 그들은 외관적으로 더 성경적이고 경건한 모습을 띤다. 그들은 죄인들의 회심을 엄청 갈망하였고, 사람들이 그리스도에게 나아오는 데 방해되는 모든 방해물들을 제거하고자 애썼다. 그리고 복음의 축복들을 베풀었다. 이와 같은 후발 주자의 경우와 같이 그들은 보다 이성적이고 철학적인 펠라기안들이 견지했던 것보다 더 많은 성경적인 진리에 펠라기안 오류를 뒤섞어 버렸다. 어떤 측면에서 보면, 하나님께서는 성경적인 많은 진리들을 가르치고자 할 때 그

---

4) 역자 주) 커닝함 박사가 살던 시대에 킬마녹 교회의 목사였던 제임스 모리슨(1816-1893)에 의해서 설립된 이반젤리칼 유니온(복음주의 연합) 사상으로서 인간의 자유의지가 구원을 받아들이거나 거절하는 것은 자유라고 가르친 사상을 말한다.

들이 하는 수고에 복을 주시는데, 이는 오류를 지니고 있는 그들이 동시에 진리도 붙들고 있기 때문이다. 그러나 이 특별한 관점과 관련해서 볼 때, 펠라기안 사상은 다른 경우들에서와 마찬가지로 죄인의 구원에 있어서 하나님의 주권적인 역사하심에 대해서는 애매모호한 입장을 취했다. 그리고 하나님께서 다른 어떤 피조물들에게도 주시지 않는다고 선언하신 영광을 하나님으로부터 강탈해 버리는 일을 저질렀다.

1. 역사적인 서술

우리는 앞에서 은혜의 교리에 대한 고대교회(초기 3세기 교회들)의 증언을 직접적으로 주목하여 살펴보면서 그것들이 다소 모호하고 확실하지 않다는 점을 논한 바 있다. 이 주제들은 그 시기에 강조된 적이 없었고, 어떤 측면에서도 논쟁거리가 되지 않았던 것이다. 결과적으로 언제나 그러하였듯이 그들이 사용했던 언어에서 모호하거나 부정확한 진술을 담고 있었다. 초기 교부들이 관여했던 논의들에는 인간의 자유의지의 능력을 더 명확하게 하려는 경향이 있었는데, 이는 동양적이고 영지주의적인 체계에서 만연된 운명주의나 그와 유사한 흐름이 지배적이었기 때문이었다. 인간의 자유의지를 명확하게 하기 위하여 그들이 말한 것은 주로 운명주의에 반하는 것들이었다. 그것들은 고대교회에 퍼져 있던 펠라기안 견해들이 그들의 입장이었다고 주장하는 자들을 반박하는 입장을 취했었다. 그러나 이 주제에 대한 서술들은 일반적으로 사람들이 생각하는 은혜의 교리에 대해 가장 잘 표현하거나 확실하게 묘사한 것은 아니었다.

어거스틴은 분명 그 단어가 가진 모든 의미에 있어서 인간의 자유의지를 전적으로 부인하지 않았다. 오히려 그는 은혜의 교리와 칼빈주의적인 원리들을 가장 잘 옹호했다. 그는 인간은 자유의지 혹은 자유롭게 활동하는 것을 지니고 있어서 하나님의 율법을 어긴 것에 대한 책임을 스스로 지는 것이 필요한 존재라는 입장을 적극적으로 지지하였다. 이것은 우리의 신앙고백서에서도 잘 서술되어 있다. '하나님은 사람의 의지에 선천적 자유를 부여해 주셨다. 그 의지는 선이나 악을 행하도록 강요된다든지 또는 어떤 절대적인 필요에 의해 결정되는 것이 아니다.'[5]

초기 3세기의 교부들이 운명론에 반대하는 주장을 할 때, 인간의 자유의지를 전적으로 믿었는지 혹은 자유의지에 대한 일반적인 견해를 가지고 있다고 선언하고 싶었는지에 대해 증명하는 것은 쉽지 않은 일이다. 특별히 그들은 타락 이전과 이후의 자유의지의 차이, 그리고 영적인 것들과 시민적이고 도덕적인 것들에 관련한 자유의지의 차이에 관한 전체 의문사항들에 있어서, 근본적으로 중요한 구분이 있다는 사실을 믿어야 하는 이유에 대해 전혀 말해 주지 않았다. 그러나 그들은 원죄론을 대부분 고수하고 있었기 때문에 그들이 펠라기안들은 아니었다는 사실은 분명하다. 그들은 인간의 도덕성은 타락의 결과로 어느 정도 부패되었으며, 인간에게서 발견되는 선함의 실체는 모두 다 하나님의 특별한 역사하심에 기인한 것이고 인간 자신의 힘이나 능력에 의한 것이 아니라고 믿었다. 그렇지만 그들은 이러한 진리들이 내포하고 있는 것이 무엇인지에 대한 분명한 개념은 가지고 있지 않았다. 특히, 그러한 진리들이 서로 각각 연계되어 있다는 점과 기독교의 다른 교리들과의 연관성에 대해서는 잘 알지 못하였다. 이 때문에 그들은 그 모든 교리들을 일일이 분명하게 규정하거나 일관성 있게 진술하지 못했던 것이다.

---

5) 역자 주) 신앙고백서 제9장 제1항

4세기에 이 주제에 대해 교회에서 가르친 일반적인 내용들은 앞선 3세기의 것들과 다르지 않았다. 크리소스톰의 저작들은 펠라기안의 진술 또는 적어도 세미펠라기안들이 주창한 진술을 내포하고 있었으며, 뒷받침할 만한 타당한 이유도 없이 그러한 교리들을 지지했다. 반면에 어거스틴은 때때로 암브로스를 인용하여 은혜의 교리를 변호했다. 암브로스는 어거스틴을 하나님의 진리 가운데로 인도하는 데 하나님께서 사용하신 가장 주된 도구였다. 사실상 이 주제들에 대한 암브로스의 가르침이 완전한 통일성과 일관성을 이루고 있었다고 보기에는 의심의 여지가 있다.[6]

은혜의 교리가 완전하게 연구된 것은 5세기 초부터였다. 공개적으로 오류들을 지적하고 가르친 것도 이때부터였다. 이 기간은 다른 어느 때보다 은혜의 교리에 대한 참된 진리가 더욱 만족스럽게 옹호되고 설명되었으며, 발전되고 조직화된 시기였다. 한편, 이 교리의 중요성을 확실하게 도장 찍게 된 것은 펠라기안 논쟁에서였다. 그리고 어거스틴의 이름이 영화롭게 부각된 것도 이때였다. 그리스도께서 그의 교회에 주신 것 중 사도시대에서부터 16세기 종교개혁 시기에 이르기까지 어거스틴만큼 영예로운 이름은 없었다. 즉, 그의 회심 이전뿐 아니라 그가 걸어왔던 훈육과 훈련의 과정에는 장차 교회를 위해서 그를 쓰시고자 하는 하나님의 독보적인 섭리하심이 있었던 것이다. 여기서 나는 그가 마니교의 이단 사상에 수년 동안 빠져 있었다는 사실을 언급하고자 한다. 그러나 이 기간 동안 그가 받은 훈육과정은 하나님의 섭리였음을 나는 확신한다. 어렵고 당혹스러운 주제들을 다루는 힘겨운 논쟁에 얽히게 될 때 하나님께서는 일반적으로 사람들이 빠지기 쉬운 위험으로부터 어거스틴을 보호하시기 위

---

6) 네안더의 일반 교회사, vol. iv., p. 299.

해 특별한 섭리적 다스림을 허락하신 것이었다고 믿는다. 예를 들면, 이는 자신의 주장을 내세울 때, 그것이 자신의 의무라고 생각하여 극단적인 반대 측면으로부터 도움을 받으려는 위험성으로부터의 보호이다. 어떤 측면에서 마니교는 펠라기안주의와 극단적으로 반대적인 입장에 놓여 있는 것이라고 볼 수 있다. 대체로 마니교는 운명론에 빠지게 되고 펠라기안주의는 인간의 본성에 따르는 능력들을 근거 없이 높이는 경향이 강하다. 사실상 고대나 현대의 펠라기안들은 어거스틴주의 혹은 칼빈주의(왜냐하면 이 둘은 본질적으로 같은 것이기 때문에)는 마니교의 오류가 침투되었기 때문에 오염되었다고 주장한다. 이는 어거스틴이 마니교 원리들의 옛 누룩을 보유하고 있다고 보았기 때문에 나온 주장이었다. 그러나 이 이론이 터무니없는 주장임은 인간의 경험에서 일반적으로 드러나는 것을 통해 증명되고도 남는다. 더구나 엄청난 확신을 가지고 잘못된 체계를 완전히 내버리고 '일관된 통일성과 특별한 성품'으로 일생을 살아온 사람이 그 새롭고 독특한 원리들을 가지고 소중히 여기면서 극단적인 반대 진영으로 쉽게 뛰어들었다는 것은 이를 입증하고도 남는다. 어거스틴은 결단코 마니교와 대적하는 극단적인 반대 입장까지 치닫지 않았다. 그렇지 않고서는 펠라기안주의를 강렬하게 반대하지 않았을 것이다. 어거스틴은 펠라기안 이단을 반대하는 데 있어서 결단코 마니교의 극단성에 빠지는 유혹을 받지도 않았고, 일반적으로 논객들이 드러냈던 것처럼 이전의 마니교의 깊고도 교묘한 원칙들을 엿보게 하는 방향으로 나아간 적도 없었다. 그리고 그는 마니교를 의도적으로 단연히 거부하였다. 타당한 근거도 없이 어거스틴을 대적하는 그럴듯한 주장은 그가 펠라기안 논쟁에 관여하기 이전에 이 이단을 수용하지도 않았고 내버리지도 않았다는 것이었다. 그러나 그는 펠라기안 이단을 반대하는 데 있어서 마니교의 극단성에 빠질 모든 가능성을 피하기 위해 놀라운 정확성을 가지고 논쟁의 본질적인 모습과 관련하여 성경 진리의 황금 수단을 능력 있게 지켜 냈다.

펠라기안주의의 시조들은 펠라기우스와 콜레스티우스, 그리고 줄리안이었다. 그렇지만 펠라기안주의의 견해를 추종하는 자들은 소시니안들과 현대의 이성주의자들을 제외하고는 많지 않았다. 펠라기우스와 콜레스티우스는 수도승이었는데, 그 당시 수도승과 마찬가지로 성직자는 아니었고 일반 평신도였다. 한편, 5세기에는 많은 마을에 감독이 있었는데, 줄리안은 이탈리아 카푸아 근처에 있는 작은 마을인 에클라눔(Eclanum) 교회의 감독이었다. 펠라기우스는 본래 영국 출신이었고, 콜레스티우스도 증거는 충분하지 않지만 스코틀랜드의 시골 출신으로 알려져 있다. 이 둘은 제롬에게 매우 모독적인 언사로 공격받았다. 제롬은 상대방을 신랄하게 몰아붙이는 사람으로 유명했는데, 그 역시 그럴 만한 자격을 갖춘 인물은 아니었다. 그러나 어거스틴은 회심한 이후에 그 시대 교부들 중 가장 높은 존경을 받았던 인물로 꼽힌다. 특히, 그는 개인적인 성품으로 인해 존경받았다. 그는 능력 있는 사람이었고 신적 진리에 대한 지식이 풍성한 자였다. 그런 어거스틴이 펠라기우스와 콜레스티우스, 그리고 줄리안의 재능과 그들이 보여 준 일반적인 성품에 대해서 매우 높게 평가하였던 것이다.

그들은 411년경에 로마에서 그들의 오류들을 제창한 것으로 보인다. 그 후에 아프리카와 동방 지역을 방문했다. 그들은 어거스틴의 영향력이 매우 강한 아프리카에서 어느 누구에게서도 지지를 받지 못하였고, 그들의 교리는 카르타고에서 열린 여러 아프리카 교회회의에서 정죄를 당했다. 그렇지만 펠라기우스의 사상은 동방에서 많은 호응을 얻었다. 그 이유는 그의 견해 중 일부가 앞서 널리 보급된 오리겐의 견해와 유사하였기 때문이었다. 한편, 팔레스타인에 있는 디오스폴리스 또는 리다(Lydda)에서 그의 견해를 점검하기 위해 교회회의가 열렸다. 그는 거기서 이단 혐의에 대해 무죄판결을 받았다. 이것은 그의 견해를 대체적으로 감추고 제대로 된 설명을 하지 않고 콜레스티우스가 만든 몇 가지 진술들을 버리고 그것들을 단죄함으로써 얻어 낸 결과였다. 이처럼 그 당시에 펠라기우스를 같은 동지로 받아들일 만한 증거는 찾을 수 없지만 그가 우리들의 견해를 시인했다고 볼 만한 충분한 근거는 있었던 것이다.

로마의 감독인 인노센트는 그 새로운 교리들을 정죄하였다. 그러나 이후에 콜레스티우스는 자신의 진술에 대하여 능숙하고 교묘하게 설명함으로써 자신의 결점을 잘 속여서 인노센트의 후계자이자 무지하고 단순한 존재인 조시무스(Zosimus)가 그를 공적으로 정통신학자로 선언하게 하였다. 그러나 그 판단은 이후에 어거스틴과 아프리카 감독들의 폭로로 인하여 취하되었다. 이와 같은 여러 종류의 보고서들은 교황의 무오성을 변호하는 데 많은 어려움을 가져온다. 이러한 경우에 속하는 예로는 아리안 신경에 서명한 교황 리베리우스와 단일의지론(Monothelitism)을 옹호한 교황 호노리우스가 있다. 이 두 교황은 제6차 교회회의에서 이단으로 단죄되었다. 그러나 그들은 그들이 가르친 것이 이단적이라고 결코 믿지 않았음에도 그들은 핍박과 오해, 그리고 유혹을 주는 강력한 힘 때문에 그럴 수밖에 없었다고 고백하였다. 그러나 그러한 핑계거리는 그들이 교회의 무오한 안내자들이자, 통치자들이 되기에 합당한 존재라고 선언했던 것과는 앞뒤가 맞지 않는 주장이었다. 펠라기안 논쟁은 주로 아프리카와 서구교회에서 다루어졌다. 동방에서는 아폴리나리스와 네스토리우스, 그리고 유티키스에 의해서 제창된 오류들을 논의하는 일에 분주하였기 때문에 큰 관심을 끌지 못했다.[7]

---

7) 소크라테스, 소조몬, 그리고 데오도레는 그 시기에 역사책을 썼지만 그들을 언급하지 않았다.

431년에 에베소에서 제3차 교회회의가 개최되었다. 이 회의에서 네스토리우스, 펠라기우스, 콜레스티우스, 그리고 줄리안이 모두 단죄되었다. 이로써 그 당시 교회가 일반적으로 펠라기안 사상을 정죄했다고 말할 수 있다. 그리고 거기에서 어거스틴의 가르침을 인준하였는데, 이는 매우 주목할 만한 사건이었다. 왜냐하면 에베소 교회회의를 진행하는 과정에 정통교리에 대한 공식적인 선언문이 없었기 때문이다. 즉, 공식적인 선언문 없이 펠라기우스와 콜레스티우스, 그리고 줄리안이 가르친 교리의 오류에 대한 반대 입장을 취하거나 심지어 그들이 가르친 특별한 교리적 진술을 반대했기 때문이다. 어거스틴은 그의 지성적 능력을 바탕으로 지칠 줄 모르는 열정과 노력을 기울여서 펠라기우스의 오류들을 반대하는 데 20여 년을 쏟아 부었다. 그는 이 주제에 대해서 많은 책들을 썼는데, 그 책들 중 대부분은 지금까지 전해지고 있다. 그의 영향력은 이단의 확산을 막는 모든 측면에서 발휘되었다. 그런데 주님께서는 그가 줄리안을 반박하는 책을 쓰고 있던 중 430년에 영원한 안식에 들어가도록 그를 부르셨다. 결국 그 책은 미완성 작품으로 남고 말았다. 그는 에베소 교회회의에서 대적자들에 대한 정죄와 승리의 만족스러운 선언을 목격하지 못하고 주님의 품으로 갔던 것이다.

펠라기우스와 그의 직계 제자들인 콜레스티우스와 줄리안은 공개적으로 인간의 도덕성이 타락으로부터 손상된 것이 아니라고 가르쳤다. 그리고 인간은 지금 하나님의 뜻을 행할 많은 능력을 가지고 태어났으며 아담이 지게 되었던 것과 같은 모든 의무로부터 해방될 능력을 지녔다고 주장했다. 결과적으로 그들은 하나님의 은혜의 필요성을 부정하였고 사람에게 영향을 미치는 신적인 역사하심을 불필요한 것으로 만들었던 것이다. 그들은 인간이 부여받은 목적들을 쉽게 감당할 수는 없겠지만, 조금 버거

울지는 몰라도 신적인 도움 없이도 넉넉히 수행할 수 있다고 말했다. 또한 이 세상에서 인간은 거룩함에 있어서 완벽을 추구하는 것에는 부족하겠지만 그 외에 모자란 것은 아무것도 없을 정도의 능력을 가진 존재라고 평가했다. 이러한 교리는 성경에서 주장하고 있는 여러 가지 특별한 진술들과 전혀 일치되지 않고, 성경 말씀에 있는 본질적인 가르침과도 모순된다. 결국, 그들은 교회에서 큰 지지를 받지 못하였고, 에베소 교회회의의 결정 후에 거의 다 사라지고 말았다.

펠라기우스와 그의 추종자들은 삼위일체론이나 그와 직접 연계된 성경적인 교리들에 대해서 의문점을 가진 것으로 보이지는 않는다. 그러나 명백한 것은 현대 소시니안들과 이성주의자들은 유일하게 일관된 펠라기안들이라는 점이다. 펠라기우스가 부인한 것을 사람들이 부정할 때 그들은 보통 하나의 처방책으로서 기독교 신앙의 독특한 교리들을 전적으로 부정한다. 펠라기안의 원리에는 구세주나 구속 및 성령이 자리 잡을 곳이 없다. 그들에게는 인류 족속이 악한 존재로 타락한 것이 아니기 때문에 성경이 일반적으로 펼쳐 보이는 치유책이 있어야 할 이유가 없는 것이다. 그러나 하나님의 은총으로 말미암아 어거스틴은 비성경적이고 성경과 모순된 비겁한 이단의 계책을 잠재워 버렸다. 그럼에도 불구하고 이 사상은 종교개혁 이후에 소시니안 형태로 더욱 대범하고 더욱 일관적인 입장을 띠며 재생되었다.

그러나 이전에 언급한 바와 같이 인간에게는 강력한 본성이 있다. 즉, 사람의 도덕적 능력과 역량들을 과대평가하려는 경향이 있다. 그러면서 하나님의 특별한 은혜의 역사하심의 필요성과 중요성은 가볍게 생각하는 본성이 있다. 펠라기우스의 견해가 별 지지를 받지 못하고 있는 동안에 어거스틴의 가르침은 수많은 반대에 직면했는데, 이러한 때 세미펠라기안 사상으로 제시된 계획들이 즉각적으로 마련되었다. 그 이름이 드러났든 아니든 간에 세미펠라기안 사상은 고백적인 기독교회에 주목할 만큼 널리 보급되었다. 특히 참된 경건이 취약해지고 저조하게 되었을 때 그러한 경향이 나타났다. 그런 가르침들은 아주 색다른 특징을 가진 가르침으로 무장하여 사람들을 끌어들였다. 그리고 그것들이 거의 성경적인 표준에 근접한 것이나 덜 근접한 것으로 다가가도록 다른 교리들과 연관시켰다.

본질적으로 세미펠라기안 사상은 매우 불확실한 성향을 드러낸다. 어떤 측면에서는 원죄를 인정하면서도, 다른 한편으로는 인간의 도덕성이 타락의 결과로 약간 영향을 받은 것이라고도 한다. 그리고 특별한 신적인 은혜의 역사도 구원에 수반되는 것들을 획득하기 위해서는 다소 필요하다고 인정한다. 그러나 현대적 의미에서 알미니안 사상과 매우 흡사한 간접적이고 불확실한 견해는 어거스틴이 활동하던 시대에 제창된 것이었다. 이에 어거스틴은 그런 주장들을 적극 반대할 수 있는 기회를 갖게 되었으며, 결국 펠라기안주의를 물리치는 데 탁월한 능력을 발휘할 수 있게 된 것이었다. 이러한 경쟁구도는 그가 세상을 떠난 후에도 프로스페르(Prosper)와 풀젠티우스(Fulgentius)에 의해서 진리 측면에서 계속적으로 이어졌다. 그러나 세미펠라기안 사상은 교회에 의해서 공적으로 인준된 적이 한 번도 없었고, 프랑스의 지역 공회 모임과 529년 제2차 오렌지공회(Concilium Arausicanum)에서 공식적으로 정죄되었으나 종교개혁 당시까지 널리 퍼져 있었다.

어거스틴은 교회의 위대하신 머리[8]에 의하여 특별한 명예를 지닌 사람이었고, 체계적인 질서를 처음으로 세운 사람이었다. 그는 인간의 버려

---

8) 역자 주) 그리스도를 말함.

짐, 본질적으로 파괴된 상태, 죄인들의 회심과 성화에 있어서 하나님의 은혜로운 역사하심, 이로 인하여 산출되는 모든 효과의 참된 원인이나 근원이 어떠한 것인지 각각 서로 올바르게 연결시킨 인물이었다. 그러한 효과들이 드러나는 곳에서 하나님 자신의 주권적인 선하신 기쁨과 영원한 목적에 있어서 자비를 베풀 자에게 자비를 베푸시고 긍휼히 여길 자를 긍휼히 여기신다는 것들을 체계적으로 정립한 최초의 사람이었다. 따라서 어거스틴은 그 뒤에 이어지는 모든 세대에서 진리와 의의 원인자를 찾아내게 하는 가장 중요한 작업을 이끌어 낼 수 있게 한 사람이었다. 종교개혁 때까지 거의 천 년에 이르는 기간 동안 그의 명성이 자자하게 된 시기부터 교회 안에는 경건이 중요하게 자리 잡지 아니한 때가 없었고, 우리는 그 모든 것이 직접적으로나 간접적으로 그의 영향력과 저술들과 긴밀하게 연계되어 있음을 믿지 않을 수 없게 되었다. 그것은 심지어 로마교회에서 주장하는 경건과 같은 진술들에게도 동일한 내용을 적용시킬 수 있다. 이는, 즉 로마교회 안에도 어거스틴의 영향이 지대하다는 것을 의미한다. 이것은 17세기에 포르트 왕실주의자들(Port Royalists)과 프랑스의 얀센파들과 같은 배교자들의 공동체 가운데서도 단연코 가장 특출 난 점으로 부각되고 있는 부분이다.

하나님의 진리를 수호하고 확산시키는 일을 위하여 교회의 머리이신 그리스도로부터 각양 재주와 은혜를 힘입음으로써 실로 탁월함을 보여준 어거스틴은 어떤 의미에서든지 우리가 무한 신뢰를 보낼 수 있는 무오한 판단자가 될 수 없다. 하나님께서는 감동되지 아니한 어떤 인간에게도 또는 사람들의 조직인 어떤 기관에게도 무오한 판단자가 되도록 허락하신 적이 없다. 그리고 그들이 처해 있는 상황들이 미칠 수 있는 모든 측면에서 월등한 자리에 있도록 허락하신 적이 없다. 그리고 그들이 속해 있는 자들에게 우월한 영향력을 행사하도록 허락하신 적이 없다. 어거스틴도 당대의 교회에 널리 확산되어 있었던 부패와 오류적인 실천사항들에 상당히 관여되어 있었다. 반드시 인정해야 할 것은 적어도 교황제도의 부패사항들 중 몇몇 가지는 그렇게 온전히 발전되어 드러나지 않았을지라도 그의 저작들 속에 존재하고 있다는 사실이다. 그러나 그에게 혐의를 둘 만한 큰 결함은 그가 이신칭의 교리에 대해 더욱 분명하고 정확한 진술을 하지 못했다는 점이다. 그는 성화와 구분되는 법정적으로나 사법적 차원의 칭의의 개념을 정확하게 이해하지 못하였다. 그는 로마교회가 여전히 혼동하고 있는 것과 같이 칭의와 성화를 함께 혼용한 것으로 보인다.

실제로 어거스틴과 같이 의심의 여지가 없이 뛰어난 경건을 지니고 있고, 하나님의 주권적인 역사를 깊이 인식하고 있는 사람이 인간의 전적 부패와 인간의 본성과 조건을 결정하는 데 자신의 구원을 위해서 어떤 행실이나 공적을 신뢰할 수밖에 없었다는 것은 있을 수 없는 일이다. 그러므로 그는 실천적으로나 심적으로 그리스도만이 구원의 길이라는 것을 굳게 의지한 자라고 단언할 수 있다. 이러한 일반적인 진술은 그와 함께 하는 초기나 중세 시대의 많은 사람들의 저작에서도 참된 것으로 발견될 수 있는 부분이다. 그러나 어거스틴은 이 문제와 관련하여 하나님의 말씀에 대한 어떤 지식도 획득한 것이 아니었다고 말했다. 이는 그가 가진 소망의 이유나 근거에 대해서 일관되고도 정확하게 대답할 수 있는 답을 하나님의 말씀에서 찾지 못했기 때문인 것으로 보인다.

나는 이미 앞에서 초대교회 역사 가운데서 매우 이른 시기에는 성경적인 칭의 교리에 대하여 매우 모호한 입장을 띠고 있었다는 것에 대해 언급했다. 주님께서 루터와 같은 인물을 그의 도구로 일으켜 세우셔서 그처럼 중요한 주제를 효과적으로 드러내기 전까지는 칭의 교리의 온전하고 순결한 가르침이 재생되지 못하였던 것이다. 초기 교부들은 성찬의 목적과 효과에 대해서도 비성경적이고 신비적인 치원에서 말하였다. 실로 그들은 세례가 마치 죄 사함과 인간의 도덕적 특성들의 회복을 상징하고 나타내는 것만이 아니라 실제적으로 그러한 일들이 발생하고 있는 것으로 다양한 방면에서 의논하였다.

어거스틴은 하나님의 말씀과 그 말씀의 체계에 대해서 너무 많이 알고 있었고, 그러한 견해들로 치우쳤다. 그러나 그는 세례의 특성과 효과들에 대한 개념을 분명하게 붙잡고 있었고 세례가 죄 사함과 연계되어 있다는 개념도 알고 있었다. 그런데 그것이 그가 지나친 비약으로 나아가게 한 요인이 되었다. 그는 곡해한 것은 아니더라도 세례를 오직 믿음으로만 의롭다 함을 받는다는 성경적인 교리의 배경으로 삼게 만들었다. 세례 문제는 그가 펠라기안들과 벌인 논쟁에서 크게 언급되었다. 그는 유아세례를 원죄의 근거로써 죄 사함을 위해 필요한 것으로 주장하였다. 반면에 펠라기안들은 현대의 소시니안들과 같이 제정된 의식 또는 가시적 교회의 교통 속에 진입을 허락하는 외적인 예식으로만 간주하였다. 원죄를 부정하는 펠라기안에 대해 반대 입장에 섰던 어거스틴은 세례의 사용과 적용점에 있어서 세례에 대한 문제를 바르게 진술한 것은 틀림없다. 그러나 세례의 특성과 목적에 대해 잘못되고 과장되고 왜곡된 점들이 많았던 사실에 대해서는 놀라지 않을 수 없다. 그가 형식적인 예식의 중요성, 세례를 받지 못하고 죽은 모든 유아들은 영원히 비참한 상태로 인도된다는 교리를 대담하고 명료하게 말했다는 점은 우리를 당혹스럽게 한다. 그런데 로마교회에서는 이러한 교리를 가르치고 있다.

어거스틴 시대에 행해진 펠라기안 논쟁에서는 다양한 주제들을 논의되었다. 실제로 기독교의 주도적인 교리들이 적지 않게 다루어졌다. 그러나 여기서 삼위일체론과 구속론은 예외적이었다. 왜냐하면 그들은 이러한 교리들을 그 당시에 잘 이해하지 못했기 때문이었다. 다시 말하자면, 본래의 펠라기안들은 자신들의 원칙들을 따르고 발전시켜 감에 있어서 현대의 소시니안들의 대담하고 일관된 입장을 가지지 않았기 때문이었다. 포브스(Forbes)는 그의 『역사신학 강론들(Instructions of Historical Theology)』에서 어거스틴과 그의 반대 논객들 사이에 논의된 총 26개의 논제들을 열거한 바 있다. 그러나 그 모든 것들은 몇 가지 주제들로 줄일 수 있는 것들이다. 예를 들면, 원죄론, 자유의지론, 죄인들의 회심과 성화에 있어서 은혜론이나 신적 작용론, 예정론 및 성도의 견인 교리 등으로 분류할 수 있다. 우리는 이러한 제목들을 가지고 간략하게나마 언급하고자 한다.

이러한 제목들로 나뉜 것들을 살펴보기 전에 주목할 점이 있다. 그것은 펠라기안 논쟁에서 어거스틴의 수고와 작품들의 영구한 가치는 지금 소시니안들과 이성주의자들에게까지 이어져 온 펠라기안 사상의 실체를 하나님의 은혜로 말미암아 처음부터 명확하게 폭로한 것에 있는 것에만 놓여 있는 것이 아니라는 점이다. 그 가치는 또한 세미펠라기안으로 알려진 자들의 가르침까지도 들춰냈다는 사실에도 놓여 있다. 어거스틴의 이러한 교훈은 신적인 역사하심의 필요가 전혀 없이 영적인 것들에 있어서 인간의 능력을 과도하게 부풀려서 죄인들의 구원의 영광을 구원받은 자와 구세주 사이에서 함께 누린다는 작자들의 모든 시도들을 물리치는 분명한 처방책을 제공한다. 따라서 이렇게 중요한 논쟁에 대해서 우리만이 선사할 수 있는 간략하지만 불완전한 개념에 대해 어거스틴이 철저하게 밝혀내고 변호해 왔으며, 우리는 이 주제들이 지녀 왔던 모든 오류들의 근본 뿌리를 내리치게 한 성경의 진리에 우리 자신을 매이게 해야 한다고 명백하게 주장하지 않을 수 없다.

2. 전적타락-원죄

기독교 교리의 한 지류인 인간론은 '인간이란 무엇인가?'라는 질문에 대한 답변을 제시한다. 즉, '인간의 도덕적이고 영적인 특성과 역량들에 있어서, 그리고 하나님과 영원성과의 관계에 있어서 인간은 무엇이란 말인가?'라는 질문에 대한 답을 제공하는 것이 인간론이다. 만약 이에 대한 답을 인간의 도덕적 특성의 실제적인 모습들과 구성 요소들을 고려하여 얻고자 한다면, 인간 스스로가 자신의 마음을 살핀다거나 자신의 삶을 측량하는 것에는 무능력하다거나 적합한 존재가 아니라고 말할 수 없다. 그보다는 하나님께서 인간 속에 있는 것이 무엇인지 인간 자신들보다 더 잘 아시기 때문에 하나님의 말씀 안에서 인간과 관련된 계시를 인간이 명백히 복종하며 받아들여야 한다는 것이 매우 합리적이다. 그렇다면 이제 질문은 바로 이것이다. '인간의 실질적인 도덕적 특성과 영적인 관계들, 그리고 역량들과 관련하여 하나님께서 그의 말씀 안에서 우리에게 계시하여 주시기를 기뻐하신 것들은 무엇인가?' 기독교 신학에서 제기되는 모든 질문들과 마찬가지로 이 질문도 그 주제와 관련된 하나님의 말씀의 다양한 진술들의 참된 의미가 무엇인지를 정확하게 파악함으로써 광범위한 답변을 찾을 수 있을 것이다.

일반적으로 분명한 것은 성경에서 인간의 실질적인 도덕적 성품과 영적 역량들에 대하여 우리에게 드러내 주고 있는 것은 하나님과의 관계와 관련된 것이다. 이것은 이 세상에 태어나서 성장해 가면서 경험하게 되는 것이다. 영원한 운명을 드러내는 것과 관련된 이 모든 경향은 우리 자신들의 가치나 능력들에 대하여 높이 평가하도록 이끌기에는 적합한 것이 아니다. 하나님의 말씀은 분명 모든 사람들이 다 하나님의 법을 어겼고 그리하여 그 결과로 모든 악행을 자행하는 자가 되고 말았음을 가르친다. 뿐만 아니라 인간의 도덕성의 실제적인 양상으로서 인간은 하나님의 법을 어기기 쉬운 처지가 되었고 이것은 인간 스스로의 힘으로는 결코 해방할 수 없는 것이 되고 말았고, 그 죄로부터 건짐을 받고자 한다면 하나님의 간섭하심이 반드시 필요하다는 사실을 가르친다.

그러나 인간의 도덕적 성향과 상태에 대한 이러한 견해를 수용하기 싫어하는 자들은 성경의 가르침과는 상관없이 사람들이 보편적으로 수용할 만한 것들을 주로 내세운다. 즉, 인간은 본래 창조주 하나님의 손에 의해서 창조되었을 때 이러한 도덕적 성향을 소유한 자로 지음 받은 것이 아니라고 주장한다. 그것은 우리의 첫 부모인 아담과 하와가 지음 받았을 때에는 그와 같은 성향이 아니었기 때문에 인간의 기질이 변하였다고 주장할 수 없다고 말한다. 그들은 우리의 도덕적 성향과 역량들은 아담과 하와가 가졌던 것과는 전혀 다른 것이라고 언급하는 것이다.

그들의 주장을 반대하는 자들은 우선적으로 본래 인간이 처음 지음 받았을 때 그러한 성향을 지닌 존재로 만들어졌고 본래 지음 받은 상태로 쭉 남아 있게 되기를 바라는 차원에서 그러한 논리 자체를 반대하지 않았다. 그러나 그들은 아담이 자신과 자신의 후손들에게 저지른 첫 번째 죄에 대해서 성경이 설명해 주고 있기 때문에 확신했다. 즉, 그 죄의 결과로 인간 족속에게 한 가지 중요한 도덕적 저하가 유입되었음을 성경이 명백하게 증거하고 있기 때문이다. 이에 대해서는 인간이 세상에 존재하면서 발견되듯이, 모든 인간의 실질적인 성품에 대하여 성경이 직접적이고 즉각적으로 설명하고 있는 내용들을 받아들일 수밖에 없다는 것을 확증하며 설명하고 있는 것이 전부이다. 아담은 하나님께 죄를 지었다. 그로 인하여 그는 허물의 죄책을 일으켰을 뿐 아니라 그 자신의 도덕적 성품까지도 왜곡시켜 버렸다. 그 결과, 그의 모든 후손들의 도덕적 성향과 역량들도 다 비뚤어지게 되었다. 그리하여 인간은 이 세상에 오면서 아담이 타락하기 이전에 가졌던 동일한 도덕적 성품은 가져오지 못하였고, 인간은 본래 펠라기안들과 소시니안들을 제외하고 성경의 권위를 전적으로 신뢰하는 자들이 대체로 다 인정하고 있는 일반적인 타락한 상태로 전락하고 말았다. 그러나 우리는 여기에만 머물러 있어서는 안 된다. 이 주제에 대한 성경의 전체적인 가르침을 더 살펴보아야 한다. 성경에 있는 그대로를 알아보고, 어거스틴이 주장한 것이 무엇인지를 확인해 볼 필요가 있다.

인간의 실질적인 도덕적 성향과 역량이 무엇인지 다루는 데 있어서 한 가지 사실을 먼저 살펴보고자 한다. 즉, 직접적이고 우선적인 문제인 '인간이란 무엇인가?'라는 질문에 대한 답을 확인해 보고자 한다. 그런데 여기서 우리는 인간의 기원이나 출처, 또는 사람들과 관련된 것에서 찾을 수 있는 원인이나 근본적인 출처(rationale), 혹은 인간의 현실적 상황에서 실제적으로 답이 될 만한 것들을 다루려는 것은 아니다. 물론, 인간의 실제적인 도덕적 성향과 역량이 무엇인지, 그리고 그러한 것들이 어떻게 존재하게 되었는지에 대한 분명한 정의를 내리고 설명을 하기에는 역부족일지 몰라도 명백하게 정확한 주장은 할 수 있다. 그러나 전체 주제를 이해하고 그것이 담아낸 증거의 타당성에 대해서 올바르게 평가하려면, 두 가지 질문들 간의 차이를 구분 지을 수 있어야 한다. 인간 본성의 불경건함과 타락함의 기원과 이유에 대해 조사해 보면 이것과 연계되어 있는 난제들이 실제적으로 인간의 도덕적 상태의 현상으로서 존재하는 것들의 증거와 표현들에 지나치게 많은 영향을 끼쳐 왔다는 사실을 확인할 수 있기 때문이다.

'인간이란 무엇인가?'에 대한 질문에 직접적이고 즉각적으로 답을 주는 확실한 성경적인 증거는 풍부하다. 그리고 도덕성 측면에서 인간이 할 수 있는 역량에 대한 것은 성경이 우리에게 인간의 슬픈 현실적인 문제들의 기원이나 원인과 관련하여 전해 준 정보들과는 상당히 거리가 먼 것들이다. 성경적인 근거에 비추어 볼 때, 인간은 진짜 모든 것을 할 수 있다고 확신하는가? 하나님의 율법에 비추어 판단할 때 그리고 우리 자신들의 의무들에 비추어 판단할 때 우리는 인간들이 행하는 모든 것들이 모든 만물보다 더 거짓되고 악한 마음들을 세상에 가져온다는 사실을 알 수 있다. 예를 들어, 우리 안에 우리의 육체 또는 자연적인 성향에는 선한 것이 존재하지 않는다는 것이다. 또한 인간이 중생되어지고 성결케 하는 은혜를 힘입게 되기 전에는 인간 마음에 생각하는 모든 것들은 다 계속해서 악한 것뿐이다. 그러므로 이러한 상황을 초래하게 된 방식이나 상황들과 관련하여 던질 수 있는 질문들을 결정하는 데 가해지는 압박처럼 너무나 무겁게 다가오는 것에서 인간은 우선적으로 올바른 사고를 가진 존재가 아니라는 것을 느낄 수밖에 없다. 또한 그것을 설명하고 옹호하는 방식에 대한 결정을 하는 부분도 마찬가지이다.

다른 것들과 마찬가지로 그 문제에 적합한 적당하고 충분한 증거에 의해서 성립된 존재와 실제, 어두움과 어려움 속에 내재된 원인들이나 이유들도 다 동일한 바탕 위에 서 있는 것이다. 이 주제를 논의함에 있어서 '진짜 인간의 도덕적 본성의 특성이 무엇인가?' 또는 '인간이란 무엇인가?'에 대한 가장 우선적인 질문을 살펴보는 것은 사실상 매우 힘겨운 일이다. 그리고 인간이 어떻게 해서 불경건하고 타락한 존재가 되었는지, 그리고 인간이 세상에 올 때 어떻게 그러한 도덕적 성향을 지닌 존재로 오게 되었는지에 대한 질문에 따라붙는 부차적인 모든 어려움들이 있다. 그렇지만 그러한 근본적인 질문은 도리어 하나님을 죄의 조성자로 만들고 인간의 책임성을 파괴하는 혐의로부터 벗어날 수 있게 하는 것들이다.

우리의 첫 부모의 본래의 도덕적 특성과 관련된 질문들은 지금 인간의 실제적인 도덕적 특성이 무엇인지에 관한 질문 위에 모두 다 놓여 있다. 그러한 질문들의 예로는 그들 자신들의 도덕적 특성에 그들의 범죄가 미친 영향, 지금 모든 인간이 죄를 범한 후에 가지게 된 도덕적 특성과의 일체성 문제, 그리고 타락한 존재로서 그들의 도덕적 특성과 그들의 후손들의 도덕적 특성 사이의 차이점 등이다. 다시 말하자면, 실제적인 사실이나 상태에 대한 설명이 주어지는 위치는 그것들의 기원에 대해 설명되거나 변호되는 입장에 있는 질문 위에 놓여 있다는 것이다. 결정하는 이성 (*rationes decidendi*)의 증거를 제대로 평가하기 위해서는 이 구분을 지키는 것은 매우 중요하다.

전적 타락과는 구분되는 것으로서 범죄 문제와 관련하여 아담의 첫 범죄가 낳은 것은 인간의 실제적인 상태와 직접적으로 매우 근접한 관련성이 있다. 왜냐하면 일반적으로 정통 칼빈주의 신학자들의 견해에 따르면 그의 후손에게까지 전가된 아담의 첫 번째 범죄행위는 직접적으로 후손들이 저지른 범죄의 한 부분이기 때문이다. 그리고 그것은 아담의 후손들의 실제적인 상태 중 한 가지 중요한 양상을 구성하는 요소이기 때문이다. 즉, 그것은 그들의 범죄행위, 그들의 죄악들(reatus), 그렇게 될 수밖에 없는 상태에 대해 책임질 근거가 되고, 저주를 포함한 형벌을 피할 수 없는 상태로 놓이게 된 원인이다.

그러나 우리가 이미 설명한 것처럼 한편으로 죄책의 문제라든지 또는 단순히 그 죄책이나 형벌을 받아야 하는 것으로부터 건짐을 받고, 다른 한편으로 하나님께 받아들여지는 존재가 되게 하는 칭의 문제가 어거스틴 시대에 벌어졌던 것처럼 펠라기안 논쟁의 직접적인 원인이 아니었다.

그 논쟁의 직접적인 원인은 불경건함이나 타락에 관한 문제였다. 그리고 하나님의 뜻을 행할 실제적인 역량이 인간에게 있는가에 관한 것이었다. 그리고 인간의 책임을 면해 보려는 것이 실제적으로 논쟁거리가 되었다. 이에 우리는 그러한 것들도 함께 주된 주제로 삼아 다루어 보고자 한다.

아담의 첫 범죄를 그의 후손에게 지게 한 것과 일반적으로 아담과 그의 후손 사이의 관련성 문제는 실제적으로 어거스틴과 그의 대적자들 사이에서 논의된 것이었다. 그러나 우리가 구분하여 설명한 것과 일치하듯이 아담의 첫 범죄는 실제적으로 후손들에게 부착된 범죄행위의 한 부분인 것처럼 보이는 것과 같이 직접적인 것이 아니라 간접적인 것이다. 이는 아담의 첫 범죄와 그로 인해 즉각적으로 수반된 결과물을 생각해 볼 때 그러하다. 즉, 타락이나 불경건함이 만연되어 내면 깊은 곳에 놓여 있는 시작점이나 근거에 대하여 설명해 주는 것을 고려해 볼 때 간접적이다. 이것은 성경과 우리 경험에서 모든 인간의 도덕적 성향의 실제적 모습이라고 일관되게 선포된 것과 같다. 어거스틴은 칼빈주의적 원리들을 방어함에 있어서 온전하고 위대한 진리를 매우 분명하고 정확하게 파악하고 전개시켰다. 즉, 아담은 하나님에 의해서 그의 후손들을 대표하는 언약적 수반으로 제정된 자였다. 아담의 공판이나 검증, 즉 하나님의 평가에 있어서 인류 족속의 공판이나 검증은 하나님이 지으신 지혜롭고 공정한 체질이나 설계에 따라서 이루어진 것이기에 후손들이 불공정하다거나 호의적인 것이 아니라고 입증할 수 있는 것이 아니다. 따라서 아담의 범죄는 합법적이며, 사법적인 측면에서 볼 때 거기에 어떤 불공평함이 없이 아담의 후손들의 것이 된 것이다. 그리하여 후손들은 아담의 첫 범죄의 결과에 자연스럽게 포함되고 만 것이다.

만일 인간이 이 세상에 올 때 하나님의 율법을 어기고 율법에 이르지 못하는 불경건하고 타락한 존재로 오는 것이 분명하다면, 즉 그들이 변화되기 전까지는 피할 수 없이 실제적으로 도덕적 의무를 무너뜨려 버린 존재로 오는 것이라면 아담은 분명 그 후손의 대표이고, 온 인류 족속의 수반으로 제정된 것이다. 그리고 그 대표성의 지위는 하나님께서 견지하고 있는 것이다. 이에 따라 아담의 자손들도 아담 안에서 죄를 지은 자들이며 그의 첫 번째 범죄행위에 함께 가담한 자로 타락한 자들이 되는 것이다. 이것은 인간이 이 세상에 올 때 도덕성이 모두 타락한 상태로 왔다는 중요한 사실을 설명하려고 제안된 유일한 접근 방식이다. 그리고 하나님과 그의 율법을 생각하면 전적으로 벗어난 타락자라는 인식이다.

만일 누군가 이 설명을 만족스럽지 못하다고 생각한다면, 더 나은 설명을 고안해 내거나 제시하는 일은 전적으로 그 사람의 몫이라고 생각한다. 성경에는 공명정대한 측면에서 이에 대해 충분히 진술되어 있고, 잘 정립되어 있기 때문에 그것을 만족스럽게 설명하고자 하면 할수록 점점 더 그 사실을 전적으로 부인하는 결과에 도달하게 되거나 완전히 잘못된 설명으로 빠져 버리게 된다. 즉, 인간이 이 세상에 경건하지 못함과 타락된 본성을 가지고 왔다는 사실을 부인하거나 부정한 모습이나 타락한 면을 말하기는 하지만 본성에 붙어 있는 무엇으로 드러내게 된다. 그렇게 되면 하나님과의 관계에서나 육체적으로 영향을 끼치는 것을 설명하는 것, 그리고 신적인 어떠한 개입이 없는 그들의 미래의 운명을 연관시켜 설명하는 일은 더욱더 역부족이 되고 만다. 결과적으로 그것은 이상적으로나 현실적으로 뭔가 설명이 필요할 정도로 중요한 것으로 나타나지 않게 된다.

이 모든 것은 우리가 관찰해 온 사실을 뒷받침해 준다. 그것은 무엇보다 타당성과 중요성을 규명하는 것과 관련하여 만일 가능하다면 정통적인 견해를 반대하는 사람들은 그 사실과 그 원인, 즉 죄의 기원과 원인 사이에 섞여 있는 불공정한 이점을 박탈당할 수 있게 하는 그 사실이 실제적으로 어떻게 성립이 가능하겠는가! 이제, 분명하고 확실한 결론을 내리기 전에 그 질문에 대해 가능한 한 공정하게 파악해 보도록 하자. '인간은 세상에 올 때 부정함과 타락한 본성을 가지고 온 것인가? 아닌가? 만일 가지고 온 것이 맞는다면, 실제적으로 그리고 사실상 인간의 도덕적 성격의 한 모습으로서 붙어 있는 부정함이나 타락의 힘이 어느 정도인지 가늠할 수 있는가? 그리고 그 결과들에 대해서 실제적으로 검증하거나 시험할 수 있는 기준을 우리는 가지고 있는가?' 이와 같은 문제를 규명하고자 할 때 두 가지가 필요하다고 본다. 즉, '어떻게 그것이 시작된 것인지 그리고 그것을 어떻게 설명할 것인지' 그리고 다른 한편으로, '이론적으로 그리고 실제적으로 어떤 결론으로 이끌게 되는지'를 고찰해 보는 것이 적절하다고 판단된다. 이러한 관점에서 살펴볼 때, 즉 그 질문 자체를 염두에 두고 직접적으로 타당한 증거를 제시하는 측면에서 관찰해 볼 때, 그에 대한 확실한 결정에 도달하는 데 그렇게 큰 어려운 문제는 없어 보인다.

성경에는 인간이 본질상 그러한 모든 것들을 가지고 있다는 것을 확신시켜 주는 명백한 증거들이 충분히 많다. 즉, 인간이 세상에 오게 될 때, 분명한 변화가 그들에게 미치기 전까지는 비뚤어짐, 하나님을 무시하는 경향, 하나님께서 인간에게 부과한 의무들을 무시함, 그리고 그 율법들을 무너뜨려 버리는 성향 등을 본성적으로 가지고 온다는 증거들이 많이 있다. 인류의 역사를 조명하고 인류 족속들이 처한 상황에 대한 실제적인 경험이나 조사는 성경의 이와 같은 교리를 완전하게 확증하고도 남는다. 이를 통해 그러한 경향이 보편적으로 모든 인간에게 다 해당된다는 것을 알 수 있다. 그러한 성향은 독자적인 노력들이나 외부적인 환경과 병합된다 하더라도 인간 스스로는 극복 자체가 절대 불가능한 것처럼 매우 강력한 것이다. 원죄 문제에 대해 조나단 에드워드의 말을 인용하자면 다음과 같다. 즉, 그는 '모든 시대의 모든 인간은 지속적으로 어떤 경우에도 예외 없이 도덕적인 악으로 달려 나갑니다.', '결과적으로 모든 인류는 죄를 짓고 사악한 일을 저지르는 본성에 퍼져 있는 그 영향력 아래에 놓여 있습니다.'라고 말했다.

자신들의 본성이 죄를 짓는 성향을 가지고 있다는 사실을 전혀 인식하지 못하고 있는 사람들이 참으로 많다. 또한 그것을 공개적으로 부정하는 자들도 상당하고, 그것을 증명하고 싶지 않아서 자신들의 양심에 호소하는 자들도 많다. 그러나 이것을 인간의 본성의 실제와 보편성에 반하는 논지로 뒷받침하기는 매우 부족하다. 왜냐하면 성경에서 그러한 본성에 대해 명백하게 서술하고 있기 때문이다. 그 자체가 그러한 경향성을 드러내는 것이고, 그 결과로서 그와 같이 나타나는 것이기 때문이다. 죄성의 즉각적인 결과들로 인하여 사람들은 자신의 존재에 대해서 어둡고 무감각한 자가 된 것이다. 이러한 교리를 전면적으로 부정하고 반대했던 많은 사람들이 이 교리의 진실에 확고하게 설복된 바 있다. 이 사실을 실제적으로 그리고 이성적으로 믿은 자들 중에서 그 진리를 거부한 자들은 아무도 없었다. 완전하고 공평하게 판단한다면, 하나님의 말씀이 제공하는 것을 가지고 자신을 검증하는 일에 복종하거나 이를 양심적으로 허용한 자들 중에서 이 진리를 명백하게 증언하지 않는 자리에 나간 자들은 거의 없다. 이 교리의 특성이나 교리 자체가 선언하고 있는 것을 보면 그것이 사실인지 아닌지 분별해야 할 책임은 인간에게 있으며, 각 사람은 그 진리가 근거하고 있는 것에 대해 분명한 확신을 지녀야 함을 요청받게 된다. 일단 확신이 들게 되면 비로소 그 죄의 기원과 결과, 즉 죄의 원인이 무엇이며 그 결과가 어떤 것인지를 검토하는 시간이 된다. 그러면 그 문제를 검토할 때 따라오는 어렵거나 당혹스러운 것들이 무엇이든, 그리고 그 자체를 실제적으로 적용하고 그로부터 파생되는 주목할 만한 결과들이 어떠하든 그 진리를 확신하고 나아가는 데 흔들리게 할 수 없으며, 충분하고 적절한 증거를 통해 만족스럽게 자리 잡은 인간의 도덕적 성향의 진상을 흔들리게 할 수 없다.

앞에서 언급한 것과 같이 성경은 우리에게 죄의 기원과 출처에 대한 몇 가지 설명을 제공해 준다. 물론 그 자체가 우리들이 완벽하게 이해할 수 있는 수준의 원칙 안에서 주제를 다룸으로써 속 시원한 답을 주는 것은 아니다. 그러나 펠라기우스와 논쟁을 벌인 어거스틴이 이 주제에 관한 성경의 핵심을 온전하고 정확하게 제시해 준다. 그 부분에 대해서는 이미 간략하게나마 설명한 적이 있는데, 그는 다른 어떤 시도보다도 타당한 논지로 이에 대해 언급하였다. 사실상 많은 사람들은 이 세상에 인간이 가지고 온 인간의 도덕적 성향의 실제적 양상으로 구성되어 있는 죄 짓는 본성을 지적하지 않고 인류 가운데 퍼져 있는 실제적이고 보편적인 죄의 현상을 설명하고자 시도해 왔다. 그러나 실제로 드러나고 있는 죄의 성질 자체가 이 세상에서 보편적으로 분명하게 작동되고 있다는 사실을 인정하거나 깨닫게 될 때 그들은 다른 어떤 논거를 제시할 수 없게 된다.

실제로 성경의 권위 있는 설명을 수용하면서 그 죄의 기원이나 원인을 설명해 보려는 시도 자체를 포기한 자들도 있었다. 다시 말하면, 그들은 우리의 첫 부모인 아담의 죄가 그의 후손들에게 전가되었다는 아담의 언약적 수반의 지위를 수용하거나 받아들이는 일을 하지 않고도, 또는 아담과 그의 범죄로부터 흘러 들어왔다는 사실을 수용하지 않고도, 인간 본성은 전적으로 타락되었고 부패하였다는 사실을 붙들게 되었던 것이다. 이것은 '성경이 아담의 죄가 그의 후손들에게 전가되었다는 교리를 뒷받침해 주고 있느냐'라는 질문을 제기한다. 만일 그렇다고 한다면, 그 다음에는 이 원리가 인간 본성의 보편적인 부패와 타락에 대한 사실을 설명해 주는 방향으로 작용하고 있는지에 대한 질문이 이어지게 된다.

어거스틴은 아담의 죄는 이 도덕적 타락과 부패에 그의 모든 후손들이 다 포함되어 있는 것이라고 주장하였고, 이를 증명하였다. 왜냐하면 그는 그 부패와 타락이 후손들의 것이라고 인정하지 않을 수 없기 때문이었다. 앞에서 설명했던 것처럼 어거스틴은 칼빈주의자들이 일반적으로 제시한 두 가지 측면 중에서 아담의 죄가 후손들에게 전가되었다는 것을 적용시키지는 않았고, 두 번째 측면을 적용했다. 칼빈주의자들이 본 두 가지 측면은 즉시 후손들에게 붙게 된 죄책이나 죄과(reatus)의 근거로서 보는 부분과 후손들의 보편적이고 실질적인 도덕적 타락에 대한 설명을 제공해 주는 근거로 보는 부분이었다. 그런데 어거스틴은 이 두 측면 중에서 후자만 적용했던 것이다. 하나님께서 인간을 창조하실 때 죄 지을 기질이 번져 있는 존재로 만든 것은 아니었다. 그 기질 자체가 퍼지게 된 것은 범죄의 결과 또는 불순종의 결과로 벌어진 것이었다.

이는 설명되어질 수 있는, 또는 그것과 관련된 형벌이 되는 것으로, 그 관계는 반드시 형벌적 성격을 지닌 것으로 제시될 수 있는 불순종이나 죄악의 유일한 행동은 우리의 첫 부모의 것이다. 그 범죄가 우리의 도덕성에 영향을 미친 것으로서 우리에게 작용될 수 있는 유일한 길은 첫 부모의 범죄가 우리에게 전가됨으로 말미암은 것뿐이다. 그리고 그것이 우리의 것으로 간주하는 것으로 말미암은 것이다. 이것은 또다시 하나님은 아담을 인류의 대표자로 또는 인류의 언약적 수반으로 제정하신 그 원칙으로부터 그 설명을 수용하는 것이다. 그리하여 그의 시험은 실질적인 것이었고 법률적 측면에서 인류 족속의 시련이 된 그의 실패와 죄는 그의 후손들의 실패와 죄가 된 것이다.

성경에서 우리에게 계시하여 준 내용, 즉 인간은 부정함과 타락된 속성을 가지고 세상에 왔다는 것 외에 다른 무엇은 아무것도 없다는 사실은 우리가 하나님의 권위 있는 가르침 위에서 그 사실을 수용하는 것만이 우리의 의무임을 지적해 준다. 물론 하나님께서는 그것에 대해서 어떤 설명을 주지 않았을 수도 있고 우리도 그것에 대해서 어떤 것도 전적으로 궁리해 낼 수 없지만 하나님께서 계시해 준 것을 받는 것이 우리가 취할 태도인 것은 분명하다. 그 사실 자체로만 보아도 이 주제와 관련한 우리의 우선적이고도 *가장 중요한* 의무는 이것이 정말 그러한지 아닌지에 대해서 분명히 점검하는 것이다. 그러나 성경은 아담과 관련하여, 그리고 첫 부모의 첫 죄악과 관련하여 인간이 본성이 부패와 타락을 지닌 것으로 확신할 수 있게 하는 근거를 명확하게 추적하게 한다. 성경에서는 그 연관성이 하나님께서 제정해 주신 구성 요소나 배열 또는 언약에 근거하고 있는 것임을 충분히 진술해 준다. 이것은 온전히 공정한 진술이다. 이로써 아담의 시련과 판결은 모든 인류의 시련이요 판결이 되는 것이다.

이것은 인간 본성의 한 모습으로서 실제적인 부정함과 부패함이 보편적인 사실임을 알게 하는 것에 더하여 성경이 우리에게 주는 정보이다. 그래서 계시된 것과 같이 우리는 그 사실을 수용해야 하고 그 진리에 복종해야만 하는 것이다. 동시에 이 부가적인 정보가 그 사실을 설명하는 것을 향해 *약간의* 빛을 조명해 주고 있음을 보게 될 때 큰 문제는 없다. 실로 그 주제는 여전히 신비적인 것이다. 우리가 그것을 완벽하게 이해할 수 있어야 하는 것은 아니지만 우리가 간략하게 설명한 그 진술은 모두 다 하나님의 말씀으로부터 나온 명확성이나 확실성을 지닌 제대로 된 교리라고 생각한다. 그들은 이 문제에 내포된 다른 요점들의 바탕 위에서 우리에게 준 정보를 다 소진하였다. 그들은 짜임새 있고 지능적인 계획을 세웠고, 그 계획은 자신의 역할을 정교하게 다듬고 다른 부분을 설명하는 방식으로 그 주제의 전부를 펼쳐 보이고 있다.

아담의 첫 죄가 그의 도덕적 성향에 나타나게 되고 그의 모든 후손들에게도 속한 것이 되었다는 것을 성경에서 가르치고 있는 것과 관련되어 있는 난제들은 그의 후손들에게 그 죄과가 전가되었다는 것과 함께 그 주제에 대한 우리의 연구에 영향을 끼치는 것은 아니다. 즉, 인류의 실질적인 도덕적 특성이 무엇인지나 그것과 관련하여 우리가 결정하는 것에 아무런 영향을 미치지 않는다. 성경에서 명확하게 제공해 주는 인간 본성의 도덕적 부패의 기원과 원인에 대한 사람들의 견해는 그 증거의 힘을 약화시키거나 신뢰를 떨어뜨리거나 있을 법하지 않은 것으로 만들지 못한다. 그 사실이 분명하지 않으면 사람은 타락의 기원이나 원인에 대해서 탐사할 만한 근거를 가질 수 없기 때문이다. 이 점을 분명히 할 때만 이 연구를 공명정대하고 신실하게 할 수 있는 유일한 방편이 될 것이다.

공정하고 신실하게 접근하게 될 때 사람은 이 위대한 사실의 기원이나 원인에 대한 성경적인 진술과 관련하여 그 사실 자체를 의혹하게 만드는 어떤 근거들조차 발견하지 못하게 된다. 그것들은 그 자체의 적법한 증거 위에 세워지게 될 뿐 아니라 그에 대한 성경적인 설명이 비록 어려운 문제들을 제거하지 못할지라도 거기에 무시하지 못할 빛을 던져 주게 된다. 이 주제에 대해서 성경이 가르쳐 주고 있는 모든 것이 잘 병합될 때 그것들은 모두 다 잘 들어맞는 것이 된다. 그리고 이 주제에 대한 보다 큰 일반적인 교리의 다른 지류들도 서로 강화시키고 지지하는 것이 된다.

지금까지 인간 본성의 부패와 타락의 기원과 원인에 대하여 확립된 것이나 가정된 사실로부터 회상해 보거나 되돌아보는 일에 많은 시간을 쏟았다. 이제는 그 사실로부터 나온 결과의 산물들에 대해서 전망해 보거나 살펴보도록 하자. 펠라기안 논쟁에서 어거스틴 시대에 이해했던 것처럼 주로 취급된 것은 타락의 결과들이었다. 이는 죄과와 관련된 것으로서의 타락의 결과물들이 아니라 만일 인간이 구원받으려면 사죄를 획득하고 용납되는 것을 보장하기 위한 몇몇 예비적인 필요 조치로서 다루어진 것이었다. 그러나 타락과 관련되어서는 인간의 본성을 변화시키기 위해 필요한 조치로서 그 문제를 주로 다루었다. 그리고 그 필요한 처방의 본성과 특성을 결정하는 측면에서 취급되었다. 여기에 이 문제와 관련된 원칙적이고 본질적인 질문이 있다. 그것은 '인간이 세상에 가지고 온 도덕적 실체로서 모든 인간에게 부착되어 있는 이 부패 혹은 타락이 전적인 것이냐 아니면 부분적인 것이냐?' 하는 질문이다.

만일 부분적인 것이라고 한다면 인간은 여전히 본질적으로 선한 무엇을 가지고 있다는 것이 된다. 즉, 선하다는 그 단어의 타당한 차원에서 하나님의 율법이 요구하는 것과 일치되는 실제적인 뭔가를 지니고 있다는 말이 된다. 그 선이 인간으로 하여금 하나님의 피조물로서 그에게 부과된 의무사항들을 이행해야 하는 방식 안에서 뭔가를 할 수 있게 한다는 것이다. 그리고 스스로의 힘과 노력으로 말미암아 그 영향으로부터 전적으로 자신의 구원을 효과 있게 하거나 또는 적어도 효과를 미치게 할 수 있다는 말이 된다.

다른 한편으로 만일 인간의 도덕적 성향에 부착된 부패와 타락이 전적인 것이라고 한다면, 지금 앞에서 지적한 인간 스스로의 능력은 전적으로 찾아지지 않는다. 인간의 자질들과 역량들과 관련하여 방금 전에 언급했던 것과는 정반대의 진술들이 수반된다. 다시 말해서, 하나님과 그의 율법에 대한 인간의 관계성이나 그들에게 부과된 임무들을 이행하기에 적합한 자라는 것, 타락으로부터 그들의 구원에 실제적으로 영향을 끼칠 수 있다는 그들의 역량 문제와 천국에 들어갈 수 있는 자격을 획득할 수 있다는 것을 생각할 때, 전적 타락은 그 모든 것들과 온전히 반대상황에 속한다.

『신앙고백서』에서는 다음과 같이 말한다. 그리고 하나님의 말씀은 인간이 본질상 지니고 있는 이 부패와 타락에 대해서 그 사실을 전적으로 증명한다. 인간은 "죄로 인해 죽은 자들이며, 영혼과 육체의 모든 부분들과 기능들이 전적으로 더럽혀졌다." 인간은 "그로 인하여 전적으로 선을 행하고자 하는 마음을 가질 수가 없고 선을 행할 수도 없으며 모든 선을 대항하며 전적으로 모든 악에 기울어져 있고 실제로 모든 악을 행하게 된다."[9] 이것은 인간의 도덕성에 부착되어 있는 타락의 진짜 실체와 분량 정도가 어느 정도인지를 성경과 우리의 경험이 충분히 일치하여 보여 주고 있는 것으로서 그 이상도 그 이하도 아니다. 증명되었거나 인정된 이 진리의 직접적이고 즉각적인 결과는 영적이고 영원한 것들과 관련해서 인간이 전적으로 무가치하고 무능하다는 것을 전적으로 깨닫게 되고 지속적으로 실감하게 되는 것이다. 그리고 지금 인간의 도덕성에 부착되어 있는 것 또는 전에 부착되어 있었던 그 실체에 대해서 깊이 자각하고 있는 마음과 태도를 소중히 여기는 자세를 가지게 되는 것이다. 이론적으로나 실질적으로 더 중요한 것은 그 부패와 타락을 제거하기 위하여 적절하고 필요한 조치가 무엇인지 그 특징과 출처에 대한 질문을 가진 자세를 보이게 되는 것이다.

물론 사람을 회심시키고 성결하게 함에 있어서 원죄와 인간 타락의 주

---

9) 역자 주) 웨스트민스터 신앙고백서, 제6장 제2,4항.

제가 신적인 은총 또는 하나님의 특별한 은혜로운 역사하심과 깊이 관련되어 있는 것은 사실이다. 이 문제는 어거스틴과 펠라기우스 사이에 벌어진 논쟁에서 주도적으로 논의된 주제였다. 여기에는 또 자유의지라고 하는 중요하고도 어려운 문제를 발생시킨다. 자유의지를 명확하게 묘사하는 것과 방어하는 것 그리고 적용하는 것에 관하여 상당히 많은 다양한 진술들이 쏟아졌다. 심지어 타락한 인간의 도덕성과 영적인 역량에 관하여 서로 주된 이론들을 모두 동의한다고 고백한 사람들 사이에서도 진술의 다변성이 있었다. 실로 인간의 의지의 자유 또는 속박, 자유의지의 해방이나 노예상태에 대한 주제는, 예를 들어서 인간의 의지에 관하여 이 세상에 인간이 부패와 타락한 본성을 지니고 올 때 어떤 측면에서 원죄 교리와 죄인들의 회심에 있어서 하나님의 은혜의 역사 사이에 연결되어 있는, 즉 인간의 의지가 형성되는 것으로 간주되어질지 모른다.

전적타락 교리는 인간의 의지가 즉각적으로 실질적인 노예상태나 속박의 상태로 떨어진 것으로 나아가게 한다. 이것은 일단 입증이 되었을 때 인간에게 선한 것이 있다는 궁극적인 출처와 유일한 원인으로서, 하나님의 특별하신 은혜의 역사하심의 교리를 확립하기에 충분한 것이다. 물론 이 교리는 성경에서 표현된 선언들에 의하여 완벽하게 확립된 것은 아니었다. 그것은 이 관계성 안에서 그리고 *이 관계성만으로* 인간 의지의 노예상태 또는 속박상태를 어거스틴이 주장한 것이었다. 더 중요한 것은 우리의 신앙고백서도 그렇게 주장하고 있는 것이다. 앞에서 인용한 인간의 의지의 자유에 관하여 일반적인 원칙을 진술한 후에 신앙고백서는 이렇게 주장한다. 즉, '무죄한 상태에서 인간이 가진 자유와 선을 행하고 하나님을 기쁘시게 할 의지력과 그렇게 할 수 있는 힘을 가진 것들은 변하기 쉬운 것들이어서 이제 그것으로부터 타락하게 되었다.'라는 것이다. 그러면서 '타락으로 말미암아 죄악의 상태로 떨어진 인간은 구원에 수반되는 영적인 그 어떤 선도 수행할 의지력을 모두 상실해 버렸다. 그리하여 자연인으로서 그 선으로부터 역방향으로 나아가게 되었고 죄 가운데 죽은 자가 되었다. 그리하여 그 자신의 힘으로는 회개할 수도 없고 자신을 회개하는 자리에 나아갈 준비조차도 할 수 없는 자가 되었다.'라는 진술이 이어진다.

내가 이 주제에 대해서 다시 언급을 하겠지만 여기에서는 상세하게 논할 수 없다. 그러나 이것이 내가 인간 의지의 속박이나 노예상태에 대한 어떤 견해나 필요한 교리에 대해서 만족하지 않는다는 것을 뜻하는 것이 아니다. 또한 인간의 의지에 내포되어 있거나 의지로부터 추론하여 표현된 것이 모든 인간에게 부착된 도덕적 타락은 인간의 실질적인 모습이 성경과 이성적 사유에 의해서 충분히 확립될 수 있는 것이라는 주장보다 만족스럽지 않다고 말하는 것이 아니다. 진짜 선을 행할 의지도 능력도 인간에게 없다는 실질적인 무능력은 참으로 성경에서 적혀 있는 실제적으로 매우 중요한 자료들로부터 나오는 것에 예속되어서 설명되어야만 제대로 이해될 수 있는 유일한 길이 된다. 그것은 인간이 하나님의 손으로 지음 받은 피조물로서의 지위, 또는 하나님의 도덕적 통치의 대상으로서 가지는 지위로부터 온 것이 아니라 그것과 연관되어 있거나 그로부터 추론되는 것으로서, 중요한 성경의 진술로부터 나온 것이다. 물론 인간은 모든 시대와 모든 상황에서 전적으로 하나님의 인도하심과 다스리심에 예속되어 있는 *이러한 특성들*을 지니고 있는 존재이다. 이것은 하나님의 지적인 피조물들에게 부가하신 일반적인 법률들이 아니다. 또는 인간의 마음에 각인한 법률들이 아니다. 예를 들어서, 인간의 의지력이나 다른 기능들과 활동들에 부과한 법률들에 예속되어 있는 것이 아니다.

그것은 서로 연관되어 있는 것처럼 보이지만 *타락한* 인간 본성에 부착되어 있는 전적인 부정함 또는 완전한 도덕적 타락함에 기인되는 것이다. 타락한 인간에게 부착되어 있는 부정함이나 타락함은 의지의 종속 또는 노예상태를 낳는 것이다. 그로 인하여 인간은 사실 '자신들의 힘으로는 스스로 회개할 수 없으며 그 결과를 낳도록 뭔가를 준비할 수 있는 역량이 전혀 없게 된 것이다.' 이것은 인간 스스로가 충분히 증명될 수 있는 것이요 동시에 성경에서 명확하게 가르치고 있는 내용이다.

이 설명 외에 인간의 의지에 부착되어 있는 것으로서 필연적인 다른 어떤 유형의 노예상태에 있다는 주장은 그 어떤 상황에서도 성립되지 않는다. 인간이 그렇다고 내세울 수 있는 유일한 근거는 형이상학적인 사색인데, 이것이 진짜인지 거짓인지는 신중하게 성경에서 실제적으로 가르친 진리들과는 구분해서 확인해 보아야만 한다. 나는 그것이 성경에 의해서 긍정적으로 인준된 것이 아니기 때문에 이 위대한 진리들을 강론하고 설명하고 또는 방어하는 일을 위하여 그들이 주장하는 것들을 들여다볼 만한 절실한 필요성이 있는 것은 아니라고 생각한다. 구원의 길을 정확하게 알기 위해서 정말 필요한 것은 하나님의 말씀에서 요구하고 있는 신앙과 필요한 지식이다.

3. 회심-주권과 유효한 은혜

어거스틴과 그의 반대자들 간에 벌어진 논쟁은 우리가 앞에서 언급했듯이 그 범위가 매우 확대되었다. 하나님의 은혜의 속성과 중요성, 필요성, 근거들 및 결과들을 다루는 데까지 나아갔던 것이다. 그것들은 어떤 측면에서 인간이 하늘나라에 들어갈 준비하는 일에서 명백히 드러나는 것이라고 보편적으로 인정하고 있는 것이었다. 하나님의 율법에 순종함에 있어서 행동의 확실한 특징과 분명한 형태는 인간이 최종적인 행복을 획득하기 위해서라도 실질적으로 필요한 것이었다. 이것을 실감하기 위하여 인간이 하나님께 그의 은혜나 호의에 빚을 진 상태에 있다는 것을 일반적으로 다 인정하였다. 그것은 펠라기우스와 그의 추종자들도 모두 다 시인한 것이었다. 그것은 현재 소시니안들도 인정한 것이었다. 그러나 그다음에 이 사람들은 하나님의 은혜에 대해서 그들이 믿는다고 언급한 설명들을 통해 그 은혜를 전혀 은혜가 아닌 것으로 만들어 버렸다. 특별히 하나님이 아닌 인간들을 인간 자신의 구원의 저자들로 만들었다. 그리고 소시니안들은 이것을 모든 사람에게 보장한다고 지속적으로 강조하였다.

최초의 펠라기안들과 현대 소시니안들은 이 세상의 사람들이 하나님의 은혜로 말미암아 실제로 다음 세상에서 그들의 복락과 연계되어 있는 행동을 하도록 이끌림을 받는다고 말한다(심지어 소시니안들은 다음 세상에서 악한 자들이 받을 형벌을 일시적인 것으로 간주할지라도 악한 자들이 받을 어떤 형벌을 일반적으로 인정하면서 그런 주장을 펼친다). 그리하여 그들에게는 하나님의 은혜가 두 가지로 구성된다. 첫째는, 하나님께서 인간의 본성에 수여해 주신 능력들과 역량들이다. 이것들은 모든 사람들이 세상에 올 때 다 소유하게 된다. 여기에 하나님께서 그의 일반적인 섭리하심 가운데서 인간 스스로 그러한 능력들과 역량들을 실행하고 개발시켜 가도록 인간들을 지원하여 주시고 도와주고 붙들어 주신다는 것이다. 둘째는, 하나님께서 인간을 인도하시고 지도하려고 주신 계시와 그리고 인간들을 가져다 놓으신 섭리적인 환경들이다.

물론 하나님의 은혜에 대한 이러한 견해는 인간에게 부착되어 있는 어떤 도덕적 타락도 존재하지 않는다고 가정한 것이다. 즉, 인간 편에서 하나님의 뜻에 순종하는 일 또는 인간에게 하나님께서 요구하신 것을 실행함에 있어서 무능력하지 않다고 가정한 것이다. 인간이 무엇인지 그리고 인간이 할 수 있는 것이 무엇인지에 대한 견해와 일치하도록 인간은 스스로의 힘으로 행할 능력이 있다는 것이다. 이는 어떤 초자연적인 지원이나 신적인 도움이 없이도 자신의 궁극적인 복락을 위하여 필요한 모든 것을 인간이 할 수 있다는 견해이다. 이것은 성경의 명백한 진술들과 철저하게 모순된 것이다. 특별히 성령의 도우시는 역사하심을 볼 때 성경을 하나님의 말씀으로서 받아들인다고 고백하는 사람들이 보편적으로 다 인정해 온 그 진리를 정면으로 부정하는 것이다. 그렇기 때문에 하나님께서 인간에게 주신 능력들과 역량들이 무엇이든지 간에, 또는 하나님께서 인간에게 제공하신 외적이거나 객관적인 도우심과 기능들이 어떠한 것이든지 간에, 특별한 초자연적인 역사하심을 통하여 하나님께서 인간에게 주시는 주관적인 사역은 반드시 필요한 것임을 대체적으로 인정해 왔다.

세미펠라기안주의의 오류에 직간접적으로 관여되어 있는 개개인이나 단체들 또는 성경의 참된 교리를 가르침을 받은 자들이 제기하는 질문은 부분적으로 사람들을 하나님 자신의 임재하심을 즐거워하는 자가 되도록 하는 것이 하나님의 초자연적인 기관의 특성과 성격, 그리고 결과들과 관련한 사람들의 입장에 의해서 결정되어지느냐에 관한 것이다.

심지어 초기 펠라기안들은 하나님께서 인간에게 가하신 초자연적인 은혜로운 영향들이 있음을 인정하였다. 그러나 그런 다음에 그들은 구원에 수반되는 무언가를 산출하기 위하여 하나님의 초자연적인 은혜가 필요하다는 것을 부정하였다. 그리고 인간은 그 은혜가 부어졌을 때, 은혜가 없었을 때보다 필요한 일들을 용이하게 해낼 수 있게 되었다는 논리를 펼쳤다. 그들은 사람은 그것들을 받을 만한(merited) 것이라고 분명하게 가르쳤다. 인간이 스스로의 본성적인 능력들을 발전시켜 온 것에 대한 공로적인 보상으로서 초자연적인 은혜를 수여받게 되었다고 주장했다. 인간의 구원을 위해서는 없어서는 안 될 것을 생산해 내기 위해서 인간의 도덕성 위에 하나님의 초자연적인 은혜로운 역사하심이 반드시 필요하다는 주장은 세미펠라기안주의자들이 한 것이었다. 그들은 하나님의 초자연적인 은혜의 역사하심이 필요하다고 인정하면서도 이 은혜의 필요성의 근거들, 그 역사하심 자체의 출처와 특성, 그리고 결과들에 대한 성경적인 가르침을 제대로 파악하지 못했다.

그러나 이 부분에 대한 초기 펠라기안들의 체계는 지적이고 명확하였다. 물론 어거스틴의 성경적인 체계도 마찬가지였다. 그런데 역사적인 정확도를 기준으로 이것을 세미펠라기안주의라고 부를 수 있을 수도 있고 아닐 수도 있지만, 중간적인 입장은 애매모호하고 혼란스러운 것이다. 이 주제에 대하여 펠라기안이나 소시니안 교리적 입장을 떠나서, 이제 우리는 어거스틴의 성경적인 체계에 주목하고자 한다. 또한 펠라기안들과 소시니안들의 교리와 같지는 않지만 그 자체에 결함이 있는 혼란스럽고 불명확한 개념들에 주목하면서 우리는 양쪽이 모두 인정하는 것을 살펴보고자 한다. 첫째는, 사람이 하늘나라로 들어옴을 허락받기 전에 반드시 회개하고 주 예수 그리스도를 믿어야 하고, 그러고 나서는 새로운 순종의 삶을 살아야만 한다는 것이다. 둘째는, 인간은 타락에 의해서 오염된 도덕성을 가지고 있다는 것이다. 필연적인 이 과정은 인간에게 임하는 하나님의 성령의 초자연적인 역사하심이 없이는 결코 발생할 수 없는 일이라고 믿는 개념들이다.

이 두 명제는 성경에서 명확하고 온전하게 가르치고 있는 가장 중요하고 근본적인 진리들을 담고 있다. 그리고 구원의 길에 대한 정확한 이해를 가지는 데 본질적인 것들이다. 이것들을 부정하는 인간은 하나님의 말씀의 권위에 복종하는 것을 거절하는 자이고, 그들을 향한 하나님의 권고를 거부하는 자들로 간주됨이 타당하다. 한편, 그것들을 정직하게 온 마음으로 수용하는 자들은 그 진리들을 강론하고 적용함에 있어서 성경적인 전체 진리에 다 도달하지는 못할지라도 이 주제와 관련된 근본적인 모든 진리를 견지하고 있는 자로 간주해도 무방하다. 이는 로마교회와의 논쟁에서 나온 것들로서 개신교의 근본적인 일반 교리 체계와 일치한다. 이 교리 외에 다른 그 어떤 교리도 가지지 않은 사람들은 그들이 하나님의 말씀에 의해서 거듭난 사람이라는 만족스러운 증거를 제공하였다. 그리고 복음 전파를 통해서 다른 사람들을 회심하게 만드는 일에 귀한 도구로써 쓰임을 받는 영예를 누렸다.

그러나 설사 그렇다고 하더라도 잊지 말아야 할 것은 다음과 같다. 우리가 언급한 두 가지 명제들을 받아들인다고 고백한 많은 사람들이 그들의 주장에 대한 상당히 좋은 근거들을 제시하였지만 여전히 지적으로나 일관성 면에서 분명한 결함을 드러내고 있다는 사실이다. 그들은 타락의 참된 의미와 효력에 대하여 설명하고, 스스로의 구원을 위한 인간의 능력을 확립해 주거나 천국에 들어갈 준비를 할 수 있다고 말하거나 그렇게 그들의 잘못됨을 교묘하게 늘어놓았다. 결국 그들은 하나님의 값없이 베푸시는 은혜를 파괴해 버리고 말았다. 이와 같은 관점은 죄인들의 칭의 문제에서와 같이 성화론에서도 드러났다. 그러므로 이 주제들에 대하여 실제로는 하나님의 은혜를 파괴하고 있으면서 도리어 하나님의 은혜의 교리를 확립하고 있다고 막연하면서도 그럴듯하게 설명하는 속임수에 넘어가지 않기 위해서라도, 이 주제들에 대한 성경적인 진리가 무엇인지를 명확하게 분명히 이해하는 것은 매우 중요하고 절실한 부분이다.

이 주제에 대한 결함과 오류를 드러내고 있는 견해들은 언제나 본질적으로 인간에게 부착되어 있는 도덕적 타락이 전적(*totality*)이라는 것과 그 결과 실로 영적으로 선한 그 어떤 것도 행할 수 있는 능력이 없다는 교리와 관련되어 있다. 이 주제에 대한 사람들의 견해에 있는 어떤 오류나 허점들은 자연스럽게 하나님의 은혜의 역사하심에 대한 특징과 성격, 그리고 결과들에 대하여 오류를 저지르며 결함들을 명백히 드러낸다. 하나님의 그 은혜의 역사하심은 인간이 하나님 앞에서 선하고 하나님이 기뻐하시는 일을 하고자 하며 하게끔 이끄는 것이다. 이 은혜에 대한 결점은 그들이 항상 가지고 있는 것이다.

회개하고 복음을 믿기 위해서는 하나님의 성령의 역사하심이 인간에게 절대로 필요하다고 인정하는 자들이 신적인 은혜교리에 대해서 약간 잘못이 있고 결함을 가지고 있을 때 그런 자들은 언제나 하나님의 진리나 말씀의 위력이나 영향에 의해서 그들의 결함이 명백하게 드러나게 된다. 그들의 결함은 회개하는 것과 믿는 것이 얼마나 어려운지에 의해서 드러나는 것이다. 그러한 결과를 낳게 하는 도덕적 능력이 인간에게 약간은 남아 있다고 묘사함으로 그리고 하나님께 돌아가는 일에 있어서 실제적이고 타당한 행동을 한다고 주장함으로 말미암아 오류가 발생하게 되는 것이다. 그러면서도 그들은 하나님의 성령의 역사를 전적인 것은 아니라 하더라도 주된 것으로 나타낸다. 더 일반적으로 인간의 본래 능력들을 돕고 지원하여 인간이 하고자 하는 노력들을 효과 있게 하도록 돕는 성령으로 말하는 것이다.

그러한 개념들은 비록 그것들이 종종 모호하게 전개되기는 하지만 옹호되기보다는 은근히 주입되어 진다. 그러한 것들은 때때로 건전하고 성경적인 가르침들과 뒤범벅되기도 하고 또 죄인들의 회심에 있어서 하나님의 은혜로운 역사하심의 참된 교리를 종종 과소평가하게 되어 완전히 내동댕이치는 결과를 낳기도 한다. 이런 사람들은 정도의 차이는 있지만 대체로 하나님의 말씀이나 진리를 뒤죽박죽으로 만든다. 그들은 진짜 도구이며 그 모든 과정의 가장 효과적인 원인이신 성령과 함께 그 진리를 죽은 도구로 전락시켜 버린다. 그들은 성령의 은혜로운 역사하심을 진리의 도구를 통해서 사람들의 이해력에 조명을 가하는 것으로 한정시켜 버렸다. 마치 인간들의 의지는 갱생되어야 함을 요구하지도 않는 것처럼 말이다. 그리고 그들에게 필요한 모든 것은 본질적으로 인간의 참된 상태와 조건이 무엇인지를 파악하기 위하여 지성적으로 도움을 입는 것이 전부인 것처럼, 그리고 그리스도 안에서 그들이 구원을 위하여 만들어진 것이 무엇인지를 알게 하는 것이 전부인 것처럼 그렇게 성령의 역사를 전락시켜 버렸다. 그런 일이 있은 다음에야 인간은 회개할 수 있고 믿을 수 있게 된다는 것이다. 다시 말해서, 그들은 하나님과 그의 진리에 대한 자신들의 적대감이 정복되어야 할 필요가 없는 것으로 만들었던 것이다.

그들은 성령의 역사하심만 필요로 하는 것이 아니라고 할 때, 성령의 은혜로운 역사하심을 인간과 함께 조력하는 것으로 묘사했다. 비록 인간이 필요한 결과물들을 생산해 내기는 충분하지 않을지라도 성령의 도움은 인간이 본성적으로 가지고 있는 역량들이 작동되도록 지원하는 협력 사역으로 묘사했던 것이다. 여기에는 마치 인간이 하나님을 믿고 하나님께로 돌이킴에 있어서 전적으로 수행해야 할 작업을 위해서 사전에 필요한 은혜(prevenient grace)가 앞서 나아가는 것이 전혀 필요하지 않은 것처럼 묘사했다. 이런 주장을 하는 자들은 보통 인간 자신의 능력과 자신들의 노력의 결과로 확대하는 것과 관련하여 예수 그리스도를 안에 있는 믿음으로 나타내는 것을 꺼리는 경향이 있다. 어거스틴도 한때 이 믿음이 정말 하나님의 선물인가라는 사실을 만족하는 데 상당한 어려움이 있었다고 시인하였다. 그 역시도 이 믿음이 성령의 역사하심으로 말미암아 인간에게 주어지는 하나님의 선물이라는 이 교리를 비록 성경에서 명백하게 가르쳐 주고 있기는 하지만 한때 쉽게 믿을 수가 없었던 것이었다.

어거스틴은 단순하고 쉬운 구원을 얻는 이 믿음이 얼마나 단순하고 단순한 것으로 줄여서 가장 낮은 역량의 수준에 이르기까지 설명하고자 엄청 고생을 많이 하였다. 때로는 더 낮고 더 가치 있는 동기들을 가지고, 그러나 때로는 우리도 두려워하듯 믿음을 일으킴에 있어서 당연한 하나님의 성령의 은혜로운 역사하심의 필요성을 감소시키는 많은 아픔을 겪었다. 그 다음 성화의 전 과정에서처럼 죄의 회개와 회심이 분명히 복음을 믿는 신앙과 깊이 관련되어 있다는 것은 의심의 여지가 없다. 따라서 그 길은 인간으로 하여금 자신의 타락으로부터 건짐을 받는 성령의 역사하심에 조력하는 부분이 있다는 주장을 펼칠 발판이 된 것이며 그리고 천국에 들어가는 데 인간의 준비가 필요하다는 주장을 열어 놓은 것이다.

이 문제에 있어서 하나님의 성령의 역사하심을 모호하게 만드는 다양한 시도들 중 가장 교묘한 것 중 하나는 먼저 믿음이 선행되어야 한다고 표현하는 것이다. 즉, 시간적인 순서가 아니라 적어도 자연스럽게 죄와 허물로 죽은 인간의 영혼에게 영적 생명을 소개하거나 주입하기 위해서는 믿음이 먼저 있어야 한다는 것이다. 이 개념은 다음 두 가지 근거에서 발견된다. 첫째는 인간은 죄로 인하여 죽었다는 성경적인 온전한 교리에 대해서 전적으로 잘못된 판단에 근거한 것이다. 하나님을 *직접적*으로 사랑하는 것이나 하나님의 율법에 영적으로 참된 순종을 하는 일에 있어서 도덕적 무능함을 내포하고 있다고 하면서 마치 죄로 인해 죽었다는 것이 신적 진리를 이해하며 주 예수 그리스도를 믿는 것에는 그렇지 않은 것처럼 동일한 도덕적 무능함을 적용시키지 않는 것에서 그 개념이 찾아진다. 둘째는 인간은 진리에 대한 신앙을 통해서 하나님의 말씀으로 거듭난다는 성경적인 원리에 대한 잘못된 적용과 왜곡함 위에 놓여있는 것이다. 마치 이것은 거듭나는 과정이 완전히 성사되기 전에 그 진리가 인간의 마음에 효과적으로 먼저 떨어져야 하고, 그리하여 사람은 새로운 영적 생명을 온전히 실천하는 상태에 있게 된다는 것이다. 마치 이것이 진리의 효과적인 역사하심에는 성령의 소생케 하시는 과정을 주도하는 것(*originates*)이 선행되어야만 한다는 것을 내포한 것처럼 이에 대해서는 조금도 의심하지 않지만 거듭남에 대한 성경적 교훈에 대한 오해와 왜곡함 위에서 그 개념이 찾아지는 것이다. 이 두 가지 근거들 위에 기초하고 있는 이 개념의 목적과 경향은 믿음을 통해서 사람이 자신들을 영적으로 살아 있는 존재로 만들어 가는 일이나 적어도 영적으로 살아 있는 존재가 되는 일에 뭔가를 할 수 있다는 생각을 심어 주는 것이다. 그로 인하여 인간의 구원과 밀접하게 관계되어 있고, 궁극적으로 매우 중요한 핵심이 되는 하나님의 성령의 초자연적 역사의 필요성을 대신해 버리게 만드는 것이다.

인간은 죄로 죽은 자*이다.* 그 죽은 인간을 살아나게 하여 생명으로 회복시키는 일은 성경에 잘 묘사되어 있다. 그 과정의 모든 순간마다, 시작부터 결말에 이르기까지 전적으로 하나님의 성령의 역사이다. 진리나 그 말씀의 도구는 그러한 과정에서 고용되는 것이다. 그러나 그 과정의 특성상 성경에서 가르치고 있는 것과 명백히 일치함에 있어서 단지 시간적인 순서가 아니라 절차상 반드시 하나님의 성령의 역사가 있어야만 한다. 다시 말하면, 인간의 마음에 심겨지는 진리로 인해 적절한 효과를 맺게 하는 도구가 생성되는 것처럼 성령의 역사가 선행되어야 한다. 그로 인하여 영적 생명이 심겨지며 심겨진 진리를 깨닫고 복종하게 되는 역량을 발휘하게 된다. 그리하여 지금까지 거역해 왔던 진리와 소통하게 된다. 인간의 정신적 구성의 지적인 틀을 고려해 볼 때, 이전에 이미 존재하였던 진리의 소통력, 즉 비록 타락했을지라도 여전히 사람으로서 소유하고 있는 심리학적인 기능들은 실제적으로 무용지물이 되고 만다. 그러나 그것은 실천적으로 무용하다. 왜냐하면 인간은 이제 자유의지의 전적인 속박 또는 노예상태에 놓여 있기 때문이다. 그 자유의지는 갱생되어야 하며 하나님의 성령의 즉각적인 역사하심으로만 갱신되어질 수 있다.

이 주제에 대한 하나님 말씀의 교리는 인간이 실제적으로 그의 자연 상태에서 도덕적으로 선한 모든 것들에 대하여 죽은 자라는 사실을 인정하게 될 때만이 유지된다. 영적 생명이 처음으로 이식되어질 때, 그리고 그로 인해 파생되는 하나님께로 돌아오는 모든 결과들인 회개와 신앙을 받아들이며 우리 주 예수 그리스도를 정직하게 포용하게 된다. 이 부분에 있어서는 변경함이나 확인을 피함이나 비축함이 없이 하나님의 성령의 초자연적인 역할을 유일한 효과적인 원인으로 분석함이 가능하다.

어거스틴의 시대부터 오늘날까지 이 주제와 연관된 또 다른 중요한 요소는 이미 크게 논의된 것으로서 은혜의 효능 또는 불저복성, 또는 은혜의 불가항력성이라고 칭하는 것이다. 펠라기우스와 세미펠라기안주의자들은 은혜의 불가항력성을 전적으로 부정하는 일에 하나가 되었다. 그러면서 결과적으로 다음과 같은 견해를 견지하고 있다. 그것은 '사람을 회심시키고 새롭게 하기 위하여 사람들에게 성령의 권능이 주입되어야 한다고 말한다. 그러나 그것을 거절하는 것도 인간의 능력에 달려 있다.'라는 것이다. 이로써 그들은 회심치도 않고 갱신되지도 않았다는 것을 피해 갈 수 있게 되었던 것이다. 그 주장은 본질적으로 이와 같은 결론에 이를 수밖에 없는 것이었다.

어거스틴은 택함을 받은 자 안에서 하나님의 은혜와 성령의 권능은 항상 우세하거나, 인간들이 그것을 만들기 위해서 저항하는 것이 무엇이든지 간에 극복하게 한다는 것을 견지하였다. 이 교리는 본질적으로 정통신학자들이 붙들어 왔던 것이었다. 물론 그들 중에 의견의 차이가 있었을지라도 이 주제에 대한 성경적인 견해들의 핵심은 가장 잘 들어맞는 교리이자 정확하게 표현된 것이다.

어거스틴이 은혜의 불정복성 또는 불가항력성을 내세운 교리는 그의 일반적인 교리 체계가 성경적인 것이라고 받아들인 사람들조차도 이어받지 않았다. 그러나 어거스틴의 은혜에 대한 교리적 입장은 인간이 선한 것을 행하도록 강요받게 된다거나 자신의 의지에 반하여 회개하고 믿도록 강제된다는 것을 의미하는 것은 아니었다. 인간의 의지와 상관없이 강요되는 것으로 이해하는 것은 전적으로 잘못 알려진 사실이다. 그것은 인간은 하나님의 능력을 통해서 의지의 변화를 힘입어 확실하게 그리고 효과적으로 회개하고 믿는 자리에 나아가게 된다는 것을 뜻한다. 그 하나님의 능력이 그러한 결과를 낳도록 *충분히* 부어지게 되거나 *적합하게* 임하게 될 때마다 인간의 의지의 변화를 통한 회개와 신앙을 갖게 된다는 것이었다.

어거스틴과 이 교리를 받아들인 자들은 한 측면에서나 좀 더 광의적으로 볼 때 성경에서 분명하게 적시하고 있는 가능성, 즉 인간이 성령을 거부할 수 있음을 부정하지는 않았다. 그들은 우리의 신앙고백서의 용어를 사용하여 설명하고자 하는 다음의 문장을 일반적으로 굳게 붙들었다. '택함을 받지 못하여 마침내 멸망당하는 자들은 성령의 통상적인 역사하심을 가졌을 것이다.' 그러나 물론 그들은 이를 거부하였고 내팽개쳤던 것이다. 진리는 이것이다. 은혜의 확실한 효과나 불가항력성 교리는 하나님의 목적하심이나 칙령들과 밀접한 관계가 있다. 즉, 이 교리들은 예정론이나 선택교리와 긴밀한 연관이 있는데, 이것들이 바로 펠라기안 논쟁의 핵심 사항이다. 실로 이것은 사람 안에 있는 모든 선함의 참된 원인으로서 회심케 하고 거듭나게 하는 은혜의 교리와 사람 안에서 믿음의 역사하심으로 하나님의 효과적인 역사하심이 있게 하는 확실한 출처로서 영생에 이르게 하는 개인적인 선택 교리 사이를 이어 주는 연결고리를 형성하고 있는 것이다. 그로 인하여 인간은 그리스도와 연합됨이 자연스럽게 이어진다.

인간을 생명으로 회복시키는 초자연적인 역사는 하나님의 성령께서 하시는 일이다. 그리고 인간에게서 실제로 영적인 선함을 나타내는 모든 것을 효과 있게 하시는 분도 성령 하나님이시다. 죄인을 회심케 하여 믿음으로 말미암아 그리스도에게 연합되게 하는 것은 성령의 역사하심이 부어질 때마다 효과적으로 강력하게 임하고, 그 효력은 분명히 발생한다. 왜냐하면 하나님께서 그것을 효과 있게 결정하셨고, 결과적으로 그렇게 하도록 필요한 권능을 부으셨기 때문이다. 역사 속에서 하나님께서 하시는 것은 그렇게 되도록 영원한 때부터 정하신 것이다. 하나님의 무한한 지성(Infinite Mind) 안에서, 그에게는 시간의 이어짐은 없기 때문에 모든 것이 단번에 이루어지는 것이고, 그것이 영원히 드러나는 것이다. 하나님께서 권능을 수행하실 때 그는 영원한 목적을 효과 있게 일으키신다. 그는 죄인을 회심시키실 때 그가 창세전에, 모든 시대가 존재하기 전에 형성하신 칙령을 실행하시는 것이다.

이 중요한 주제와 연계된 중심적인 질문들은 다음과 같다. 첫째 질문은, '하나님께서 죄인을 회심시켜서 그리스도에게 연합시키고자 하실 때, 즉 그의 전능하신 영을 보내실 때, 하나님께서 영향을 끼치시는가? 그렇게 하심에 있어서 인간 안에 존재하고 있는 어떤 것과 관련시킴으로 그렇게 하시는가? 그 사람이 다른 죄인들과는 구별된 뭔가가 있음으로 인해서나 또는 그 사람 안에 뭔가 드러나는 것이 있음으로 인해 어떤 영향을 미치는 것인가? 아니면 이전에 영원한 때부터 정하신 하나님 자신의 목적하심으로만 말미암아 그 사람을 회심케 하고 구원을 받게 하는 데 영향을 미칠 뿐인가?'이다.

둘째 질문은 이것이다. '어떤 사람은 구원하시고 어떤 사람은 버리시는, 또는 죄책과 부패의 자연적인 상태에 버려두시는 것에 대한 영원한 목적하심의 이 일반적인 원리가 인류 족속의 모든 사람들을 개별적으로 다루시는 일에도 적용되며 작용하는 것인가?'이다. 예정론을 반대하는 대부분의 사람들이 인정하는 것은 하나님께서 무슨 일이 벌어지실지 미리 다 내다보신다는 것이다. 모든 사건들을 미리 내다보시고 아시기 때문에, 심지어 그의 지성적인 피조물들의 영원한 운명이 실현되는 자들, 따라서 그의 마음속에 등장하는 자들이 누구인지를 다 아시기 때문에 하나님께서는 확실하게 미리 정하셨다거나 또는 미리 지명하셨다고 말하는 것으로 본다. 그리하여 그 질문은 대체적으로 이렇게 되물어진다. '하나님께서는 사람들이 신앙을 가지게 되고 회심하게 될 것을 미리 내다보셨기 때문에 영생에 이르도록 예정하신 것인가? 아니면 그의 기뻐하시는 뜻 안에서 그들이 믿고 회개하도록 선택하신 것 때문에 그들이 믿고 회개하는 것을 예견하시는 것인가? 그리고 하나님께서 제정하신 방식 안에서 그들이 구원을 받게 되도록 그들에게 이러한 선물들을 수여해 주시기로 결심하신 것인가?'

만일 하나님의 역사하심을 전혀 받지 않고 인간 자신의 노력으로 말미암아 믿음과 회개가 인간의 행위로서 이루어진다면, 그리고 그렇게 실행함으로 획득할 수 있는 것이라고 한다면, '하나님께서 그 인간에게 어떤 영향력을 미치게 되는가?' 만일 하나님의 강력한 은혜가 사람들 안에 있는 착함의 모든 효과적인 출처요 원인이 아니라고 한다면, 첫 번째 견해가 사실일 것이다. 영생에 이르도록 택함을 받았다는 것은 미리 아신(예지) 신앙과 회개의 바탕 위에 성립되는 것이다. 그러나 그것이 사실이 아니라면 후자의 견해가 사실이어야만 한다. 하나님의 기뻐하시는 뜻으로 말미암아 하나님 자신의 주권적인 목적하심에 따라서 하나님께서는 어떤 자들을 영생에 이르도록 선택하신 것이다. 이 목적을 수행하심에 있어서 하나님께서 정하신 유익한 때에 택하신 자들에게 신앙과 회개를 불러일으키시는 것이다.

하나님께서 일반적으로 사람들에게 영적인 복들을 주신다는 것을 반박하는 일은 없다. 그 표현을 광의적인 의미에서 생각해 보자. 분명한 질서 안에서 어떤 존재는 어떤 측면에서 이미 선행된 것에 의해서 결정된다고 말할 수 있다. 그러나 질문은 '이 영적 생명의 시초가 하나님께서 가져오신 것인지', 그리고 '전체적으로 하나님께서 수여해 주신 모든 영적인 복락들로 간주되어지는 것이 혹자들을 구원하시기 위하여 하나님 자신의 기뻐하시는 섭리하심에서 찾아진 이 영원하신 목적하심 말고 실제로 다른 어떤 원인이나 출처가 있다고 추적할 수 있는가?', '때가 되어 죄인들의 구원을 위하여 하나님께서 확립하신 계획하심의 섭리에 일치하게 실질적으로 이 목적하심을 실행하는 다른 방도를 추적할 수 있는가?'이다

신앙과 회개, 및 개인의 거룩한 삶의 근거를 가지고 영생에 이르도록 선택하였다는 예지예정, 즉 이처럼 미리 믿고 회개할 것을 알고 선택하셨다는 것은 진짜 선택이 아니라 단지 공로의 행위(an act of recognition)에 근거한 것뿐이다. 이 견해와 우리들에 의해서 알게 되거나 어떤 알려진 원인

이 전혀 없이 오직 하나님의 기뻐하신 뜻에 따라서 시작되고 때가 되어 드러나게 되는 개개인의 선택이나 택함은 반드시 필요한 결과로 이어지게 된다. 다시 말하자면, 하나님께서 선택된 개개인들에게 실제적으로 그들의 구원을 획득하기 위하여 필요한 모든 것을 부어 주심으로 이루어진다는 이 주장 안에는 실제로 어떤 중간적 입장이 있을 수 없는 것이다.

우리가 충분히 증명될 수 있다고 생각하는 후자의 견해는 성경에서 명백하게 가르치고 있다. 물론 이것은 참으로 신비롭고 설명하기가 참 어렵고, 주제 넘는 주장이라는 말도 있고, 인간의 신앙과 겸손을 실천하기에 적합한 것이라고도 하지만 그것은 도덕적이고 영적인 세계의 실질적인 현상과 정확히 일치하고 있는 것임에 틀림없다. 그것은 분명히 세상에서 가장 정당하시고 전지전능하신 통치자이자 그의 지성적인 피조물들의 영원한 운명들을 쥐고 계신 분으로서의 하나님의 참된 성품과 그의 지위 측면에서의 하나님을 잘 묘사하는 것이다. 그러나 무조건적 선택교리를 거부할 때 받아들일 수 있는 유일한 견해인 전자의 입장은 후자의 입장을 충분히 뒷받침하고 있는 성경의 진술들과 모순되는 것 외에도 치명적이고 답변할 수 없는 정반대편에 봉착하게 만든다. 즉, 그것은 모든 것을 인간 개개인의 특징과 영원한 조건에 떠맡기고 만다. 그것은 인류의 창조주이자 통치자이신 하나님의 명성을 훼손하는 것이며, 실로 인간은 전혀 영향을 받지 않고 하나님의 통치 너머에 남겨진 존재가 되는 것이다. 그리고 하나님은 자신의 피조물들 가운데서 무슨 일이 벌어지는지 단지 구경만 하는 분으로 치부하게 된다. 또한 그 일들을 결정하거나 산출하는 데 실제로 효과를 미치게 하시고 그 모든 일들을 다루시는 데 전부를 보시고 예견하시는 하나님의 도우심이 없이, 그리고 그 하나님에 의해서 인도하심을 받아야만 하는 혜택 없이 진행되고, 단지 무슨 일이 일어나고 있는지를 멀리서 방관하시는 하나님으로 전락시켜 버리는 것이다.

이 두 입장 사이에 중간적 입장은 있을 수 없다. 하나님께서는 세상을 진짜로 통치하시고 그의 지성적인 피조물들의 성향과 운명들을 결정하시는 분이든지, 아니면 피조물들이 실천적으로 하나님으로부터 독립되어 살아가는 존재이기 때문에 하나님께서는 그들의 행동에 대하여 절대적으로 관망만 하고 계시는 분이든지, 둘 중의 하나이다. 후자의 경우, 인간들은 자신들의 운명을 좌우하는 전능한 조정자가 되는 것이다. 그것은 그 주제에 대하여 절대적으로 신뢰할 수 있는 신적인 공의와 거룩, 그리고 신실하심에 대해 하나님의 최고 우위성을 내세우는 방향으로 이끌고, 우리의 무지와 무능력으로 인해 도저히 풀 수 없는 모든 난제들을 해결하시는 하나님을 더욱 의지하게 만드는 것보다 성경적인 증거들이 부족함에도 실제로 인간들의 조건과 역량에 의존하는 길로 나아가게 만드는 것이다. 이러한 입장은 도덕적인 운행의 원칙들을 제정하신 하나님을 배격하여 답하는 것도 아니고 성경적인 증거들이 거의 없는 인간 자신의 역량을 더 의지하게 만드는 것이다. 그것은 하나님께서 직접 창조하시고 늘 보존하고 계시는 세상에서 가장 중요한 분야인 하나님의 통치하심으로부터 하나님을 실제적으로 배제시키는 것이다.

4. 성도의 견인교리

펠라기안들과 벌인 어거스틴의 논쟁에서 다룬 제일 중요한 또 다른 주제는 통상적으로 말하는 성도의 견인(堅忍)교리였다. 즉, 이것은 예수 그리스도를 믿을 수 있게 되었고 하나님의 말씀으로 거듭나게 된 사람들은 일단 은혜의 상태로부터 전적으로 최종적으로 떨어지는 법이 없고 분명하게 견딜 수 있고 영원한 구원에 나아가도록 지켜진다는 교리이다.

이 견인교리는 어거스틴이 매우 잘 강론하고 방어한 기독교 교리의 일반적인 체계에 반드시 필요한 부분이다. 지금까지도 여전히 중요한 이유는 신적인 것들과 관련된 교리들의 논리적 연관성에 대한 인간 자신들의 개념을 더 많이 의존하게 만드는 것이 인간들에게 매우 안전한 것이 아니기 때문이다. 이 교리는 성경의 진술들 안에서 명백하게 가르쳐진 것이다. 실로 우리가 이미 주장한 교리들이 하나님 말씀에 다 내포되어 있다면, 그 교리들은 분명히 보존되어야 하며 지켜져야 할 것이라고 선언하는 사람들은 이 상황에 서 있는 사람들이다. 즉, 하나님께서는 영원한 때부터 그들을 영생에 이르도록 선택하셨으며, 이 목적이나 칙령을 실행함에 있어서 그들에게 신앙과 회개를 주셨고 그들을 그리스도에게 연합시켰으며 그들의 속성들을 새롭게 하셨다는 가르침에 서 있는 사람들이다.

이 모든 일들은 하나님의 권능이 아니고서는 그 어떤 능력으로도 일어날 수 없다. 하나님께서 그 일을 하신 것이고, 영원한 구원으로 그들을 건지시고자 하는 목적을 표현하시려고 그렇게 행하신 것이다. 그러한 목적을 가지고 그러한 방식으로 하나님께서 다루시는 자리에 있는 사람들은 완벽한 자신감을 가지고 단언할 수 있다. 즉, 하나님께서는 그들을 능히 보존하실 것이며, 그로 인하여 그들의 영생복락은 안전하게 획득될 것이다. 하나님께서 타락한 우리 개개인과 관련하여 자비의 분명한 목적을 지니시지 않으셨다면, 우리가 구원을 받을 것이라는 확신은 있을 수 없다. 인간은 스스로의 자연적인 힘과 역량을 발휘하여 자신을 구원할 수 있는가? 천국을 갈 준비를 할 수 있는가? 만일 그러한 시도를 한다면, 하나님의 택하심의 목적을 떠난 그 시도는 궁극적으로 구원에 미치지 못하고 실패하고 말 것임을 동일하게 실감하게 될 것이다.

하나님의 은혜는 인간 본연의 능력에 달려 있으며, 타고난 역량을 발휘하여 인간이 그 은혜를 거부할 수 있는 것으로 주장하거나 인간의 능력에 의해서 전혀 영향을 받지 않을 수 있다고 주장하는 것은 하나님도 인간도 궁극적으로 나타나는 결과에 대해서는 확신 있게 말할 수 없게 만드는 것이 된다. 이것은 이 중요한 주제들에 대해서 하나님의 말씀이 우리들에게 펼쳐 보여 주신 것들과는 전혀 다르고 반대되는 것들이기 때문에, 앞에서 설명한 것과 같이 효과적인 은혜와 예정론의 주제를 다룸에 있어서 구원의 자리에 있는 자들, 구원받도록 취급받은 자들 모두가 마지막까지 보호함을 받게 될 것이라는 주장은 실현 불가능한 것이요, 확신할 수도 없고 확실한 것이라고도 말할 수 없게 하는 것이다.

죄의 기원이나 전적 타락 문제, 회개, 효험성, 또는 정복할 수 없는 은혜, 영원한 선택 및 최종적으로 지켜 주심과 같은 이러한 다른 교리들 가운데 존재하고 서로를 존립하게 하는 연계성은 완전하고 간결하며 포괄적인 견해이다. 이것들은 서로 뒤섞여서 하나님의 계시의 주도적인 것들과 전제 본질적인 것들이 무엇인지를 드러내 준다. 그리고 하나님과 우리와 관련하여, 그의 계획들과 활동들과 관련하여, 그리고 우리의 역량들과 운명들과 관련하여 우리들에게 펼쳐 보이신 것들에 대하여 드러내 준다. 이 모든 것들은 각기 서로를 강화시켜 주고 지지시켜 주기 때문에 그것들의 참됨과 실재성을 확정하게 된다.

그러나 견인교리와 관련하여 어거스틴의 작품들에서 발견되는 것들이 분명한 오류들이 있으며 일관성이 결여되어 있음을 인정하지 않을 수 없다. 그는 예정된 모든 자들이나 영생에 이르도록 택함을 받은 모든 자들은 확실하게 그리고 틀림없이 끝까지 견인되어져 그들 모두가 다 구원받을 수 있게 된다고 단호하고 일관성 있게 주장하였다. 그러나 그는 때때로 마치 회심을 하고 새롭게 된 은혜를 받은 사람들도 타락하게 되어 마침내 파멸케 될 수도 있다고 생각하는 것처럼 글을 쓰기도 하였다. 그는 이 타락 자체가 그들이 택함을 받은 것이 아니라는 것을 결정적으로 증명해 주는 것이라고 하였다. 적어도 그는 철저한 정통주의 사람이었고, 일관성이 있는 자였다. 그러나 어거스틴은 비록 선택되지 않아서 최종적으로 멸망당하지만, 어떤 자들은 하나님의 은혜로 말미암아 성결케 되는 원리들이나 진짜 거룩의 상태 아래에 잠시라도 머문 적이 없음으로 인해 그들이 완전하게 종국적으로는 버림을 당하게 된다는 것에 대해서는 그렇게 확신을 가지지 못했던 것 같다.

이 개념은 그의 일반적인 신학체계와는 맞지 않는 것이었다. 그리고 성경에 내포된 그 어떤 것으로도 인준되거나 요구되는 것도 아니었다. 성경은 우리의 심령의 기만성에 대해서, 그리고 죄에 대해서, 다른 사람들의 상태에 대해서 참된 것을 절대적으로 확신하는 것과 같은 것을 인간이 아는 것은 불가능하다고 말하는 것에 대해서 심령을 감찰하는 권능은 오직 하나님께만 있다고 말한다. 그리고 사도가 '저희가 우리에게서 나갔으나 우리에게 속하지 아니하였나니 만일 우리에게 속하였더라면 우리와 함께 거하였으려니와 저희가 나간 것은 다 우리에게 속하지 아니함을 나타내려 함이니라'(요일 2:19)라고 선언한 이 말씀에 분명하게 내포되어 있는 원칙을 인증하고 있음을 말하는 것들이 있다. 이것은 성경이야말로 우리들에게 모든 변칙적인 사례들과 배교의 명백한 실례들을 분명하게 뒷받침해 주는 충분한 자료들을 제공하고 있음을 보여 주는 것이다. 이 주제에 대한 어거스틴의 진술들이 적어도 인간이 판단할 수 있는 한 분명 천국 가는 길에 진입한 적이 있는 경험을 한 개개인에게서 발생하는 배교의 사례들보다 더한 어떤 무엇이 내포하고 있는지는 확신할 수 없다. 따라서 이 입장은 누구도 반박하지 않는 것이다.

만일 그의 오류가 이것보다 더욱 심각한 것이었다면, 그것을 받아들이도록 그를 유혹한 것이 무엇인지를 보는 것은 그리 어려운 일이 아니다. 그것은 많은 교부들에 의해서 형성된 반 복음적인 주장 안에 있는 개념이었다. 그리고 어거스틴도 이에 전적으로 자유롭지 않은 그 허점으로부터 생긴 것이었다. 즉, 세례를 어떤 측면에서 칭의와 중생을 위한 것으로 대체해 버린 허점으로 말미암은 것이었다. 칭의의 특성을 사법적이거나 법정적인 것으로 바르게 붙들고 있는 사람, 예수 그리스도를 믿는 믿음과 그로 인하여 그리스도에게 연합됨과 함께 칭의와 중생의 참된 관계를 붙들고 있는 사람, 그리고 이것들과 더불어 영생에 이르는 택함을 받았다고 믿은 사람은 어거스틴이 받아들인 것처럼 보이는 오류에 빠지는 일은 쉽게 일어나지 않을 것이다.

믿음으로 말미암아 그리스도와 연합되었을 때 인간의 상태와 특성과 관련하여 일어난 변화에 내포되어 있는 것이 무엇인지에 대한 성경적인 견해를 확실하게 지니고 있는 사람은 하나님에 의하여 영향을 입은 이 변화는 어거스틴이 가진 것과 같이 선택의 교리에 대해서 분명하고 확실한 입장을 가지지 못하였을지라도 타락하거나 멸망을 당하는 일이 있음을 쉽게 믿지는 않게 될 것이다. 이 주제에 대한 어거스틴의 오류와 불일치성 또는 그의 모호함과 혼돈이 무엇이었는지는 충분히 추적이 가능한 것이다. 즉, 그것은 성례적인 원리에서 비롯된 것이었다. 외적인 예전의 필요성과 효력에 대하여 지나치게 강조한 것에 내포된 것이었다. 사실, 사도들과 직접적으로 협력하였던 자들을 제외하고는 교부들 중 누구도 이 문제에서 자유로운 사람들은 그리 많지 않았다. 이 문제는 하나님의 은혜의 복음을 왜곡하고 사람들의 영혼을 파괴시키기 위하여 사단이 여전히 사용하고 있는 주된 발명품들이 되고 있다.

알미니우스와 그의 추종자들이 도르트 종교회의 이전에 어거스틴주의나 칼빈주의 신학 체계의 다른 주도적인 교리들을 거부하면서도 처음에는 성도의 견인교리를 감히 부인하지 않았지만, 그들이 이 문제에 대해서 제대로 정립이 되지 않았다고 고백하게 된 것은 일종의 어거스틴이 드러낸 결함이나 오류에서 기인한 것으로 볼 수 있다. 헤이그에서 모인 회의, 일명 헤이그 회담(Collatio Hagiensis)은 알미니우스가 죽은 후인 1611년에 열렸다. 항의자들이나 알미니안들이 신자들은 지식과 은혜 안에서 자라갈 수 있음을 복음 안에서 잘 제시한 후에 다음과 같이 말하는 자리로 나아갔다. '하지만 그리스도 안에서 보호하심을 받으면서도 자신의 처음 받은 것을 경솔히 여기는 자들, 즉 세상을 다시금 사랑하는 모습을 보이며 단번에 받았던 거룩한 교훈을 폐하고 양심이 파산당하며 은혜에서 떨어진 자들이 버림당할 수 없는가의 문제는 우리가 성경을 충분히 고요한 심령으로 살펴보기 전까지는 분명하게 가르칠 수 없는 것이다.'[10]

그러나 1618년 도르트 종교회의 이전에 그들은 이 질문에 대해서 자신들의 입장을 이미 가지고 있었고 견인교리를 확정적으로 부인했다. 이와 유사한 사례를 요한 웨슬리의 경우에서도 찾을 수 있다. 그의 신학적 견해들은 거의 전적으로 알미니우스의 것과 일치하고 있다. 그의 초기 생애인 1743년에 그는 말하기를 '이 세상의 삶에서 인간이 최종적으로 타락하지 않을 수 있도록 획득될 수 있는 상태가 있음을 믿고 싶다.'라고 하였다. 그러나 이 교리는 나중에 폐기하는 쪽으로 나아갔다.[11]

---

10) Amessi Coronis ad Collationem Hagiensem, p. 285. Amstel. 1650.
11) Watson의 웨슬리의 생애(Watson's Works, vol. v.,) 227.

제12장

성인들과 형상숭배

제12장

성인들과 형상숭배

　기독교인들 가운데서 여전히 논쟁하고 있는 주제에 대한 첫 3세기 동안의 초대교회의 증언을 생각해 보면서, 개신교가 일반적으로 로마교회에 대해서 혐의를 두고 제시하는 '우상숭배'라는 문제에 관해 매우 간략하게 언급한 바 있다. 특별히 로마교회가 성인들과 형상들을 숭배하거나 공경(cultus)하는 대상으로 만든 것을 지적한 것이었다. 그러나 로마교회주의자들이 이 3세기 동안에 성인들과 형상숭배의 교리와 실천에 대해서 매우 호의적이었다는 어떤 증언도 제시할 수는 없다. 물론 매우 일찍부터 순교자들과 고백자들에 대한 유물과 유적지에 대하여 근거도 없이 과도한 공경을 표하기 시작한 것은 사실이다. 이것이 확산되기 시작하면서 금방 엄청난 다신교 숭배사상의 조짐이 되었다는 것은 의심의 여지가 없다.

　이삭 테일러(Issac Taylor)는 그의 도서 『고대기독교』 제2권에서 귀신 숭배(Demonolatry), 또는 죽은 자들을 숭배하는 것과 그들에게 기도하는 종교적인 의식이 4세기 후반과 5세기에 광범위하게 퍼져 있었음을 입증하였다. 그리고 그 내용은 교회가 배출한 가장 탁월한 사람들에 의해서, 심지어 어거스틴 자신에 의해서도 인준된 것이었다. 이것은 급속도로 번졌다. 물론 이것은 초기에 순교자들을 존중한다는 공경심으로부터 점차적으로 발전된 것이었다. 사실 참된 종교도 시간이 지나면서 점점 부패해지는 것은 지극히 자연스러운 일이다. 그런데 교회 안에서 이것이 확산일로에 있을 때 어떤 논쟁적인 논의를 거치는 일도 전혀 없이 거의 보편적으로 확산되고 말았다.

5세기와 6세기에 교회 안에 다신교적이라고 할 수 있는 현상들을 드러내는 예배가 실행되었다는 것은 전혀 의심할 여지가 없는 사실이었다. 그리고 모하멧을 숭배하는 단일신사상 위에 확실하게 개선된 예배가 교회 안에 분명히 존재하였다. 물론 7세기까지 교회의 공적인 예배에 성인들에 대한 공식적인 숭앙이 소개되었다는 증거가 충분하지는 않다. 기독교회 안에서 유물들에 대한 공경은 그림이나 조각으로 된 형상들에 대한 공경보다 앞선 것이었다. 기독교인들이 이교도 우상숭배자들과 공개적으로 갈등을 불러일으키고 있으면서 형상들을 숭배하였다고 보기는 어렵다. 따라서 이교도 우상숭배 자체가 무엇인지 명백히 알 수 있고 그저 공격적인 형태가 되는 것들을 금하는 것에 한정되어 있었다고 보는 것이 타당하다.

6세기가 흘러가면서 이교도주의가 저스티니안(Justinian) 황제의 칙령에 의해 완전히 제압되고 난 후에 그리스도와 순교자들에 대한 그림들이 교회 장식물로 소개된 증거들을 발견하게 되었다. 물론 이때에는 그것들에게 어떤 종교적인 숭배나 공경이 이루어졌다는 증거는 없다. 그러나 참된 종교의 부패의 과정은 진전되었다. 부패해진 원인과 결과로서 이교도주의 견해들과 실천사항들이 교회 안에서 급속도로 소개되고 지속적으로 증폭되었던 것이다. 8세기까지는 지금 우리가 형상숭배에 대해서 반대하고 있는 그런 목소리들이 있었다. 한편, 이 문제에 대한 굉장한 콘테스트가 시작되었는데, 이것은 물리적인 무기들을 사용하여서 수많은 피를 흘리게 했고 수많은 악행들이 자행되었다. 결국 그 논쟁은 동방교회와 서방교회 모두 형상숭배를 공예배의 한 순서로 확립하게 됨으로써 종식되었다. 이 두 진영의 차이는 한 가지 뿐이었다. 그것은 동방교회 혹은 헬라교회에서의 형상숭배는 오로지 그리스도와 성인들에 대한 그림들로 한정하여 제한하는 것이었고, 서방교회나 라틴교회에서는 그림만이 아니라 조각상들까지 확대시킨 것이었다. 형상숭배에 관한 논쟁의 역사에서 가장 중요한 사건은 787년에 열린 제2차 니케아 공회였다. 이 공회는 헬라교회와 라틴교회 두 진영이 함께한 연합공회였다. 이 공회는 트렌트 교회회의[12]도 언급하였고, 일반적으로 로마교회주의자들에 의해서 공인된 것으로서 공교회를 대표하는 무오성의 가치 안에서 형상숭배를 요지부동한 기반 위에 서 있는 교리로 확립시킨 회의였다.

성인들과 천사들을 향한 종교적 숭배의 근거 위에서, 특별히 성모 마리아를 숭배하고, 그리스도의 형상들과 성인들을 숭배하고 있다는 주된 근거들 위에서 개신교도들은 로마교가 일반적으로 우상숭배종교라는 혐의를 제시하였다. 이것은 매우 중요하면서도 조금 복잡한 주제이다. 엄청난 논쟁거리를 일으킨 주제이지만 이 부분에 대해서 간략하게 다루는 것이 적절하다고 본다. 그렇게 함으로써 우리는 첫째 그 질문의 역사적인 부분을 주목할 것이며, 이 주제에 대한 로마가톨릭의 교리가 무엇인지를 조사할 것이다. 그리고 그 교리적 발전과정과 확정하게 된 것과 연계된 원리적인 요소들을 지적한 후에 이 논쟁을 정착시킨 신학적 원리들에 대해서 간략히 설명할 것이다.

---

12) 역자 주) 이탈리아 북쪽 지방인 트렌트(Trent)와 볼로냐(Bologna)에서 1545년부터 1563년에 열린 가톨릭교회의 종교회의였다. 이 회의는 가톨릭교회에서 가장 중요하게 여기는 공회들 중 하나이다.

1. 역사적 진술

성인들과 천사들, 특별히 동정녀 마리아에게 종교적인 숭배나 공경을 표해야만 한다는 것과 관련하여서 로마교회의 가장 온전하고 공식적이며 권위 있는 진술은 트렌트 교회회의 문건이다. 종교개혁자들은 로마교회와의 분리를 내세우면서 이 문건에 상당한 무게를 두고 피력하였지만 정작 트렌트 교회회의에서는 이 주제에 대한 교회의 교리를 그렇게 유별나게 정의하거나 명확하게 설명하지 않았다. 성인들과 형상숭배에 대한 주제를 다룬 그들의 교리들은 그 공회의 마지막 회의(제25차)에서 연옥과 면죄부에 대한 미묘하고 어려운 주제들과 함께 대충 훑어보며 지나친 부분이었다.

이 전체 주제들과 관련하여 트렌트 교회회의는 교회의 교리에 대하여 매우 정확하게 또는 온전하게 강론하는 것을 피해 갔음이 분명하다. 어쩌면 그 문제가 잘 정립되지 않았다는 것을 의도적으로 숨긴 것일 수도 있다. 마찬가지로 이 주제들이 잘 알려지는 계기를 만들고자 그렇게 할 수도 있었을 것이다. 또는 성도들 사이에 확산된 실천들이 그들의 반대파에 의해 공격을 받게 되었을 때, 그들은 이것들이 로마교회가 인정하고 있는 교리로써 인식하거나 방어하는 의무가 되게 하지 않으려는 의도에서 그렇게 한 것일 수 있다.

성인들과 형상들을 숭배하는 주제에 대한 로마교회 교리의 핵심은 교황 파이우스(Pius, 1559-1565) 4세의 『고백문』에 명시되어 있다. 모든 교황제 신부들이 서약을 하는 『고백문』의 내용은 다음과 같다. 즉, "그리스도와 함께 통치하고 계신 성인들은 공경 받아야 하고, 기도를 받는 자들이어야만 한다. 그들은 우리를 위해서 하나님께 기도들을 올려 드린다. 그들의 유물들은 공경 받아야만 한다. 그리스도와 그의 어머니, 동정녀의 형상들, 그리고 다른 성인들의 형상들은 보존되어야 한다. 그들이 마땅히 받게 되는 그 영광과 공경은 그들에게 주어진 것이다."라는 것이다.

이러한 교리들에 대한 로마교회의 입장에 관하여 트렌트 교회회의의 칙령들이나 요리문답에서 세세하게 진술된 것으로부터 끌어낼 만한 것은 그렇게 많지 않다. 다만 예외적인 것은 일반적으로 우리가 그들의 기도문, 지원(*help*), 그리고 원조(*assistance*)에 호소해야만 하는 것뿐이다. 그러나 성인들과 형상들은 하나님께서 받으시기에 합당한 동일한 영예를 가지고 숭배되어야 하는 대상이 아니다. 또는 하나님께만 경배해야 하는 것을, 받을 만한 예배로 경배되는 대상이 되어서도 안 된다. 그 형상들로부터 뭔가를 구하거나 획득할 수 있는 것처럼 그것들에 기도를 올려서도 안 된다. 또는 그들 가운데 뭔가 신적인 요소들이 들어 있는 것처럼 그들에게 기도해서도 안 된다. 그들에게 주어지는 예배는 그것들이 예표하는 그리스도나 성인들과 같은 대상을 지칭하는 것들이다. 성인들과 천사들에 대한 숭배 문제에 대하여 로마교회의 교리가 말하고 있는 다른 선언문은 없다. 여기에는 매우 희미하고 결함투성이의 모호한 것뿐인 이것들에 관한 내용은 로마교회의 표준과 인정받는 저자들의 글로부터 제공받아야만 한다. 그러나 우리가 가지고 있는 형상숭배에 대한 주제는 787년에 열린 제2차 니케아 공회의 회의록들과 칙령들에서 나타나는 것들이다. 이 공회는 트렌트 교회회의가 인정하고 로마의 교회가 범 교회적인 공회로 인정하는 모임이며, 무오류한 공회이다. 트렌트 교회회의의 칙령에는 이 주제에 대한 주도적인 권위를 가진 것으로 언급되어 있다.

제2차 니케아 공회의 역사와 특성은[13] 이 질문에 대한 논의에 있어서 중요한 요소가 되었다. 그것에 대하여 우리가 아는 모든 면에서 볼 때 확실한 것은 아무것도 없다. 특히 그 결정들을 존중하거나 복종하도록 우리에게 화해시켜 줄 만큼 적합한 것은 하나도 없다. 틸롯슨(Tilloston) 대주교는 이 공회의 특성에 대해 언급했는데, 그것은 이 문제에 대한 분명한 사실들에 의해서 확정된 것이었다. 그 내용은 다음과 같다.

제2차 니케아 공회는 그들의 형상숭배에 대한 교리는 훼방 받지 아니하는 전통적인 것으로 이어져 내려온 것으로 가장하였다. 그리고 그것을 성경의 본문들을 억지로 잡아끌어다가 대담하게 그렇게 주장한 것이었다. 또한 모호하고 허위적인 저자들의 글들을 이용하여 얼토당토아니하게 증명하였다. 그리고 여인들이 꿈에서 본 유령들이나 허깨비들에 대한 어리석고 무모한 이야기들을 가지고(이것이 교황 아드리안 6세에 의해서 인정받은 것들이라는 이유로) 그렇게 증명하고 나선 것이었다. 나는 독자 여러분들이 그 공회의 기록들을 살펴보기를 바란다. 그러면 그것들이 얼마나 포장된 것들인지를 알 것이다. 만일 무신론자들이 그것에 관련하여 역겨운 말들로 종교를 모욕하고자 모여 회의를 가졌다면 그들은 이것만큼 더 효과적인 방도를 찾을 수 없었을 것이다.[14]

이어서 틸롯슨은 "제2차 니케아 공회는 형상숭배의 교리를 확립하고자 성경의 본문들을 억지로 잡아끌어 당겨서 어리석게 남용하였다. 나는

---

13) Whitby and Comber in the seventh volume of Gibson's Preservative. Basnage and Forbes. Phillpott's Letters to Butler, and Supplemental Letter. Stillingfleet's Defence of Discourse on Idolatry. See on this whole subject, Chemnitii Examen Concil. Trident. p. iii. and iv.

14) Tiloston, Rule of Faith, P. iv., see, i., p. 308. Ed. 1676.

세상에 있는 어떤 교황주의자들이 교부들이 작성한 본문들을 참된 것으로 삼고 주장하는지 도저히 믿을 수가 없다."[15]라고 말했다. 그렇다면 이 공회는 무가치한 여인인 황후 아이린(Irene, 이 여인은 남편을 죽이고 자신의 어린 아들이 통치하게 한 후 섭정한 여인이었다.)의 손에서 놀아난 것이다. 그리고 신학자로서 탁월한 인물이 하나도 참여하지 않았고 교회 안에서 유명세를 탄자들도 전혀 없었다. 오직 교황주의자들만 그들의 원칙들에 의해서 형상숭배를 성령의 무오한 인도하심에 따라 주어진 것으로 간주했던 것이다. 그들은 성령의 역사하심으로 그리스도의 교회라고 고백하는 곳에서 형상숭배가 명해졌고 세워진 것으로 믿었던 것이다. 따라서 그 안에는 우상숭배의 죄가 포함되었다.

이 주제에 대한 제2차 니케아 공회의 칙령의 본질은 다음과 같다. 즉, 예배(προσκύνησις)와 공경(ἀσπασμος)[16]은 그리스도의 십자가, 그의 모친, 천사들과 모든 성인들의 그림들과 거룩한 형상들에게 주어진 것이었다. 그러나 이것은 하나님께 드리는 것과 같은 동일한 영예와 경배가 되는 것은 아니었다. 그 형상에게 올리는 영광은 그것이 나타내고 있는 대상에게 건네는 것이었다. 그 형상을 칭송하거나 숭배하는 이는 그 형상이 담아내고 있는 그분께 경배하거나 칭송하는 것이었다(같은 단어를 사용하고 있음).

그러나 현재 교황주의자들은 일반적으로 이 공회가 형상숭배를 선호하는 그들의 칙령의 근거로써 수용하고, 자리 잡게 한 근거나 이유에 대해서 부끄럽게 생각한다. 즉, 그들이 어리석게도 애들처럼 성경을 왜곡한 것에 대해서, 그들이 권위 있는 문건이라고 인용하여 주장한 것들에 대해

---

15) Tiloston, Rule of Faith, P. ii., see, iii., p. 95.
16) 역자 주) 원래 이 단어는 윗사람에게 공경의 표시로 인사를 하는 경우나 입맞춤하는 경우에 쓰인 단어이다.

서, 교부들의 몇몇 이름들을 언급하면서 그들의 작품이라고 주장한 것들에 대해서, 유령들이나 기적들에 관한 역겹고 저속한 이야기들에 대해서, 이런 것들을 가지고 형상들은 숭배되어져야 한다고 제2차 니케아 공회가 증명한 것들을 매우 수치스럽게 생각하고 있다.

현대에 와서 그들은 로마교회가 그 공회의 최종의 일반적인 결의에만 제한하고 있을 뿐, 그 공회가 제안하여 인준한 근거들이나 이유들에 대해서 입증할 의무가 있는 것이 아니라는 주장을 한다. 그러나 이것은 전혀 근거가 없는 핑계거리이다. 그 공회는 일반적으로 로마교회주의자들이 범 교회적이고 무오류한 공회로 간주하고 있다. 그런데 그러한 트렌트 교회회의에서 성경을 제시하고 있는 것이다. 물론 이 공회의 무오류성은 성령의 주도하시는 인도하심에 근거를 두고 있다. 만일 성령께서 그 총회를 진짜로 주도하시고 인도하신 것이라면, 교황주의자들이 그러하다고 믿고 있듯이 그것들은 분명 그들이 인정한 교리적인 결론들을 위한 근거들이나 이유들로서 전혀 오류가 없는 것으로 보존되었어야만 한다. 또한 그 교리적 결론들 안에서만이 아니라 특별히 그들이 성경적인 참된 진술이라고 매우 중요시 여기며 고백할 때도 오류가 없이 보존되었어야 하는 것이다. 따라서 로마교회주의자들이 공회의 총대들 가운데서 성령 하나님께서 주도하시어 무오한 것으로 고안되었다고 여기며, 여러 방도로 전체 교인들의 마음에 형상숭배 교리를 격려하는 그 어떤 책임성을 피해 보고자 하는 시도는 다 헛된 것이다.

우리는 현대의 로마교회주의자들이 제2차 니케아 공회에서 제정된 많은 것들에 대하여 진심으로 부끄럽게 여기고 있다는 점을 의심하지 않는다. 그러나 그들은 그 무오성을 부인하는 것 외에는 그 공회가 만들어 낸 모든 것들에 대한 책임을 면할 수 있는 어떤 방안도 제기하지 못하고 있다. 그들의 가장 중요하고 근본적인 원리들에 대한 어떤 것에도 포기 선언을 하지 않고 이것을 부인한다는 것은 불가능하다. 그 이유는 로마교회의 선언과 주장은 요지부동한 것으로 그들의 목에 감겨 있는 수많은 맷돌 중 하나이기 때문이다. 이것만이 아니라 그들이 어떤 존재들인지를 표시해 주는 또 다른 하나는 트렌트 교회회의의 요리문답[17]이다. 여기에는 형상숭배가 권위 있는 것으로 언급되어 있다. 일반적인 칙령들을 담고 있는 제2차 니케아 공회의 제7차 회의록에만 언급된 것이 아니라 그들의 궁극적인 결말을 얻게 된 근거들이나 이유들을 담아내고 있는 여러 선행된 분과모임에 관한 회의록에도 언급되어 있는 것이다. 심지어 우리는 그 안에서 제2차 니케아 공회를 지적하는 일반적인 인용문들도 *도처에서*(passim) 발견한다. 즉, 단순히 최종적인 결론으로서가 아니라 의사록과 공적인 의결의 일반적인 핵심사항으로 인준을 받은 것으로서 공정하게 간주되어야만 한다고 언급하고 있는 것이다.

로마교회주의 저자들은 기적이 종종 형상들에 의해서 발생하게 된다는 신앙을 가지라고 독자들에게 권면하였다. 또한 어떤 특별한 형상들은 그 자체 안에 탁월한 능력을 지니고 있다고 하였다. 그러나 오늘날에는 이러한 개념을 가지게 한 책임이 그들의 교회에 있다는 점을 인정하는 것을 매우 꺼려한다. 또는 그 어떤 특별한 기적들에 대한 실제를 받아들이라고 한 책임이 교회에 있다는 것을 시인하려 들지 않는다. 역겨운 기적들이 제2차 니케아 공회 문서에 기록되어 있고 그 문서들 안에서 찾아진다는 것을 직면하기를 꺼려하는 것은 그들이 특별히 공회가 제정한 모든 것을 방어할 필요성에서 멀어지게 만드는 두려움 때문이다. 그러나 그러

---

17) Pars iii, cap. ii.

한 사실은 공회의 신뢰도를 위해서라도 반드시 언급되어야 한다. 그 공회가 회의 절차상 그 시대의 형상들이 실제로 일어나는 기적들의 관습에 젖어 있었던 것은 아니었다고 인정해 주는 것이 예의인 것이다. 그리고 그들은 이러한 진술의 종합적인 증거들을 얻기 위하여 이전 세대로 되돌아가야만 했다는 것을 인정해야 한다.

이처럼 행동하는 모습은 현대의 몇몇 아주 우호적인 태도를 지닌 교황주의자들의 권위로 인준한 것과 비교가 된다. 그들은 1796년과 1797년에 이탈리아에서 형상들에 의해서 일어난 많은 기적들에 대하여 교황청의 재가를 받아 공식적인 설명문건으로 책을 출판하였다. 이 기적적인 능력은 울고 탄식하는 현상에 의해서 주로 나타났다. 프랑스 군대들이 나폴레옹 지휘 하에 이탈리아로 진군했을 때 그러했다. 때에 맞게 입증된 이 공적인 설명은 교황주의자 감독의 후원으로 독실한 신자들의 덕성 함양과 위로를 위하여 영어로도 번역되어 런던에서 출판되었다. 그러나 우리 시대에서 형상들을 통해 일반적으로 확정하고 독실한 신앙인들의 덕을 세우게 하는 그 기적은 점멸되고 있다.

제2차 니케아 공회를 이은 업무 중에는 역사적인 것들이 몇 가지 있었다. 비록 우리가 그것들에 대해서 상세하게 다룰 만한 여지는 없지만 그것들을 주목하고 기억하는 것은 의미가 있다. 교황 아드리안 1세(Adrian)는 교황 사절단의 지위로 이 공회의 의장직을 수행한 것으로 알려져 있다. 그는 회의를 진행하면서 자신의 견해와 정확하게 일치하는 의사록과 칙령을 재가하였다. 그러나 이 공회에서 확정한 형상숭배는 서구교회에서 강력한 반발에 부딪혔다. 특별히 프랑스와 영국에서 그러했다. 그 이유는 그 당시에 공회의 무오류성이나 교황의 최고수위권이 보편적으로 다 인정되었던 것은 아니었기 때문이었다.

그리하여 이 공회가 제시한 논박들과 결론들에 대한 반박을 담은 한 권의 책이 790년에 샤를마뉴 대제의 이름과 그의 권위로 작성되었다. 그리고 그 황제가 교황에게 전달되었다. 이 작품은 일반적으로 『카롤링가의 책들(Liber Carolinus, or Libri Carolini)』로 칭해졌다. 이 책은 총 4부로 구성되어 있는데, 니케아 공회의 모든 의사록을 공개적으로 정죄하고 있다. 그 공회의 결정들에 대해서 120여 개 이상의 항목들을 들어서 반대 의사를 제시하였다. 그 선언은 다음과 같다.

그 의사록들은 어리석고, 애매모호하고, 악의가 가득하고, 몰상식한 억측이며, 이교도주의로부터 유래한 저주스러운 오류들을 담고 있는 것이다. 그 공회는 성경을 왜곡하였고 성경과 연관이 있는 인용구는 하나도 산출해 내지 못하였다. 그리고 이 공회는 교부들로부터 발췌한 것들도 왜곡하였으며 순서, 느낌 및 단어들을 곡해한 것이었다. 그리고 외경에서 매우 많은 유치한 것들을 앞으로 가져왔다.

이 책은 하나님을 예배함에 있어서 형상들을 도입하거나 그 형상들에게 외적으로 종교적 영예와 공경을 표하는 것이 불법적이라는 것을 뒷받침해 주는 증거들을 담고 있다. 그 증거들은 성경에서 제시하고 있는 탁월하고 사법적인 것들이다. 이 책은 샤를마뉴 대제가 교황 아드리안에게 전달했던 것이고, 교황은 이를 자신의 손으로 쓴 논박과 함께 높이 샀다. 교황이 작성한 논박문은 현재까지 우리에게 전해지고 있다. 그 내용은 『교회회의록 모음집』에서도 찾아볼 수 있다. 샤를마뉴 대제와 틸롯슨이 그 공회 자체의 의사록에 적용하였던 측면에서 기술하는 것이 가장 공평한 것이라고 본다. 그 저작은 그 공회의 모든 의사록들을 방어하고 있으면서도 여전히 모호하고 비열한 말들을 드러내고 있다.

이에 대한 몇 가지 논쟁 사례들이 포브스(Forbes)가 쓴 『역사신학 강론들(Instructiones Histroico-Theologicæ)』에 나와 있다.[18] 이러한 모든 사실에도 불구하고 형상숭배를 하는 실천은 일반적으로 인준되어 채택되는 것과는 거리가 먼 것이었다. 794년에 이 문제로 프랑크푸르트에서 공회가 열렸다. 그 회의도 니케아 공회와 같은 이름으로 범 교회적인 것으로 간주될 만한 훌륭한 것이었다. 그 회의에는 프랑스와 독일, 스페인 및 영국에서 온 300여 명의 주교들이 참가하였다. 이 회의는 제2차 니케아 공회의 의사록과 결정을 모두 다 정죄하였다. 그리고 카롤링 책들을 추인하였다. 이 회의에서는 성인들에게 종교적인 영예를 돌리는 것을 거부하지는 않았지만 그에 관한 일반적인 지침들을 제정하였다. 그런데 만일 이것이 제대로 공정하게 작성된 것이었다면 형상숭배와 같이 성인숭배 역시 단호하게 차단했어야만 했다.

이러한 사실들은 특별히 형상숭배에 대한 것이나 공회의의 권위와 교황의 최고수위권에 대한 일반적인 질문에 내세우는 로마교회 논쟁자들을 무척이나 당혹스럽게 하는 것들이다. 그들 중 몇몇은 카롤링 책들에 대하여 의문을 제기하거나 진품인지 알기 어렵다는 식의 시도를 추구했다. 그리고 프랑크푸르트 공회의 회의록들을 의심하도록 만들려고 하였다. 그러나 이것은 너무나도 무모한 것이라서 그럴듯한 가능성을 말할 만한 그 어떤 것도 제시할 수 없었다. 결과적으로는 프랑크푸르트의 공회 자체를 생각할 때 바로니우스(Baronius)와 벨라민(Bellamine)에 의해서 거부되었다. 이 문제에 대해서 그들이 확립하고자 한 모든 시도는 바로 이것이다. 프

---

18) Forbesii Instructiones Hist. Theol., Lib. vii., c. xi. Basnage, Historie de l'Eglise, tom i, p. 571. Stillingfleet's Defence.

랑크푸르트 공회는 니케아 공회의 의사록들과 칙령들을 정죄하였다. 그 일은 *사실상* 적어도 두 가지 오류나 실수에 근거한 것이었다. 하나는 니케아 공회가 형상들을 하나님 자신처럼 동일한 영광을 돌리고 숭배를 해야 한다고 발포하였다는 잘못된 믿음에 근거한 것이다. 또 하나는 니케아 공회의 의사록들이 교황에 의하여 확정된 적이 없다는 근거에 따른 것이었다.

그러나 이러한 주장들은 증거가 불충분한 것만이 아니라 긍정적으로도 그러하고 확실하게 반박될 수 있는 억지였다. 프랑크푸르트 공회는 니케아 공회가 발포한 것이 무엇인지를 정확하게 이해하고 있었으며 교황이 그 의사록들을 전적으로 인준한 것임을 다 알고 있었다. 그럼에도 불구하고 프랑크푸르트 공회는 그것을 거부하였고 정죄했던 것이다.[19]

교황주의자들은 개신교도들이 자신들의 견해에 대해서 잘못 이해하고 있고 잘못 묘사하고 있다고 늘 불평스럽게 말하는데, 성인들과 형상숭배에 대해서 일반적으로 우상숭배라고 혐의점을 두고 지적한 것 외에는 개신교도들과 교황주의자들 사이에 벌어진 논쟁에 포함되어 있는 다른 무엇은 없었던 것 같다. 그러나 그런 불평에도 근거가 없다. 우리는 실로 이 주제와 관련하여 그들이 붙들고 있는 교리들에 대해서 비난하고자 하는 것이 아니다. 그러나 로마교회가 그것을 재가하였다는 것을 증명할 수 있다. 우리는 로마교회의 교리가 다신론주의요 우상숭배자들이라고 지적당할 충분한 근거들을 제공하고 있다는 사실을 증명할 수 있다고 생각한다.

우리는 그들이 인정하는 저자들이나 그들이 권위 있는 것으로 여기는 경건서적들, 그리고 그들이 일상생활 속에서 말하고 행동하는 것들에 의

---

19) Forbesii Instructiones Historico-Theologicæ, Lib. vii., c. xi. Natalis Alxander, saec. viii, Dissert. vi.

해서 인준되지만 증명될 수 없는 문제들을 실천하지 않고 있다는 점을 지적하는 것이다. 우리는 이 주제에 대해서 그들이 붙들고 있는 교리적 입장이 무엇인지 잘 알고 있고, 그들의 교회가 이 문제를 규정하고 있는 것이 무엇인지도 너무나 잘 안다. 또한 로마교회가 유지하고 있는 그 교리를 변호하고 있는 근거들이 무엇인지도 잘 알고 있고, 이러한 근거들에 대해서 일말 좋은 것들이 있음을 인정하지만 그것들은 전적으로 불충분한 것임을 증명할 수 있다. 그렇지만 우리는 그들이 하나님께 드리는 영광과 경배를 동일하게 성인들과 천사들에게 한다고 해서 비난하는 것이 아니다. 우리가 주장하는 것은 성인들이나 천사들이 열등한 존재들이고, 하나님께 드리고 있는 것과 비교할 때 훨씬 못한 종속적인 존재들이라고 고백하면서 그들에게 종교적인 영광을 돌리고 숭배를 하고 있는 점을 지적하는 것이다.

우리는 성경이 그러한 것들에 대해서 어떤 근거도 제공하지 않을 뿐 아니라 오직 하나님께만 허용되는 종교적인 영예와 숭배를 성인들과 천사들에게 올리는 일을 단연코 금지하고 있다는 사실을 증명할 수 있다. 로마교인들이 *마치* 성인들과 천사들이 신적 속성을 지니고 있는 *것처럼* 그들에게 기도를 드리고 그들에게 영적 복락들을 적용한다고 해서 비난하는 것이 아니다. 우리가 견지하고 있는 것은 하나님께서는 오로지 하나님 자신에게만 그러한 섬김을 해야 하며, 로마교회 성도들이 성인들과 천사들에게 보이는 경외감과 확신은 오로지 하나님께만 드려야 한다는 것이다. 하나님께서 그것을 주장하시는 근거는 하나님만이 무한하시고 누구와도 나눌 수 없는 완전하신 분이라는 사실에 있다. 그렇기 때문에 하나님 말고 그 어느 피조물에게 그러한 영광과 숭배 또는 경외감을 피력하는 것은 성경의 가르침과 맞지도 않을 뿐 아니라 근거도 없고 납득될 수 없는 것이다.

이러한 사실 위에서 우리는 우리 자신들에게 다음과 같이 주장하지 않을 수 없다. 즉, 이 주제에 대한 로마교회의 교리는 실천적으로나 본질적으로 다신론주의를 포함하고 있다는 것이다. 또는 로마교회가 오직 한 분이시고 참되신 하나님만이 받으시기에 합당한 영광과 경배를 열등한 많은 피조물들과 함께 나눈다는 것을 성도들에게 소개하고 있다는 것이다.

어쩌면 그렇게 규명함에 있어서 보다 더 큰 난제가 있을 수 있다. 그러므로 우리들이 실수할 가능성이 그만큼 큰 것이다. 그리스도의 형상과 동정녀 마리아상, 그리고 성인들의 형상들에게 가하는 영예와 공경의 주제에 대한 로마교회의 교리를 잘못 이해하고 있을 개연성은 있다. 로마교회는 트렌트 요리문답이 '공평하게(ut excolantur)'라고 말하고 있는 것처럼[20] 하나님을 예배하는 한 부분으로서 종교적인 영예와 숭배를 그들에게도 똑같이 돌려야 한다는 내용을 교회 안에서 잘 지켜져야만 한다고 가르치고 있는 것은 분명하다. 그러면서도 로마교회는 그 형상들 속에 신성이 있는 것이 아니며 그들에게 기도해서도 아니 되고 그들에게 묻거나 그들이 영적인 복락을 가져다줄 것으로 기대하지도 말아야 하고 그것들에게 표하는 공경심은 그들을 예표하고 있는 대상에게 전달되거나 표해야 한다고 가르친다. 만일 그 형상들에게 가해지는 공경심이 그것들이 예표하고 있는 대상에게 전달되거나 표해져야 한다면, 그 형상들이 그 어떤 영예와 공경심을 받을 만하다거나 직접적으로 표해져야만 함을 뜻하지 않는 것처럼 보이게 된다.

그러나 로마교회는 마치 그 형상들이 이 공경과 예배의 합당한 대상들

---

20) Part iii., c. ii.

인 것처럼 선언하고 있다. 즉, 그 형상들은 영예와 공경을 받을 만한 것이기 때문에 그렇게 하는 것이 옳다고 선언하고 있다.[21] 따라서 이 주제에 대한 로마교회의 권위 있는 교리가 일관성이 없는 것이 아니라면 분명 애매모호한 것이 된다. 실제로 로마교회의 주목할 만한 탁월한 저자들 사이에서도 이 주제에 대해서는 다양한 이견들이 있다. 벨라민은 이 같은 예배와 관련하여 로마교회가 붙들고 있는 의견은 세 가지가 있다고 말한다.[22] 그에 의하면 형상들이 공경심을 받을 만하다고 보는 것들은 첫째, 그 자체 안에서 또는 그 형상이라는 것 때문에 경배를 받는 대상이 되어서는 안 된다는 것이다. 다만 그 형상에 의해서 예표되고 있는 그 사람이 그 형상 앞에서 경배되어야 한다는 것이다. 이 견해는 니케아와 트렌트 교회회의에서 가르친 것에는 분명 미치지 못한다. 왜냐하면 그 공회들은 형상 그 자체가 영예와 공경심을 직접적으로 받기에 합당한 대상들이라고 가르치기 때문이다. 둘째, 그 형상이 예표하고 있는 그 사람에게 표하듯이 그 형상 자체에도 동일한 영예와 공경심을 드려야 한다는 이론이다. 이에 따라서 동일한 영예를 그리스도 자신에게 드리는 것과 같이 그리스도의 형상에도 드리게 된 것이다. 그리고 같은 방식으로 동정녀 마리아와 성인들에게도 가해졌다.

이 견해는 로마교회의 탁월한 다른 저자들에 의해서 천사적인 박사로 여겨지는 성 토마스 아퀴나스도 지지하였다. 이 견해도 이전 시대 사람들이 잘못 범했던 것처럼 과도한 강조와 결함에 의해서 잘못된 제2차 니케아 공회의 입장과 모순되는 것이다. 그처럼 많은 학자들이 그 견해를 수

---

21) 'eis debitum honorem et venerationem impertire, illis honorem et cultum adhibere' Concil. Trident., Sess. xxv., et Professio Fidei Pii IV. Catech. Trident., P. iii., c. ii.
22) Bellar. Opera, 1619, tom. ii., 825.

용할 수밖에 없었는지에 대해 벨라민이 설명할 수 있는 유일한 길은 이 범교회적인 공회의 회의록들을 그들이 한 번도 들여다보지 않았거나 그것을 방어하고 있는 교황 아드리안의 작품을 읽어 보지 않았다는 경우밖에 없었다. 벨라민 자신도 로마교회의 다른 저자들과 더불어서 그 두 극단적 입장 사이에서 중립적 입장을 수용하고 있다. 그리고 그가 견지하고 있는 입장은, 첫째 형상들이란 그 자체들을 경배하게 되거나 그 자체가 설명하고 있는 것을 경배하는 것이다. 그리고 그렇게 섬기는 것이 적절하다는 주장이다. 둘째는 본질적으로 그리고 합당하게 그 형상들이 예표하고 있는 대상에게 가하는 동일한 영예와 경배가 더불어 이루어지는 것은 아니다. 그러나 셋째는 그들이 예표하고 있는 대상으로서 동일한 숭배를 받을 수도 있다는 견해이다. 즉, 적절하지는 않으나 어쩌다 보니 그렇게 숭배하게 된 것이라는 입장이다('improprie et per accidens'). 그리고 나서 벨라민은 이 교리에 다른 입장들을 잘 병합하여 조화를 이룬 위대한 일반적 원리로서 제시했다. 즉, 형상 그 자체로서 합당하게 경배하는 것은 불완전한 예배임은 확실하다. 이는 그저 그 형상이 예표하고 있는 대상에게 표해져야 할 경배와 같은 일종의 경배의식에 속한 것뿐이라고 유추하는 것이다.[23]

형상들에게 가해지는 일종의 예배의식과 관련된 질문에 대한 답변의 본질을 구체화한 벨라민의 글에 나타나는 전제는 진정 학자답지 않은 글이다. 어쩌면 납득될 것을 기대하지도 않고 작성한 글인지도 모른다. 그것은 이 주제에 대하여 로마교회가 참된 교리를 설명하는 데 학식과 재능을 갖춘 자들이 할 수 있는 것에 대한 그 이상의 무엇을 드러내고 있는 것이 아니다. 로마교회의 탁월한 저술가들 사이에 존재하고 있는 의견의 다

---

23) Bellarm. Opera, 1619, tom. ii., 834.

양성과 이 주제를 해설하고 있는 뛰어난 인재들의 당혹감과 혼란스러움은 우리가 종종 듣고 있는 로마교회주의자들이 가진 유창한 말과 확신들과는 단연히 대조되는 것임을 나타내 준다. 그들은 어쩌면 천사적인 박사인 성 토마스 아퀴나스처럼 이 교리에 대해서 자신들이 몸담고 있는 교회의 교리로 제출된 니케아 공회의 권위 있는 결정에 대해서 무지한 자들일 수 있다.

한편, 그들은 개신교도들이 이 교리를 잘못 이해한 것이라고 주장하였다. 우리는 이들의 다른 점들과 당혹스러운 면들에 대해서 별 신경을 쓰지 않는다. 다만 우리는 교황주의자들이 명확하고 정선된 교리라고 일반적으로 자랑하고 있는 것들이 얼마나 거짓된 것인지를 드러내고자 할 뿐이다. 또한 이 질문에 대해서 특별히 그들이 가지고 있는 난처한 입장을 지적하는 것뿐이다. 그 작업을 위하여 우리가 취한 근거는 너무나도 확실하고 단호한 것이다. 이는 로마교회주의자들이 주장하는 교리들의 형태와 실천들이 어떠하든 그 모든 것들의 뿌리를 뒤흔드는 것이다. 즉, 그것들은 성경에 비추어 볼 때 불법적이고 전혀 근거가 없다는 점이다. 하나님을 예배하는 일에 형상숭배를 소개하는 것은 성경의 진술들과 전혀 일치되지도 않는 것이다. 그리고 그것들에게 종교적인 영예와 어떤 경외심을 표한다는 것 자체도 성경의 가르침과는 전혀 맞지 않는 것이라는 사실이다.

2. 교리적인 강설

우리는 앞에서 성인들과 형상들을 숭배하는 문제에 대하여 로마교회가 가지고 있는 교리적 특징과 중요성에 대하여 살펴보았다. 그리고 그 문제가 등장한 기원과 발전과정과 연계된 주된 역사적 상황들이 무엇이 었는지에 대해서도 논의하였다. 특별히 제2차 니케아 공회가 형상숭배 교리를 공식적으로 확립한 공회였다는 것과 그에 대한 반대 진영이 무엇이었는지를 살펴보았다. 이제 나는 그 주제에 대한 로마교회의 교리가 어떻게 해서 그토록 과감하게 진전되었고 방어하게 되었는지 원천적인 근거들에게 대해서 간략하게 언급하고자 한다.

다신사상과 우상숭배로 나가게 된 경향, 즉 최고의 지존자이신 하나님과는 전혀 다르고 열등한 많은 존재들에게 종교적 숭배의식을 가하는 것과 종교적 의식에 예배의 대상으로 형상들이나 가시적인 형상들을 소개하는 경향은 타락한 인간의 모습에서 매우 두드러지게 나타나는 특징이다. 그것은 인간의 불경건함으로 나타나는 결과를 통해 알 수 있다. 또는 유일하시고 살아 계시며 참되신 하나님으로부터 멀어진 인간의 모습에서 확인할 수 있다. 눈에 보이지는 않지만 인간이 자신의 생명과 호흡과 모든 것들을 위하여 전적으로 의존해야 하는 최고의 존재를 생각하고 인정하는 것을 몹시 혐오하는 타락한 인간의 상태는 수많은 형상들을 만들어 놓고 섬기는 모습으로 나타난다. 이러한 경향은 전 인류 역사를 통해서 여실히 드러나고 있다. 인간의 타락한 후에 세상은 곧장 다신론 사상과 우상들로 넘쳐 났다. 그리고 기독교의 계시가 주어지기 전에는 세상 어디를 가도 우상들이 들끓는다. 이것은 종교적인 문제들에 있어서 타락한 인생들의 경향이 그러하다는 사실을 여실히 증명해 주고 있는 것이다. 이런 경향의 결과는 모든 시대와 모든 나라에서 주도적인 이방종교들의 양상들이 보여 주었던 것처럼 의심의 여지가 없이 다 하나님을 대적하는 것들이었다. 이것은 기독교 신앙에 가장 해를 끼치는 일이었고 인류의 지위를 가장 많이 격하시킨 것이었다.

이교도의 다신사상과 우상숭배를 나타내는 주도적인 양상들은 우리 눈에 띄는 충분히 관찰 가능한 것들이다. 심지어 엉성하게 관찰해도 금방 알 수 있는 것들이다. 그렇기 때문에 누구도 알아차리지 못할 이유가 없다. 그것들의 모습은 두 가지이다. 첫째는 그것들은 최고의 지존자 하나님과 더불어 열등한 수많은 존재들에게 숭배하는 것이다. 둘째는 그러한 열등한 존재들의 형상들이나 외형적인 표상들을 종교적인 예배의식에서 신적인 존재로 간주하고 숭배하는 것이다. 이교도적인 우상숭배의 이 두 가지 양상들이 성인들과 형상들과 함께 로마교회의 교리와 실제에 적용하는 것으로 기술되고 묘사되고 있는 것이다. 결과적으로 로마교회의 주장은 자신들의 입장과 이교도들의 입장 사이의 차이가 무엇인지 명확한 구별을 지적해야 할 필요성을 느끼게 하였다. 그것은 그들이 우상숭배 종교라는 혐의를 피해 보고자 한 것이다. 그러한 죄악은 성경에서 너무나도 자주 그리고 가혹하게 정죄하고 있는 것이다.

그들이 이것에 대해서 더 염려하고 있는 이유는 로마교회가 권위 있는 근거로 삼아 습관적으로 자주 언급하는 교부들이 자신들의 이교도 원수들의 우상숭배를 폭로하였을 때 로마교회에서 가르치고 실천되고 있는 것들을 비이성적이고 비성경적인 것으로 정죄하는 진술들을 많이 남겼기 때문이다. 이에 그들은 다음과 같은 구별점들을 제시하고자 시도했다. 첫째, 이교도들은 최고의 지존자에게 올리는 동일한 예배와 공경심을 열등한 존재들에게 올리고 있는 것이다. 그들은 그 모든 것들을 다 신들과 동일시하고 숭배하는 것이다. 그에 비해 로마교회주의자들은 오로지 열등하고 종속적인 성인들과 천사들만 숭배하거나 공경심을 표하는 것뿐이다. 그러나 하나님은 어떤 피조물에게도 표해서는 안 되는 보다 높은 유형의 경배를 받으시기에 합당하신 분이시다. 둘째, 이교도들은 거짓 신들의 형상들을 섬기는 자들이다. 실제로는 존재하지 않거나 종교적인 공경을 받을 만한 것들과 일치되지 않는 것들을 이교도들은 섬기고 있는 것이다. 그리고 그 형상들 자체가 신들이라는 믿음으로 그 형상들을 경배하는 것이다. 또는 그 형상들 자체가 신들이라거나 몇몇 신적인 것들이 들어 있어서 그들의 기도를 듣고 복락을 내리신다는 믿음으로 경배하는 것이다. 그에 비해서 로마교회주의자들은 오로지 그리스도의 형상들과 성모, 그리고 지금 하늘에서 다스리고 있는 성인들에게만 경외심을 표하는 것이다. 그러나 그것들을 우리의 기도를 들어 주시거나 복을 내리어 주는 신기한 능력을 소유하고 있는 존재로 여겨서는 안 된다. 그들을 존경하는 자들로 인하여 숭배와 경의를 드러내는데 도움과 보조도구로서 그 형상들을 사용하여 그들에게 돌려지는 영광과 공경심을 표하는 것이다.

　로마교회주의자들의 이러한 주장들과 관련하여 우리는 첫째, 이교도주의자들에 대하여 언급한 것들은 사실이 아니라는 점을 지적한다. 이 문제들에 있어서 로마교회주의와 이교도주의 사이의 주장하는 차이들은 만족스러운 증거에 의해서 확립되어질 수 없는 것이다. 둘째, 이 차이들이 성경과 교부들의 글에 분명히 내포되어 있는 이교도의 다신교주의와 우상숭배에 대하여 정죄하고 있는 것으로부터 로마교회의 교리와 실천사항들을 방어해 주기에는 불충분하다는 것을 지적한다. 이교도들 가운데 고대나 현 시대에서 더 지적인 형태를 가진 것일수록 지존자이신 하나님과 그들이 섬기고 있는 열등한 신들 사이에 분명한 차이가 있음을 인식하고 있고 또 시인하고 있다고 믿을 만한 근거가 충분히 있다. 그리고 그들 역시 자신들이 섬기고 있는 것들에 대한 방편이나 질적인 면에서 수준 차이가 있음을 어느 정도 인정한다. 그들의 마음속에도 오직 지존자이신 하나님께만 속한 최고의 예배와 섬김과 다른 많은 존재들인 열등한 존재에게 향한 것들 사이에는 차이가 있음을 인지하고 있다. 차이점은 교황주의자들이 그들의 입장을 변호하기 위하여 제시하는 것과 본질적으로 같은 것이다. 교황주의자들은 그러한 우상숭배를 전적으로 폐기하지도 않고 신중하게 설명하는 것도 없다.

형상숭배와 관련하여 보다 지적이고 사려 깊은 이교도들은 그것들에게 어떤 신성도 부여하지 않는다. 또한 그것들로부터 로마교회가 하는 것보다 더한 어떤 복락도 기대하지 않는다. 트렌트 교회회의가 한 것보다 더한 그 어떤 영예와 공경심을 그 형상들에게 부여하지도 않으며, 그러한 것을 언급하는 것도 전혀 없다. 이교도들은 그들의 확신과 신앙심과 관련하여 그리고 한 번도 존재하지 않은 것들과 형상들에게 종교적인 숭배의식을 드린다는 것과 관련하여 그와 같은 주장을 하지 않았다. 왜냐하면 그들은 그들이 숭배하는 존재들이 존재해 왔다고 *믿고 있기* 때문이다. 그리고 실제로 존재하였다. 그 문제를 고려해 보면 이교도들은 이 부분에 있어서는 로마교회주의자들보다 결코 뒤지지 않는 상황에 있다. 그것은 매우 만족스러운 증거에 의해서 입증되었기 때문이다. 즉, 교황들에 의해서 모범사례가 된 몇몇 사람들, 그리하여 모든 교황주의자들이 기도의 대상으로 삼고 아뢰며 숭배함을 받는 자리에 있는 것들은 결코 존재한 적이 없는 것들임을 뒷받침할 만한 충분한 증거에 의해서 입증된다. 성인들의 반열에 들어간 자들로 인정받고 있는 자들과 교황주의자들의 예배의식의 합법적인 대상들이 간주하고 있는 것들은 모두 다 고대 그리스와 로마의 열등한 신들에게 표해졌던 것보다 더 나은 경배와 공경심을 받기에 합당한 것들이라고 말할 수 없는 것이다.

간단히 말하자면, 더 발전된 나라들에서 이교도의 상황은 로마교회의 교인들에게서 발견되는 것과 본질적으로 동일한 것이다. 보다 더 지적인 이교도들은 열등한 존재들이 열광한다고 해서 쉽게 동요하지 않는다. 종교적인 예배의 대상으로 최고의 하나님과 열등한 것들이나 종속되어 있는 대상들과 혼돈하지 않는다. 지금 교황제도를 옹호하고 있는 자들이 하는 것과 공경심을 받을 만하고 살아 있는 지성적인 대상들과 형상들에게 하는 것과는 일치되지 않는다. 만일 무지한 이교도들의 일반적인 의식들 가운데서 애정적인 면이나 실천적인 면들이 이것과는 다른 것이었다면, 로마교회의 저술가들이 그것에 대해서 일반적으로 표현하고 있는 것과 온전히 소통된다면, 이것은 로마교회 안에서 쉽게 병행될 수 있는 것일 뿐 그 이상의 무엇은 아니라고 본다. 왜냐하면 현재에도 로마교회주의 국가에서 대다수의 사람들이 성인들과 형상들과 관련하여 이교도들이 하는 것처럼 다신교주의와 우상숭배를 하기 때문이다. 즉, 결과적으로 무지가 팽배해 있는 곳에서 그것들이 널리 퍼져 있을 수밖에 없다. 교황주의자들은 성인들과 형상들과 관련된 그들의 교리와 실천들, 그리고 의심의 여지가 없는 이교도의 다신교주의와 우상숭배 사이에 그 어떤 독특한 구별이 있다고 결코 말할 수 없는 자들이다.

더구나 성경은 그들이 말하는 차별성에 대해서 어떤 근거를 제공하거나 지지하는 내용을 담고 있지 않다. 이에 주목하는 것은 매우 중요한 일이다. 또한 우리가 지금 살펴보고 있는 이 문제에 대해서 직접적으로 언급하고 있는 그 어떤 형태의 글도 성경에는 전혀 없다. 다신교주의나 우상숭배를 정죄함에 있어서, 특히 교황주의자들이 자신들의 입장이나 실천사항들, 그리고 이교도들의 의식 사이에 차별이 있음을 내세우고 있는 과정에서 이교도의 예배 모습들을 정죄하는 데 있어서 성경은 그 정죄의 근간을 제공하지 않는다. 도리어 성경은 로마교황주의자들이나 이교도들이 행하고 있는 것들에 대하여 일반적이고 포괄적으로 동일한 원칙을 가지고 정죄하고 있다. 성경은 모든 다신교주의를 정죄한다. 다른 신들을 섬기는 것을 정죄하고 있는 것은 그것들에게 가해지고 있는 예배나 섬김이 영원토록 동일하신 최고의 신이신 하나님께 행해야 하는 예배와 섬김과 동일한 것으로 간주되기 때문이 아니다. 도리어 모든 종교적인 경배의식은 오직 유일하신 최고의 신 하나님께만 표해져야 하는 것이라는 근거에서 정죄하고 있는 것이다. 즉, 그 어떤 다른 존재에게 종교적인 경배의식이 가해져서는 아니 된다는 것이다.

성경이 모든 우상숭배나 형상숭배를 정죄하고 있는 것은 영광을 받으며 공경의 대상으로 숭배되는 그 형상들이 거짓된 신이기 때문에 종교적인 경배의 대상이 될 수 없다는 것에 근거한 것이 아니다. 그 정죄의 토대는 형상숭배나 외형적으로 가시적인 대상들을 보이지 아니하시는 하나님을 예배하는 의전에 도입하는 것이 비이성적이고 해로우며 불법적인 것이라는 데 있다. 광야에서 이스라엘 백성들은 자신들의 요구로 아론이 만든 금송아지를 가지고 참되고 유일한 하나님 여호와께 종교적인 경배와 섬김을 올린다는 의식을 지니고 있었다고 믿을 만한 타당한 이유가 있다. 여로보암도 이와 마찬가지로 자신이 제작한 형상들이나 가시적으로 예표하고 있는 것들을 가지고서 참 하나님, 이스라엘의 하나님을 경배하고자 한 의도를 가졌던 것은 사실일 것이다. 그러나 그러한 행위들은 성경에서 우상숭배로 정죄하고 있는 행위들보다 나은 것이 아니었다. 더구나 다신교주의와 우상숭배를 다루고 있는 성경적인 진술들이 보여 주고 있는 그 핵심은 교부들이 기독교의 이교도 대적자들과 함께 논쟁을 벌이면서 받아들인 진술들과 반박 과정에서 드러난 것은 여실히 동일했다는 사실이다. 이는 분명 증명하고도 남는 것이었다.

로마교회주의와 의심의 여지가 없는 다신교주의, 이교도주의의 우상숭배 사이에 존재하는 명백하고도 놀라운 닮은꼴은 적어도 로마의 교회 교리와 실천들이 성인들과 형상들 문제에 있어서 하나님의 말씀에 전적으로 위배되고 있다는 강력한 증거가 된다. 그러한 것들은 참 기독교에 엄청난 해를 끼치는 것이다. 이 문제에 있어서 로마교회의 입장을 지지하고자 명확하고 결정적인 증거를 성경으로부터 끄집어내서 그것을 방어하는 책임을 진 자들이 큰 벌을 받게 하는 것이다. 그러나 이 주제에 대한 주요한 질문은 '로마교회가 인준하여 실천하고 있는 성인들과 형상들에 대한 예배가 본질적으로 이교도들의 숭배의식과 일치되어지는 것인가?' 또는 '다신교주의와 우상숭배라는 용어들이 로마교회의 성인들과 형상숭배의식에 그대로 적용 가능한 것인가?' 하는 것이다. 물론 이 질문들에 대해서는 확정적인 답변을 해야 하겠지만, 진짜 질문은 '로마교회의 이 교리와 실천사항들이 성경에 의해서 인준되고 있는 것인지 아니면 정반대로 비성경적이고 불법적인 것인지를 분명히 짚고 가야 하는지'에 관한 것이다.

만일 로마교회의 교리가 성경에 반하는 것이요, 결과적으로 그 실천사항들은 불법적인 것이고 하나님에 의해서 금지된 것이라고 한다면, 이는 왜 우리가 이 근거를 가지고 로마교회의 교리와 실천사항들이 잘못된 것이라고 정죄하고 있는지를 대변해 주는 충분한 이유가 된다. 그것은 우리가 그들의 죄악에 동참하는 것이 되지 않도록 주의를 기울이는 이유가 무엇인지, 왜 우리가 로마교회의 멍에를 쓰지 않도록 우리들의 동료들을 구하고자 성경적인 모든 수단들을 사용하기 위해 사력을 다하고 있는지에 관한 이유가 되는 것이다. 교황주의 사제들은 소경을 인도하고 있는 소경이라고 단단히 일러 설득하는 이유가 되는 것이다. 그들의 인도를 따라가면 그들의 지도자들과 함께 따라가는 자들 모두가 죄악과 비참함의 늪에 빠지게 된다는 것 외에 다른 무엇을 기대할 수 있는 것이 하나도 없기 때문이다.

그런데 성인들에게 종교적인 경배를 올리는 것과 형상들에게 영예와 공경심을 표해야만 하는 것이 성경으로부터 적극적으로 증명이 되는 것이 아닌 한 우리는 이 문제에 머물러 있을 수가 없다. 그것들은 다루어야만 하는 중요한 주제이기는 하지만 정죄받기에 충분한 것들이다. 이 문제에 대해서 성경이 재가하고 있는 일반적인 원리는 하나님을 예배하는 일에 하나님께서 인정하시지 않은 그 어떤 것을 도입하는 것은 성경에 전혀 근거가 없다. 그러나 이 주제에 대한 로마교회의 교리가 전적으로 성경에 *반대되는* 것임을 입증할 수 있는 직접적이고 적극적인 근거들을 좀 더 간략하게나마 언급하고자 한다. 그리고 로마교회가 근거를 삼고 있는 그 실천사항들은 하나님께서 금하고 있기 때문에 죄악된 것임을 지적하지 않을 수 없다.

하나님께서 우리에게 주신 계시의 한 가지 목적은 하나님을 어떻게 예배해야 하는가와 하나님께서 우리에게 요구하시는 종교적인 섬김이 무엇인지를 알려 주시기 위함이다. 또한 하나님과 우리와의 관계가 매우 우호적이고 우리들의 영원한 복락에 이르게 하는 올바른 예전이 무엇인지를 깨닫게 하시기 위함이다. 이 주제에 대한 권위 있는 정보는 타락한 인간이 다신교주의와 우상숭배 사상에 빠질 강력한 가능성 때문에 이 계시가 알려지지 않은 곳에서는 인류의 족속들이 여전히 그런 일을 행하는 현상이 일반적으로 나타난다. 그렇기 때문에 이에 대한 정확한 인식이 필요하다. 하나님께서 우리에게 주신 모든 신약과 구약의 계시 안에서 이 주제를 명확하게 가르쳐 주신 주도적인 원리들은 다음과 같다.

하나님 한 분 위에 다른 신은 없다. 그 한 분만이 우리의 창조주이시며

우리의 보존자이시고 우리에게 복을 내리시는 분이시다. 그 한 분만이
세상을 통치하시며 다스리시는 권한을 지니신 분이시다. 그 한 분만이
우리가 즐거워하고 우리가 획득하기를 원하는 모든 것에 의존해야 할
대상이시다. 그 한 분에게만 우리가 경배와 섬김을 표하며, 그것은 그가
소유하고 계신 온전하신 속성에 의하여 규정되어져야만 하는 것이다.
그리고 우리에게 하나님 자신을 종교적 경배의 합당한 대상으로 만드심
으로써 그 관계 안에서 세워지는 것이라야 하는 것이다. 하나님은 당신
의 영광을 다른 어떤 피조물에게 주지 않으신다. 그는 종교적 경배가 오
로지 자신에게만 해당된다고 선언하신다. 다른 그 어느 피조물들은 다
제외되는 것이다. 그는 하나님 자신이나 다른 어떤 존재들을 형상으로
만든다거나 감지될 수 있는 어떤 형체로 만들어서 자신의 피조물들에게
요구하시는 종교적 경배행위에 도입하는 것을 정죄하신다.

이 진술은 성경에 내포되어 있는 수많은 진술들과 자연스럽게 어울리
는 명확한 교훈을 잘 요약해 놓은 핵심사항이다. 그 모든 것들에 대하여
우리는 잘 알고 있기 때문에 굳이 성경구절들을 인용할 필요가 없다. 만
일 앞에서 언급한 그 원리들이 성경에서 분명히 가르치고 있는 것이라면
성인들과 천사들, 또는 어떤 피조물들이든 그것들에게 표하는 종교적 경
배행위와 섬김은 제외시켜야 하고 금지해야만 한다는 것이다. 하나님을
섬긴다고 고백하는 예의 행위에 포함시키기 위한 목적 때문에 형상들이
나 가시적인 표상들을 만들어 도입하는 것은 반드시 금지해야만 한다.
물론 로마교회주의자들은 성인들과 형상숭배와 관련된 자신들의 교리
를 방어할 의무가 있다. 그리하여 앞에서 언급한 이 원칙들은 성경이 가
르치고 있는 것이 아니라는 것을 보여 주어야 한다. 그렇지 않으면 이 문

제는 제대로 논쟁할 수 없다는 것을 그들이 인정한다면, 적어도 성경이 그 문제를 약간의 제약이나 변형을 가하여 우리가 받아들이게 하는 근거를 가지고 있다는 것을 증명해야 한다. 그리하여 그것들은 일반적인 진리나 교리로 로마교회가 제정한 것이고, 그처럼 광범위하게 절대적으로 실천할 것을 요구하는 것이 아니라는 성경적 근거를 제시할 수 있어야 한다. 심지어 이 일반적인 입장을 확립할 수 있다 하더라도 그들은 성인들과 형상숭배에 관련된 그들의 명백한 교리들을 위한 약간의 여지를 성경 안에 남겨 두고 있는 것으로, 그와 같은 제약과 변형을 성경이 재가하고 있다는 것을 입증해야 할 필요성이 있다. 이 주제들에 대해서 그들이 가르치고 있는 것을 직접적이고 특별하게 증명할 수 있는 것을 성경에서 산출할 수만 있다면, 그들은 실로 그들의 모든 목적을 *단번에* 확립할 수 있기에 충분하다. 만일 그들이 해낼 수만 있다면, 예를 들어서 사망한 성인들에게 약간의 종교적인 경배와 섬김을 표하는 것이 적절한 것임을, 그들이 하늘에서 우리를 위해서 기도하고 있고, 우리는 그들에게 기도해야 하고, 그들은 우리가 그들에게 아뢰는 기도를 듣거나 알고 있으며, 이러한 기도들에 응답함에 있어서 우리에게 필요한 복락들을 얻어 내는 데 그들이 일정한 기여를 하고 있으며, 그 형상들은 하나님을 예배하는 행위에서 사용되어야만 하며, 그 형상들은 반드시 종교적인 경배와 섬김을 받아야 하는 것임을 성경으로부터 만족스러운 증거를 찾아낼 수 있어야만 한다.

만일 그들이 *이 모든 것들*을 직접적으로 성경적인 근거를 가지고 있는 것으로 확실하게 증명된다면, 우리도 앞에서 제시한 그 위대한 성경적 원리들을 로마교회의 교리들이 지극히 자연스럽고 명백히 중요한 것들로 여길 만한 여지가 조금이나마 있는 그러한 제약과 변형을 가진 것으로 납득할 것이다. 그러나 그들은 자신들의 교리를 지지함에 있어서 성경에서 어떠한 직접적이고 확실한 증거를 산출해 내고자 하는 *시도*를 했다고 말한 적이 거의 없었다. 왜냐하면 그들이 만든 시도들은 말할 가치도 없는 비열한 것들이기 때문이었다. 한편, 앞에서 제시한 일반적인 원리들 말고도 성경으로부터 우리가 추측할 수 있는 것은 그들이 보여 준 자연스럽고 명백한 의미 안에서 이해되어지는 것이다. 즉, 천사들과 가장 훌륭한 성인들은 자신들에게 경배행위가 가해지게 될 때 그들은 그 종교적인 경배를 표하는 외적인 행동들을 하나같이 다 거절하고 말았다는 사실이다. 그들의 거부 이유는 오직 하나님만이 경배를 받으시는 분이라는 것 때문이었다. 하나님을 예배함과 연관된 형상들 또는 가시적인 외적 표상들에 관하여 우리가 성경에서 발견하는 모든 것은 엄청난 정죄의 무게뿐이라는 사실이다.

십계명의 제2계명은 하나님을 경배하게 되는 방식을 규정함에 있어서 예배의 합당한 대상은 하나님 자신분이라는 명백한 선언을 제1계명에서 하신 후에 그 하나님께서 엄히 명하신 금지의 의미를 분명히 담고 있다. 즉, *종교적 경배행위에 이런 형상을 도입하고자 하는 의도를 가지고 어떤 형상을 만드는 것을 금지한 것이다.* 또는 종교적인 영예와 공경심을 그러한 외형적인 표상들에게 가하고자 하는 의도를 가지고 만들어 사용하는 것을 명백히 금하고 있는 것이다. 그런데 로마교회주의자들은 이 분명한 제2계명의 의미를 잘 알고 있고 십계명을 믿는다고 고백하면서도, 교인들을 교육시키는 데 일반적으로 사용하고 있는 문답서에서 그것을 전적으로 제외시켜 버렸다. 십계명 외에 하나님을 예배하는 것과 관련하여 성경에서 독자적으로 가르치고 있는 일반적인 원리들은 성인들과 천사들에게 종교적 경배행위를 표함을 엄격하게 금하고 있다. 하나님을 예배하는 일에 형상들을 소개하는 것을 매우 분명한 어조로 정죄하고 있으며 그것들에게 영예와 공경심을 외적으로 표하는 것을 명백하게 정죄하였다. 이처럼 우리가 정말로 신중하게 세심히 들여다볼 만한 것은 로마교회의 교리들과 실천사항들을 지지하고 있는 근거가 성경에는 하나도 존재하지 않는 것이다. 이 모든 것을 토대로 우리는 이렇게 결론을 짓지 않을 수 없다. 즉, 이 주제에 대한 로마교회의 교리는 성경과는 정반대이며 그들이 하고 있는 실천사항들은 하나님의 율법에 의해서 명백하게 금지하고 있는 것이다.

교황주의자들은 성경이 말하고 있는 이 일반적인 원리들과 진술들이 성인들과 형상들을 숭배하는 자신들의 교리와 실천사항과 정반대되는 것으로 보이는 그 위력을 피하기 위해서 다양한 차별 안들을 고안해 냈다. 그러나 그들은 자신들이 주장하는 목적을 달성하기에는 역부족이었다. 그들의 모든 수고는 다 한 가지 급진적이고 치명적인 결함에 놓여 있었다. 즉, 그들은 성경에서 어떤 지지도 받지 못하였다는 결함을 지녔던 것이다. 그러므로 심지어 그들의 주장이 사실이고 진짜라고 할지라도 그들은 그것을 설명해 내기 위해 성경을 합법적으로 사용할 수 없었다. 그렇지 않으면 분명하고 명확한 성경적인 원리나 교훈을 제한시키거나 변형시키는 우를 범할 뿐이었다. 만일 성경의 이 일반적인 원칙들을 제한시키거나 변형시킨다면, 만일 당당하게 서 있는 성경의 이 특별한 규례들을 한쪽으로 밀어제치고자 한다면, 그렇게 해야만 하는 근거를 성경에서 찾아내야만 한다. 이미 앞에서 충분히 제시해 놓은 그 명백한 의미로부터 이탈할 수밖에 없는 합법적이고 필연적인 이유를 확립하려는 모든 자료들을 성경으로부터 산출할 수 있어야만 한다. 더 나아가서 본래 의미로부터 벗어나게 된 그 특별한 요소를 성경으로부터 재가 받아야만 한다.

이러한 원칙을 고려하게 될 때 로마교황주의자들은 오로지 최고의 지존자이신 하나님만이 종교적 경배의 유일한 합법적인 대상이라는 이 위대한 성경적인 원리를 제한시키거나 변형시키기 위한 충분한 근거를 산출해 낼 수 없었다. 또한 종교적인 예배 행위에 형상을 도입하여 그 형상들에게 외형적인 숭배와 공경심을 표하는 것을 금하고 있는 성경적 규례를 한쪽으로 치워 버리게 되는 근거를 충분히 도출할 수 없었다. 그러자 교황주의자들은 오로지 하나님께만 해당되는 최상의 경배행위를 *라트리아*(Latria, 예전)라고 명명했다. 이로써 그 최상의 경배와 *둘리아*(doulia, 공경행위)라 부르는 성인들과 천사들에게 드리는 *하등한* 종교적 경배행위 사이를 구분했다. 또한 하나님께만 해당되고 등급에 따라 나눠지는 성인들과 천사들에게 하는 최상의 *직접적인*(direct) 예배와 종속적인 예배행위, 그리고 형상들이 예표하고 있는 사람들과 관련하는 것과 구분되는 형상들에게 가해지는 *상대적*(relative) 예배를 구분했다.

그러나 이 구분은 자신들에게는 사실로 인정되고 그렇게 생각할 수 있겠지만 성경에서 제시하거나 설정한 것은 아니다. 그 구분들은 인간적 본성의 추상적이고 구분 짓고자 하는 능력의 산물에 불과한 것이다. 그러므로 그것들은 하나의 근거로 제시될 수 있는 것이 아니다. 그리고 성경적인 규례를 한쪽으로 치워 버리거나 성경적 원리를 변형시키는 의무로서 간주될 수 없는 것이다. 만일 성인들에게는 하등한 예배를 받을 자들이고 형상들은 상대적인 영예와 공경심을 받을 만한 자들임을 성경에 기반하여 직접적으로 그리고 긍정적으로 증명할 수만 있다면, *그렇다면* 이 입장들이 그것들과는 반대 성향을 띠고 있는 다른 성경적인 원리들과 규례들과 잘 조화될 수 있는 것으로 증명해 보이면서 합법적으로 고용하여 사용할 수 있을 것이다.

그러나 이러한 구분 지음을 지지하는 성경적인 근거는 단 한 개도 존재하지 않는다. 그렇게 실천해야 함이 합법적이고 의무적이라고 설명하거나 옹호하는 성경적 근거는 전적으로 찾을 수 없다. 구분 지음이 성경적인 진술을 수정해야 하거나 한쪽으로 치워 버리게 할 근거가 되지 못한다. 성인들과 형상들과 관련된 로마교회의 교리와 실천사항들이 하나님의 말씀이 명백하게 정죄하고 있는 것으로부터 피할 수 있는 근거가 되지 못한다. 다만 교황주의자들이 성인들과 형상들의 숭배를 권장하는 것으로 제시될 수 있었던 긍정적인 유일한 요소는 다음의 진술이다.

> 모든 성인들과 형상들의 진정한 자질들과 지위들에 따라서 영광을 돌리는 것이어야만 한다. 즉, 그들의 지위와 그들과 우리의 관계에 따라서 그 대상들에게 합당한 시민적인 영예나 경배가 있다. 그리고 오직 하나님께만 해당되는 최고의 종교적 경배행위가 있다. 이 두 가지 유형의 영예와 경배 사이에는 중간적인 뭔가가 있다. 다시 말해, 성인들과 천사들이 적절한 숭배의 대상이기에 그들에게 적합한 하등한 종교적 경배 행위를 하는 것은 결과적으로 합당하다.

이제, 이러한 터무니없는 주장에 대한 논의에서 벗어나 성경적인 원리를 제시하는 데 신경을 써야 한다. 따라서 오로지 하나님 홀로만 존귀와 영광을 받으시는 유일한 출처요, 근간임을 주장하며 거기에만 종교적 경배의 의무가 있을 뿐이라는 사실을 진술하고자 한다. 그리고 이 하나님만이 다른 존재들에게 어떤 방식으로 존중함을 표하고 어느 정도 그렇게 해야 하는지를 결정하는 유일한 분이심을 말하지 않을 수 없다. 하나님께서는 우리에게 죽은 성인들이나 천사들을 향해 어떤 유형의 섬김이나 어떤 유형의 영광의 외적인 표시들을 우리들이 드릴 수 있다는 그분의 뜻을 조금이라도 알려 주신 적이 없다. 시민적 경배와 종교적 경배 사이에 그 어떤 중간적인 입장을 언급하신 적이 전혀 없다는 것이 주지의 사실이다. 그리고 성경은 오직 하나님께만 종교적 경배행위를 하도록 제한하고 있다.

종교적 경배 행위의 유일한 합당한 토대는 하나님만이 완전한 신성을 지니신 분이라는 사실에 있다. 그리고 그분만이 우리에게 신령한 복들과 우리의 영원한 복락을 수여해 주실 수 있는 권능을 완전히 소유하고 계신 분이다. 이 진술은 성인들과 천사들에게 결코 적용되지 않는 선언이다. 그러므로 성인들과 천사들에게 대한 우리들의 감성이나 느낌이 어떠하든 그들에게 종교적인 경배행위를 표해야 한다는 정당한 이유를 댈 근거가 없는 것이다. 하등한 종교적 경배 행위란 모호하기 짝이 없는 주장이다. 그것은 성경적 진술과 전혀 맞지 않는다. 따라서 근심 어린 교황주의자들이 오직 하나님께만 해당되는 최고의 종교적 경배행위와 성인들과 천사들에게 해당되는 하등한 종교적 경배행위 사이를 구분하는 경계선을 둔 것은 얼토당토아니한 미심쩍은 생각에서 나온 것이다. 이에 대한 증거들은 넘쳐 난다. 그리하여 그 경계선은 실질적으로는 거의 사라지고 없어지게 되었던 것이다.

트렌트 교회회의는 성인들에게 소리 내어(vocally) 기도하거나 속으로 (mentally) 기도해도 된다고 재가하였다. 그것은 결과적으로 하나님께서 특별한 소유로 삼으신 그들은 능력을 지닌 자들이라고 표현한 것과 같다. 즉, 그들은 인간의 생각에 대해서 간파할 능력이 있고, 심령을 살피는 능력이 있다는 것이다. 모든 곳에서, 어디서든지 성인들을 부를 수 있으며 그들에게 올리는 기도를 그들은 모두 들을 수 있고 다 안다는 것을 내포하고 있는 것이다. 이것은 결국 성인들이 전지하고 편재하시는 신적 속성을 지닌 자들로 표현하고 있는 것과 같다. 이로써 교황주의자들은 그들의 기도를 신적 속성이 없는 성인들이 듣고 알 수 있는지를 설명하고자 고안해 낸 이 말도 안 되는 억측들을 은근슬쩍 넘기고자 하는 것이다. 그들조차 제대로 실감하지 못하고 있는 것이고, 이 문제와 관련하여 그들 자신이 가지고 있는 감성이나 표현들에 실질적인 영향을 전혀 발휘하지 못하고 있는 것이다. 흔히 그들은 자신들을 위해서 하나님께 기도하고 있는 성인들에게 기도한다고 말한다. 그러나 트렌트 교회회의는 성인들의 기도만이 아니라 그들의 도움과 보조를 받는 수단으로 여기라고 사람들을 유도한다. 마치 성인들이 그들에게 영원한 행복을 얻기 위하여 필요한 복락들을 획득함에 있어서 확실하고 효과적인 도움을 수여하거나 제공할 수 있는 것처럼 말한다. 그들의 권위 있는 경건서적들은 성인들의 공로에 의지하여 영적인 복락들을 수여해 달라고 하나님께 간구하는 행위를 재가하고 있다. 이것은 성인들이 하나님의 영원하신 독생자께서 가지고 계신 것과 같은 동일한 관계를 성인들도 가지고 있다고 간주하는 내용을 포함하고 있는 설명이다.

동정녀 마리아에게 권위 있는 말로 아뢰는 교황주의자들은 그녀가 영적인 복락들을 분배해 줄 수 있는 절대적인 능력을 소유했다고 믿기 때문에 영적인 최고의 복락들을 그녀에게 구하는 것에 매우 익숙하다.[24] 따라서 그들이 이론적으로 붙들며 실천하고 있는 것들을 다 버려야 한다. 최고의 신께 하는 경배 행위와 하등의 존재에게 하는 경배 행위를 구분하는 것도 폐기해야 한다. 그리고 영원하시고 무한하신 여호와 하나님의 온전하심을 마리아가 소유하고 있는 것처럼 여기고, 단지 피조물에 불과한 그 여성에게 영광을 돌리고 경배하는 실질적인 행위들도 다 버려야 한다.

---

24) Stillingfleet, *Doctrines and Practices of the Church of Rome*; 커닝함 박사가 쓴 서론과 주들을 곁들여 보라. 46쪽 제1판.

동정녀 마리아가 사람들의 영원한 운명을 쥐고 있는 것처럼 믿는 허황된 것도 다 버려야 하는 것이다. 성인들을 숭배하는 교리와 실천을 지지함에 있어서 로마교황주의자들이 매우 좋아하는 주장 중 하나는 땅에서 우리를 위하여 또는 우리를 대신하여 하나님께 기도하는 성인들에게 구하라는 유도와 격려가 있었는데, 그 후에 하늘에서 우리를 위해서 기도하고 계신 그리스도와 함께 다스리고 있는 영화롭게 된 성인들에게 간구하는 것에는 부적절한 것이 될 수 없다는 것이다. 우리가 땅에서 그렇게 함으로써 유익을 얻게 되기를 기대하는 근거를 가지고 있다면 하늘에서도 그들로부터 뭔가 유익한 것을 기대할 수 있기 때문에 근거는 충분하다는 논리이다. 이러한 사고가 교황주의자들의 사고 속에 깊이 자리 잡고 있다. 실로 벨라민은 개신교도들이 이 문제에 있어서는 결코 대답할 수 없다고 주장한다.[25] 그러나 이것은 그들의 견해를 확립함에 있어서 어떤 가치도 무게도 가지고 있는 것이 아님을 증명하는 것은 무척 간단한 일이다.

첫째, 그것이 정말 건전하고 값있는 것이라고 시인한다고 하더라도 이 문제에 대한 로마교회의 교리적 입장에만 적용될 뿐인 것이다. 즉, 성인들을 부르고 우리를 위해서 기도하라고 요구할 수 있다는 로마교회의 가르침을 되풀이하는 것에 불과한 것이다. 그것은 심지어 그들의 근본적인 교리를 지지하고 있는 것으로 등장한 것이 아니다. 다시 말하면, 그들의 기본적이고 다른 모든 교리들이 지지하고 있는 것이 아니라는 말이다. 즉, 성인들이 종교적인 경배 행위를 받으실 만한 자들로 복속되어 있어서 그들을 마음속으로 귀히 여기고 존중을 표해야 한다거나 외형적으로 종교적인 경배 행위를 가해야 할 존재들이라고 지지하는 부분이 없다는 것

---

25) Tom. ii., 742.

이다. 트렌트 교회회의가 그들의 기도만이 아니라 도움이나 보조를 얻어 내는 수단으로 성인들을 부를 수 있다고 재가한 교리를 지지하고 있는 것으로 등장하지 않는 것이다. 그들이 다른 방식으로 우리를 위해서 복락들을 획득할 수 있고 획득하도록 기여할 수 있음을 내포하는 그 어떤 지지의 글도 등장하지 않는다. 물론 그 복락들이 구체적으로 무엇인지 그들의 기도들에 의한 것들보다 더 명시한 것은 없다. 그들의 권위 있는 경건 서적들이 인준하고 있고 강조하고 있는 것으로서 성인들의 공로들을 따라 우리에게 영적인 복락들을 주시라고 하나님께 기도하라는 것도 지지하지 않는다. 심지어 단순히 성인들을 부르거나 또는 우리를 위해서 하나님께 기도하여 주기를 간청하라는 것 자체도 그 주장을 충분히 적용하고 있다는 로마교회의 교리적 선언 자체는 무게 있는 근거가 전혀 되지 못하다. 그들이 내세우는 지지할 만한 결정적인 증거가 전혀 없는 것이다. 우리를 위해서 기도하기를 멈춰 버린 성인들에게 기도*해야만 한다*는 주장을 지지할 핵심적인 근거를 전혀 제시할 수 없는 것이다. 그들의 전제와 결론 사이에 그 어떤 논리적 연계점이 없다.

그들의 입장에는 전혀 논지가 없다. 왜냐하면 우리를 위해서 기도하도록 땅에 있는 성인들에게 기도해야만 하기 때문에 우리는 하늘에 있는 성인들에게도 우리를 위해서 기도해 달라고 간구해야만 한다는 주장은 전혀 논리가 형성되지 않는다. 사실 '그들이 처해 있는 천상의 상황'과 '그들과 우리들과의 관계가 놓여 있는 천상에서의 그들이 처해 있는 상황'은 땅에서의 상황과는 근본적으로 다른 것이다. 그들은 자신들의 견해를 선호하게 하는 진짜 긍정적인 논리를 결코 제공해 주지 못하고 있다. 고려할 만한 긍정적이고 본질적인 논리가 전혀 없다면 제공 가능한 것은 가물가물한 추측일 뿐이다. 죽은 성인들을 부르는 것에 반대하여 제시되는 반대 주장들에 대한 반격을 가하는 한 가지 답변이 추측으로만 제공되는 것이다. 그러나 그것조차도 그것을 지지해 주는 직접적인 긍정적 논리를 가진 것이 아니다. 그것을 반대하는 우리들의 주된 주장들을 반박할 만한 다른 어떤 것도 제시하지 못하는 것이다.

이러한 고려사항들은 교황주의자들이 성인들을 부르는 자신들의 견해를 방어함에 있어서 그렇게 많이 내세우고 있는 논리를 해결하는 데 매우 충분한 것들이다. 그러나 그 모든 것들에서 더 나아가 로마교회주의자들이 내세우는 두 가지 경배사례들 사이에 가장 중요한 차이들이 있다고 하는 것은 논리상 전혀 가치가 없고, 추측으로 보기에도 그것을 지지하고 있다고 내세우기에 약하다는 사실을 증명하는 것은 매우 쉽다. 우리는 이 차이점들에 대해서 전부 다 말할 수 없겠지만 장황한 설명이 없이 약간만 진술하고자 한다.

첫째, 그 한 가지 실천사항을 위한 명확하고 의심의 여지가 전혀 없는 성경적인 권위가 있다. 다른 것도 직접적으로 지지해 주는 성경적인 증거의 흔적조차도 없다. 둘째는, 땅에 있는 성도들이나 거룩한 사람들에게 기도를 부탁하거나 그들의 기도를 받고자 하는 것은 성도들 각각에게 서로가 사랑과 친절한 일반적인 의무 수행이다. 그에 비해 죽은 성인들을 부르고 또 우리를 위해서 기도하여 주기를 부탁하는 행위는 교황주의자들의 원리들 위에 서 있는 분명한 종교적 경배 행위이자 섬김의 행위이고, 그들에게 부합한 공경 행위의 일부분인 것이다. 그것은 완벽한 신성을 소유하고 계시고 우리와의 관계에 있어서 하나님만이 붙들고 있는 온전하심에 근거하는 오로지 하나님께만 엄격하게 해당되는 것으로 제한시키고 있는 성경적인 원리에 위배되는 것이다.

셋째, 우리가 만나고 있는 동료들에게 기도를 부탁하는 것은 그 모든 양상이나 상황에서 매우 합리적인 것으로 보일 수 있다. 예를 들면, 양측이 서로를 잘 알고 있고 서로가 처해 있는 입장이 어떠한 것인지를 다 인지하고 있기 때문에 그렇게 요구할 수 있는 근거가 분명하고, 인준될 수 있는 것이다. 그러나 내 입장에 대해서 분명하게 알고 있다는 어떤 타당한 근거도 없는 하늘에 있는 성인들을 부르는 것은 온당한 것이 아니다. 하늘에서 우리와 관계를 맺고 우리 편에 서서 우리를 위해 기도하고 우리의 기도를 받으시고 들어 줄 수 있다는 능력 안에 있다는 합리적인 근거를 제시할 수 없는 성인들에게 기도한다는 것은 말도 안 되는 것이다. 넷째, 땅에 있는 동료 성도들에게 기도를 부탁하는 실천사항에는 남용되는 것도 없고 어떤 위험도 존재하지 않는다. 그에 비해서 하늘에 있는 성인들을 부르는 행위는 미신적인 것으로 왜곡되고 다신론주의에 빠질 위험이 매우 강한 것이다. 그 행위 자체에 그러한 요소가 전혀 없다고 항변할지라도 그럴 위험은 매우 농후한 것이다.

로마교황주의자들은 종교적인 예배행위에 있어서 정신적으로 도움을 주는 형상들을 사용하는 데 매우 능숙한 자들이다. 특별히 무지하고 잘 배우지 못한 자들의 감정을 유도하며 고양시키어 그들의 종교적 행위에 정신적으로 도움을 얻게 하도록 형상들을 잘 사용한다. 그러나 그렇게 주장함에 있어서 결정적인 답변은 장황하게 설명하지 않아도 쉽게 단언할 수 있는 다음의 진술들에서 찾을 수 있다. 첫째, 형상들이나 숭배의 대상에 대한 가시적인 표상들을 종교적 숭배행위에 도입하는 경향은 타락하고 부패한 인간의 특징에서 가장 강력하게 표현되고 있는 현상임을 세상의 모든 역사가 철저하게 증명하고 있는 것이다. 그 결과, 즉 그러한 경향으로 인해 종교와 도덕성의 관심도에 아무 해가 없는 영향을 발휘해 왔다. 둘째, 어떻게 하나님을 경배해야 하는지를 규정하시기에 가장 합당하시고, 사람들 속에 있는 것이 무엇인지를 가장 잘 아시고, 사람으로 하여금 올바른 경배자가 되기에 합당한 것이 무엇인지, 그의 창조주를 영원토록 즐거워함이 무엇인지를 가장 잘 아시고 긍정적인 율법을 주신 그 하나님께서 종교적 경배 행위에 눈에 보이는 형상들이나 표상들을 숭배의 대상으로 도입하여 영예와 공경심을 그것들에게 표하는 어떤 행위들도 일절 금하셨다는 것이다. 반면에 이처럼 명확하게 금지하고 있는 것을 로마교회의 역사와 상황으로부터 인간의 최고의 관심거리인 영적 복락들을 가져다주는 것으로 활용하고 있는 사례들은 무수히 많다.

우리는 교황주의자들이 성인들과 형상들을 숭배한다고 내세우는 견해들과 실천사항들을 금지해 왔다. 가톨릭 국가들에서는 다신주의와 우상숭배의 실질적인 사례들은 흔히 볼 수 있다. 특별히 우리 주님의 어머니라고 하는 마리아 숭배가 횡행하고 있는 실정이다. 종교적 경배행위의 실질적인 대상이자 유일한 신성을 가지신 우리 주님께 향해야 하는 경배 행위를 마리아에게 하고 있다. 그래서 이 문제에 대하여 교황주의자들이 가지고 있는 견해들과 실천사항들이 무엇인지 조금이라도 아는 것은 적절한 것이다. 그들이 가진 진정한 의도들과 결과가 무엇인지를 파악하는 것은 옳다. 그 행위들이 얼마나 강력하게 영향을 미치고 있고 불행한 희생자들을 위하여 긍휼히 여기는 마음을 갖도록 소중히 여기고 있는 것을 파악하는 것은 잘하는 것이다. 그러나 우리는 로마교회가 주장한 권위 있는 교리들이 어떤 것인지를 직접 주목하도록 전반적으로 충분히 고찰해 왔다. 이를 통해 그것이 아니라고 부정할 수도 없는 것이고, 그렇다고 자신들의 입장을 제대로 설명할 수도 없는 것이었음을 설파하였다. 그 내용들은 로마교회를 대적하는 무리들의 오해에서 비롯된 것이라고 몰아붙일 수 있는 것도 아니었다. 또는 제대로 분별력이 없는 친구들의 오류들이요 과장된 주장이라고 말할 수 있는 것도 아니다. 그렇다고 어떤 체계와 관련해서 가끔 실천되어 나타나되 남용되고 있는 무엇이라고 변명할 수 있는 것도 아니다.

우리는 그것들이 의심의 여지없이 로마교회의 교리들임을 그들의 표준서적들로부터 충분히 설명하였다. 그것들은 로마교회의 가장 유능한 학자들에 의해서 진술된 것이요, 옹호된 것임을 분명히 밝혀냈다. 우리는 그것들을 로마교회가 정직하게 부정할 수 있게 하는 쓸데없는 것을 가지고 잘못이라고 낙인찍은 것이 아니다. 우리는 그들이 잘 인식하고 있는 이 교리들을 그들이 묘사할 수 있는 가장 신중하고 조심스러운 표현과 그들이 방어할 수 있는 그 모든 설명들과 독특한 주장을 이용해서 그 모든 주장들이 성경에서 전혀 지지를 받고 있지 않을 뿐 아니라 성경의 가르침과 정면으로 위배되는 것임을 사력을 다해 밝혀냈다. 그들이 실천하고 있는 것들은 하나님께서 금하신 것이기에 하나님을 불쾌하게 만드는 일이자 대적하는 행위임을 주장하였다. 그것들은 하나님의 은총을 획득하기에 적합한 것이 아니다. 도리어 하나님의 분노를 불러일으키는 것이다. 그것들은 하나님께 받으실 만한 예배행위가 아닐 뿐더러 도리어 하나님께서 불쾌감을 가지고 다가오게 하는 것이다. 이 문제를 논의하는 방식은 이 부분에 대한 로마교회의 권위 있는 교리들과 실천사항들을 오해하거나 잘못 묘사하는 것을 피하기 위한 것만이 아니다. 또한 로마교회의 진짜 교리와 실천사항들을 교묘히 발뺌하거나 속이려는 시도들을 차단하고자 하는 것이다. 특별히 무지한 개신교도들이나 무지한 로마교회주의자들이 이 부분에 대한 로마교회의 권위 있는 교리와 실천사항들을 무심코 지나치는 경향이 있을지라도, 분명히 알아야 할 것은 로마교회가 성경과 정반대되는 그러한 교리에 서약하게 한다는 것이다. 하나님의 말씀에서 정죄하고 있는 것들을 실행하도록 이끌고 있다는 사실이다. 우리는 이러한 사실들에 대해서 결정적으로 성경적인 논리를 가지고 그들의 교리와 실천사항들을 반대하는 신중하고 세심하며 정교하고 빈틈없는 진술로 방어하고 반박하였다.

이 부분에 대해서 잘 숙지하고 있지 못한 개신교도들, 이 문제에 대한 로마교회에 혐의를 두고 있는 것이 무엇인지를 잘 알지 못하고 있는 개신교도들, 성인들과 형상들을 예배하는 문제에 관하여 로마교회가 실제로 가르치고 실천하고 있는 개념에 대해서 막연히 나쁜 것이라는 정도로만 인식하고 있는 개신교도들은 로마교회가 자신들이 부과한 교리들과 실천사항들을 때때로 포기한다는 선언을 할 때 쉽게 흔들리게 될 것이다. 만일 그들이 로마교회가 공식적으로 재가한 것임을 증명할 수 있는 것보다 로마교회가 잘 알지 못한 상태에서 그러한 일들을 가르치고 실천하고 있는 것이었다고 확신하게 된다면, 그런 개신교인들은 그들의 포기선언을 곧이곧대로 쉽게 받아들이게 될 것이다. 또한 로마교도들은 그런 것들을 전부가 아닐지 몰라도 거의 포기하였다고 생각하여 거기에 근거해서 이 문제에 대해서 로마교회에 가한 모든 혐의를 취소하고자 할 것이다.

그러한 일들이 우리 가운데서 실제로 벌어지기 때문에 우리는 로마교회가 맹세하며 가르치고 실천하고 있는 이 문제들을 집중해서 다룬 것이다. 우리는 반박될 소지가 있다든지, 과장되었거나 남용되었다는 비난받게 된다든지 또는 사적인 의견이라고 과소평가해 버린 일들은 전면 다 배제시켰다. 그리고 로마교회가 실질적으로 가르치고 있고 실천하고 있는 객관적인 사실들이 하나님의 말씀에 전적으로 위배되는 것이고, 그것이 참된 기독교의 순결성을 타락시키고 기독교의 효력을 분쇄시키기에 딱 적합한 교리이자 실천사항이라는 것을 지적하지 않을 수 없었다.

그러나 우리가 이 문제에 국한하여 다루는 가운데 온전히 강론해야 할 필요성이 대두된 주제에 대한 두 가지 사실을 진술하는 것이 참으로 중요하다고 생각한다. 그것들은 결정적인 증거들을 가지고 입증될 수 있는 것들이다. 첫째는 로마교회 당국자들의 손 안에서 평범하게 경건생활을 하고 실천하는 행위들은 성인들과 형상들에게 더 많은 영예와 공경하는 마음을 표하고 있다는 것이다. 특히 교회의 표준서적들과 교회가 인정하는 논객들이 주장한 것들보다 동정녀 마리아와 마리아의 형상들에게 더 존영과 공경함을 드러내고 있다는 점이었다. 따라서 교황주의자들은 백성들 사이에 권위적이지 못한 개념들과 실천사항들을 퍼져 나가게 하는 죄악을 저지르고 만 것이다. 그러한 것들이 문제가 생겼을 때 제대로 변론해 줄 수도 없는 일들을 하게 만든 것이다.

둘째는 성인들과 형상들에게 경배하는 행위와 관련하여서 가톨릭 국가의 백성들 사이에 만연되어 있는 교리들과 실천사항들은 좀 의식이 있고 깨어 있는 교황주의자들이 인준하고 방어한 것들보다 훨씬 앞서간 것들이라는 사실이다. 그렇다고 사제들에 의해서 이러한 개념들과 실천사항들을 찬성해서는 안 된다는 그 어떤 강력한 시도들도 없었다. 도리어 놀랍게도 교황체계의 일반적인 정책으로 설명되었고, 이 주제에 대한 교황주의자들의 교리적 가르침의 일반적이고 자연스러운 결과는 타락한 인간의 본성과 자연스럽게 연결되었다. 이 주제에 대해서 로마교회가 공개적으로 서약하고 가르친 교리들과 함께 가장 크고 가장 부정적인 유형의 이교도 우상숭배가 교회 안에서 자행되었던 것이다. 이것을 제대로 설명하고 잘 부각시켜 줌으로써 우상숭배의 죄를 피해 갈 수 있었다. 그런데 개신교를 받아들인 나라들에서 신앙생활을 하는 자들 외에는 이 문제를 제대로 이해하거나 적용하거나 심지어 잘못된 그런 설명을 수용하려는 고통을 전혀 받고 싶어 하지 않는다.

로마교회주의자들에 의해서 늘 제기된 주장이 있다. 하지만 그 주장은 우상숭배의 혐의를 벗길 수 없는 것이다. 개신교도들이 그들을 우상숭배의 죄에 빠진 자들이라고 주장하는 것은 성인들과 형상들을 숭배하는 것 때문이다. 그것 때문에 그들에게 둔 혐의를 단념하거나 철회할 수 없는 것이다. 교회로서 정말 생각할 수도 없는 것은 우상숭배와 같은 해로운 범죄행위를 그토록 오랜 기간 동안 교회 안에서 자행해 왔다는 사실이다. 우상숭배의 죄를 범하고 있다는 증거가 확실하다면 로마교회주의자들은 우상숭배자들로서 영원히 비참한 상태로 빠지게 될 자들이라는 사실로부터 절대 피해 갈 수 없다. 그들의 행위가 우상숭배라는 것에 대해서 필연적으로 제대로 조사해야 한다. 그들이 늘 자신들의 교리들에 대해 성경을 바탕으로 공정한 논의를 거치지 않고 있는 이유가 무엇인지 파헤쳐야 한다. 자기들만이 유일한 참 교회라고 주장하면서 이 교회를 위하여 그들이 제정하여 반포한 것들은 결점이 없으며 모든 오류로부터 보존된 것이라고 한 것을 철저하게 검증해야 한다. 그러나 우리는 이 부분에 빠져들어 갈 필요가 없다. 다만 성경에는 우리가 지금까지 주장한 것들에 대해 거짓되고 일말의 잘못을 가진 것이 없다고 증거하고 있다. 또한 성경에는 로마교회가 보여 주고 있는 것이 배교자의 길을 가는 것이라고 말하지 않을 수 없는 가르침들이 많이 있다.

우상숭배 종교라는 혐의를 벗어 버리고자 내세운 추론과 관련하여 우리는 모든 로마교회주의자들은 우상숭배자들로서 하나님의 진노를 피할 수 없으며, 그 추론이 제대로 된 근거를 가지고 있다는 주장을 전적으로 부정한다. 그들의 추론은 그들이 종종 제시하는 다른 부분들과 조화를 이루지 못한다. 로마교회에 충실하게 순종하면서도 성인들과 형상들에게 결코 경배하는 행위를 하지 않은 자들이 있을 수 있기 때문이다. 우리는 비록 로마교회의 주장을 근거로 삼아 말하는 것은 아니지만 본질적으로 그런 무리가 있다고 본다. 언제나 우리는 로마교회 안에 마음으로 그리고 하나님 앞에서 우상숭배자들이 아닌 자들이 있어 왔고 지금도 존재한다고 믿는다. 다시 말하면, 로마교회 안에도 살아 계신 참 하나님께만 온 마음을 다해서 진심으로 경배하는 자들이 있다고 믿는다. 그곳에도 시온에 내린 그 기초 위에만 서 있는 자들이 있는 것이다.

사람들이 자신들의 동료들이 하나님의 뜻을 알게 하는 방편과 관련하여 유익이 되지 못하는 것들에 얼마나 많이 예속되어 있고, 멀어지게 됐는지를 판단하는 것은 쉬운 일이 아니다. 그리고 그토록 많은 무지와 어둠에 빠져 있는지를 확정하기 쉽지 않다. 그러면서도 하나님을 아는 구원받는 지식을 가지고 그들의 심령 속에 소개된 신적인 것들을 소유하고 있으며, 성령으로 말미암아 그들을 갱신하고 성결케 하는 도구로 사용될 수 있다. 우리는 사람들에 따라 신적인 것들에 대한 지식의 정도가 각각 다양하다는 것을 의심하지 않는다. 심지어 고백하는 신앙인들에게서도 무시할 수 없는 오류를 지니고 있을 수 있다는 것도 부정하지 않는다. 그렇지만 그런 자들 중에는 땅에 사는 동안 하늘나라의 기쁨을 누리기 위해 성실하게 준비하는 자들이 있는 것이다.

심지어 기독교 역사에 있어서 교황제도의 횡포에 의하여 하나님의 예배와 진리를 부패하게 만들었던 중세의 암흑기 때에도 참 신자들이 존재했다고 믿는다. 보다 더 건전한 지식을 얻는 일에 접근함이 참으로 부족하였던 그런 때에도 참 진리에 대한 신앙을 통해서 중생의 참된 증거를 가진 자들을 만날 수 있다. 로마교회가 언제나 그러한 사람들을 소유하고 있다는 것을 의심하지 않는다. 즉, 교회가 고백하는 원리들보다 더 나은 신앙을 고백하는 자들이 있다. 그들이 붙들고 있는 오류들의 영향이나 실천사항들에 전적으로 빠지지 않은 신자들이 있다. 그들의 인품들이나 행위들이 그들이 속해 있는 교회의 오류에 의한 것보다 그들이 붙들고 있는 참 진리에 의해서 형성되었고 실천하는 그런 신앙인들이 있는 것이다. 로마교회가 주장하고 있는 성인들과 형상숭배의 오류로부터 별로 영향을 받지 않고 하나님의 영광에 깊이 감동함을 받은 자들, 그리스도로 모든 것이 다 충분하다고 믿는 자들이 있다는 것은 분명한 사실이다.

이 모든 것은 경험으로 비추어 보아도 부정할 수 없는 사실이다. 그러나 하나님을 예배하는 일과 구원의 길을 내세우고 있는 로마교회의 원리들은 죄악 되고 위험하다는 것은 분명한 사실이다. 사람들의 실제 성품이 아니라 하나님의 말씀만이 참된 것과 거짓된 것, 옳고 그른 것을 판단하는 유일한 표준이다. 로마교회는 하나님을 예배하는 방식과 관련하여서 하나님의 진리를 애통하게도 타락시켜 버렸다. 이 문제에 대해서 교회가 가르치고 있는 것을 보면 너무나도 많이 타락한 것이다. 로마교회는 다신주의와 우상숭배의 죄악들이 내포된 내용들을 온전히 따라갔고 적용하며 살고 있다. 단지 피조물에 불과한 존재들에게 오로지 하나님께만 해당되는 경배와 공경을 드리고 있고, 하나님께서 금지하신 방식으로 하나님을 경배하는 죄를 범하고 있다. 이것은 로마교회의 권위에 복종하고 가르침을 따르는 자들에게 해로운 영향력을 휘두르고 있는 것이다.

로마교회와 같이 신앙을 고백한다는 교회가 범할 수 있는 가장 큰 죄는 하나님을 예배하는 것과 구원의 길과 관련하여 잘못된 견해들을 굳게 붙들고 있는 것이고, 이를 되풀이해서 가르치고 있는 것이다. 이 죄악이 가장 온전히 부착되어 있는 것이 로마교회이다. 이 주제들에 대해서 되풀이하여 가르치고 있는 오류들은 심각한 것이다. 로마교회의 가르침에 온전히 복종하고 있고, 로마교회가 휘두르고 있는 실천적인 사항들을 마음을 다하고 성품을 다하여 실행하고 있는 자들이 진리 안에서 하나님을 경배하고 구원을 위하여 그리스도만을 의존하는 자들로 공정하게 취급될 수 있다는 것에는 동의하기 어렵다. 그러나 로마교회의 교리를 수용하고 교회의 권위에 복종한다고 할지라도 로마교회의 독특한 원리들을 전적으로 흡수하지 않으며 그것들의 해로운 영향들로부터 대체로 벗어나 있는 무리들이 있다는 것은 인정하는 바이다.

문제의 핵심은 이것이다. 즉, 로마교회는 교회가 제공하고 있는 전체 양식에다 상당한 분량의 독약을 조직적으로 섞고 있다는 점이다. 따라서 로마교회는 처음부터 거짓말쟁이요, 살인자인 마귀의 영향에 놓여 있음을 증명하는 것이다. 하나님의 은혜로 말미암아 그들이 가진 몇몇 규약들이 그 해로운 영향을 떨쳐 버리고 치명적인 손상으로부터 해를 받음이 없이 피해 가도록 할지라도 이러한 입장에서 자연스럽게 우러나오는 경향과 일반적인 결과는 인간의 영혼을 파괴하는 것이다.

성인들과 형상들에게 영광을 돌리고 종교적으로 경배하는 우상숭배의 죄악은 기독교의 역사 안에서 특별히 심화되었다. 우리 앞에 펼쳐진 전 인류의 역사가 강력하게 저항할 수 없는 사실로 증명하고 있는 것은 타락한 인간의 자연스러운 경향이 다신주의와 우상숭배라는 점이다. 이런 습성이 종교와 도덕성에 얼마나 해로운 영향을 많이 끼치고 있는지 모른다. 우리는 하나님께서 다신주의와 우상숭배의 죄악에 대해서 얼마나 불쾌하게 여기시고 있는지 그의 말씀 안에서 특별히 지적한 것들에 명백하게 나타나 있고, 뿐만 아니라 사람들을 다루시는 하나님의 역사에서 특히 그의 택한 백성이 된 자들을 대하신 역사 속에서, 모세에게 주신 율법의 가르침 안에서 인간의 이러한 성향을 명확하게 지적하며 자신의 백성들이 그런 죄에 빠지지 않도록 주의시킨 내용들을 넘치게 가지고 있다. 우리는 기독교 안에서 하나님의 완전하신 모습을 충분히 가지고 있다. 우리가 그와 어떤 관계를 가지고 있는지에 대한 완벽한 가르침도 가지고 있다. 우리는 가장 영적이고 단순한 외적인 예전행위를 확립하였다. 이 모든 것이 다 다신주의 사상이나 우상숭배가 비이성적이고 불법적이며 모순된 것임을 강력하게 증언하는 것이다.

마지막으로 우리는 기독교 체계 안에서 하나님과 사람 사이에는 모든 것이 충분하신 한 중보자만 제시하고 전한다. 그 중보자만 보이지 아니하는 하나님의 유일한 형상이며 우리가 하나님께로 더 가까이 나아가게 하는 일을 가로막는 모든 장애물들을 제거하신 분이시다. 그리고 하나님의 은혜를 구하고 획득하게 해 주시는 유일한 분이다. 그분만이 우리를 하나님의 임재하심 앞에 나아가는 새롭고 생명력 있는 길을 열어 주신 분이시다. 그는 그를 신뢰하는 모든 이들의 영원한 구원을 위하여 필요한 모든 것을 다 이루신 유일한 분이시다. 우리는 그 중보자 안에서 우리에게 필요한 모든 것을 다 발견한다. 그분은 가장 완전하고 가능성이 분명한 성부 하나님의 계시를 제공하신다. 하나님의 은총을 획득하게 하고 우리를 위하여 보존케 하시는 무한한 공로자이시다. 모든 신령한 복을 얻게 하시는 공로자이시다. 인간의 마음에 내주하고 있는 사랑이 어떤 것이든지 그 사랑을 초월하여 우리를 사랑하시고 우리를 위하여 긍휼을 베푸시는 공로자이시다(그는 우리들의 뼈 중의 뼈요 살 중의 살이시다).

그리스도는 우리의 기도를 들으시며 우리가 뭘 원하는지 다 아신다는 확신을 가지고 그의 기도들과 도움과 지원을 아끼지 아니하시고, 우리는 그분을 믿고 언제 어느 때든지 직접적으로 나아갈 수 있다. 그분은 우리를 위해서 영원히 중보기도를 하시는 분이시요, 성부는 그의 기도를 언제나 들으시며 하나님의 백성들에게 필요한 것은 무엇이든지 다 주실 수 있는 분이시자 기꺼이 획득하게 하시는 분이시다. 이러한 사실은 우리들로 하여금 우리들의 영적 복락들과 관련하여 염려가 일 때에 완전한 만족을 갖게 해 준다. 동시에 우리는 우리가 그분께 드리는 경배와 영광에는 어떤 위험도 존재하지 않다는 것을 알기 때문에 그분 안에서 확신을 가지고 우리의 사랑과 감사를 드릴 수 있다. 그분께 합당한 우리의 헌신은 결코 지나친 것이 될 수 없다. 그리스도는 우리와 같은 육체와 피를 가지신 분이시지만 동시에 전적으로 하나님이시고 영원히 복되신 분이시다.

제13장

국가와 교회의 권세들

제13장
국가와 교회의 권세들

콘스탄틴 대제 시대 이후의 교회 역사 속에서 우리는 교회의 복락을 위하여 그들의 국가권세를 사용할 의무가 있다고 고백하게 하는 최고의 국가권력들을 접하게 된다. 그리고 종교적인 일들과 신학적인 것들, 그리고 교회적인 문제에 깊숙이 개입하는 것이 자신들의 의무수행임을 당연한 것으로 고백한 최고 권력자들을 만나게 된다. 이들의 개입으로 인해 교회는 여러모로 좋은 영향과 나쁜 영향을 받았다는 사실은 두말할 여지가 없다. 이로 인해 이들의 역할과 의무사항들에 관하여 국가권력과 교회권력 사이에는 논쟁들이 있어 왔다. 그것은 그들의 권력과 특권들이 무엇인지에 대한 논쟁들이었다. 이러한 논쟁들은 큰 위기를 맞기도 하였는데, 그것은 헨리 4세 황제와 교황 그레고리 7세 간의 다툼으로 인해 벌어졌다. 그것은 교회권력이 국가권력보다 전적으로 그리고 절대적으로 최고의 위치에 있다고 선언했기 때문에 발생했던 것이다. 국가권력과 교회권력 간의 다툼(라틴어로 *inter imperium et sacerdotium*이라고 한다)은 모든 시대에서 끊이지 않았고 오늘날까지 이어져 왔다. 우리 시대에도 이 문제는 큰 관심을 끌고 있다. 이것은 논쟁의 질문으로서만이 아니라 중요한 실천적인 결과들을 산출한다는 차원에서 계속 논의되어야 할 주제이다. 그러므로 그 문제를 간략하게나마 다루는 것이 적절한 것이라고 본다. 이 문제와 관련하여 지금껏 토의되어 왔고 앞으로 토론되어야 할 전체 주제들은 다음의 질문들 가운데 다 내포되어 있다고 본다. 그것은 '국가와 교회 사이에 존속되어야 할 관계는 무엇인가?' 또는 '국가권력과 교회권력 사이의 관계는 무엇인가? 이 관계 설정을 규정해야 하는 원칙들은 무엇인가?'라는 질문들 가운데 있는 것이다.

1. 임의기부제도

이 질문들에 대한 논의는 4가지 견해를 야기했다. 그중에서 우리는 가장 근자에 제기된 가장 현대적인 것이라 할 수 있는 입장부터 다루고자 한다. 그 이유는 어떤 측면에서 보면 이것이 가장 단순하면서도 가장 포괄적인 것이기 때문이다. 이것은 용어 자체가 정확하거나 근거가 분명하지 않지만 '자발적인 기부체계'라고 부른다. 이 용어는 자원한다는 원리가 주도하고 있는 입장 중 하나를 부분적으로 나타내는 것으로부터 도출된 것이다. 그러나 그 용어가 원리 자체를 공정하게 기술하고 있는 것은 아니다. 이 제도는 본질적으로, 국가와 교회 사이에 존속되어져야만 하는 유일한 관계, 시민 권력과 종교 사이에 존속해야 하는 유일한 관계는 전적으로 분리관계라는 주장을 담고 있다. 이는 국가들과 시민통치자들은 그들의 공무적 역량 안에서 종교에 매이지 않을 뿐 아니라 종교적인 일에나 그리스도의 교회의 복락을 조성하고자 뭔가를 개입할 자유도 없다는 이론이다.

만일 이것이 사실이라면, 이 이론은 교회와 국가 사이의 관계를 규정해야만 하는 원리 문제에 대해 논의할 모든 필요성을 소용없게 만드는 것이다. 왜냐하면 이것은 둘 사이에 어떤 연결점도 없고 합법적으로 존속할 수 있는 것이 없기 때문이다. 그러나 이 질문에 대해 답한 모든 설명들은 그것이 전부 다 잘못이라고 간주하고 있다. 이 원리는 국가들과 시민 권력자들은 그들이 가진 직임의 역량 안에서 참 교회의 관심사항들과 그리스도 교회의 복락을 조성해 나갈 의무를 지닌다는 원리와 정반대의 논리에 근거하는 것이다. 그러나 그들이 합법적으로 할 수 있는 것들이 있다. 즉, 이러한 목적들을 달성할 수 있게 적합한 지위에 맞는 말이 있다. 따라서 시민 권력과 교회권력 사이에 합법적으로 존속하는 관계가 있어야 하는 것이다. 그리하여 시민 권력자와 교회권력 간에 존속해야만 하는 관계에 대한 일반적인 주장을 다루는 데 있어서 이미 언급한 임의기부제도 원리를 먼저 다루는 것이 시의적절한 것이라고 본다.

그러나 이것이 사실이라면, 임의기부제도 원리에 대한 여러 문제들에 대한 논의는 필요 없다. 그것은 훗날에 많이 논의되어진 문제였다. 이에 대해서는 다른 주장들과 공통된 것들이 많기 때문에 나 역시 공통된 내용들만 취급하였다. 그리고 그것과 관련한 내 자신의 의견을 변경하지 않았다. 나는 여전히 그것이 전적으로 하나님의 말씀에 의하여 승인된 신적 진리의 교훈이라고 믿는다. 그러므로 결코 포기하거나 부정하지는 않을 것이다.

국가적인 문제들을 규정해 감에 있어서 국가와 통치권자들은 이것을 존중해야 할 의무가 있다. 그리고 국가적인 재원들을 적용시켜 감에 있어서 하나님 말씀의 권위를 존중해야 하며 그리스도 교회의 복락을 귀히 여기며 참 종교의 흥왕을 도모해야 할 의무가 있는 것이다. 이것만이 성경적인 진리이다. 그러므로 오직 원리적인 측면에서 국가교회 형성을 지지하는 자들은 교회가 소중히 여기는 것들은 무엇이든지 잘 받들고 유지해야 할 책무를 가지는 것이다. 이 이상의 모든 것은 다 열등한 것들에 불과하다.

종교와 교회적인 문제에서 이 진리에 반하는 관용이나 핍박 또는 법적으로 시민 권력자가 장악해 버리는 것은 불법적인 일이라고 제시함은 그 원리의 목적이 아니다. 왜냐하면 이 교리에 따르면 세속 권력이 자신들의 의무 수행에 적합한 영역은 제한되어 있거나 한계선이 분명하다는 것은 의심의 여지가 없기 때문이다. 그러나 물론 시민 권력자들이 종교와 교회의 흥왕을 조성시키는 목적에 부합한 일을 하는 데 있어서 그 어떤 것도 사실상 양심의 거리낌이나, 그리스도의 교회의 자유와 독립성, 그리고 영성에 방해됨이 없이 직접적으로 관여할 가능성이 없다는 것을 증명하는 것은 불가능한 일이다. 그런데 증명이 안 된다고 해서 앞에서 제시된 그들의 의무가 전혀 존재하지 않는다고 말할 수는 없다. 물론 실제적인 현실에서는 이에 반하는 일들이 무수히 벌어졌다고 해서 이 진리에 반하는 논지를 펼친다는 것은 적절한 것이 아니다. 진리 대신에 오류가 발생했을 때, 순결한 교회 대신에 부패한 교회로 전락되었을 때, 시민 권력자들에 의해서 도움을 받기도 하고 그러한 것이 더욱 조성되기도 한 것은 사실이다. 심지어 성경적 진리와 순결한 교회가 도움을 받아 왔다 할지라도 시민 권력자들이 개입한 것에는 결함과 오류가 여전히 존재했었다는 것도 사실이다. 이는 그들의 개입으로 인해 얻어진 복들을 중립적인 것으로 보기보다 그 이상으로 봄으로 인해 발생한 것들이었다.

이 주제에 대해 제기되었던 논란 중 가장 있을 법한 것은 종교적인 문제들에 대한 시민 권력자들의 간섭이 전반적으로 항상 동반되었고 종교에 해악을 끼치는 일이 더 많았다는 사실이다. 그렇다고 이것이 그런 의무가 있다는 일반적인 원리를 무너뜨리는 것은 아니며, 또 다른 한편으로 그 의무사항을 제대로 이해했다거나 정도대로 잘 실천된 것이 아니어서 악한 것들이 발생했다고 말할 수 있는 것도 아니다.

이 진리와 반대되는 입장에서 보아도 그리스도께서는 시민 권력으로부터 어떤 원조나 도움 없이 그의 백성들의 자발적인 헌신에 의존되게 하셨다고 주장한다고 해서 별반 달라지는 것은 없다. 그런 상태에서 교회는 800년 동안이나 유지되었다. 그리스도께서 그렇게 하셨다는 것은 매우 중요한 문제이기 때문에 여기에서 가치 있는 교훈들을 산출해 내는 것이 적절하다. 그러나 이 원리는 우리에게 국가들과 통치자들이 교회에 대해 담당해야 할 의무가 무엇인지에 대해서 전혀 가르치지 않는다.

사실 국가와 교회는 완전히 분리되어 있고 교회는 성도들의 자발적인 기여에 전적으로 의존되어 있다는 원리는 완전히 합법적이고, 그리스도의 교회가 취해야 할 영광스러운 조건이라는 입장을 만족할 만한 결정적인 증거로 언급하였다. 교회는 시민 당국자들의 도움이 없이도 안팎으로 성장하였고, 교회의 본질적인 목적들을 온전하게 달성해 왔다. 이것은 분명한 사실이지만 그 이상의 어떤 것도 아니다. 그 기간 동안 시민 권력이 교회에 한 일은 시민통치자들이 반드시 따라야 할 모델이 아니다. 통치자들은 교회에 대해서 마땅히 할 의무사항보다는 도리어 더 큰 핍박을 가한 자들이었다. 보편적으로 온 세상이 다 인정하고 있는 관용적인 입장을 통치자가 교회에 적용하지 못했을 때, 실제로 그들의 의무 불이행은 교회의 상황에 상당한 영향을 끼쳤다. 그럴 때 그들이 취한 행동 양식과 그때 교회가 처한 상황은 결과적으로 그들이 어떻게 행동해야만 하는지 결정을 내리게 할 자료들을 전혀 제공해 주지 못하는 상태에 놓이게 되었다. 전체 주제가 무엇이든 간에 종교와 교회에 대한 통치자들의 의무들이 있다면, 그 의무들이란 기록된 말씀에 의해서 찾아야 하며 그 의무사항도 기록된 말씀에 의해서 취급되어야 하는 것이다.

한편, 시민통치자들에게 지우는 의무들과 상관없이 교회가 국가와 동맹 관계에 들어가는 것을 교회의 주재자이신 주님의 법을 내세워서 제지

하려는 시도들이 여러 차례 있었다. 또는 시민 권력자들로부터 원조를 받는 일들을 금하고자 하는 시도들이 있었다. 이는 그리스도께서 교회에 부여해 주신 권리들이나 특권들을 희생시키게 되는 일이 발생할까 하는 우려 때문에 발생한 사건이었다. 국가의 원조를 받을 때 그리스도께서 교회에 부여해 주신 의무들이 무시당하거나 간과하게 만드는 조약들이 맺게 되는 것을 방지하고자 함이었다. 이 세상의 왕국으로부터 호의와 도움을 받거나 그런 것들을 즐기기 위해 그리스도께서 교회에 주신 지침들이 간과되거나 무시당하게 되는 일들이 벌어지는 것은 너무나도 자명한 일이다. 이 죄악은 분명 지금 이 순간 이 세상에 세워져 있는 모든 개신교회들에게 해당되는 것이다.[26] 그러나 이것은 증명된 적은 없었다. 즉, 만일 시민 권력자들이 자신들의 임무가 무엇인지를 제대로 이해하고 있고 그 임무 수행을 올바르게 기꺼이 감당하고자 한다면, 그리고 그들이 제공하는 섬김에는 아무 조건이 없이 하는 것이 첨부된다면, 교회는 그들의 제안을 거절할 이유가 없는 것이고, 그들은 마땅히 교회를 그렇게 섬기는 것일 뿐이지 권력행사를 하고자 하는 것이 아니라는 점은 단 한 번도 증명된 적이 없었다.

이런 원리들이 확장되고 적용될 때 앞에서 지적한 고려사항들은 개인적인 생각으로는 성경에서 그 답을 충분히 확인할 수 있다고 본다. 먼저, 국가적인 일들을 규정함에 있어서 그리스도의 교회와 참 종교의 복지에 유익한 것이 되게 할 일반적인 의무가 국가와 통치자들에게 지워졌다는 성경적인 원리는 거부되었다. 그러나 교회가 반드시 붙들고 있어야 하고 국가들과 통치자들은 이 원리 위에서 행동해야만 한다는 것은 분명 성경적 진리이다. 이와 동시에 시민 권력이 종교적인 문제에 개입하게 된 대

---

26) 역자 주) 당시 스코틀랜드 교회를 염두에 둔 말임.

부분의 경우에는 유익보다는 해악이 더 많았다. 그리스도께서 그들에게 수여해 준 권리들과 특권들을 가지고 시민 권력자들이 죄악된 간섭을 하도록 교회가 승인해 준 사례들이 부지기수였다. 사실, 개인적으로는 스코틀랜드에서 제2의 종교개혁[27]이 일어난 당시의 스코틀랜드 교회를 제외하고 세워진 개신교회들이 이런 죄악과 변질로부터 온전히 자유로운 교회가 있다고 생각하지 않는다. 명예혁명에 의해서 성경적인 원리들에 기초하여 교회와 국가 관계가 새롭게 잘 정립되었다고 할지라도, 그것조차도 그 모든 결함이나 불완전함으로부터 완전하게 자유롭지 않았기 때문이다. 그것은 지난 18세기 초에 성직 후원제도가 교회에 재도입됨으로써 안타깝게도 잠식당하고 말았다. 근본적인 원리들이 시민 권력자들에 의한 간섭함이 재현됨으로써 뒤엎어지고 말았다. 그리하여 그리스도의 교회가 무엇인지에 대하여 성경적인 견해를 가진 사람들에게 그 원리 실현은 불가능한 것이 되었다. 그리고 국가의 일들이 어떻게 규정되어야만 하는지 성경의 가르침과 관련되어서 규정되고 유지되어야 한다는 그러한 원칙은 실현 불가능한 것이 되고 말았다.

2. 권위가 동등한 국가와 교회

임의기부제도가 올바른 것이 아니라는 것과 국가와 통치자들이 국가와 교회가 하나의 연맹 관계나 연합 관계를 형성하도록 나아가게 하는 것으로 그리스도의 교회를 향하여 수행할 임무들을 가지고 있다는 것을 가

---

27) 역자 주) 스코틀랜드에서 제2의 종교개혁이란 17세기 언약도 운동(1638-1688)을 통해서 교회까지 통솔하고자 하는 왕권과 맞서서 그리스도의 수장권과 성경의 권위 및 장로회주의 교회를 강조하며 순교를 당하면서까지 애쓴 결과 1688년 명예혁명으로 교회를 지켜 냈던 시기의 언약도 운동을 가리킨다.

정하면, '우리는 국가와 교회로 대표되는 시민권세와 교회권세 간에 형성되고 존속되는 관계설정을 맺게 하는 원리들이 무엇인가?'라는 질문으로 돌아갈 수밖에 없다. 그 관계는 동등성의 원리와 두 권세의 독립성 원리 위에 세워지거나 하나가 다른 하나에 종속된다는 원리 위에 세워지는 것이다. 후자의 종속원리는 교회가 국가에 종속되어 있고 종속되어야만 한다는 주장(이것은 이 나라에서 국가만능주의라는 이름으로 현대 신학적 문헌에 등장하는 이론이다. 그리고 대륙에서는 국가지상권주의, 비잔틴주의[Byzantinism]로 알려져 있다)이거나 국가가 교회에 종속되어 있다는 로마교회의 이론이다.

이 이론들 중 첫 번째, 즉 국가와 교회의 권세가 동등하고 각자의 특별한 영역에서는 독립적인 수위권을 가지고 있다는 이론은 하나님의 말씀에 의해서 재가 되는 것이다. 물론 이것도 각각 다른 정도 차원에서 명확하고 확고히 해야 함을 인정하지만 본질적으로 대부분의 개신교도들이 견지하고 있는 이론이다. 한편, 이 문제에 대해서 스코틀랜드 장로교회만큼 명확하고 분명하게 제시한 교회는 없었다. 스코틀랜드 장로교회는 이론과 실천사항에 있어서 이 원리로부터 이탈되거나 타락하게 되는 것을 언제나 정죄해 왔다. 특히 국가만능주의에 속하거나 교황권 제도에 속하게 되는 일을 언제나 정죄하였다.

임의기부제도를 옹호하는 것도 교회와 국가가 동등하고 독립적인 권세를 지닌다는 생각 하에 스코틀랜드 교회 안에서 자연스럽게 발생한 것이었다. 즉, 두 권세는 각자의 영역과 각자의 역할을 수행함에 있어서 독립적이라고 생각했다. 그러나 그들은 이 원리로부터 추론한 것은 그 둘 사이에는 연합이나 연맹을 가질 수 없다는 결론이었다. 이는 서로가 독특하고 독립적인 것이기 때문에 그들은 서로에게서 언제나 분리되어 있어야 한다는 주장 때문이었다. 우리는 이 이론을 반박하는 입장이다. 그리고 두 기관의 독특성과 독립성을 견고히 지키면서 동등성 위에 서로 친근한 연맹관계를 가질 수 있다는 지속적인 주장을 펼치고 있다. 이 두 기관은 각자의 본래 권리들과 특권들을 지속하고 자신들의 역할들을 자유롭게 실행하는 것이다. 그러면서도 서로가 중요한 도움을 주고받을 수 있는 것이다.

물론 우리는 시민권세와 교회권세의 독특성과 독립성의 기원이 어디에서부터 온 것인지를 그들에게 입증할 필요는 없다. 그리고 이 두 권세의 독특성과 독립성은 항상 보존되어 왔다는 것도 증명하지 않고자 한다. 왜냐하면 이 부분에 대해서는 그들도 우리와 전적으로 동의하는 입장이기 때문이다. 그러나 그들에게 보여 주고자 하는 것은 본래부터 독특성과 독립성이 존재하였다는 것과 그것이 항상 유지되어야 할 필요성은 서로 모순되지 않으며 이 둘 사이에 우호적인 연맹이나 연합관계 형성을 힘들게 하거나 방해하는 것이 아니라는 점이다. 시민정부는 하나님께서 제정하신 기관이다. 열방들과 통치자들은 하나님께 직접적으로 계산해야 할 자들이다. 그들은 교회에 또는 교회 직분자들에게 복속되도록 제정된 자들이 아니다. 교회의 회원들과 직분자들도 다른 사람들과 마찬가지로 모든 일에 있어서 시민 권력자들에게 복종해야 한다. 이러한 교리는 하나님의 말씀이 재가하고 있는 것임을 쉽게 발견할 수 있다.

그리스도의 가시적 교회는 독립적인 단체이다. 이 세상의 왕국들과는 구별된다. 이 교회는 자체 헌법과 직분자, 그리고 기능을 지니고 있다. 시민통치자들은 교회의 일들을 규정함에 있어서 어떤 사법적이거나 권위적인 통제를 가할 권리가 전혀 없다. 이러한 원리는 거룩한 성경 말씀으로부터 명확하게 성립될 수 있는 이론이다. 물론 이러한 교리들이 맞는 것이라면 존재하도록 그리고 항상 존속되도록 명확하게 기술되어야만 할 것이다. 다시 말하면, 시민권세와 교회권세 사이에 존재해야만 하는 관계를 설정하는 것은 동등성과 독립성 측면에서 형성되는 것이다. 이 독특성과 독립성은 결코 훼손되어져서는 안 된다.

그러나 여기에서 실질적인 문제들이 발생한다. 동일한 사람들에게 사법적인 권리를 행사하는 것, 어떤 측면에서 보면 서로 다른 영역일지라도 같은 영역 안에서 같은 사람들에게 권세를 사용하게 될 때 실질적인 문제들이 발생한다. 이것은 *권력 안에 있는 통치권*(imperium in imperio)이라는 명제 하에서 교황주의자들과 국가만능주의자들이 그러한 일반적인 입장을 확립하기 위하여 상세하게 만들어 놓은 것이다. 그러나 여기서 '하나님의 말씀이 그들의 존재를 나타내고 있는지? 그리하여 그들이 구별되고 독립적인 존재가 되는 것이 정당한 것인지? 이들에게 모든 문제들을 다룸에 있어서 하나의 의무를 부과한 것은 아닌지?' 그리고 '그러한 상황에서 가능한 한 그것을 보존하도록 명하고 있는 것인지?'에 관한 질문이 제기된다. 이 질문의 답은 오직 한 가지만 존재한다. 그것은 하나님 말씀의 권위 위에 오직 장로교 교리의 진리만이 확립된다는 것이다. 즉, 국가 권세와 교회 권세 사이의 관계는 심지어 그 둘이 서로 연합되었을 때조차도 구별된 원칙에 의해서 규정되어야 하며 서로가 독립적인 기구로서 역할을 해야 한다는 것이다.

3. 국가만능주의

종속관계 이론에 대해 서로 양극단의 입장에 서 있는 자들인 교황주의자들과 국가만능주의자들은 서로 같은 입장에서 출발한다. 그리고 하나의 주도적인 논리를 사용하여 병합하게 되는데, 이는 종속이 어느 편에 해당되는지 결정하지 않고 일반적으로 종속적인 입장임을 증명하려는 것이다. 이것은 우리가 이미 언급한 바와 같이 *권력 안에 있는 통치권*에 대하여 모호하고 해악적인 주장에 근거하고 있다. 여기에서 그들은 *하나의 최고 권력*의 필요성을 추리해 낸다. 이 권력은 시민적인 것과 교회적인 모든 문제 있어서 궁극적으로 사법권을 행사할 수 있다는 것이다.[28] 이 문제에 대하여 우리는 하나님의 말씀이 두 개의 구별된 기관으로 묘사하고 있다고 답변한 바 있다. 각자는 각각의 규례와 직분자를 가지고 있으며, 우리는 그들의 특성과 정치형태를 바꿀 권한이 없다. 왜냐하면 실질적으로나 현실적으로 파악하기가 상당히 어려운 것들이 존재하기 때문이다. 특별히 이 어려움들이 두 개의 구별된 영역, 역할, 그리고 목적에 대한 성경적인 적용을 함으로써 변조되거나 금지되어질 수 있음을 증명하는 것은 쉽지 않기 때문이다. 따라서 교황주의자들과 국가만능주의자들은 장로교도들과 하나님의 말씀에 반대되는 길로 가기로 서로 합의한 것이다. 그러나 여기에서 그들은 분리하였다. 그 둘은 정반대 방향으로 흘러갔다. 국가만능주의자들은 시민 권력이 최고의 수위권을 차지한다고 주장하였으며, 교황주의자들은 교회권력이 그러하다고 주장한 것이다. 이제, 국가만능주의의 극단을 간략하게나마 살펴보도록 하자.

국가만능주의 논쟁은 16세기 종교개혁 이후 후반에 왕성하게 활동했던 에라스투스(Erastus)보다 훨씬 더 오래되었다. 에라스투스는 베자를 대적자로 가졌었다. 4세기에 권력자가 종교문제에 간섭하기 시작한 이후로 이 주제에 대해서 논의를 하기 시작했다. 이 주제를 논의한 맨 처음 권력자가 종교의 흥황과 교회의 복락을 진전시켜 나가게 할 의무와 권리가 있

---

28) Erastus, Lib. iii., c. i., 160-1. Du moulin, *교회의 권리*, c. xxv.

다는 부분에 대해서는 어느 누구도 반박하지 않았다. 그때는 관용과 핍박에 대한 문제 또는 이단들과 분리주의자들에게 한시적인 형벌을 입히는 시민 권력의 권리에 대한 문제를 취급하였다. 이것은 그레고리 나찌안첸(Gregory Nazianzen)[29]과 가현주의자들인 도나티스트들과 논쟁을 하는 가운데 자신의 견해를 바꾼 어거스틴이 옹호하였다. 어거스틴은 종교적인 오류들에 대해 일시적인 형벌을 가하는 것을 한때는 반대했고, 이단에 대해서 사형선고를 가하는 것이 합법적이라는 것을 언제나 반대했지만, 그 당시 논쟁에서 자신의 입장을 더 나쁜 방향으로 바꾸어 버렸다.

그렇지만 이단들에 대해서 일시적으로 형벌을 가하는 당국자들의 권리 실천을 내세운 어거스틴의 제한은 금방 무시되고 말았다. 5세기 중엽 이전에(어거스틴은 430년에 죽었다) 스스로를 위대한 교황으로 부른 교황 레오가 이단의 생명을 앗아 갈 수 있다는 주장을 펼쳤다. 따라서 그 실천은 교회가 성인들의 피를 마신다는 것이 성경적인 특징 중 하나로 고백하는 교황의 지도를 따르는 신앙인들 가운데 적법하게 소개되어 행해졌던 것이다. 이 교리는 전혀 반론되지 않았다. 종교개혁 시기까지 이 교리는 무시무시하게 집행되었다. 심지어 모든 종교개혁자들에 의해서도 거부되지도 않았다. 왜냐하면 칼빈과 베자가 이단들을 사형시키는 것이 합법적인 것이라고 주장하였음을 부정할 수 없었기 때문이었다. 이 교리는 심지어 17세기에 몇몇 탁월한 개신교 신학자들 사이에서도 고수되었다. 그러나 지금은 교황주의자들을 제외하고 이 교리는 보편적으로 폐기되어 따르지 않게 되었다. 이 부분에 대해서 더 말할 필요가 없다고 보지만 그 문제에 대해 언급한 이상 한마디 덧붙일 필요가 있다. 그것은 현대에서 불관용과

---

29) 역자 주) 주후 329-390년에 살았던 콘스탄티노플의 대주교였으며 '그레고리 신학자'라는 이름으로 알려진 인물이다. 그리고 당대 수사학의 대가였다고 전해진다.

핍박에 반대하여 양심의 권리를 변호하는 것은 불가능한 것이 아님에도 불구하고 진리를 분별하는 어려움이 있다는 것에 안주하거나, 오류가 거의 없는 잘못에 대한 어려움 때문에 교리나 형식에 매이지 않는 자유주의(latitudinarian)나 위험스러운 원리들 위에서 이러한 일들이 종종 거행되었다는 것이다.

간단히 말하면, 진리의 명백한 주장들에 대해서 무지하거나 잘못된 진술들에 근거한 판단이었다. 그리고 진리를 발견하고 유지해야 하는 책임감을 방치해 버린 가운데서 진행했던 것이다. 이러한 일은 베일(Bayle)[30]이나 볼테르(Voltaire) 같은 부류의 사람들에게만 해당되는 것이 아니라 제레미 테일러(Jeremy Taylor)[31]나 로크(Locke)와 같은 이들도 그들의 저술 가운데서 그와 같이 했으며, 오늘날에는 너무나 많은 사람들도 그와 같은 일들을 행하고 있다.

양심의 권리문제를 말하는 최선이자 가장 안전한 방책, 그리고 불관용과 핍박 문제를 반대함에 있어서 최선의 길은 부정적인 근거에 유착하는 것이다. 그리고 종교적인 문제들에 있어서 다른 사람에게 강제하거나 권위적으로 지시할 권한을 가진 사람은 아무도 없다는 입장을 유지하는 것이다. 즉, 종교적인 견해에 있어서 오류를 지니고 있다고 해서 일시적인 형벌을 가하는 것은 부당한 짓이며 불법적인 것이라는 입장을 가져야 한다. 물론 인간의 재산권을 빼앗는 것은 강도짓이다. 그리고 단순히 오류를 지니고 있다는 것에 근거하여서 그들의 생명을 앗아 가는 것은 살인하는 일이다.

---

30) 역자 주: 피에르 베일은 17세기 중엽부터 18세기 초까지 살았던 프랑스 개신교도 철학자였다. 그는 다양한 신앙들에 대해서 관용적인 태도를 가져야 한다고 주장하였고 그의 저술들은 계몽주의 발전에 지대한 영향을 끼친 인물이었다.
31) 역자 주: 제레미 테일러는 17세기 올리버 크롬웰 밑에서 큰 명성을 얻은 성공회 성직자로서 신학계의 셰익스피어라는 별명을 가질 정도로 글쓰기에 능한 인물이었다.

황제들이 기독교를 수용한다고 한 그때로부터 교회적인 문제들에 개입하는 것은 교회의 일들을 규정함에 있어서 광범위한 권위의 문제로 추정되었다. 콘스탄틴 황제가 공언하고 실천한 내부의 일들과 외부의 일들(ἔξω καὶ ἔσω) 간의 구별은 곧 잊혔으며, 또한 거의 모든 것이 다 시민 권력의 통제 하에서 해석되었다. 이 문제가 수세기 동안 현대 시대의 용어로 기술되고 있는 것은 국가만능주의라는 용어로 널리 다뤄지고 있는 것이다. 이 이론이 지배적으로 간섭하게 된 첫 번째 일은 로마의 감독들의 권한을 상승시킨 것이었다. 그들은 시민 권력자들의 공정한 권리들을 빼앗고 교회권력의 통제에 복속시키는 일을 오랫동안 계승시켰다. 교황들과 왕들 사이의 논쟁, 그리고 양측의 입장들과 절차들을 서로 옳다고 옹호하는 논문들에서 시민 권력과 교회권력 사이의 합당한 관계를 설정하는 건전한 성경적인 견해들을 피력한 적은 거의 없었다. 교황주의자들이나 국가만능주의자들의 양극단에서 저지른 일들이나 쓴 글들에 보면 일률적인 경향이 하나 있었다.

종교개혁 이후에 많은 개신교 왕들은 이전에 로마의 주교가 내세운 교회적인 문제들에서 권력을 함께 나눈 입장을 계승하였다. 그것을 우리의 장로교 선조들은 교황을 바꾸는 것이었다고 말하곤 했다.[32] 왕이 교황직은 아니었지만, 이 부분에서 가장 성공적인 사례는 잉글랜드에서 찾아볼 수 있다. 반면에 스코틀랜드만큼 이 부분에서 성공을 거두지 못한 나라도 없다. 자신보다 훨씬 오래전에 발생된 이론들을 제시함에 있어서 대표되는 이론으로 신학적 문서에 기록되는 영예를 얻은 것은 에라스투스의 공로이다. 실제로 그 자신은 이 이론을 펼쳐 보이거나 적용시키는 일을 하

---

32) 역자 주) 이것은 교황의 자리에 이에 왕이 들어선 것을 뜻한다.

지 않았음에도 그것이 에라스투스의 이론이라는 영예를 얻은 이유는 앞서 살았던 자들보다 그가 더 직접적으로 '그리스도께서는 시민 권력자들과 구분되는 교회 직임자들을 교회 안에서 임명하여 통치하게 하신 적이 없다.'는 주장을 했기 때문이었다.

에라스투스가 이 원리를 일반회원들이 출교하는 문제나 회원을 가입시키거나 추방시킬 때 교회가 사법적 권리를 실행하는 데 주로 적용하였을지라도, 이것은 보다 폭넓은 적용을 인정하거나 요구하는 이론이었다. 그 이론 자체나 그 이론이 내포하고 있는 문제나 원리로부터 파생되는 자연스러운 결과들 때문에 장로교 신학자들은 국가만능주의라는 용어로 칭해지는 이론을 들춰내어 폐기하였던 것이다. 이 용어는 실로 성경에 근거하고 있다고 간주한 자들이 사용하는 것보다는 훨씬 광범위하게 이용되었고, 시민 권력자들에게 엄청난 권세를 안겨다 주었다. 펠라기안주의자들은 이것이 성경이 재가하고 있는 것이라고 생각하여 사용한 자들보다 일반적으로 하나님의 뜻을 행하도록 사람들에게 더 큰 권세를 주었다고 명시하였다. 신학적인 저술가들이 이것을 사용한 일반적인 용도는 폭넓고 모호하게 적용되어 이용된 사례가 많이 있다. 그러나 스코틀랜드 장로교도들 사이에서는 이미 설명한 것과 같이 시민 권력자의 권한이 상당히 제한되고 한정적인 측면에서만 사용되었다.

시민 권력자가 교회문제에 간섭할 수 있는 권한과 권세를 가지고 있다고 설명하는 국가만능주의 이론은 성경에서 인준된 것이 아니다. 이 이론은 한마디로 교회가 국가에 복속되어 있다고 주장하는 것이다. 이것은 교황주의자들이 국가가 교회에 복속되어 있다는 주장과 정반대되는 이론이다. 이 이론을 직접적이고도 공적으로 유지하고 있는 현실은 본래 이 논쟁이 형성하고 있는 것과는 다른 것이다. 교황주의자들은 실로 국가가 교회에 종속된다는 교리를 공개적으로 언급하는 것을 주저하거나 망설이지 않았다. 그들은 교회가 제정한 목적의 특성들을 더 높이고 존귀한 것으로 만드는 이 교리를 지지함에 있어서 그럴듯한 논리를 추론해 낼 수 있다고 생각했다.

반면에 국가만능주의자들은 하나의 추론을 제시하기 위하여 그럴듯한 입장을 내세우지는 않았지만, 이에 반대할지라도 시민 권력은 더 높이고 교회의 권력은 약화시킬 책임이 있다고 느꼈던 것이다. 그리하여 교회 권력을 간접적으로 눈치 채지 못하게 약화시키는 길로 이끌고자 했다. 이 이론을 가지고 그 목적을 달성하기 위한 가장 정교한 발명품은 그리스도께서 교회문제를 규정하도록 교회 안에 구별되고 독립적인 *정치형태*를 임명하셨다는 것을 부정하는 것이었다. 그들은 먼저 앞에서 내세운 원리에 따라 모든 일에 궁극적인 사법권을 소유하고 있는 하나의 최고 정부만 필요하다는 입장을 내세울 수 있다는 가능성을 제기하였다. 그다음에는 교회와 교회법에 대한 성경적인 견해에서 논쟁들을 결정하는 일이나 종교와 교회의 문제들에 관해 발생하게 되는 원인들을 판단할 만한 사법적이고 법정적인 권위를 가지고 교회가 독립적으로 수행할 수 있다는 근거가 없다는 것을 보여 주고자 했다. 한마디로 교회가 존재하는 곳에서 반드시 발생하게 되는 문제들을 법적으로 판단 내릴 권한에 대해 결정적으로 입증해 주는 성경적 진술들을 교묘하게 발뺌해버리는 노력을 기울인 것이다. 그리고 그리스도께서 시민 권력자에게가 아니라 교회 직분자들과 교회 자체에 그 일을 하도록 임명해 주신 것을 부정하고 그들에게는 그런 권리가 없다는 식의 주장을 펼쳐 간 것이다.

주된 문제의 요지는 바로 '교회의 일들을 규정하도록 그리스도께서 교회 안에 구별된 정치기구를 임명하셨는가?'라는 것이다. 그리고 '그 정치

형태를 가지고 하나님의 말씀을 따라 그들의 직무 수행을 실행함에 있어서 발생하는 교회의 모든 문제들을 판단할 권리를 부여해 주셨는가?'라는 것이다. 아니면, 면면이 살펴보아도 실제적으로 같은 질문이긴 하지만 좀 다른 형태의 질문은 이것이다. '시민 권력자들이 교회적인 문제들에 있어서 사법적으로 결정을 내릴 권위 있는 권한을 소유하고 있고 실행할 수 있다는 것이 성경의 가르침과 부합하는 것인가?'라는 질문이다.

어쩌면 교회 안에 구별된 정치형태가 있음을 부정하는 국가만능주의자들은 결코 없었다고 말할 수 있을 것이다. 또는 그들은 시민통치자들에게 교회적인 문제들에 있어서 판단할 권한이 있다는 것도 부정한 적이 결코 없었다고 말할 수 있을 것이다. 이것은 사실이다. 그러나 이것이 분명 근거가 없다는 것을 뜻한다는 말은 아니다. 에라스티안들은 지금 논쟁하는 문제를 이기적으로 끌어다 제시하고 있는 것만큼 영원한 성경 진리를 유지하는 일에 별 큰 관심을 보이지 않은 자들이었다. 그들은 일반적인 신학적 원리들을 확립하는 문제에 대해서도 별 관심을 기울이지 않았다. 시민통치자들의 권한을 옹호하고 그들이 교회의 권리를 침해하는 일에 복종하며 행동하는 것을 방관하는 이기적인 입장을 취했던 자들이었다. 그러므로 그들은 일반적인 입장에 대한 선언과 모호한 원리들을 유지시키는 주장을 가급적이면 피하고자 했던 것이다. 그리고 그 뒤에 진짜 문제가 무엇인지와 그것의 적절한 이득이 무엇인지를 숨기고자 자신들의 꼼수를 부렸던 것이다.

그들 중 예리한 판단력을 지닌 후커(Hooker) 같은 사람은 교회와 국가의 모든 회원들을 한꺼번에 묶어서 말했다. 그리고 교회가 독립적인 기관임을 대체로 부정하였다. 이와 대조적으로 교회가 독립적인 기관임을 어느 정도 인정하면서도 교회가 구별된 정치형태를 가지고 있다는 것, 또는 교회문제에 있어서 하나님의 말씀을 따라 판단을 내릴 독립적인 권리가 있다는 것을 부정한 자들도 있다. 또 공식적으로는 교회가 구별된 정치형태를 가지고 있다는 것을 부정은 하지 않으면서도 이 정치형태가 직무 수행을 할 수 있는 영역을 단축시켜 버린 자들도 있다. 특별히 영적인 것과 교회적인 문제들 사이에 불필요하고 근거가 없는 구별을 설명하거나 변조시키는 일로 말미암아 교회의 법적 권리를 삭감해 버린 것이다. 그러나 더 많은 이들이 국가만능주의 견해야말로 완벽하고 공정한 것이라고 굳게 신봉하면서 일반적인 원리들을 논의하는 것 자체까지도 다 금지시켰다. 그들은 자신들을 상황이 좋지 않거나 반대나 저항을 불러일으킬 위험이 있거나, 시민통치권자가 당시에 발생할 수 있는 개입을 잠시 누그러뜨리거나 교묘히 피해 가게 하는 일에만 몰두하였다.

잉글랜드 교회의 국가만능주의 헌법에는 시민권세와 교회권세 사이의 관계가 어떠해야만 하는지를 성경적인 원리 위에서 분명하게 확정된 것이 없다. 그것은 오직 헨리 8세와 그의 딸 엘리자베스 1세의 임의적인 침탈에 의해서만 결정된 것이었다. 그들이 선정하여 요구하는 것은 무엇이든지 교회가 복종해야 한다는 내용을 담은 그들만의 독자적인 침탈행위로 이루어진 것이었다. 그 결과들은 이것이다. 첫째, 성공회의 신조 제37번째 조항은 왕권에 돌린 최고 우위성을 상당히 애매모호하게 묘사하였다. 그러면서도 교회에 대해 언급한 것에는 통치권자가 교회문제에 있어서 하나님의 말씀에 반대되는 법집행에 대해서 교회가 법적 판단을 취할 수 있는 근거를 우리에게 제공해 준다. 둘째, 감독주의 목사들은 법에 제정된 왕의 교회 수장권을 옹호함에 있어서 시민권세와 교회권세 사이에 존재해야만 하는 관계의 특징이나 조건들과 관련된 질문에 대해서 서로 솔직하고 담대하게 논의해 본 적이 한 번도 없었다. 그 문제에 대한 일반적인 교리적 논쟁도 하지 않았다. 다만 현존하는 사태를 완화시키는 일에 만족했을 뿐이다. 그리고 로마의 감독들이 시민권세자들의 권한을 대폭 삭감시켜 버리기 전에 있었던 기독교 황제들이 유사한 권세를 실행한 사례들을 제시하는 일에 만족하였던 것이다.

4. 교황권지상주의 이론[33]

이제 우리는 교황권지상주의 이론을 다루고자 한다. 이 이론은 지난 수세기 동안 교회 역사 속에서 주목할 만한 위치를 차지한 *교회권력과 국가권력* 사이에 벌어진 투쟁을 이해하는 데 필요한 것이다. 이 이론은 교회와 국가 관계라는 주제에 대한 성경의 원리들을 대적하는 주장으로서 전혀 근거가 없는 것임을 알기 위해서 살펴볼 필요가 있는 이론이다. 그 주장들은 로마교회의 이론이다. 이 혐의는 종종 국가만능주의자에 의해서 장로회주의의 원리에 반하는 것으로 제시된 것이기도 하다. 그것은 여전히 오늘날까지 그들이 선호하는 것 중 하나이다. 나는 교황주의자들에 관한 이론이나 실제에 대한 부분을 제대로 인식하고 다루며 분별하는 것이 필요하다는 것을 보여 주고자 한다. 또한 이 주제는 우리에게 그 교훈에 대한 또 다른 설명을 제공한다. 몇몇 국가만능주의자들이 성경적인 장로회주의 원리가 교황주의자의 원리와 일치된다고 비난한 것은 엘리자베스 1세 여왕의 통치기간 중에 잉글랜드에서 시작된 것으로 보인다. 그 기간에는 국가만능주의 원리에 근거하여 교회의 수장권이 왕에게 있다는 것이 옹호될 수 있었다. 그런데 이 이론은 두 대적자들인 청교도들 또는

---

33) 역자 주) 커닝함은 이 이론을 당시 교황제도 이론(Popish Theory)으로 묘사했지만 사실은 교황권 지상주의(Ultramontanism) 이론을 말한다. 이것은 교회가 국가를 지배한다는 것이다.

장로교도들과 교회주의자들에게 공격을 받게 되었다.

장로교도들과 교황주의자들이 왕의 교회 수장권 문제에 대해서는 동일한 이유를 가지고 반대하고 있다는 것은 분명한 사실이다. 그들은 반대 의사를 지지하고 있으며, 그 근거들 역시 공통적이다. 감독주의자를 옹호하는 자들은 그들의 논지에 대답하기가 쉽지 않다는 것을 알고 있다. 이에 그들은 하나의 정책을 채택했는데, 그것은 이 문제에 대한 진짜 효과를 피하게 하는 것으로서 언제나 국가만능주의자들이 선호하는 것이었다. 그것은 장로교도들과 교황주의자들이 이 주제에 대해서 서로 동의하고 있다는 사실을 강조하면서 자신들을 반대하는 자들에 대한 하나의 편견을 창출하려는 것이었다. 그리고 그들이 붙들고 있는 원칙이 오류임을 보여 주는 증거가 바로 이것이라고 설득하는 것이었다. 물론, 이 주제에 대해서 장로교도들과 교황주의자들 사이에 서로 일치되는 부분이 있는 것이 사실이다. 그리고 그들 양측의 입장에는 판이하게 다른 것이 있다는 것도 사실이다. 특히, 국가권세와 교회권세 사이에 존속되어야만 하는 관계에 대한 일반적인 주제에 대해서 그러하다. 비록 이것이 국가만능주의자들이 교황주의자들과 자신들의 원칙들 사이에는 중립적인 것이 없다는 인식을 은근히 심어 주기를 실질적으로 바라고 있지만 그것은 전혀 *사실이 아니다.*

장로교도들이 교황주의자들과 이 주제에 대해서 합일점을 가지고 있다는 측면에서 고려해 볼 때, 이는 그들의 견해가 하나님의 말씀에 의해서 인준되는 것임을 증명하려는 것을 보증해 보고자 애쓰는 것이다. 이것이 증명될 때, 다른 많은 교리들과 같이 이 부분도 로마가톨릭교회에 의해서 상당한 부분이 부패되고 첨가되었을지라도 성경적으로 증명이 되는 이론을 폐기하는 것은 바람직하지 않다.

우리는 먼저 교황주의자들과 장로교도들 사이에 이 주제에 대해서 서로 동의하고 있는 요점들이 무엇인지를 간략하게 살펴보고자 한다. 그런 다음에는 서로 다른 것이 무엇인지를 다룰 것이다. 서로 동의하고 있는 것들은 본질적으로 모든 국가만능주의자들의 원리들을 반대한다는 입장과 같은 것이다. 예를 들면, 교회가 국가에 예속된다는 이론이 내포하고 있는 것이 무엇이든지 또 그렇게 의도하고 있는 것이 어떤 것이든지, 또는 이전의 이론으로부터 파생되는 것들이 어떤 것이든지 간에 상관없이 모든 것들을 다 반대한다는 입장은 서로 동일하다. 또한 그리스도의 집을 운영함에 있어서 교회적인 문제들을 총괄하는 일에 직간접적으로 판단하거나 통제할 권한이 국가 통치자에게 있다는 것 자체를 다 부정하는 입장은 동일하다. 이것을 근거로 해서 우리는 로마교회와 함께 왕의 교회 수장권, 그리고 이에 내포되어 있는 것들 모두를 다 반대하는 데 의견을 같이한다.

또한 우리가 서로 동의하고 있는 것은 국가만능주의를 반대하는 것이 성경적인 근거들을 내세우고 있다는 점이다. 동의하고 있는 그 내용의 본질은 다음과 같다.

첫째, 비록 성경이 참된 종교와 그리스도의 교회를 조성하고 육성하는 책임을 시민통치자에게 부여하고 있다고 할지라도, 시민통치자가 종교적이고 교회적인 일들을 판단하거나 통제할 수 있는 권한을 산출해 내도 된다는 것을 뜻하는 것은 아니라는 점이다. 예를 들어서, 옛날 장로교도들이 국가만능주의자들을 반대하면서 종종 사용했던 구별점이 있었는데, 그것은 *거룩한 것에 관하여*(circa sacra) 논의하는 권한을 준 것이지 *거룩한 것을*(in sacris) 다루는 권한은 전혀 없다는 것이다.

둘째, 기독교회의 기원과 특성, 제도와 정치에 대한 성경적인 견해들은 교회가 국가에 종속되어 있다는 개념을 필히 또는 명백히 배제시키고 있다는 것이다. 다시 말하면, 국가 통치자가 교회의 문제들을 규정하는 일에 대해서 사법권을 행사한다거나 관여할 권한이 있다는 주장을 철저하게 배제하고 있는 것이다. 의식 있는 자들이라면 이것들이 국가만능주의를 반대하는 성경적인 근거들이라는 사실을 *인정해야만* 한다. 이 주장을 견지함에 있어서 교황주의자들이 장로교도들과 동의하기 때문에 그들의 주장이 명확하다거나 결정적인 것이 되지 못한다고 확언할 수 있는 것이 아니다.

그러나 국가만능주의가 근거로 삼고 있는 것과 성경적인 근거들을 서로 비교 검토할 때, 국가만능주의에 반대하는 것은 단순히 부정적인 논박으로만 볼 수 없다. 그것은 그리스도의 교회의 제도와 정치형태와 관련된 매우 중요한 긍정적인 원리들을 포함하고 있거나 함축하고 있기 때문이다. 삼위일체 교리는 우리와 마찬가지로 로마교회도 언제나 붙들어 온 것인데, 이 주제에 대해서 한 가지 매우 중요한 성경적 진리가 있다고 말하는 것을 결코 두려워해서는 안 된다. 왜냐하면 그로 인해서 파생된 많은 결과들이 있기 때문이다. 즉, 교회는 그리스도에 의해서 설립된 신적 기관이라는 것이다. 그리스도에 의해서 교회는 어떤 세속적이거나 이방인의 통제로부터 전적으로 독립적인 상태에 놓여 있는 것이다. 그리스도께서는 교회 자체의 힘으로 통치되고, 그 모든 기능들이 수행되기 위하여 교회 자체가 충분히 처리할 수 있게 하셨다. 교회가 무엇인지 성경이 진술하고 있는 원리에 근거한 교회론은 우리가 앞에서 때때로 지적했던 것처럼 로마교회로 인해 심하게 부패되었다. 그러나 교회가 붙들고 있는 앞에서 진술한 교리는 단언컨대 성경적인 권위를 지닌 것으로 인정하고 있는 것이다. 그러므로 모든 사람은 그것을 믿을 만한 충분한 근거를 가지고 있음을 믿는 것만이 아니라 그 증거에 따라야만 한다.

교황주의자들과 장로교도들은 교회의 특성과 제도와 관련한 이 교리와 교회문제에 대해 모든 세속적이거나 시민 권세가의 사법적 권위를 거부하게 되는 결론에는 분명하게 서로 동의하고 있다. 교황들이 그것을 지지하는 동기들을 어떻게 유추하고 있든지 간에 장로교도들은 거기에 동의한다고 자신 있게 말하고, 그것은 하나님의 말씀에서 가르치고 있다고 믿으며, 그것이 증명된다고 보기 때문에 그와 같이 하는 것이다. 이미 앞에서 지적한 것처럼 국가만능주의 정책에 따라서 시민권자가 교회문제에 관한 사법적 권한을 지니고 있다는 것을 옹호하거나 지지하는 자들은 그들이 공격당하고 있는 입장과 논리를 성경적인 근거를 바탕으로 확인해 보는 것을 애써 피하고 있는 것이다.

왕의 교회 수장권에 대하여 옹호하는 감독주의자들은 그들 자신들의 견해를 충분히 방어할 만한 구별되고 분명한 입장들을 제시해 주기를 매우 꺼려하고 있음을 드러낸다. 서로 모순적인 면들을 들추어내면서 장로교도들이 교황주의자들을 대적하여 행동하고 있는 것에서 자신들의 원리에 근거를 찾는 것이다. 교회의 초기 역사로부터 사례들을 발굴하여서 시민통치자가 교회적인 문제들에 상당히 많이 개입하였고 통치자들은 자신들의 입장에서 그것을 옹호하였다고 추측하여 말하는 것이다.

칼더우드(Calderwood)[34]는 교황주의자들에 맞서서 언제나 왕의 수장권을 옹호한 입장을 설명해 주고 있다. 그 설명은 매우 탁월하고, 지금까지 그 원리 위에서 행동하고 있는 자들에게도 정확하게 들어맞는다.

---

34) Altare Damascenum, c. i., 27. Ed. 1708.

논쟁적인 글로써 교황주의자들에 대항하여 위계적으로 왕의 수장권에 관해 법적으로 배우고자 하는 자는 어떤 확실한 것도 배울 수 없다. 왜냐하면 그것들은 자기들끼리 검투를 벌이는 것이거나 꼬리를 물려는 것과 같기 때문이다. 실상 이것은 자신의 지팡이를 통해 들과 왕의 대로를 굽게 하려는 어떤 특정인의 예를 논쟁의 법정에 제시하려는 것이다. 그보다는 교회적 사건의 법정을 통해 왕의 위치와 성직위계의 계보에서 모든 왕적인 법의 우선권을 보다 쉽고 분명하게 배울 수 있다.

이것은 왕의 교회 수장권을 방어하는 일을 하든지, 아니면 시민통치권의 교회적인 우위권을 주장할 때 국가만능주의자들이 일반적으로 제시하는 것이다. 반면에 몇몇 교황주의 저자들에게서 우리는 모든 국가만능주의에 반하여 반박할 수 없는 것만이 아니라 그리스도의 교회의 존엄성과 독립성을 옹호함에 있어서 매우 유익한 성경적인 것을 발견한다. 즉, 국가만능주의자들의 천박하고 세속적인 견해들을 설파함에 있어서 언제나 드러나게 되는 것보다 더 고상하고 격이 높은 것을 담아내는 논증들을 발견한다. 그러나 로마교회는 하나님의 말씀의 모든 교리들을 오염시켰고 부패시켰다. 심지어 로마교회가 참 진리에 대하여 고백하는 본질적인 내용들을 담고 있는 것들조차도 부패시켰다. 그렇게 된 것은 법규와 정치형태 및 교회의 예전과 같은 주제들이 지니고 있는 것과 국가와 교회의 권세 사이에 존속해야만 하는 관계에 대한 오류와 부패 때문이다. 로마교회는 사람들의 마음과 양심들을 통제하고 세상의 일을 규정하는 전제주의적 사고를 지니고 있다.

로마교회에서는 시민통치력이 교회 권세에 종속된다는 이론을 고수한다. 이 이론으로부터 사색과 실천에 있어서 수많은 오류와 비행을 저지르게 된 것이다. 장로교도들은 시민법이 교회법에 종속되었다거나 교회법이 시민법에 예속되었다는 이론을 모두 거부하지만, 교황주의자들과 같이 교회의 구별성과 독립성을 내세우는 일에는 입장을 같이한다. 그리고 교회의 영역에 있어서 교회가 우위권을 지니고 있다는 것에도 의견을 함께한다. 장로교도들은 국가만능주의자들이 주장하는 것, 즉 국가도 국가의 영역 안에서 독자적이고 구별되는 우위권이 있다는 것에는 서로 일치되는 입장을 나타낸다. 그 이유는 하나님의 말씀이 그것을 요구하고 있기 때문이다. 한편, 장로교도들이 그 이상 나아가지 아니하는 것은 그것 역시 하나님의 말씀이 금하고 있기 때문이다.

이러한 성경적인 원리를 붙들고 있는 장로교도들은 두 권력 집단 간의 상호 동등하며 종속적인 입장을 늘 드러내는데, 그것은 옳은 것이다. 상호 동등하다는 것은 전적으로 동등한 권력이라는 것을 의미한다. 이는 두 권력 간에 서로 독립적으로 동등한 위치에 있다는 것이다. 이 둘은 각각의 목적과 역할들과 함께 각자의 영역에서 최고 우위에 있다. 권력자 간의 상호 종속적이라는 말은 무엇보다도 둘 다 교회의 회원이라고 한다면, 그 둘은 모두 국가권력에 종속되며 국가의 모든 문제들은 국가권력자에게만 복속된다는 것을 뜻한다. 그리고 교회문제들에게 속한 것은 교회 직분자들에게만 복속된다는 의미이다. 지상의 어떤 군왕이 그것들을 규정할 자격이 있다고 말하는 한, 교회문제는 교회 직분자들에게, 국가적인 문제는 국가 통치자에게만 해당된다는 것을 의미하는 것이다.

둘째로, 더 구체적으로 말한다면 시민통치자가 교회 회원이라면 교회 성도들이 그러한 것처럼 통치자도 교회문제에 있어서 교회 직임자들의 지도하에 놓여 있는 자들이라는 것이다. 이는 교회 지도자들도 일반 시민들이 그러하듯이 국가적인 문제에 있어서 국가 통치자에게 복종해야 함과 같은 이치이다. 이것이 성경적인 장로교 원리이다. 그것은 교황주의자들의 공통된 교리와 명백히 다르고 차별되는 것이다.

교황주의자들도 동의하고 우리가 이미 밝혔듯이 국가만능주의자들은 권위 안에 있는 권위를 트집 잡는 것 외에는 교회가 세속권력에 종속된다는 것에 대한 주장을 내놓지 못하고 있다. 한편, 교황주의자들은 국가권력이 교회권력에 종속되었다는 것을 지지하면서 내세우는 것은 교회권력이 지시하는 목적들이나 방향들이 훨씬 더 높고 고상한 특징을 지니고 있다. 권위문제나 사법권과 관련하여 종속하는 것이 무엇이든지 종속과 반대되는 동등권 차원에서 성경이 명백하게 제시하고 있는 것과는 다르며 전혀 근거가 없는 것이다. 교황주의자들의 주도적인 입장은 찾을 수 없고 그것은 사실도 아니다. 그러나 우리는 이 입장을 가지고 적용하며 그로부터 산출되는 결과들을 가지고서 그 실체가 어떤 것인지를 제일 잘 드러내고 있다. 어쩌면 교회의 권세가 시민권자를 법적으로든지 권세로든지 통제하는 것이 올바르다고 말하는 것이 일반적 입장인지도 모른다.

17세기 초 학문적인 업적이 탁월하고 자유사상가인 갈리안 학파 바클레이(Barclay)가 *교황의 권세에* 관한 논문을 썼다. 이 논문은 추기경 벨라민이 작은 책자로 답변을 할 만큼 정리가 잘 되어 있는 가치 있는 것이다. 바클레이는 자신의 근본적인 견해에 대해 다음과 같이 제시한다. '교회적 권위와 시민적 권위는 하나님의 법에 따라 서로 구분되고 분리된다. 비록 이 둘이 하나님으로부터 나온 것으로 존재하나, 이 양자는 자신의 목적에 의해 타자의 경계를 넘어서는 법적인 권리를 포함하지는 않는다. 그리고 타자의 영역에 대하여는 중립적이다.'[35]

---

35) Potestatem ecclesiasticam, et, quamvis ambæ a Deo sint, utraque suis terminis conclusa in alterius fines invadere suo jure nequeat, neutrique in alteram imperium sit.

벨라민은 이 입장에 대한 원리적인 부분에 대해서는 인정하지만 마지막 구절은 반대하였다. 그 이유는 교권이 시민권을 법적으로 통제할 수 있는 권세를 수행할 수 있다는 권리를 부정하는 것으로 비춰진다는 이유 때문이었다. 그는 바클레이의 입장을 인용하고 나서 다음과 같이 말하였다. '우리는 마지막 문장에서 타자의 영역에 대하여는 중립적이라는 원리와 근거가 완전히 잘못된 것이라고 주장한다. 실제로 만일 누군가 교권과 시민권이 서로 구분된다는 것을 확신한다면, 교회의 권위가 더 고상하고 우월하여 시민적 권위를 지도하거나 수정할 수 있고, 어떤 경우에서는 영적인 목적이나 영원한 생명의 질서에서 그것들을 활용할 수 있을 것이다.'[36]

그렇다면 가톨릭교회가 시민권과 관련하여 교권에 대해서 기술하고 있는 지시를 내리고 바르게 하고 명령할 수 있는 권한을 가지고 있다는 것이 과연 무엇을 의미하겠는가?

첫째, 시민통치권은 종교와 관련된 것을 규정하게 될 때 하나님의 말씀에 의해서 직접적으로 언급하고 있는 것에 의하여 판단한다거나, 무엇이 옳고 그른 것인지에 대해서 그들 자신의 양심의 결정에 따라 규정할 것이 아니라 오직 교회의 결정과 지시에 의해서 판단해야 한다는 것을 뜻한다. 이에 장로교도들은 시민통치자들도 교회 직분자들이 가지고 있는 동일한 양심의 자유를 가지고 있다고 주장한다. 그들도 그들 자신들을 위하여 판단할 자격이 있는 자들이다. 그들 자신들의 행위에 대한 규례와 의무 수행이 하나님의 말씀과 상통하는 것인지를 고려하지 않고 교회의 결정이나 지침들에 의해서 반드시 안내를 받아야 할 의무가 없는 것처럼 자신들이 양심적으로 무엇이 옳고 그른지를 판단할 수 있다고 본다. 물론 그렇다고

---

36) Bellarminus, De potestate summi Pontificis in rebus temporalibus, cap. ii., 38.

해서 종교적인 문제에 대해서 통치자들이나 교회 직분자들이 자신들이 기뻐하는 대로 판단하는 권리가 있다고 말하는 것은 아니다. 그들은 신실하고 양심적으로 믿고 있는 바에 따라 인도함을 받을 수 있을 뿐이다.

하나님의 말씀은 공적으로나 사적으로, 또는 집단적으로나 개별적으로 모든 사람들이 시민권 행사나 교권 문제, 그리고 종교적인 문제나 자신들의 의견을 개진하거나 행동하고자 하는 일에 있어서 최고의 권위를 가진 잣대이자 유일한 표준이다. 모든 문제는 다 성경이 말씀하고 있는 것을 적용해야 한다. 이것은 결코 간과해서는 안 되는 중요한 진리이다. 그러나 장로교도들이 주장하는 것은 이것이다. 즉, 교회 직분자들이 하나님의 말씀에 비춰 보듯이 시민통치자들도 독립적으로 판단할 권한을 동일하게 지니고 있다는 것이다. 그들도 신앙과 행위의 문제에 있어서 그 의미가 무엇인지 그에 따른 행동의무가 무엇인지를 교회 직분자들과 마찬가지로 하나님의 말씀에 근거하여 동일하게 판단할 수 있다는 것이다.

시민통치자들은 종교와 교회와 관련하여 그들이 하는 모든 일에 있어서 하나님께 책임이 있는 자들이라는 것을 느껴야 한다. 하나님의 말씀에 의하여 그들도 행동하고 법을 제정하는 것이 되어야 하는 것이다. 로마교회도 의심의 여지없이 하나님의 말씀에 의해서 지도를 받는다고 주장한다. 그러나 그들은 시민통치자들이 교회의 지도에 종속되어 있다는 견해를 가지고서 개인적인 살펴봄 없이 즉시 교회의 결정이나 칙령들을 확실히 옳은 것이고, 정당한 것이기 때문에 직접적으로나 간접적으로 교회가 내린 것을 따라서 행동하거나 그렇게 하도록 시민통치권을 행사해야 한다고 주장한다. 종교에 속하는 모든 일에 있어서 로마교회는 개개인들의 역량과 사람들의 재량을 통제할 수 있다고 주장하는 것이다. 로마 교황 교회의 교리는 시민통치권자를 단지 교회의 도구 또는 종으로 만들고 있다. 통치권자는 교회가 목적하는 바를 달성하도록 매여 있는 존재일 뿐이다. 교회가 판결한 것을 집행할 뿐이며 교회가 계획한 모든 것들을 달성하도록 모든 일에 예속되어 있는 존재로 보는 것이다.

이에 비해 장로교 교리는 시민통치자들을 하나님께서 세우신 자들로서 하나님의 말씀을 따라서 자신들이 판단할 수 있는 자들로 규정한다. 교회가 교회 자신의 영역 안에서 교회를 위한 주장을 하듯이, 통치권자들도 자신들의 영역 안에서 동일한 최고수위권을 가지고 독립적으로 판단할 양심의 자유를 지닌 자들로 규정한다. 장로교도들은 교황주의자들이 하듯이 시민통치권자들의 양심과 판단을 좌우하는 동일한 권위적 통제권을 내세우고 있다고 종종 비난받아 왔다. 그러나 그러한 비난은 사실 무근이다. 장로교회의 원칙들은 그러한 주장을 하지 않는다. 교회의 그런 권세를 인정하지도 않는다. 그런데 이 주제와 관련하여 특별한 교리와 마찬가지로 교황주의자들의 일반 원리들은 지속적으로 그러한 권한을 내세우며 강압적으로 주장하고 있다. 이 주제에 대한 참된 장로교도의 원리는 길레스피에 의해서 감동적으로 묘사되었다.[37]

교회정치와 권징에 부착된 시민통치권자의 재가는 집권자의 자유롭고 자발적인 행동이다. 즉, 교회 정치는 하나의 법을 강화시킴으로 말미암아 집권자가 도와주고 보조하고 협력하는 필요성에 의한 것이지 그 본질적인 것에서부터(*ex natura rei*) 벗어나는 것은 아니다. 그러나 집권자는 이 부분에 있어서 해도 되고 안 해도 되는 자유로운 자이다. 자신이 하나

---

[37] 역자 주) 조지 길레스피(George Gillespie, 1613-1648)는 스코틀랜드의 언약도 지도자 중 한 사람으로서 런던에서 열린 웨스트민스터 종교회의에서 가장 어린 총대로서 장로회정치가 왜 성경적인 것인지에 대한 주장을 통해 장로회정치원리를 설파한 천재적인 인물이었다. 안타깝게도 35세의 젊은 나이에 세상을 떠났다.

님과 자신의 양심에 비추어서 처신해야 할 존재로서 더 할 수도 있고 덜 할 수도 있다. 그것은 집권자의 호의적인 행동으로 이루어진 축적에 불과한 것이다. 이것의 의미는 집권자의 존재위치에서(*in genere entis*) 하는 것이지 도덕성에 따라(*in genere moris*) 해야 할 의무가 있는 것이 아니라는 것이다. 집정관은 여기에서 지금 시민적 인준을 받아야만 한다. 그렇지 않으면 하지 말아야 한다. 그것은 의무이든지 아니면 죄악이다. 그것은 결코 사소한 것이 아니다. 내 의도가 무엇인지 잘 기억하기 바란다. 집정관은 모든 강요로부터, 실로 모든 필요성과 의무로부터 자유이다. 하나님의 말씀으로부터 발생하는 것 외에 다른 무엇에 그의 양심이 매일 이유가 없다. 지상에서 국가권력이든 영적인 권력이든 그 무엇도 시민통치권자를 강제할 권력은 없다. 집정관 자신이 이 땅에서 교회에 유용하게 하는 행동을 어느 정도 감당하여야 할지는 스스로 판단해야 한다. 장로회주의정치가 집정관의 양심을 강요하거나 강제하는 정치형태라는 비난은 사라져야 한다.[38)]

교황주의자들이 교회권세가 시민권세보다 우위에 있다고 주장하게 되는 두 번째 결론은 교회의 머리로서 교황은 일시적인 것이든 국가적인 일이든 그 모든 것들을 통솔할 권한이나 권세를 가지고 있다는 것이다. 이에 비해 장로교회는 시민 권세나 교회권세나 이 두 권력은 각각으로부터 독립적이고 동등한 권위를 지니고 있으면서 사법적인 판단에서 있어서 상호 협력관계이며, 각각은 자신들의 영역에서만 동일한 권위를 행사할

---

38) 역자 주) 조지 길레스피의 *아론의 싹 난 지팡이*(Aron's Rod blossoming), B. ii., c. iii., 182. 이 책은 웨스트민스터 종교회의 당시 교회 정치를 다루는 분과에서 왜 장로회주의 정치가 성경적인지를 피력한 강의내용을 엮은 책이다.

수 있다는 일반적인 원칙을 철저하게 따른다. 몇몇 교황주의 저자들은 교황을 가리켜 일상적으로 현실적인 일들에 있어서 최고의 권위를 지닌 자로 언급한다. 전 세상, 적어도 기독교계의 모든 일들을 주관하는 주가 되신다고 묘사하기를 마다하지 않는다. 반면에 벨라민과 같은 자들 중에는 교황이 국가적인 일들에 있어서 직접적이고 즉각적인 판단권을 가지고 있다는 것을 부정한다. 그렇지만 그런 문제들에게 있어서 교황은 간접적인 권위를 지니고 있다고 주장한다. 그러한 일들은 종교적인 일들의 진흥을 위하여 영적인 명령 안에서(in ordine ad spiritualia) 언제 어떻게 그가 세속적인 문제들을 개입할 수 있는 것인지는 교황에게 일임하면서 그렇게 실행할 수 있는 권한을 교황의 형편에 맞게 하도록 한 것이다.

국가만능주의자들은 장로교도들이 현실적인 것들을 판단하거나 시민통치권자가 정한 절차들 위에 교황주의자들이 주장하고 있는 유사한 간접적인 권한을 내세운다고 주장하였다. 그러나 그러한 비난은 전적으로 사실무근이다. 장로교도들은 성경에서 시민통치권자들에게 요구하고 있다고 입증되는 것들 외에는 그 어떤 것들도 그들에게 요구하지 않는다. 그렇다고 해서 시민통치권자들이 교회에 예속되어서 성경이 요구하는 것을 수행한다는 것이 아니다. 그들은 하나님의 말씀에 복종해야 할 자로서 임무 수행을 하는 것이다. 장로교도들은 교황주의자들처럼 교회 성도들이 죄를 범한 것에 근거하여 그들의 시민권자로서의 지위나 권위에 영향을 미치게 되었을 때, 교회 권세가 시민통치자들에게 교회적인 권한을 실행할 수 있는 근거가 충분히 있는 것처럼 과대 포장하여 교회 권세에 복종해야 하는 것처럼 주장하지 않는다.

『신앙고백서』에 기술되어 있는 장로교회의 교리에는 "신앙생활을 하지 않거나 종교가 다르다고 해서 그 위정자(통치자)의 정당하고 적법한 권위를 인정치 않거나 순종하지 않아도 되는 것이 아니다."(『신앙고백서』 23장 4항, 역자 주)라고 제시되어 있다. 이 원리에는 교회의 권세와 견줄 수 있는 단계가 아니라든지 교회의 권세가 선언하는 형량과 맞먹는 것을 가할 수 없다는 것을 내포하고 있는 것이 아니다. 도리어 군신관계의 상호 의무들과 관계에 대해서 또는 국가적인 문제에 대해 규정하는 일을 강력하게 말할 수 있다는 권세를 포함하고 있는 것이다. 이에 비해서 로마교회는 시민권세가 교회권세에 종속되었기 때문에 교회 편에서 개입할 권한이 있음을 내포한다. 특별히 교황권은 교회의 머리로서 시민통치권자들의 지위와 권위에 영향을 미치는 교회 권세의 판결을 가할 수 있다는 것이다. 시민법들의 효력성과 국가적인 일들에 대하여 법을 제정하는 일에 교황권의 관여가 있는 것이 정당한 것이라고 주장한다.

셋째로 이 주제에 대해서 장로교회와 다른 입장을 가진 로마교회의 일반적인 원리는 교회의 직분자들을 위한 교황이 주창한 선언이다. 즉, 성직자들은 국가적인 문제들이나 사회적인 일들로 인하여 일상적인 시민 재판석에 소환되지 않는다는 것이다. 다시 말하면, 성직자들의 개개인의 인격이나 재산 문제에 영향을 받게 되는 사법적 제재를 받게 되는 일들을 하지 못하게 한다는 주장이다. 왕의 수장권을 내세우고 있는 국가만능주의자들은 교회는 국가 최고수반인 통치자에게 교회적인 권징을 가할 권리가 없다고 주장한다. 제시하고 있는 근거는 정반대입장이지만 교황주의자들이 추론하고 있는 것은 교회의 사람들(성직자들을 말함, 역자 주)과 교회 재산권 문제들은 사회 법정에 예속되는 대상이 아니라는 것이다. 그들의 문제는 완전히 독립적인 교회의 판결을 받을 뿐이라는 것이다. 우리의 『장로교 신앙고백서』에서는 이 주장, 특히 이 부분을 강력하게 부인한다. 즉, 통치권자의 종교가 다르거나 신앙이 없다고 해서 통치권 행사를 할 수 없는 자가 아니라는 것을 언급한 후에 이어서 덧붙여 "교회의 직책을 맡은 자라고 해서 예외가 아니다."라고 설명한다.

　세상 법정의 판결로부터 교회가 배제된다는 생각은 교황주의자들이 일반적으로 고수하고 있는 원리로서 교회의 자유를 말할 때 늘 내세우는 원리이다. 장로교도들이 다른 모든 개신교도들과 함께 붙들고 있는 것은 배제된다고 하는 자유문제가 그리스도께서 그의 교회 위에 부과한 것이 아니라는 입장이다. 그런 권리를 내세우게 되면 시민통치권자들의 권위와 역할들에 대한 성경적인 입장들과 정면으로 배치되기 때문이다. 약간 더 온건한 교황주의자들은 이 문제를 좀 더 신적인 권리나 성경적인 권위를 내세워 배제시키고자 시도하였다. 그들은 이 특정조항이 시민통치권자가 교회에 만든 합리적이고 적법한 허락으로 묘사했다. 그러나 그들 대다수도 시민통치 권력은 교회권세에 예속되어 있다는 생각을 모두 공유하고 있는 자들이다. 그리고 그 원리는 하나님의 말씀 안에 특별히 직접적으로 근거하고 있는 것이라고 말하는 자들이다. 반면에 장로교도들은 이 문제만이 아니라 다른 문제들에 있어서도 마찬가지로 두 권력이 동등하고도 상호 종속적인 관계임을 굳게 붙들고 있다.

　제임스 왕과 스코틀랜드 교회 사이에 벌어진 논쟁사안에 한두 가지 주목할 만한 사례가 있다는 사실을 짚고 넘어가는 것이 옳다고 본다. 그 사례들 안에는 세상 법정의 판결로부터 교회는 자유롭다는 로마 교황주의자들의 입장을 교회가 주장하는 것처럼 여겨질 요소들이 더러 있었음을 확인할 수 있다. 그러나 이 주장은 확정적으로 단정할 수 있는 것이 아니고 그렇게 볼 여지가 있다고 추정할 뿐이다. 물론 그 논쟁들에서 만들어진 조항들이 조금은 분별없고 정제되지 못한 것들이 있는 것은 사실이다. 이 부분은 앤드류 멜빌의 생애를 쓴 전기 작가 토마스 맥크리에 의해서 충분히 사실 그대로 잘 드러난다.

이 모든 중요한 면들을 다룸에 있어서 사실 여부에 큰 영향을 미치는 것들 중 시민통치권과 교회권세 사이에 존속하는 관계 설정에는 장로교도들과 교황주의자들 사이에는 명백하고 분명한 차이가 존재한다. 통상적인 국가만능주의자들의 입장은 사실 전혀 근거가 없는 원리이다. 그들의 입장을 잘못된 근거에 의해서 편견을 창출하려고 시도한 무분별한 것이었다고 여기는 것은 결코 과장된 표현이 아니다. 그 원리를 가지고는 이 주제를 공정하게 다룰 수 없다.

문제의 핵심은 바로 이것이다. 그리스도께서 가이사의 것은 가이사에게, 하나님의 것은 하나님께 바치라고 하신 것이다. 그런데 국가만능주의자들은 하나님의 것을 가이사에게 바치는 것이 되게 함으로 그리스도의 이 명령을 어긴 것이다. 하나님의 것에 있어서 가이사는 권리가 없다. 그것과 관련하여 순종할 이유가 없는 존재인 것이다. 교황주의자들은 전적으로 가이사에게 속한 권리를 가이사로부터 앗아 감으로 그리스도의 이 명령을 위반한 것이다. 하나님께서 그에게 준 것을 하나님께서 교회에 주신 것처럼 교묘하게 속인 것이다. 물론, 로마교회가 왕의 통치권을 전적으로 인정하지 않는 것이 아니다. 그러나 장로교도들은 그 이름에 걸맞게 그들이 주장하는 것이 무엇인지를 확실히 알고 있는 자들이다. 문자로나 영으로 시민권세와 교회권세 각각이 가지는 고유 권한에 복종하는 자들이다. 각각의 영역에서 그들의 합법적인 판결에 복종하는 것이다. 양심의 유일한 주인으로서 하나님의 최고 권위를 유일한 권위로 충실하게 믿고 따르는 자들이다. 그들은 예수 그리스도께서 교회의 유일한 왕이며 머리임을 굳게 붙들고 있는 자들이다. 그리고 통치권자는 신하들 개개인들과 재산 위에 완전하고 절대적인 통제권을 실행할 수 있는 자들이다.

제14장

스콜라 신학

제14장

스콜라 신학

12세기는 우리들의 관심을 끌기에 충분할 뿐 아니라 신학적 문헌들에 오랫동안 광범위한 영향을 미쳐 온 두 권의 책이 출판되었다. 그중 첫 번째 작품은 스콜라 신학의 기초이자 교과서인 총 4권으로 된 피터 롬바르드(Peter Lombard, 1095-1160)의 『문장론(Libri Quatuor Sententiarum, Four Books of Sentences)』이다. 그리고 두 번째 작품은 로마교회의 교회법(Canon Law, Corpus Juris Canonici)의 근간이 되는 책으로, 법률가인 그라티안이 집필한 『그라티안 칙령(The Decree of Gratian)』이다.[39] 12세기부터 시작해서 종교개혁 시대까지 교회론을 주제로 저술한 모든 저자들은 신학자와 교회 법률가(Canonist), 두 그룹으로 분류된다. 그리고 신학자들은 롬바르드의 4권의 문장론 책들을 주해하고, 교회 법률가들은 그라티안의 칙령을 주해하는 것이 그들의 직무였다. 한편, 그들은 그다음 두 세기 동안 그 작업에 더해 교회법 총람을 제작하였다.

스콜라 신학은 현대 시대의 신학에 주목할 만한 영향을 끼쳤다. 이것은 단지 교황주의자들만이 아니라 개신교도 저자들도 포함된다. 교회법은 언제나 교회법학의 기초였고, 지금도 기초이다. 그러므로 잘 교육받은

---

39) 역자 주) 그라티안 칙령(The Decree of Gratian)은 12세기에 기록되고 편찬된 것이다.

신학자로서의 자질을 갖추기를 원하는 모든 자들은 그것들에 대해서 잘 알고 있어야만 한다. 이에 우리는 먼저 롬바르드의 문장론과 스콜라 신학을 다루고 그다음에 그라티안의 칙령과 교회법을 다루고자 한다.

스콜라 신학의 주도적인 양상 또는 스콜라 학파나 학자들의 신학의 주된 특징은 신학적 주제에 아리스토텔레스의 형이상학과 변증법을 적용하는 것이었다. 혹자는 그 시작을 거슬러 올라가 어거스틴에게서 찾는다. 그러나 이 개념은 그 위대한 어거스틴이 철학적인 사색을 좋아하였고 때로는 불필요할 정도로 거기에 푹 빠져 버렸다는 사실들보다 더 분명한 근거는 없다. 그는 모든 주제들을 정확하고 논리적인 방식으로 논의한 사람이었다. 11세기에 왕성하게 활동한 켄터베리의 대주교 랑프랑(Lanfranc, 1005-1089)은 베렌가리우스(Berengarius, 999-1088)[40]의 적수였다. 그는 어떤 측면에서 보면 스콜라 신학의 시조라고 볼 수 있다. 그는 형이상학적 사색과 논리학적 주장의 형태들을 상당한 정도에 이르기까지 발전시킨 자였기 때문이다. 예를 들면, 첫째는 성찬식에서 그리스도의 임재하심의 특성과 양상과 관련된 주제들을 논의함에 있어서, 그리고 그 이후로는 신학에 있어서 다른 난해한 주제들과 관련된 것들을 다룸에 있어서 그런 업적을 이루었다.

스콜라 신학의 역사는 이를 공식적으로 취급하게 된 학자들에 의하면 세 시기로 구분된다. 랑프랑의 시대로부터 4권으로 된 문장론이 출판되던 시기를 포함하여 1220년경에 왕성하게 활동한 알베르투스 마그네스(Albertus Magnus, 1206-1280)의 시대까지가 그 발아기에 해당된다. 그다음

---

40) 역자 주) 베렌가리우스는 프랑스의 투르(Tours) 출신으로 화체설을 신봉한 사람이었다. 성찬식의 요소 사용을 부정하는 것 때문에 성찬논쟁을 30년 동안 하게 만들어 많은 신학적 발전을 이룬 발판이 되었지만 가톨릭에서 그를 이단으로 간주하였다.

은 알베르투스로부터 1330년대에 왕성하게 활동했던 두란두스(Durandus, 1270-1334) 때까지이다. 이 시기는 롬바르드를 제외하고 토마스 아퀴나스나 보나벤투라 및 요한 던스 스코투스와 같은 대학자들 사이에서 가장 특출 난 명성을 지닌 자들의 이름들이 총망라된 시대였다. 그리고 제3시기는 두란두스로부터 종교개혁의 시기까지 200년 정도 되는 기간이다.

이러한 구분을 통해 신학적 주제들이 일반적으로 다른 시기에서 논의된 양상들과는 다른 차이점들이 분명하게 드러난다고 말하기는 어렵다. 물론 그것은 일반적으로 그 체계의 결함과 악행들이 두 번째 시기에 도달하기까지는 완전히 드러나지 않았다고 말할 수 있다. 또한 세 번째 시기에서조차도 자료적으로 더 나아졌다든지 더 나빠졌다든지 말하기 어려울 정도로 큰 변화는 없었을 뿐 아니라 창의력이나 정확도 측면에서 두 번째 시기에 왕성하게 활동했던 몇몇 사람들과 비교될 만한 인물들은 전혀 낳지 못하였다.

스콜라학파의 일반적인 목적은 조직적이고 체계적으로 기독교 진리의 본질을 밝히 드러내는 것이었다. 그것은 의심의 여지가 없이 가장 중요한 목적이었다. 하나의 학문으로서 신학 공부의 면류관이자 완성도를 높이 달성하는 것이었다. 그들이 통상적으로 추구한 방법론의 큰 허점은 성경적인 진술들의 참된 의미를 확보하고자 그들이 올바른 표준을 받아들이지 않았다는 점이다. 그리고 나서 하나님의 말씀이 담고 있는 진리들을 체계화시키고 강론하고 변호하고자 목적한 것이었다. 그들은 거의 다 현대 신학자들이 신학원리(principium theologiae)라고 말하는 것에 대한 정확한 견해가 부족하였다. 그로 말미암아 신학적 지식으로부터 끄집어내는 의미를 잘 파악하지 못하였고, 신학적인 교리들을 제대로 판단하고 정립할 규범을 지니지 못하게 되었다. 스콜라 신학이 발생하기 전에 하나님의 말씀은 거의 무관심한 상태로 남아 있었고 아무 소용이 없는 것이었다. 그것을 제대로 해석하는 데 필요한 지식은 서구교회에서 거의 보편적으로 부족한 상태에 있었다.

예를 들면, 여러 측면에서 가장 탁월한 신학자라고 말할 수 있고 모든 면에서 가장 영향력 있는 학자였던 토마스 아퀴나스조차도 헬라어나 히브리어에 대해서는 전혀 알지 못하였다. 그들 이전의 오랜 세월 동안 모든 신학적 논의들은 하나님의 말씀을 연구하여 그 의미를 확실하게 밝히는 것을 통해 해결한 것이 아니라 전통과 교부들의 권위 및 교황들과 종교회의의 칙령들에 의존하여 정리한 것이 보편적인 실천사항이었다. 스콜라주의 학자들은 성경에 직접 호소하여 그 정확한 의미를 들춰내는 신학 연구보다 더 나은 방법론을 만드는 일은 전혀 한 것이 없다. 게다가 정반대로 그들은 그 일을 더 타락시켰다고 비난받을 만한 자들이 되었다. 왜냐하면 그들은 전통에 권위를 병합시켜서 인간 이성의 우위성을 강조하는 것과 유사한 이성적인 요소를 가미시켰기 때문이다. 물론 이 요소를 공식적으로 확실하게 소개한 장본인들은 아니었지만 성경에 대한 무지와 근거 없고 가정적인 사색들에 탐닉되어서 어떤 표준에 맞추어 판단하지 않고 자신들의 사고력을 의존하여 판단하게 만드는 경향을 권장한 것이었다.

이것은 스콜라 신학의 또 다른 큰 결함을 낳았다. 그 결함은 대체로 무익하고 무의미한 질문들을 논쟁하게 한 것이었다. 그 논의들은 결정을 내릴 수 없고 실천에 옮길 가치도 없는 것들이었다. 12세기에 두드러진 논쟁들은 정신활동에 대한 상당한 분량이었다. 그리고 그 이후의 두 세기 동안 더 많이 심화되었다. 스콜라 학자들 가운데는 창의력이나 영민성, 그리고 통찰력에 있어서 결코 두드러지지 않은 자들도 있었다. 그러나 그들은 일반적으로 박식한 것도 아니었고 연구의 오류에 관한 원리들을 수용한 자들이었으나 그들의 정신적인 능력들을 잘 발휘할 만한 자료들 역시 턱없이 부족한 상태였던 것이다. 이러한 상황들이 그들 작품들이 가진 주도적인 특징 하나를 산출해 냈다. 즉, 의문시되는 모든 주제에 대해서 끝없는 분류들과 차이점들을 만들어 냈다. 이렇게 해서 확언할 만한 답변을 만들어 내지도 못하면서 자신들의 정신활동력을 왕성하게 제공하려는 교묘한 질문들을 제기하고 실행하는 특징을 낳은 것이다.

롬바르드의 4권으로 된 『문장론』 역시 무익하고 난해한 수많은 논의들을 포함하고 있다. 특별히 삼위일체 교리와 천사들과 관련된 것들이 그러하다. 그 논의들을 보면 논의하는 자가 그 의미를 제대로 이해하고 있는지 의심이 들 정도이다. 더 나아가서 그들이 내린 해결방안을 담아낼 알기 쉬운 표준이나 원리들을 제안할 수 있는 자들인지 아닌지 의심을 살 만한 것들이었다. 그러나 롬바르드는 이 점에 있어서는 그의 후계자들과 비교해 보아도 합리적이고 중용적인 입장을 드러냈다. 스콜라 학자들의 저술들 중 상당 분량은 롬바르드의 4권의 『문장론』에 대한 주해들이다. 그들 대부분은 이 책을 교과서로 사용하였다. 이 주해서들에서 그들은 가장 복잡하고 난해한 수많은 질문들을 쏟아 냈고 동시에 하찮은 설명들을 곁들였다. 그들은 그것들을 고안해 냄에 있어서 정교함과 통찰력을 부각되는 좀 나은 판단력을 기반으로 중요하고 가치 있는 결과들을 낳도록 기여하였던 것이다.

스콜라 신학의 이 같은 양상은 다양한 질문들에 대해서 정의를 내리며 확실한 답변을 주든 주지 못하든 간에 일단 입장을 정리하게 한다는 차원에서 우리는 매우 신중하게 다루어야 한다는 중요성과 필요성을 마음 깊이 각인하게 된다. 실로 우리에게 어떤 질문이 주어질 때 그 자체를 제안

하는 첫 번째 질의자는 그것을 다룰 만한 표준이 거기에 있는지 아닌지, 이 방식으로든 저 방식으로든 결정을 짓게 하는 가용할 만한 자료들이 있는지를 살펴본다. 스콜라 학자들은 알려지고 결정될 수 있는 것과 그럴수 없는 것들 사이의 한계선을 제정하는 문제에 대해서 왈가왈부한 적이없었다. 그들의 통상적인 실천에 대해서 그들은 전적으로 무시하였던 것이다. 나는 성경이 신학자들 사이에서 논의되어진 것들, 그것들이 교리적인 것이든 실천적인 것이든 그 모든 문제들에 대해서 결정하게 하는 눈에띄는 자료들보다 더 많은 것을 지니고 있다고 믿는다. 성경말씀은 그 어떤 것들보다도 우리 발에 빛이요 우리 길에 등이 되기에 매우 적합한 것이기 때문이다.

신학자들 사이에서 논쟁이 된 많은 질문들은 비록 성경적인 주제들과연관이 되어 있을지라도 하나님의 말씀이 그 문제들을 결정하게 하는 자료들을 전혀 제공하지 않는다고 믿었다는 것은 분명하다. 신학적인 문서들의 발간 역사 속에서 이러한 질문들이 쏟아져 나와서 열정적으로 논의되고 불 튀기는 공방이 벌어졌음에도 스콜라 신학이 지배하는 그 기간 동안에 다뤄진 것 중에는 그 어떤 것들도 성경적인 답변을 찾을 수 있었다고믿었던 시기는 전혀 없었다. 신학에 있어서 더욱 분명하고 중요한 주제들과 관련해서 그들은 교부들의 권위 위에 안주했고 고대 저술들 가운데서찾아지는 오류와 부패의 요소들을 더욱 완벽하게 증진시켜 나갔다. 그러고서는 그들은 그 위에서 어떤 유용한 활용도 할 수도 없는 논의들을 끝없이 이어 갔다. 거기에 어떤 확실하고도 만족할 만한 답을 결코 끄집어낼수 없는 것을 고안해 내기에 혈안이 되어 있었던 것이다.

그들은 올바른 연구 방법을 수용하지 않은 것처럼 신학적인 질문들을결정할 올바른 규칙이나 표준을 전혀 채용하지도 않았다. 그들은 명확하거나 확실한 해결점을 내릴 수 없는 무익한 질문들을 가지고 추론적 사색들을 즐긴 자들이다. 분명한 것은 그들의 신학적 저술들이 가장 고상하고 *가장 직접적*으로 가치가 있는 것들로 저술된 내용들은 거의 없었다는 것이다. 즉, 확고한 기초 위에서 성경적인 진리들을 확립하였다거나 만족할 만한 논박에 의해서 비성경적인 오류들을 밝혀낸 작품들은 거의 없었다. 그러나 그것들이 지금 신학을 공부하는 일에 전혀 가치가 없다고 단언하거나 그것들을 전적으로 무시해서는 아니 된다. 그것들 중 몇 가지는 중요한 교훈들을 간접적으로 가르쳐 주고 설명해 주기에 적합하고, 특히 몇몇 실천적인 오류들을 저지르지 못하도록 방어해 주기 때문이다.

스콜라 신학은 신학이라는 학문 역사에서 중요한 한 시기를 형성하고 있고, 그 자체가 몇몇 유용한 교훈을 제공하고 있음을 증명한다. 비록 그것들을 사용하고 적용시키는 데 있어서 크게 왜곡한 것은 틀림없지만 매우 초자연적인 정신적 능력들(mental powers)이 신학적인 주제들을 연구하는 데 잘 응용되었다. 어떤 상황에서든지 훌륭한 지적 능력이 모든 참된 학문 연구 분야에서 크게 활용된다. 그렇기 때문에 그들이 생산한 결과물들로부터 배울 수 있는 유용한 교훈들이 존재하는 것이다. 그러나 스콜라 신학에 대한 몇 가지 지식의 모호하고 확실하지 않은 이점들 말고도 더 직접적이고 광대한 유형의 다른 이점들이 있다. 스콜라 학자들은 진리를 확립하는 일이나 만족스러운 방식으로 또는 결정적인 방식으로 오류를 들춰내는 일은 거의 하지 않았지만, 그들은 신학적 주제들을 논의하는 방식이나 태도에 크나큰 영향을 미쳤다. 그들의 독특한 방식의 많은 것들이 신학의 교리들을 설명하거나 방어하는 일에 엄청 유용한 것이었기 때문에 현대 신학자들도 자신들의 목적을 달성하기 위하여 매우 효과적으로 폭넓게 활용할 수 있었다. 학식 있는 사람들이 고대 저자들이 저술한 고전을 잘 알고 왜 연구해야 할 필요가 있는지에 대한 설명은 이 문제를 고려하는 것을 통해 충분히 증명되고도 남는다. 그것들이 모든 현대 국가들의 문헌에 강력한 영향을 미쳤다고 주장하지 않을 수 없다. 우리는(특히 서구학문 세계에서는, 역자 주) 그리스도와 로마의 저자들을 잘 알지 못하고서 우리 시대의 문헌을 온전히 이해하고 평가할 수 없다. 그것은 불가능하다. 이와 마찬가지로 스콜라 학자들의 저술들 역시 신학적 논지들을 논의함에 있어서 상당한 영향을 끼쳤기 때문에 그들에 대한 지식은 매우 유용하다. 그것이 절대적으로 필요한 것은 아닐지라도 조직신학을 쓴 현대 저자들에 대한 포괄적인 이해나 평가를 제대로 하기 위해 필수적이다.

누구나 위대한 종교개혁 시기 이전의 교회 상태에 대해 아는 것이 유용하다고 생각한다. 지금 스콜라 신학자들의 저작들은 기독교 교리가 일반적으로 교회 안에서 가장 중요한 모습을 지니고 있음을 잘 드러내 준다. 그러한 사실은 하나님에 의해서 세움을 입은 개혁자들을 통해 충분히 입증된다. 스콜라 신학은 역사적 전개 과정에서 종교개혁 신학보다 앞서 존재한 것이었다. 전자는 후자에 막강한 영향력을 발휘하였다. 개혁자들의 저술들은 스콜라 학자들이 교황주의 제도의 아성으로 간주하는 신학적 오류들과 결함들을 세세히 들춰냈다. 그 사실 자체가 스콜라 학자들의 작품들에 대해서 상당한 지식을 소유하고 있음을 나타내는 것이다. 종교개혁자들은 복잡하고 난해한 논의들을 일반적으로 피해 갔기 때문에 스콜라 학자들의 구분들과 문구들을 그렇게 많이 언급하지 않았다. 그러나 그 이후 시대에서 개신교 신학자들 사이에 상당히 어려운 문제들에 대해서 갑론을박이 일어났을 때, 이 주제들이 행여나 스콜라 학자들 사이에서 논의된 것은 아닌지를 찾아내는 것은 필요했었다. 그리하여 스콜라주의적인 구분들과 문구들을 들여다본 것이다. 그것들은 상당한 문제들에 많은 조명을 주기에 적합한 것들이 되었다. 만일 스콜라 학자들의 구분들과 문구들을 들여다보지 않았더라면, 제기된 문제들은 해결되지 못한 채 더 어둡고 더 당혹스러운 상태로 남게 되었을 것이다.

스콜라 신학에 익숙한 현대 신학자들의 저술들을 읽어 보면, 그들의 정의와 구분들도 모호하고 난해한 주제들에 사용된 사실에 놀라지 않을 수 없다. 스콜라의 학문적 자료들을 사용하고 적용하여 논의를 할 때, 명확한 구분과 문구들이 있었다면 현대적인 논쟁에서도 온전하고 쉽게 이해할 수 있었을 것이다. 우리가 어려움을 느끼는 것 역시 스콜라 학문에 대해서 온전치 못한 지식 때문이다. 예를 들면, 매우 가치 있는 책을 쓴 튜레틴의 체계(Turretine's System)를 살펴보자. 이 위대한 작품을 사용하는 데 우리는 종종 어려움을 만나게 된다. 무엇보다 그 책의 설명을 온전히 이해하는 데 어려움을 느낀다. 그 이유는 스콜라적 구분들과 문구들에 대한 무지 또는 불완전한 지식 때문이다. 그러나 스콜라 학문에 대해서 잘 알고 있는 독자들은 튜레틴의 손에서 난해하고 복잡한 주제들에 대해 바른 진리를 끌어내는 일에 그것들이 매우 유용하게 사용되었다는 것을 분명하게 깨닫게 될 것이다. 특히 반대진영의 논리를 척결하는 일에 매우 유용하게 쓰였음을 알게 될 것이다. 이러한 현상이 스콜라 신학을 공부하는 것이 가치 있다는 것을 뒷받침할 만한 충분한 근거가 된다. 적어도 그들이 사용한 구분들과 문구들에 대한 지식을 가지는 것은 유익한 것임을 증명하는 것이 된다.

그러나 신학적 주제들을 논의함에 있어서 스콜라 학파의 방법론과 관련한 이러한 관찰은 그들이 입은 옷이나 외관에 치우친 것에 불과하다. 그래서 이제는 그들이 일반적으로 가르친 교리의 본질과 관련하여 몇 마디 언급하고자 한다. 스콜라 학자들은 일반적으로 로마교회에 충실한 헌

신자들이었다. 그들은 로마교회가 단번에 얻은 믿음의 견고한 교리로부터 엄청나게 이탈해 버린 시기에 활동했던 자들이었다. 결과적으로 볼 때, 기독교의 가장 주요한 교리들에 대한 그들의 교리적 입장은 본질적으로 교황주의적이었다. 아직까지 교황제의 오류들을 대항한 유용한 증언을 해 주는 것으로 간주되는 가르침들이 그들 가운데 보존되어 있다. 그것들 중 가장 우선되고 중요한 것은 이것이다. 우선, 많은 것들은 어거스틴의 권위를 깊이 신뢰하고 있는 것이다. 대체로 그들은 어거스틴이 가르친 교리적 체계를 따르고 있다. 물론 이것은 몇몇 부분에 있어서 아리스토텔레스의 철학적 사고를 주입함으로 말미암아 성경적 진리의 단순성을 부패시킨 면이 존재하는 것은 안타깝지만 일반적으로 은혜의 교리 체계 위에 바르게 보존되었다.

우리는 이미 앞에서 어거스틴의 작품들이 교회론에 가장 막강한 영향을 끼쳤다고 언급한 바 있다. 천 년 동안 서구교회에 등장한 정통신앙과 경건성에 상당한 영향을 발휘한 것들을 추적해 보면 다 직접적으로 그의 사역과 작품들에 기인한 것이었음을 알 수 있다. 그는 교부들 중에 스콜라 학자들의 기발한 논증적 사고 체계에 딱 들어맞는 작품들을 남긴 유일한 사람이었다. 스콜라 학자들 중 상당수가 그의 신적 진리 체계의 주도적인 견해를 다 수용하였고 옹호하였다. 이것은 그들에게 정말 잘된 일이었고 교회에도 매우 잘된 것이었다. 왜냐하면 스콜라 학문의 시대에서조차도 하나님의 말씀의 교리들인 어거스틴의 교리들이 죄인들의 회심을 일으킴에 있어서 하나님의 성령에 의하여 사용된 도구들이었다고 믿지 않을 수 없기 때문이다. 로마교회는 어거스틴의 권위를 공경한다고 늘 고백하고 있다. 그러면서도 로마교회의 저자들의 실천적인 가르침의 일반적 흐름은 여전히 펠라기우스 체계를 드러내고 있다. 어쨌든 이 문제를 고려할 때 스콜라 학자 지도자들의 권위는 그에 반하는 것으로 예증될 수 있다. 그리고 개신교 그룹들에 의해서 붙들고 있는 주된 진리들을 지지하는 일에 그들의 주장을 예증할 수 있다.

우리는 스콜라 학자들의 글과 가르침이 로마교회를 대적하는 증인들과 권위들로 사용할 수 있도록 힘 있게 하는 두 가지 다른 요소들이 있음을 언급하지 않을 수 없다.[41] 그중 첫째는 개신교도들과 교황주의자들 사이에 몇 가지 논쟁적인 요점들이다. 현대 교황주의자들은 자신들의 교회론을 설명하기 매우 꺼리거나 매우 당혹스럽고 모호한 입장을 보이는 논쟁점들이 있는 것이다. 그런데 스콜라 학자들은 그 부분에 대해서 아주 명확하고 분명하게 설명해 준다. 이는 현대 교황주의자들이 단순히 논쟁적인 목적들을 위하여 내세운 완화시키고 개정한 논리를 제공하고 있다는 것을 보여 주는 것이다. 스콜라 학자들은 토마스 아퀴나스와 로마교회의 헌법체계를 세운 몇몇 다른 사람들 모두가 대체로 형상들이 정확하게 예표하고 있는 그 모습 그대로 공경하고 숭배하는 것이어야 한다고 가르쳤다. 물론 그리스도의 형상들은 하나님께 해야 할 최고의 경배와 같은 예전(latria)으로 그리스도로서 숭배하고, 동정녀 마리아는 우월한 숭배의식(hyperdulia)으로, 성인들은 하등의 숭배의식(dulia)으로 섬겨져야 한다고 가르쳤다.

그들은 권위 있는 교회적인 검증 없이 이 원칙을 자신들의 교회론이라고 공개적으로 천명하고 가르쳤다. 그리하여 사람들이 그것을 기정사실로 받아들이고 믿게 된 것이다. 그것은 의심할 여지가 없지만 벨라민이 말한 것과 같이 제2차 니케아 종교회의의 결정과는 모순되는 것이다. 로

---

41) 보에티우스가 쓴 〈스콜라 신학〉을 보라(Select. Disput., vol. i., Disp. ii., 27.)

마교회는 이 종교회의의 결정사항들이 무오한 것으로 간주하고 있으면서도 그 원칙을 받아들인 것이다. 이 모든 것은 벨라민과 다른 교황주의 논객들 모두를 당혹스럽게 하는 것으로 증명되었다.[42]

우리가 언급한 또 다른 요소는 반대되는 측면이 있기는 하지만 그 자체로도 동일하게 사실이며, 우리가 언급한 그 반대 입장과도 동일하게 관련이 있는 것이다. 그것은 스콜라 학자들의 저서들이 분명하게 제시하고 있는 것에는 트렌트 교회회의에 의해서 확립된 현대 교황제의 교리들이 있다는 것이다. 12세기나 13세기 및 14세기 동안에도 일반적으로 붙들고 있지 않았던 그것들에게 로마교회가 매여 버리게 되었다는 사실이다. 그 증거는 개신교 논객들에 의해서 특별히 다양하게 지적되었다. 그것은 교황제를 옹호하는 개신교 대적자들을 특별히 곤욕스럽게 한 것이었지만 여기서 그 내용을 상세히 언급할 수는 없다. 교황제가 점진적으로 형성되었다는 것만큼 분명한 것은 아무것도 없다. 그리고 종교개혁 때까지 또는 트렌트 교회회의 때까지는 결코 완성된 제도가 아니라는 것이 분명하다. 이것은 이 전에 세균이나 배아 상태에 있던 것들로부터 정당하게 발전시킨 것이 아니다. 단지 하나님의 말씀에 의해서 인준되지 아니한 고안물이나 첨가물에 불과한 것이다. 그리고 이것은 특별한 설명들과도 반대되는 것이고 일반적인 정신과도 어긋나는 조항들이다. 스콜라 학자들의 저서들은 개신교도들에게 이 중요한 입장을 확립하는 일에 매우 가치 있는 자료들을 제공해 준 것이었다.

저서들을 남긴 스콜라 학자들 가운데서 특별한 기회가 없고 가장 풍부한 여가를 가진 사람들이 어떤 친분을 쌓을 가능성이 있는 작품을 쓴 유일

---

42) Bellarm., tom. ii., 828-30.

한 사람들은 피터 롬바르드와 토마스 아퀴나스이다. 전자는 12세기에 활약하였고 후자는 13세기에 활약한 자들이다. 롬바르드의 4권의 『문장론』은 앞에서 설명한 것처럼 스콜라 신학의 교과서이자 기초를 만든 것이었다. 그리고 그 자신은 스콜라 학자들 사이에 문장론의 대가 또는 단순히 대가(Master)로 알려진 인물이었다. 4권의 『문장론』을 준비하는 가운데 그의 일반적인 목적은 교회에 의해서 일반적으로 견지하고 있는 기독교 교리의 총 요약을 선사하는 것이었다. 그는 이를 확립하고자 교부들의 글들, 특별히 어거스틴의 글을 많이 활용하였다. 이것 때문에 그는 스콜라 학자들 대부분으로부터 그의 『문장론』을 주해하게 만드는 일에 매우 성공을 거둔 인물로 평가되고 있는 것이다. 그러나 그의 작품이 상당한 분량을 차지한 편집이었음에도 불구하고 그의 견해들은 보편적으로 수용된 것이 아니었다. 그것은 그의 『문장론』을 인용한 후에 설명을 곁들인 수많은 주해자들 가운데서 쉽게 확인할 수 있다. 그러나 그는 대가의 글에 전혀 매이지 않았다. 그리고 그의 저서는 다루기 쉬운 분량이다. 그 책 안에 있는 각각의 주제들의 배열은 우리가 현대 조직 신학 책에서 발견되는 내용들과 매우 유사하다. 제1권은 하나님과 그의 속성들 및 특별히 신격 안에 있는 삼위 위격에 대해서, 제2권은 창조의 일 특히 천사들과 사람을 창조한 것을 다루었다. 제3권은 그리스도의 위격과 사역을 주제로 삼았는데, 그리스도의 사역 부분은 매우 간략하고 불충분한 것이다. 그리고 도덕적 의무의 표준과 규범들도 포함하였다. 마지막 제4권은 성례와 교회의 정치 문제에 대해 다루었다.

이러한 구성은 칼빈의 『기독교 강요』에서 채택된 것과 매우 다르지 않다. 다른 점들이 있다면 칼빈이 그의 첫 번째 책에서 "창조자 하나님에 관한 지식(De cognitione Dei Creatoris)"이라는 제목으로 하나로 묶어 편찬한 것에 비해 롬바르드는 그것을 둘로 나눈 것이었다. 그리고 그는 칼빈이 3권에서 "우리가 그리스도의 은혜를 아는 길에 관하여(De modo percipiendæ Christi gratiæ)"라는 제목으로 중요한 주제들을 상당히 많이 다룬 것에 비해 롬바르드는 성례라는 주제 속에 포함시켜 매우 형식적인 방식으로 지나가고 말았다.

앞서 어거스틴의 견해를 설명하면서 지적했던 바와 같이 롬바르드는 어거스틴의 견해들을 바르게 이해한 자가 아니었음을 밝히지 않을 수 없다. 그는 칭의에 관한 주제를 거의 다루지 않았고, 칭의의 근거이자 도구로서의 믿음이 그리스도의 사역과 연결되어 있음을 말하지 않았다. 스콜라 신학에 대해 가혹한 악평을 한 루터는 롬바르드 작품의 장점과 유용성을 인정하는 한편, 그의 작품의 주된 결함을 다음과 같이 지적하였다.

> 롬바르드는 교부들 중에서 가장 근면한 자였고 최고로 뛰어난 인물이었다. 그의 『문장론』에서 드러나듯이 교부들 중 어느 누구도 이 부분에서 그를 능가할 자는 없을 것이다. 그러나 교부들과 교회회의 글에서 그는 신앙조항들을 많이 언급하고 있지만 하나님의 은혜로 말미암는 믿음과 칭의에 대한 언급은 매우 빈약하다.[43]

롬바르드에 대한 이야기를 마치기 전에, 그의 저서에는 늦은 후기에 이르기까지 교회가 일반적으로 붙들어 온 장로회 원리들을 농후하게 드러내는 강력한 증언을 제대로 담고 있다는 사실을 언급하는 것이 적절하다고 판단된다. 롬바르드는 교황주의자들의 일반적인 개념에 따라서 성

---

43) Buddæi Isagoge, vol. ii., 361. Lipsiæ, 1727.

직자의 일곱 가지 서열을 언급한 후에 매우 주목할 만한 진술을 다음과 같이 덧붙였다. '그들 모두는 다 영적이고 거룩한 직분자들로서 탁월한 두 개의 교회직임이 신성한 규범이라고 부른다. 집사와 장로는 초대교회에서 선출되어 있었음이 분명하고 그것들만이 사도들의 명령이었다.'[44]

토마스 아퀴나스는 어떤 측면에서 롬바르드가 신학 연구에 영향을 끼친 것보다 더 큰 영향을 미친 학자로 간주된다. 아퀴나스는 그보다 더 재능이 뛰어났으며, 그 자신의 논의들과 사색들에서 더 광범위한 영역을 다루었다. 그리고 교황주의 저자들에 의해서 더 많이 추종된 인물이었음이 분명하다. 심지어 오늘날까지도 비록 그가 진리에서 가장 멀리 떨어져 있을 때 그의 권위가 그들에게 가장 큰 무게를 가진다지만 교황주의자들의 조직신학에서 성 토마스는 신의 계시로서 자주 언급되고 있다. 그의 주된 작품은 『신학대전(Summa Theologia)』이다. 롬바르드의 『문장론』에 대한 주해를 작성한 스콜라 학자들을 '문장론추종자'들이라고 불렀던 것처럼 아퀴나스의 저서에 대한 주해를 쓴 적잖은 무리들을 '쑤미스테(Sumistæ)'로 불렀다.

한편, 과거에 이 『신학대전』이 진짜 아퀴나스의 저작이냐 아니냐에 대한 논쟁이 제기된 바 있었는데, 그 진위를 의심할 만한 충분한 이유는 없는 것으로 보인다. 롬바르드의 저작과 같이 아퀴나스의 작품도 신학 체계를 다룬다. 이 책은 세 부분으로 나뉘는데, 첫째 부분에서는 신학의 특성, 하나님과 그의 속성들에 관하여 그리고 삼위일체에 관하여 다루고 있다. 둘째 부분은 일반적으로 도덕 신학이라 하는 것을 취급하고 있는데, 이

---

44) Lombard, lib. iv., Dist. 24. Cumque omnes spirituales sint et sacri, excellenter tamen canones duos tantum sacros ordines appellari censent. Diaconatus scilicet et presbyteratus, quia hos solos primitiva ecclesia legitur habuisse, et de his solos præceptum Apostoli habemus.

는 두 부분으로 나누었다. 하나는 기독교 도덕성에서 제기되는 많은 문제들을 논의한 것이며 다른 하나는 특별히 덕목들과 악한 것들을 다루었다. 이것들은 보통 우선적인 것(Prima secundæ)과 부차적인 것(secunda secundæ)으로 구분 지어 인용하였다. 셋째 부분은 참된 덕목을 획득하는 수단들에 대해 다루었다. 이 일반적인 제목 하에서 그리스도의 위격과 사역, 성례를 포함시켰는데, 이 부분에 대해서 아퀴나스는 아주 온전히 세밀하게 언급하였다. 그리고 그는 여기에서 교회의 정치를 다루었다.

아퀴나스는 어거스틴을 따르는 자였다. 그의 작품들은 은혜의 교리를 설명하고 방어하는 일에 있어서 몇 가지 건전하고 중요한 문제들을 포함하였다. 물론 그는 어거스틴이 한 것보다 성례 원리에 타락한 영향력을 더 많이 발휘한 자였지만 어거스틴 계파의 사람이었다. 성례에 대한 로마 교회의 교리는 은혜의 교리를 왜곡시킴으로써 지금은 엄청 더 부패한 것으로 발전하였다. 어거스틴주의는 개인적인 경건이 매우 저조한 상태에 있는 시기에는 보편적으로 수용될 수 있는 것으로 여겨지지 않는다. 따라서 존 던스 스코투스는 아퀴나스에 반대하는 입장에 섰다. 그리고 펠라기안들이나 알미니안 편에 의지했다. 그는 이 부분에서 상당히 많은 스콜라 학자들을 추종하였다. 토미스트들과 스코티스트들[45] 사이의 논쟁들은 신학적인 문제들을 고려할 때 주로 어거스틴 체계의 원리와 다 연계되어 있는 것들이다. 그리고 그것들은 로마교회 안에서 도미니칸 수도회와 프란시스칸 수도회, 잔센파와 제수잇파 사이에서 벌어진 논쟁 이후의 그 요점들에 대한 논의까지 포함한다. 그리고 개신교도들 가운데 칼빈주의자들과 알미니안들과 사이에 벌어진 논점들도 포함한다.

---

45) 역자 주) 토마스 아퀴나스를 따르는 자들과 존 던스 스코투스를 추종하는 자들을 구분하여 사용되는 용어이다.

이 위대한 논쟁의 마지막은 하나님을 대적하는 육적인 생각을 다루었다. 그것은 하나님과 사람 사이의 논쟁 맨 밑바닥에 놓여 있는 것이기 때문이다. 아퀴나스의 저작은 이런 차원에서 유용한 자료들을 제공한다. 그러나 다만 대적자들의 반대질문들에 대답하는 일이 철학적이거나 형이상학적인 관점에 기초하고 있는 것을 제외하고는 하나님의 말씀으로부터 그 진리를 확립하는 문제에 있어서 그다지 유용하지 않다. 그러나 하나님 말씀의 명백한 진술들 안에서 즉각적으로 명백하게 제시되는 교리의 체계를 확정하고 방어하는 부분에 일말의 기여를 하고 있다고 말할 수 있다. 그리고 중생하지 못한 자들의 자만심의 적대감과 반대를 불러일으키는 것일지라도 그것은 건전한 철학의 지시에 전적으로 일치된다.[46]

신학 분야에서 몇 년 전에 이 주제와 관련된 매우 큰 흥미를 불러일으킨 작업이 하나 있었다. 그것은 햄덴(Hampden) 박사의 밤톤 강좌(Bamton Lectures)이다. 그의 강의 제목은 '기독교 신학과 관련된 스콜라 철학(The Scholastic Philosophy, considered in its relation to Christian Theology)'이었다. 이 강의는 의심의 여지없이 저자의 학문과 재능에 기인하여 높이 인정받는 것이었다. 그것은 몇몇 유용하고 중요한 목적들을 섬기기에 적합한 것이었다. 그러나 그것은 옥스퍼드 운동의 이단에 반대하는 것으로 잘 알려진 햄덴 박사의 열정에 반발하는 분노로 인해 영향을 받은 사람들이 제기한 혐의들에는 충분한 근거를 제공해 주는 것은 아니다. 그러므로 이 강좌는 매우 신중하고 조심스럽게 읽어야 한다고 생각한다. 왜냐하면 이것이 아직 미성숙하고 경험이 부족한 신학자들의 마음에 건전치 못하고 해로운 영향을 미치는 것이기 때문이다. 그리고 복음적 진리의 원수들의 손에 자

---

46) 에라스무스와 다른 사람들이 쓴 아퀴나스의 특성들을 위하여 Buddæi Isagoge, Tom. i., 364를 보라.

료들로 사용하도록 쉽게 쥐어 주기 때문이다.

이 강좌의 주된 목적은 스콜라 학자들의 철학적이고 신학적인 사색들이 현대의 학자들의 신학적 견해에 어떻게 영향을 미쳤는지를 설명하는 것이었다. 그는 현대 신학자들의 견해에서 사용되고 있는 언어와 문구들에게 어떤 영향을 끼쳤는지를 설명하고자 했다. 이 흥미로운 사실을 발전시켜 나감에 있어서 햄덴 박사는 아주 정교하고 참되고 유용한 것들을 상당히 많이 소개하였다. 그러나 동시에 그 주제에 대해 설명하는 몇몇 방식은 이 문제에 대해서 아는 것이 하나도 없는 사람들이 기독교 신앙을 강론하는 특별한 형식과 그것들을 구현하는 언어만이 아니라 교리의 본질적인 문제들을 탐구함에 있어서 보다 높은 자료를 확인하게 하는 것보다 중세 시대의 스콜라 학자들의 사색들을 들여다보도록 이끌 가능성이 매우 농후하다.

물론 이것이 그 저자의 의도였다고 주장할 만한 근거는 없다. 그렇지만 그것은 그가 제공하고 있는 자료들이 그런 방식으로 사용될 가능성을 충분히 지니고 있다. 그 자료들에 대한 적용은 기독교 신학에서 건전한 견해의 중요성에 대해 깊은 인상을 받은 사람들로부터 기대되는 신중한 작업함을 보호해 주는 것이 되지 않음이 분명하다. 이와 같은 결함은 그의 두 번째 판 서두에 붙여진 정교한 서문에 그대로 나타난다. 앞에서 제기한 위험을 증폭시키는 경향이 그대로 드러나고 있는 것이 또 하나의 결함이라고 볼 수 있다. 즉, 그 강좌는 스콜라 신학 연구로부터 성경의 참된 교리를 설명하고 방어하는 일에서 끄집어낼 수 있는 유익들을 지적하는 방식에는 아무것도 포함하고 있지 않다.

제15장

교회법령

제15장
교회법령

스콜라 신학의 기초가 된 롬바르드의 4권의 『문장론』이 출판된 12세기 중반 즈음에 그라티안(Gratian, 1130-1160)은 그의 칙령(Decretum)인 『조화되지 않은 교회법의 융화(Concordia Discordantium Canonum)』를 출판하였다. 로마교회의 교회헌법의 기초였던 이 책은 오랜 기간 동안 연구하여 왔고 사람들의 이목을 사로잡았다. 그렇기 때문에 교회의 상황과 신학적인 문헌들의 일반적인 양상에 적지 않은 영향을 미친 것이었다고 주장하지 않을 수 없다. 그라티안의 책이 출판되기 훨씬 이전에도 교회법리학을 다룬 교회법령에 관한 책은 여러 권 존재했다. 그것들 중에 가장 잘 알려진 것은 『아프리카 교회법전(Codex Canonum Ecclesiæ Africanæ)』과 『보편교회의 법전(Codex Canonum Ecclesiæ Universalis)』이다. 이 둘은 제5세기에 편집된 것이었고 이전의 교회회의에서 결의한 권징 문제들에 대한 교회법조항들을 체계화한 것들이었다. 거기에 새로운 교회법령들이 제정될 때마다 첨가되곤 했다. 특별히 7세기 말에 투를로(Trullo)에서 개최된 종교회의, 퀸-섹스틴 공회(Quin-Sextine Council) 이후에 이전 교회법령들이 인준되었고, 그 자체의 좋은 법령들을 상당히 많이 통과시켰다.

교황권의 전개과정은 실질적으로 교회법령의 원리들과 실천사항들을 변형시켰다. 그리고 그 모든 것들이 필요한 것이 되게 하였으며 수많은 교회법령들을 산출해 냈다. 그로 인해 공식적인 교회 규례들은 비교적 적게 만들어졌다. 그레고리 7세가 교황직에 있을 11세기 후반부에 와서야 진정한 교황직 원리들이 온전히 개진되었다고 볼 수 있다. 그 원리들은 로마교회가 그 원리들을 제정할 막강한 힘을 가지고 있을 때 만들어진 것들이라고 말할 수 있다. 그리고 로마교회가 그것들을 숨길만한 이유가 전혀 없을 때 공포한 것들이었다.

일반적으로 위조된 거짓 법령집으로 알려진 『이시도리안 칙령집(The Pseudo-Isidorian)』은 초기 교황들의 이름으로 8세기경에 위조된 것이었다. 지금 이것은 로마 주교들의 열정적인 노력에 의해서 특별히 니콜라스 1세에 의해서 진품이자 권위 있는 문서로 수용되었다. 그리하여 교황청의 권리침해에 크나큰 기여를 하였고 당연한 것으로 확정하게 만들었다. 이것은 한때 특별한 나라들에서 왕권이 교회 사법권을 좌지우지하는 침범 현상이 있었을 때, 일반적으로 교황권이 왕권을 심각하게 뒤흔드는 근간이 되었다. 이러한 상황들은 자연스럽게 현존하는 교회의 상태에서 수용된 교회법령의 더 온전한 체계가 편집된 자료들을 기대하게 하였다. 따라서 그것은 볼로냐의 수도승이자 교수였던 그라티안이 작성한 배경이 되었고, 그 저서가 크게 갈채를 받게 된 이유이기도 하였다.

그라티안의 칙령이 출판된 이후에도 교회의 의식들과 예전에 계속해서 첨가된 조항들이 존재했다. 교회 내적인 문제들을 규정함에 개입할 권한을 교황들이 가지고 있다는 선언들도 첨가되었다. 적어도 교황들이 이 문제는 개입할 필요가 있다고 생각되는 것들은 얼마든지 그렇게 할 수 있게 했던 것이다. 이것이 새로운 법령들과 필요한 규정집들을 새롭게 만들어 냈다. 따라서 이것들은 12세기 후반기, 13세기, 그리고 14세기 초 기간 동안에 교황들과 교황들이 즉각적으로 영향력을 행사하는 교회회의들에 의해서 엄청난 분량으로 쏟아져 나왔던 것이다. 이것들이 다 수집되어 각기 다른 항목들로 편찬되어 각각 다른 시기에 출판되었는데, 그것들은 그레고리 9세와 클레민트 5세, 보니페이스 8세, 그리고 요한 22세에 의해서 『칙령집』이라는 이름으로 출판되었다. 그러나 부분적으로 이것들은 훗날에 비교적 덜 비공식적이고 부족한 상태로 편찬되었으며, 기타교령들(Extravagantes)이라는 부제가 붙었다. 그레고리 9세의 칙령들은 다섯 권으로 편찬되었고 섹스투스 또는 제6권은 총 다섯 권으로 분류되었다. 클레민트 교회법도 다섯 권이며, 이것은 클레민트 5세라는 이름으로 비엔나 공회에서 인준한 규정집과 법령집을 내포하고 있다. 기타교령 외장(the Extravagantes Communes)도 다섯 권인데 보니페이스 8세의 그 유명한 칙령들을 포함하고 있다. 이것들이 『그라티안 칙령』과 함께 교회법령집 또는 로마교회의 교회법령의 첫 부분으로서 고정되었다. 그 저작은 종교개혁 시기 훨씬 이전에 완성된 것이었다. 그리고 그 모든 것들이 그레고리 13세에 의해서 신중하게 개정되고 교정되어서 1582년 그의 권위에 의해서 출판되었다.

교회법령집에 내포된 것들과 관련하여 볼 때 그것은 칙령들, 그레고리안 및 제6권, 클레민트 법령집과 기타교령 외장집들 만을 엄격히 말해서 로마교회의 수장이 재가하고 명백하게 인준한 교회법령 표준으로 간주하고 있다는 것을 지적하지 않을 수 없다. 그라티안 칙령도 신학교나 대학교에서 정규법령집이나 교회법령의 주교재로 인정받는 것들로서 교황들이 재가한 것이었다. 그것은 실천적으로 법적 권위가 있는 강력한 문서였던 것이다. 그러나 그것은 로마교회에 의해서나 로마교회의 수장인 교황에 의해서 공식적으로 인준된 적이 결코 없었다. 즉, 그 안에 내포된 모든 것들은 단지 거기에 들어 있다는 것 때문에, 그리고 어떠한 권위로 언급되는지 와는 상관없이 단지 원본으로부터 취해진 것으로 수용되고 있기 때문에 로마교회나 교황이 엄격하게 지켜야 할 것으로 가르친다. 그와 같은 측면에서 볼 때 이 문서들은 로마교회가 공식적으로 인준한 적이 전혀 없었다는 것이다. 우리가 이후에 주목하게 되겠지만 교황들이 그라티안 칙령집을 공식적으로 권위 있는 인준을 하지 않았는지에 관한 이유들은 완벽하고도 충분히 존재한다.

물론 칙령집들과 클레민트 법령집들과 기타교령 외장집은 교황은 개인적으로 무오한 사람이라고 굳게 믿은 모든 교황들에 의해서 맹목적으로 수용된 것이었다. 그 안에 포함된 모든 것들은 교회의 공적이고 권위 있는 법으로서 교황들이 받아 공적으로 재가한 것 또는 교황성좌(Ex Cathedra)로부터 나온 것이라고 하는 교황들의 직접적인 발언들에 의한 것이다. 그러나 그것들은 교황들로부터 발췌한 것들로 재가 된 것들 외에 거기에 첨가된 것들과 관련된 다른 권위와 상관없이 갈리칸 자유인들(Gallican Liberties)이[47] 내세운 원리들을 신봉하는 자들에 의해서는 맹목적으로 수용되지 않았다. 교회법은 교황들과 교황 추종자들의 최고의 주장들과 가장 터무니없는 주장들을 다 인준하고 있다. 그것들 중 몇몇은 교황권제한주의 교회는 근거 없는 것들로 내세우는 것이며, 교회로부터 재가 된 것이나 그를 내세우는 어떤 권위로부터 인준된 것이어서 모든 성도들이 복종해야 한다는 증거가 부족한 입장이다.

두 부분으로 분류된 교회법령은 제1부가 그라티안 칙령집이며 더 방대한 제2부는 위에서 언급한 다른 자료들로부터 구성된 것이다. 전체가

---

47) 역자 주) 갈리칸니즘(Galiicanism)은 15세기 초 로마가톨릭 안에 있는 프랑스 성직자들이 교황의 무오성과 절대적 권력은 제한적인 것임을 내세우며 각 나라의 교회는 자율권을 가지고 교회문제를 처리할 수 있다는 주장을 펼친 사상이다. 이것은 교황권지상주의(Ultramontanism)를 반대하는 것이다.

다른 단락들에 각각 붙여진 제목들을 제외하고 다양한 그룹들의 교회적인 권위들로부터 발췌된 것으로 구성되어 있다. 즉, 개인의 무오성을 믿는 교황들을 제외하고 교황주의자들, 그리고 심지어 그라티안 칙령을 고려할 때 본래의 권위를 지칭하는 것으로 말미암아 다양한 진술들에 기인한 무게를 평가해야 하는 것들까지도 다 포함되어 있다. 특별한 부분이 취해진 것이 무엇이든지 간에 '교회의 법령집'에서 발견된다는 그 사실 자체로 말미암아 누구도 이의를 제기하지 못하게 하는 것에 동의되지 않는 것들도 포함시키고 만 것이었다. 교회법의 제1부인 그라티안 칙령은 제2부보다 조금 부족한 앞서 설명했던 근거들 위에 있는 것이다. 그럼에도 그것은 신학적이고 또는 교회적인 연구의 일반적인 대상들로 다루어지면서 사도시대로부터 12세기까지 교회 정치와 권징과 관련하여 볼 때, 교회법의 실체를 드러내고 있고 교회의 실천적 사항들을 다루고 있다는 것 때문에 매우 가치 있고 중요한 것으로 간주된다.

그라티안 칙령은 세 부분으로 구성되어 있다. 제1부는 100여 개의 분류항목들로 나누어져 있고, 제2부는 36개 이유들로 분류되어 있는데, 그 이유들은 또다시 여러 개의 질문들로 나누어져 있다. 여기에는 36개 이유들의 부제 하에 참회 또는 교회의 참회적인 징계 부분들을 철저하게 다루었다. 제3부는 성례거행을 포함한 교회의 축성식(consecration)을 다루고 있다. 이것은 다섯 개 단락으로 구분하고, 그것을 구성하고 있는 자료들은 세 가지이다. 교회회의들의 법령집들과 교부들의 어록들, 그리고 초대교회 시절부터 교회의 정치, 예배 및 권징과 같은 교회의 주된 것들에 대하여 포괄적으로 다룬 교황들의 칙령들과 결정들을 기술하고 있다. 이처럼 그것은 교회의 고대성과 교회 역사의 주제를 담아내고 있는 매우 흥미롭고 가치 있는 문제가 포함되어 있는 것이다. 실제적으로 교회 안에서 통용되어 온 교회법체제가 밝혀 주고 있듯이 직접적이고 적합한 특성들과는 독자적으로 그러한 문제를 내포하고 있는 것이다. 그러나 그라티안의 인용구들과 역사적인 참고문헌들은 언제나 신뢰할 만한 것으로 볼 수 있는 것이 아님을 지적하지 않을 수 없다. 또 그가 그 내용들에 고정시킨 항목들이나 제목들이 완벽하게 맞는 것들이라고 말하기 어렵다. 종종 그들이 사용하고 있다고 고백하는 그 실체는 그것들이 발췌한 글들에 의해서도 전혀 증명되지 않는 것이다.

그 칙령집의 내용들은 본질적으로 그들이 인용하고 있는 교부들과 교황들, 그리고 교회회의들에게 가하는 것과 같은 적합한 무게나 권위를 지닌다. 그러나 우리가 그들의 무게를 교회법리 문제에 있어서 권위 있는 것이라고 주장하는 것에 대해서 솔직하게 말한다면, 그것들이 포함하고 있는 자료들의 가치에는 다른 시대의 교회 행정과 역사에 빛을 비추듯이 어떤 영향을 미치고 있는 것이 아니라는 점이다.

이 교회법령에 대하여 강론하고 설명하는 모든 노력은 이 모든 것이 하나님의 말씀 위에 기초하고 있다고 고백한다. 그러나 그라티안의 칙령이 편집되기 오래전에 이미 거대하고 정교한 교회법령이 모색되었다. 물론 상당 부분은 성경에 뿌리를 두고 있는 것이라고 말할 수 없는 것들이다. 하나님 자신의 말씀 안에서 우리에게 제시하고 있는 그리스도의 교회와는 전혀 다른 유형의 조직체에 적합하게 고안된 것처럼 보이는 것들이다. 그러나 그 모든 것들은 성경에서 근거를 전혀 찾을 수 없다. 교회법리 문제를 고려함에 있어서 그것은 그리스도의 교회의 헌법과 규례들과 정치체제는 다 그리스도 자신에 의해서 그의 말씀 안에 정립된 것이라는 사실을 결코 망각해서는 안 된다. 그리고 그것은 그 어떤 다른 권세 있는 자들이나 힘 있는 자에 의해서 변개되거나 수정되어서도 안 된다.

그러므로 첫 번째 요지는 성경을 연구하는 것을 토대로 그리스도께서 그의 교회의 헌법과 정치체제와 관련되어 규정하시거나 재가하신 것이 무엇인지와 교회 사안들을 어떤 방식으로 규정하게 한 것인지를 분명히 확립하는 것이 필요하다. 그다음에 그리스도께서 제시하신 일반적인 원리들을 발견해야 한다. 즉, 교회 사안들을 운영해 나감에 있어서 그의 교회 안에서 어떤 권세나 권위에 부여하시어 실행하게 하신 것인지 그 방도에 관한 일반적인 원칙들을 찾는 것이 필요하다. 이러한 요지들에 대하여 성경이 재가하고 있는 견해들이 기본을 형성해야 하며 교회법리의 모든 구조를 규정하는 근간이 되어야 한다.

이 주제를 연구하는 자들은 우선적으로 하나님의 말씀이 그 특성과 목적들에 대해서 뭐라고 말씀하고 있는지 또는 어떻게 교훈하고 있는지를 신중하게 살펴야 한다. 그리고 그리스도의 왕국의 헌법에 대해서 그것을 어떻게 운영해 나갈지, 그리고 그리스도께서 임명하신 교회 직분자들과 그들이 담당한 직임을 어떻게 수행해 나갈지에 대해 성경이 어떻게 교훈하고 있는지를 잘 살펴보아야 한다. 이 모든 사항들에 대해서 성경은 중요한 정보들을 충분히 제공한다. 물론 세세하게 묘사되어 있는 것은 아니지만 결코 무시하거나 지나칠 수 없는 대원칙들과 일반적인 규범들로 잘 구현되어 있다. 오직 성경으로부터 유추할 수 있거나 성경에 내포되어 있는 것만이 교회문제들을 규정하는 데 권위를 지닌 것이다. 교회법 안에 그것이 온전히 개진되어야 하는 것이다. 17세기 스코틀랜드의 국가 언약(The National Covenant)[48] 문서가 교황체제를 일시적인 군주정치이자 사악

---

[48] 역자 주) 1638년 2월 28일 에든버러에 있는 그레이 프라이어 교회당에서 당시 왕권의 횡포에 맞서서 성경의 유일한 권위와 교회의 수장권 및 장로회정치 원리에 입각한 문서를 작성하고 죽기까지 지키겠다고 다짐하며 서명한 언약도들의 선언문이었다.

한 교권체제라고 규정한 바 있었다. 이것은 그들의 목회직임을 군주적인 권위로 전환시켜 버린 것이었다. 그리스도의 교회를 위한 입법자들의 지위를 마치 그리스도의 교회가 아니라 자신들의 왕국을 위한 존재들인 것처럼, 또는 그리스도의 기업 위에 군림하는 자들인 것처럼 그들이 기뻐하는 방식으로 교회문제들을 처리하도록 만들어 버린 것이었다. 또한 적어도 자신들의 입지를 부각시키기에 적합한 견해에 따라서 처리해 버리고, 자신들의 독재적인 명령들을 무시하는 자들에게는 가장 엄한 질책을 가하는 근거로 삼은 것이었다.

교회법령에서 가장 잘 꽃피운 것으로 드러난 교회법리학은 불필요하게 거대한 법령집이자 군주적인 법안들이라고 볼 수 있다. 이것들은 성경에 의해서 재가 되는 것도 아니고, 일반적인 특징에 있어서 전반적으로 그리고 특별한 규정들과 법규들과는 독립적인 것들이다. 이것들은 성경적인 원리에 위배되고 그 범위를 넘어선 것들이다. 즉, 실행되어야만 하는 것으로 제정된 본래 목적을 관철해야 하는 것과는 전혀 모순된 것들이다.

칼빈[49]과 다른 개혁자들은 시민법이든 교회법이든 인간들의 법령들은 본질적으로 사람의 양심을 묶는 것이 되어서는 안 된다는 기조를 명백하게 세우는 고통을 감수하였다. 이것은 그리스도의 교회 안에서 불필요한 군주적인 법안들을 다 뒤집어 버린 것이었다. 그리고 사람들의 법령들을 그들의 적합한 위치로 축소시켜 버린 것이었다. 따라서 이러한 위험에 빠지지 않도록 유의해야 한다. 이것이 교회 직분자들에게도 적합한 목회적인 권위를 분명하게 세워 주는 것은 아니다. 또한 교회법리학 연구의 중요성이나 교회가 설립된 이래 교회문제들을 다룸에 있어서 제정되고 수

---

49) 기독교 강요, 제4권 10항을 보라.

반된 법령들이나 규정들이 무엇인지를 알아야 할 중요성, 그것들이 만들어지게 된 원인을 알아야 할 중요성, 그리고 그것들이 방어되는 근거들과 그것들이 내세우고 있는 영향이 어떠한지를 알아야 할 중요성들을 충분히 지지해 주는 것이 아니다.

그렇지만 이 주제들을 담고 있는 모든 것은 역사적으로 흥미롭고 가치 있으며, 교회가 문제가 있을 때 어떻게 해결해 나가야 할지를 판단하게 하는 원리들과 규범들을 잘 배우게 하는 유용한 면들이 있다. 다시 말해, 그것들은 특별히 일반적이지 않고 커다란 문제들이 발생했을 때 해결할 수 있는 방안들을 배우게 하는 데 적합하다.

그라티안 칙령은 교회의 기초로부터 교회적인 권위들에 대한 전반적인 규정들처럼 그 본질을 잘 드러낸다. 물론 이 칙령은 초기의 훈육들과 보다 순결한 훈육들을 눈여겨보게 하는 것들도 있지만 상당수가 불필요하고 오류가 가득하며 해로운 것들이다. 로마교회는 교회의 근본적이고 옛 초대교회의 교리들과 법령들 및 실천들을 잘 지키고 있다고 고백했기 때문에 상당히 불편한 조항들까지 감수해야만 했다. 그것은 그리티안이 그의 칙령을 교회의 초기 원리와 더 순결한 훈육조항들로 인정하였다는 고백으로 인해 그와 같이 실행했던 것이다. 물론 그것은 교회문제들에 대한 일반적인 규정들과 교회 정치에 관련된 것으로 언급했음에도 그와 같이 했던 것이다. 심지어 그것들은 실제로 로마 주교들이 그들의 엄청난 전제정치를 내세우며 경직된 입장을 고수하고 있는 것과도 전혀 다른 것이었다. 이러한 이유 때문에 교황들은 공식적이고 명백한 법령을 드러냄에 있어서 이것을 언급하는 것을 늘 피하곤 하였다.

교회법령의 첫 부분에서 발견되는 본문들 중 상당 부분은 초기 교부들과 교회회의들로부터 발췌한 것들이다. 심지어 초기 교황들의 어록들에서도 발췌하였다. 그것들은 현대 로마교회의 법령들과 실천사항들에 반하는 증언들과 권위들을 제공하는 것들이다. 그리고 개신교 저자들에 의해서 수집되어 적용시킨 것들이기도 하다. 그것은 보다 제한적인 측면에서 상대적으로 고대의 건전한 교리들의 교회법 안에서 추정되는 것들이다. 그러나 그것이 다루고 있는 것은 주로 교회의 정치문제나 훈육에 관련된 것이었다. 이러한 시점에서 우리는 교회법 안에서 개신교도들에게만 유용한 것만이 아니라 장로교 원리 측면에서도 상당히 유용한 몇몇 증언들을 구체화할 수 있다. 여기서 그들 중 한두 개 정도 언급하고 지나가는 것은 유익하다고 생각한다.

우리는 피터 롬바르드가 그의 4권의 『문장론』에서 사도들과 초대교회가 장로직과 집사직의 두 가지 직분을 가지고 있었다는 명확한 진술을 확인한 바 있다. 그라티안 칙령에서 우리는 감독들과 장로들이 서로 일치하는 직분임을 주장하는 것을 발견할 수 있다. 그 칙령의 첫 부분에서[50] 우리는 이 부분에 제롬이 주장한 두 가지 아주 중요한 본문을 삽입하였다는 것을 알 수 있다. 그것들은 교회의 고대성을 고려할 때 감독직제를 선호하는 모든 논쟁을 뒤집기에 충분한 것들이다. 더욱이 그라티안이 그것들 중 하나(95번 5항)를 언급하고 있는 것은 제롬의 마음을 정확하게 기술하고 있다는 사실이 분명하다는 것을 다음의 인용문에서 확인할 수 있다. 즉, '장로는 감독과 동일한 직분이나 단지 업무상 감독이 장로들을 이끈다.'라는 문장을 통해 알 수 있다. 교회법은 초대교회의 훈육과 실제의 부분으로서, 우리가 붙들고 있는 것처럼 정직한 의미 안에서 권리침해가 없다는 원리를 가르치고 있다는 것은 의심의 여지가 없는 부분이다. 이러한

---

50) 93과 95가 구별된다.

내용과 관련한 명백한 진술들은 다음과 같다.

첫째는 교황 콜레스틴이 428년에 가울(Gaul)의 감독들에게 강론한 내용에서 찾을 수 있다. '성직은 억지로 맡아서는 아니 된다. 성직은 사람들의 동의와 하고자 하는 자신의 욕구가 필요한 것이다.' 성직자와 사람들이 감독 한 사람을 세우는 일에 동일한 입장표명이 있어야 한다. 그리고 '동의(consensus)'만이 아니라 하고자 하는 '의지(desiderium)'도 동일하게 요구된다. 이 둘은 동일하게 명령형으로 이루어져 있다. 이 법은 물론 성직자이든 사람이든 반대가 있는 곳에서는 감독 임명에 결정적인 장애가 된다는 것을 말하는 것이다.

둘째는 교황 대 레오(Leo the Great)가 445년에 마케도니아 감독들에게 강연한 내용에서 확인할 수 있다. 거기에는 '만일 선거하는 이들이 두 파로 갈라져 있다면, 대주교가 판단하여 둘 중에 더 잘 섬길 수 있는 자를 선출한다. 아무도 억지로 하는 자 같아서는 아니 되며 누구의 요청에 의해서 선출되어서도 아니 된다. 모든 시민은 감독을 업신여기거나 경멸하지 말아야 한다.'라고 나와 있다. 감독 선출에서 의견이 양분되면, 가능한 대 주교가 가장 받을 만하고 가장 자질 있는 자가 선출되도록 자신의 영향력을 발휘해야만 한다. 그러나 대주교가 그 문제에 있어서 어떻게 하든지 관대하게 처리하는 경우가 되어서는 아니 된다. 사람들이 그를 원하지도 않고 갈망하지도 않는데 감독으로 임명하는 경우가 있어서는 아니 된다는 것이다. 이는 의혹을 사거나 흠 잡힐 만한 것 없이 법령의 의미와 합리성을 즉각 확립하는 것이기 때문이다. 즉, 사람들이 결코 원하지 않는 이가 선출되거나 감독을 경멸하거나 업신여기는 일이 발생하지 않게 하기 위해서이다.

이것들은 바로 5세기 교황들의 입장이었다. 이것은 그 시대의 모든 교회가 지닌 견해였다는 사실이 내포되어 있다는 증거로써, 우리에게 강력하게(fortiori) 주장하는 근거가 된다. 물론 교황들은 이것들이 절대적인 것들로 인식한 것은 아니었다. 또한 그 이전 세기의 교회들도 그렇게 여기지 않았다. 단지 그것들은 부가적인 무게나 권위를 더해 줄 뿐이다. 예를 들어서, 그것들은 언제나 교회법리 문제에 대하여 근본적인 원칙들로 인식되어 왔다는 하나의 증거를 제공하는 것뿐이다. 심지어 12세기에 와서도 그것들은 교회법에 삽입되었으며 그 이후로 항상 교회법 안에 자리를 잡고 있는 것이 되었다.

그러나 그라티안 칙령은 고대교회의 보다 순수한 교리와 훈육의 냄새를 풍기는 초기 교회회의와 교부들의 글들로부터 발췌한 내용을 거의 포함시키고 있지 않았다. 그리고 현대 로마교회에 반하는 증언들과 권위들을 담고 있다. 그렇지만 그라티안 칙령은 그레고리 7세와 그의 후계자들의 뛰어난 교황정책들과 더불어 그 안에 현대 로마교회의 주장들이 전반적으로 배어 있다. 그라티안은 계속적으로 초기 교황들의 위조된 칙령들을 진본으로 인용했던 것이다. 교회법 안에서 그것들이 삽입된 것은 한편으로 그것들의 권위와 영향력이 어떠함을 확정하며 영속시킨 것이었고, 다른 한편으로는 그것이 그라티안의 작품에 대한 교황들의 지지권을 확보한 것이었다.

그라티안은 그의 칙령을 마련함에 있어서 그 자신의 주도적인 목적을 충분히 달성하였다. 교황들이 그것을 보장하고 있다는 주도적인 목적은 교황의 지위(Papal See)권과 권위를 숭상하도록 하는 것이었고, 그것을 최고의 권위 있는 것으로 만들고 보편적인 교황의 통치권을 드높이는 것이었다. 12세기에 그라티안이 수집하여 만든 이 칙령에는 인노센트 교황과 보니페이스 교황이 발포한 유사한 칙령들과 포고문들이 첨가되었다. 한편, 14세기 초기의 것들이 덧붙여졌는데, 이때 종교개혁자들은 교회법이 교황의 전제통치권을 조성하기 위한 강력한 엔진으로 고안되었음을 간파하게 되었다. 그러한 목적 때문에 로마교회가 쉽게 수용했던 것이다. 또한 교황의 권위로 루터의 책들이 불태워졌을 때, 루터는 그에 대한 복수로 그를 대적하는 교황 레오의 포고문과 함께 교회법령집들을 모두 다 불 속에 집어던져 버렸다. 그 후에 루터는 자신의 행동에 대한 이유를 담은 논문을 썼다. 다른 것들과 함께 교회법령에서 끄집어낸 30쪽 분량의 책자에는 그렇게 불태워 버리게 된 이유에 대해 충분히 정당화해 준 내용을 담았다.

이 작품에서 루터는 교회법령집의 총론과 본질을 다음과 같이 기술하였다. 즉, 그는 '교황은 이 땅에서 하나님이다. 모든 영적인 영역과 세속적인 영역에서 최고의 권위를 지닌 뛰어난 존재이다. 교황은 모든 면에서 뛰어난 분이다. 누가 감히 당신은 무엇을 하고 있냐고 말할 수 있겠는가?'라고 적었다. 그러나 루터는 교회법령 안에는 몇몇 유용한 것들도 있음을 인정하였다. 특별히 그라티안 칙령의 첫 단락, 즉 '그것들 안에 어떤 선한 것이 있다 할지라도 그것이 전체 법령의 일부로서 강제적으로 인정하라 하는 것은 그것 안에 해로운 것이 존재하고, 교황 자신이 적그리스도이며 전제주의 폭군임을 드러내고 있음을 온전히 왜곡하는 것이 된다.'라고 기술한 부분이 그러하다고 보았다. 그러면서 루터는 우리가 인용한 부분과 연관이 있는 중요한 평가를 덧붙였다. 그는 '선한 것을 제외하고는 그 법령들을 근면성실하게 관찰해 보았으나 지나치게 해로운 것들이므로 나는 그것들을 지키기를 생략했다.'[51]라고 자신의 견해를 밝혔다.

교회법, 특히 그라티안 칙령의 첫 부분에서 구체적으로 기술되어 있는

---

51) Buddæi Isagoge, p. 781.

고대교회 회의들의 법령들은 로마교회법의 근간을 형성한 것이었다. 심지어 개신교 교회들의 법의 뿌리가 된 것들이다. 그것은 교회의 여러 사안들을 처리하는 데 필요한 법규들과 규례들을 발견하게 되는 주제들이었다. 그리고 이러한 규례들이 어떤 것들이어야 하는지, 그리고 그것들을 수정 보완하여 어떻게 적용해야 할지를 결정하는 데 큰 도움을 제공하는 것이었다. 또한 그 시대들의 교회 역사와 그와 연관된 교회의 상황이 어떠했는지도 알 수 있도록 조명해 준다. 이 모든 근거들 위에서 교회법을 연구하는 것은 교회사에 대한 철저한 지식을 소유하기를 원하는 자들에게는 시간을 들여서 주목할 만한 것이다. 그리고 교회문헌들을 연구하는 다른 분야의 사람들에게도 흥미로운 일이다.

만일 교회법리학을 연구하고자 한다면 교회법에 반드시 관심을 기울여야만 한다. 왜냐하면 교회법은 교회법리학의 기초가 되고 신학적 학문 분야가 형성되어 온 것들로부터 얻게 되는 모든 주요 자료들을 다 포함하고 있기 때문이다. 부데우스(Buddæus)는 교회법을 연구하는 일에 관심을 기울여야 하는 이유에 대해 사려 깊은 판단을 바탕으로 다음과 같이 설명한다.

교회법에 관하여 개신교나 로마교회가 각각 다르게 판단하고 다르게 가르친다. 동일한 것을 규정하는 교회법에 관하여 개신교(protestants)는 이렇게 생각하고, 로마교회는 저렇게 생각한다. 전혀 혹은 그것의 작은 것들이라도 개신교인들에게 권위를 지니지 못하지만, 그들에게서 모든 법이 단지 용례에 의해서 폐기되지 않는다. 예외적으로 외적으로 어느 정도의 실효성이 있는데, 보다 정확히 말하면, 교황권의 본성에 커다란 유익이 되는 사안에 대한 철저한 탐구나 고대에 대한 연구는 교회에 유익이 된다. 무엇보다도 이는 로마교회 오류들에 대항하여 진리의 영광스러움에 대한 다양한 시대적 증언들을 우리에게 제공한다.[52]

한편, 교회법리학과 교회법을 연구하는 일에 주목한 저술가들이 있다.[53] 그들은 교회법으로부터 나온 것만이 독특하고 독립적인 교회법리학이며, 이것은 시민법에 예속되지 않는 것이라고 주장을 펼쳐 온 자들이다. 이 채널을 통해서만 개신교회로도 이 법이 흘러 들어간 것이었다고 주장하였다. 물론 이것은 우리가 공식적으로 검증하고 밝혀낸 혐의를 지닌 유일한 형태의 법이다. 즉, 교회 안에서 시민법의 통제로부터 독립적인 구별된 정치형태와 판결권에 대한 성경적인 장로회주의 원리가 교황주의 교리라고 주장하는 것이다. 그러한 혐의가 사실인지 거짓인지에 관한 이 특별한 주장은 유지되거나 폐지 될 것이다. 로마교회의 교회법과 실천사항들은 분명히 교회법리학을 가증스럽고 공격적인 측면에서 기술한 것이다. 그러나 이 주제에 대하여 장로교회 원리와 교황주의 원리 사이의 분명한 경계선을 긋는 일에는 큰 어려움이 없다. 적어도 교리적으로는 경계선이 분명 존재한다. 물론 경험상 세속권위와 교회권위들에게 각각의 영역에서 서로 분리된 법을 적용하고 실천하는 부분은 쉽지 않다.

시민 권력자는 그가 하나님 아래서 절대적인 통제력을 가지고 있다고 할 때, 국가적으로 최고의 권력을 가진 자로서 사람이나 개인의 재산권 문제에 대해 다른 인간적 권위의 개입 없이 판결권을 주장하고 그의 신하들에게 권한을 행사하는 것처럼 교회의 판결권에도 동일하게 행할 수 있다고 생각한다. 그러나 사람들의 양심들과 그리스도의 교회는 그의 판결

---

52) Buddæi Isagoge, p. 848.
53) Thomasius and Boehmer.

권에 예속되지 않는다. 세속권력자는 그러한 권한을 가지고 있지 않을 뿐만 아니라 그 어떤 권위적인 통제권도 내세울 수 없다. 이에 『신앙고백서』에서는 '오직 하나님만이 양심의 주인이시며 신앙과 예배 문제에 있어서 하나님의 말씀이나 말씀의 교훈에 위배되는 사람들의 그 어떤 교리들이나 계명들로부터 자유하다.'라고 말하는 것이다. 양심이란 종교와 도덕성 문제에서 무엇을 믿을지 그리고 무엇을 행할지에 관해 인간이 자유롭게 행사할 수 있는 확신이다. 이 양심은 하나님께만 복속되며 오직 그의 말씀에 의해서 인도받을 뿐이다. 다른 영역의 그리스도 교회는 시민 권력의 판결권으로부터 배제된다. 이것은 양심이라는 일반적인 명제 하에 포괄적으로 들어가 있으며 이 양심의 영역은 인간의 권력이나 교회권력의 그 어떤 개입도 허락하지 않는다. 즉, 교회직임들과 교회의 회원들의 임무들과 같은 인간의 의무를 하나님의 말씀에 의해서만 규정되어야 하는 것과 같이, 그들 자신의 양심적인 확신도 하나님의 뜻과 하나님의 원하시는 바에 따라야 하는 것이다.

그러나 그리스도의 교회는 가시적인 공동체이다. 이 교회는 운영해야 할 외형적이고 눈에 보이는 업무들을 계속해서 가지고 있어야만 한다. 예를 들면, 사람들에게 교회직분과 회원권을 부여하는 일, 그 직분이나 회원으로서 계속 보유하고 있어야 하는 것과 또 제거해야 하는 것들은 이 직무에 부여된 외적인 특권들이다. 그러한 과정들이 진행되는 곳에서는 반드시 야기될 문제들이 어떤 것들인지를 예상하고 그에 맞는 조치가 있어야만 한다. 그런 사례의 특성상 문제를 판단하는 데 필요한 법적인 조치들이 있어야만 한다. 전반적인 논쟁거리는 다음과 같은 질문들을 점검해 보아야 한다. 그리스도의 교회가 있는 곳들마다 교회 운영상 반드시 발생하는 문제들, 가시적인 공동체로서 통상적인 업무추진을 위해 필요한 결정을 내려야 할 것들, 그 모든 문제들이 다 하나님의 말씀에 의해서 또는 이 나라의 법률에 의해서 결정되는 것인지에 대해 확인해야 한다. 교회 직분자들이나 시민권 행사자들에 의한 인간의 권세를 고려할 때 궁극적으로 그들의 힘으로 결정할 수 있는 것들인지, 안수 문제나 성례에 동참하는 영적인 효력들과 관련된 특별한 교리들 또는 출교나 면직과 같은 일에 영향을 주는 교리는 없는지도 고려해야 한다. 그러한 것들은 여기서 모두 다 살펴봐야 하는 것들이며, 이와 관련하여 그러한 일들은 *외형적인* 면에서 외형적인 판결 행위로 간주된다.

그러나 여기서 질문은 '어떤 기준에 의해서 그리고 어느 누가 이러한 문제점들을 궁극적으로 결정할 수 있는가'라는 것이다. 여기에는 한편으로 독립적인 단체인 교회나 장로회 원리들 위에서 교회 직분자들에게는 하나님의 말씀을 따라서 필요한 업무 처리를 위한 내규를 정할 권리와, 다른 한편으로 그로부터 이러한 문제들에 있어서 국가로부터 그리고 시민권자에게 종속되는 것을 제외하고서 법적인 권위를 바탕으로 통상적인 지침까지 제정할 수 있는 권리 사이에는 실제적인 중간매체가 없다. 논쟁이 될 만한 안건이 없을 때 자체가 규정한 내규에 따라 문제들을 판단하는 것은 허용되지만 항상 상회의 권위와 관련하여 그러한 결정들로부터 일반적인 시민법정에 항소할 기회는 언제나 열려 있는 것이다.

이러한 원칙들이 제대로 지켜질 때, 시민 권력과 교회권력이 각자의 영역 안에서 안전하게 보장된다. 하나님의 말씀을 따라서 각자의 독립적인 판결권이 유지되고, 로마교회와 그 교회의 법령들이 짓밟아 버린 위대한 영적 원리를 정직하고 신실하게 지켜 가는 자들에 의해서 교회 안에서 양심의 권리도 보장이 되는 것이다. 즉, 교회권력은 군림하는 것이 아니라 오직 섬기는 것이다. 교회 직분자들은 자신들의 영역 안에서조차도 단순히 자신들의 판단이나 분별력을 따라서 법령들을 제정하거나 결정 사항들을 공표할 권한이 없다. 그들은 이러한 문제에 있어서 그들의 직무를 수행할 때, 하나님의 말씀이 그들의 위치에서 필요한 것들을 그들에게 요구하는 것을 제외하고는 아무것도 할 수 없다. 그들은 다 그리스도께서 제정하신 표준에 매인 자들이다. 그들의 결정들은 하나님의 말씀에 부합한 것일 때만이 존중히 여김을 받으며 순종하는 것이 된다. 그런 경우에 모든 사람들은 시민통치권자들이든 개개인들이든 상관없이 그들 자신들의 행위의 규율들에 대한 견해를 가지고 자신들을 위해서 판단해야만 한다. 그에 따라 행하든지 행하지 않든지 그 행위들에 대해서 책임을 져야 한다.

이 주제의 전체 핵심은 이것이다. 종교와 도덕성의 문제에서 무엇을 믿고 어떻게 행할 것인지 그것이 시민법적인 것인지 교회법적인 것인지를 충분히 이해함으로써 인간의 양심은 하나님께만 종속된다는 것이다. 거기에는 어떤 인간권력도 판결권을 가지거나 권세 있게 통제할 수 없다. 위정자의 영역은 신하들 각각의 개인들과 그들의 재산권을 포함한다. 신하들의 경우, 이것들 외에 그들의 문제가 교회문제와 뒤섞여 있는 경우에도 위정자는 최고의 판결권을 가지지만 그는 그 어떤 인간의 권세가 아닌 오로지 하나님께 복종하는 존재이다.

교회권력은 독특한 독립된 공동체로서의 가시적인 교회의 통상적인 업무들을 수행하는 일을 감당한다. 하나님의 말씀을 따라서 법규를 제정하고 실행하는 일들, 반드시 실천되어져야 하는 교회의 기능들에 속한 것들, 그리스도의 교회가 조직되어서 교회로서의 역할을 온전히 수행되는 곳에서 반드시 해야만 하는 일에 속한 것들이 교회권력의 영역에 속한 것이다. 주로 통상적인 환경 가운데서 교회가 수용하고 실천해야 할 일들로 구성되어 있는 영역에 있는 것들이다. 그리고 그 공동체 안에서 직분을 특정인이 소유하는 것이나 외적인 특권들을 누리는 것은 배제된다. 시민권세자나 교회 권세자나 상대 진영 안에서 직접적으로 권한을 행사할 수 있는 것은 하나도 없다. 마찬가지로 자신의 영역을 넘어서 권세의 범위를 간접적으로나마 상대 진영까지 미치게 하는 법적 근거도 전혀 없다.

　시민권세자의 권세는 군림하는 것이다. 다시 말하면, 그를 뛰어넘는 우월한 상대는 오직 하나님뿐이다. 하나님은 국가를 위한 헌법이나 법규들을 제정하지 않으신다. 시민통치권자가 국가적인 문제들을 규정하는 데 대다수가 기대하는 바와 같이 광범위한 분별력을 행사하기 때문에 그의 선택이 결과적으로 교회영역에까지 미치는 것이 될 수도 있다. 그러나 그리스도의 가시적인 교회의 통상적인 필요한 업무들로 이루어진 교회문제들에 한정되어 존재하는 교회 사법권은 심지어 교회문제와 관련된 것을 다루게 될 때에라도 반드시 섬기는 것이어야 한다. 거기에는 하나님의 말씀에 의해서만 순수하게 다루어*져야만* 한다. 그렇지 않으면 판단을 내릴 권리가 없게 된다. 이러한 원칙이 공정하고 정직하게 실행될 때 로마교회가 언제나 저질러 온 것과 같은 과오를 방지할 수 있다. 아무런 근거 없이 시민권자의 권한을 찬탈하거나 필요한 양해를 구하지도 않고 그들의 옳은 권리를 빼내어 사용하는 짓을 방지할 수 있다. 교회 사법권 행사는 모든 것이 다 교회문제들을 직접적으로나 간접적으로 안착되도록 시민권자가 개입하게 하는 것을 결코 용인해서는 아니 된다. 사람들을 직임자로 세우는 것이라든지 그리스도의 교회 안에 있는 예전을 정하는 문제라든지 그 어떤 것도 시민통치권자가 직간접적으로 관여하도록 허용하여 복종하는 것이 되게 해서는 안 된다.

제16장

중세 시대의 진리를 위한 증언들

제16장

중세 시대의 진리를 위한 증언들[54]

　역사적으로나 교리적으로나 개신교와 로마교 사이에 벌어진 논쟁에서 상당히 주목을 끈 하나의 주제가 있다. 지금 이 시점에서 그에 대한 논지를 언급하는 것은 매우 적절하다고 판단된다. 여기서는 중세 시대에 개인이나 교회 차원에서 로마교회에 이의를 제기한 반대자들을 언급하고자한다. 또한 그들의 교리와 현대 로마교황주의자들의 교리 사이에 일치되지 않는 문제들을 다루고자 한다. 그와 함께 증거와 논박을 바탕으로 그적용점들을 제시하고자 한다. 제시된 일반적인 주제에 대해 세세하게 다룬 많은 논쟁들 중 뽑아낼 수 있는 논지는 상당히 많이 있지만 여기서 우리는 간략하게 언급할 수밖에 없다.

　교황주의자들은 그들의 현재 교리들은 사도시대 이후로 계속해서 교회가 일반적으로 붙들고 견지한 것들이라고 주장한다. 그들은 그 교리들에 반대되는 것을 내세울 경우 개인이든 집단이든 상관없이 언제나 정죄했으며 일반적으로 교회가 그들을 이단들로 또는 적어도 분리주의자들로 규정하여 거부했음을 보여 주고자 안간힘을 기울였다. 이 주장을 뒷받침해 주는 근거로 로마교회를 위한 하나의 주장을 들 수 있다. 즉, 그것은

---

54) 역자 주) 중세 어둠의 시대를 비추던 밝은 빛들, 즉 개혁의 횃불들을 말한다.

로마교회가 그리스도의 하나(one) 된 교회로서 그리스도께서 하늘로 승천하신 이후 지금까지 모든 오류로부터 보존된 교회이며 진리의 기둥과 터로 지금까지 존속하고 있다는 주장이다. 이처럼 그들은 동일한 근거를 가지고 개신교주의를 반박하는 근거로 삼았다. 다시 말하자면, 개신교는 루터 이전에는 존재한 적이 없는 교회이며, 루터는 수세기 동안 한 교회로서 잘 결속되어 왔고, 로마교회의 권위에 교리적으로나 실천적으로 언제나 잘 복종하고 있는 로마교회의 단단한 조화를 깨트린 장본인이라고 주장한다.

우리는 로마교회가 사도성을 내세우고 있는 것이 얼마나 쓸데없는 짓거리인지를 앞에서 충분히 보여 주었다. 사도시대로부터 계속해서 그들의 손까지 이어지고 있는 교리를 지금까지 붙들고 있다는 주장이 참으로 허황된 것임을 앞에서 수없이 지적했다. 그리고 로마교회가 그리스도의 보편적인 교회였다는 개념은 오랜 세월 동안 존재하지 않았던 것임을 충분히 밝혀냈다. 보편교회의 일원으로서 간주되기 위해서는 반드시 로마의 감독과 교통함 속에 있어야 한다는 주장 역시 허구임을 증명했다. 또한 교회 안에 처음 소개된 어느 특정한 교리나 실천이 사도 시대부터 유래된 것이 아니었다는 사실을 증명하기 위해 교회 안에 처음 소개될 수밖에 없었던 상황이나 시기가 필요했다는 것은 개신교도들도 인정하지 않는 주장이다. 그런데 우리는 그것을 굳이 입증할 이유는 없다. 성경에서 이단들이 몰래 교회 안으로 침투해 들어온다는 것과 사람들이 잠을 자고 있을 때 가라지가 뿌려진다는 것을 확인할 수 있기 때문이다.

개신교주의의 근본적인 원리는 한 가지 사실이 타당한 증거 위에서 확립되려면 결코 거부되거나 잊혀서는 안 된다는 것인데, 이는 그것이 오로지 성경에 의해서 무엇이 참되고 그른 것인지를 판단할 수 있어야 한다는 뜻이다. 사도들의 작품들 속에 포함되어 있거나 그로부터 유추되었다는 것을 증명하지 않는 한, 사도적인 것으로 수용할 그 어떤 의무도 존재하지 않으며 존재할 수도 없다. 물론 아직까지도 밝혀낼 것은 많지만 개신교 저자들은 교황제의 수많은 특징들이 언제부터 어떻게 진전되어 왔는지에 대해 그들이 고안해 낸 시기와 상황들을 통해 충분히 드러냈다. 그들은 심지어 정확성과 확실성을 가진 역사적 자료들이 충분하지 않은 문제들, 즉 지금 로마교회가 붙들고 있는 몇몇 특별한 교리들이 기독교 교회에서 일반적으로 믿어 온 것이 아니었음을 밝혀냈다. 그들은 그것들이 사도시대로부터 이어진 것과는 전혀 상관이 없는 것들임을 보여 주고 있는 특정한 시기를 집중해서 지적하였던 것이다.

현대 교황제도의 근원이나 발아 시기는 고대성을 존중해야 한다는 생각을 허용하고 있는 감독주의자들과 같은 일부 개신교 저술가들이 제시하고 있는 것에서보다 기독교 역사 속에서 충분히 추적될 수 있다. 근거를 찾기 쉽지 않은 것들 중 대부분은 첫 3세기 동안에 교회가 붙들고 있었던 것이 아니고 후기 시대에 고안된 것들이었다는 것도 확실하다.

교황주의자들은 "그것이 교리와 실천사항으로 고안된 것이라고 소개되었다면 그것은 반대에 부딪히지 않았겠는가? 그리고 이 반대는 주목을 끌기에 충분하지 않았겠는가?"라는 점을 누차 강조한다. 그리하여 "그것이 고안된 것임을 증명하는 역사적인 자료들이 발간되지 않았겠는가?"라고 말한다. 개신교 저자들은 그러한 주장을 확실한 판단의 잣대이자 표준이 되는 일반적인 원리로 인정하지 않았지만, 그것들을 교회 역사 안에서 세밀하게 추적할 수 있는 특별한 대상으로 만들었다. 이는 그렇게 할 수 있는 자료들이 있었기 때문이다. 그들은 교황들이 고안한 것들과 내세운 구실들을 모두 다 반대하였다. 이러한 목적과 연관된 중요하고 의미 있는 작업이 있는데, 그것은 단순한 계획을 바탕으로 진행해 나가는 데 있어서 역사적인 정보를 매우 많이 제공해 주었다. 그것은 바로 유명한 모나이드 플레시스(Mornay du Plessis)가 쓴 『죄의 신비 혹은 교황의 역사(Mysterium iniquitatis, seu historia Papatus)』이다.

이 작품의 주된 목적은 '어떤 자리에서 최고의 자리인 교황의 자리에까지 오르려고 애쓰는 이들에 대한 반대는 각각의 모든 지역의 경건한 이들의 거부권에 의해서 치열하게 제기되었다'라는 제목에 잘 묘사되어 있다. 이 작품은 로마교회가 소개한 고안된 것들에 대한 역사를 내포하고 있다. 그리고 종교개혁 시기까지 제2세기에서 부활절에 관해 벌어진 논쟁으로부터 교황이 제기한 최고의 권위에 대한 주장이나 구실로 내세운 것에 대한 역사도 포함하고 있다. 또한 그러한 주장들이 제기될 때마다 부딪힌 반대 진영의 논리와 그것들을 일반적으로 수용하고 복종하게 되기 전에 극복해야만 했던 난제들도 기술하고 있다. 그러나 그것들 중 대부분은 우리가 이미 살펴본 교회 역사에서 상당히 이른 시기에 있었던 것이다. 이제 우리는 현대 교황제의 특성들이 일반적으로 수용되고 계승된 것과 서구교회들이 모두 로마의 감독에게 복속된 시기와 관련한 것을 알아보아야 한다.

수많은 개신교 저자들은 7세기 초부터 적그리스도의 통치가 시작되었다고 본다. 이 시기로 못 박는 이유는 현대 교황제의 원리적인 몇몇 타락은 비록 그것들이 교회의 인준을 받지 않고 온전하게 발전된 모습은 아니었을지라도 상당히 많이 퍼져 있었기 때문이다. 그 당시 모든 교회 위에 교황권의 최고수위권에 대한 주장은 교황들이 제기한 것이었고 일반적으로 서구교회가 그것을 수용했고 복종하게 된 것이었다. 이를 통해 볼 때, 이 시기부터 종교개혁 시기에 이르기까지 서구교회는 거의 전적으로 로마의 감독들에 의해서 통치되었음이 확실하다. 따라서 교황들과 그들의 통치를 인정하는 모든 이들은 그들의 교리로부터 이탈한 자들과 교황의 수위권을 반대하는 위치에 선 자들을 모두 이단으로 그리고 분리주의자들로 간주하였다. 교회 역사 안에서 이 시기 동안 교황주의 저술가들은 안락한 삶을 누렸다. 반면에 거의 모든 서구교회가 교황들에게 복종한 시기에 그들이 부과하는 것들과 군림하는 행위들에 대해서 반대하는 이들은 영적인 책벌을 받는 것만이 아니라 시민법적인 고통과 형벌까지 이어졌으며 때로는 몰살당하는 핍박을 받아야 했다. 개신교도들은 성경의 조명 아래서 이 어둡고 무시무시한 기간 동안 로마교회 안에서 벌어진 교황주의자들이 가르치고 실천한 교리들 안에서 교황들의 명백한 배교와 강력한 적그리스도적인 행위, 그리고 그들이 죄인이고 지옥의 자식들이라는 것을 추적해 볼 수 있다고 생각한다. 물론 성경에는 교황주의자들이 종교개혁 이전의 오랜 시기 동안 그들이 세워 온 억측에 대해 분별해 줄 증거들이 충분하다. 루터 이전에는 개신교가 존재하지 않았다는 그들의 주장에 대해서도 개신교는 성경적인 답변을 충분히 가지고 있다. 개신교도들은 교회역사와 그 시기의 문헌들을 세밀하게 연구해 보면 교황제를 공격하고 개신교주의 사상을 옹호하는 수많은 자료들을 확인할 수 있다고 주장한다.

개신교 저자들이 주장하고 확립한 주도적인 입장들은 다음과 같다. 첫째, 규정집들이나 상징적인 책들 및 공적 권위에 대한 다른 표준적인 작품들 안에나 로마교회 안에서 일반적으로 사용한 것들 중에는 지금 로마교회가 실천하고 있는 것들과는 상당히 다른 고대 교리적인 체계와 훈육들이 종교개혁의 기간에 이르기까지 계속해서 존재해 왔다는 것을 능히 증명해 줄 자료들이 있다는 사실이다. 따라서 그것들은 로마교회가 도입한 고안들에 대한 반대의 목소리들을 제공한다. 루터 시대에 이르기까지 로마교회 안에서 살았던 사람들은 현대 교황주의자들의 교리들과는 전혀 다른 가르침을 말하였고, 심지어 개신교도들의 가르침과 같은 것들을 기술한 저자들이 상당히 많이 있었다. 이는 현대 로마교회가 종교개혁 이후에 트렌트 교회회의에서 고백하고 확립하고 지속적으로 주장하고 불변한 것이라고 한 그 모든 것들은 일반적으로 다 수용한 것이 아니었다는 것, 또는 적어도 루터가 등장하였을 때 그 모든 것을 수용하는 것이 모든 교회의 의무가 아니었다는 것을 반증하는 것이다.

둘째, 로마교회가 서구교회에 지배력을 획득했을 때, 일반적으로 이단이나 분파주의자로 낙인찍히고 핍박받은 자들은 대체로 개신교 사상을 견지했던 자들이었다. 개신교 원리들에서 보면 그들의 주장은 진리를 위한 증언들이었다. 그들은 모든 것이 하나님의 말씀과 일치되는 것이어야만 결정하고 따랐다. 그들은 분명 독립적인 자들이었지만, 거기에는 적어도 그들이 옳고 로마교회는 틀렸다는 개연성을 충분히 제공하는 일반적인 특성과 역사를 다룬 자료들이 많이 있다. 결과적으로 그들은 개신교의 성경적인 교리들을 강력하게 붙들었으며 그 가혹한 어둠과 가장 타락한 시기들 안에 살면서도 그 교리들을 옹호한 자들이었다.

이 두 가지 입장들 중 첫 번째 부분을 지지하는 하나의 실례로는 트렌트 교회회의의 추기경단에서 제기된 제안서를 들 수 있다. 이것은 널리 알려져 있고 흥미진진한 내용을 담고 있으며, 일명 안수식을 위한 권위 있는 지침서라고 한다. 그런데 여기에는 회중들의 권한에 관한 부분이 삭제되었다. 회중들이 자신들의 목사를 청빙함에 있어서 그들의 목소리를 내고 영향을 미치는 것은 초대교회의 실천사항과 명백히 일치되는 점이었다. 그 권리는 로마교회에서 오랜 세월 동안 버려진 초대교회의 원칙들을 회복시킨 이단자들이나 종교개혁자들에게 해당되는 것으로 보았던 것이다.

　나는 호기심을 끌 만한 중요한 내용을 한 가지 더 언급하고자 한다. 트렌트 교회회의는 미사법 또는 미사 집전을 위한 권위 있는 예전법조차도 오류를 지니고 있는 자들에게 부과하는 저주의 고통 가운데 놓이게 되는 것을 결코 허락하지 않았다는 점이다. 그들은 엄청난 오류를 드러내면서 보다 더 순수하고 오랜 옛날시대부터 이어져 온 것들이라고 주장하는데, 그것들은 그 주제에 대한 현대 로마교회의 몇몇 교리들과는 결코 조화될 수 없는 것들이다. 첫 번째 입장의 둘째 부분, 즉 종교개혁 시기에 이르기까지 로마교회 공동체 안에는 현대 로마교회의 모든 교리들을 믿지 않았고 그것들을 반대하여 일반적으로 개신교회가 가르치고 있는 교리들을 붙들고 있는 저술가들의 작품집들이 지속적으로 존재했다는 것에 대한 증거는 연속적인 인용구를 통해 확인할 수 있다. 그렇게 하려면 상당한 양의 지면이 필요하지만 일반적인 사실을 언급하고 지나가지 않을 수 없다. 또한 자신들은 다양한 분파도 없고 언제나 조화를 이루고 있다는 교황주의자들의 주장에 반대되는 결정적인 증거가 있다는 사실을 말하지 않을 수 없다. 물론 개신교 저자들이 이에 대해 제기한 엄청난 논박들이 존재한다. 그들은 복잡하게 얽혀 있고 당혹스러운 논쟁을 유발한 인용된 수많은 문구들의 참된 의미가 무엇인지를 점검한 것에 의존하여 쐐기를 박았던 것이다. 이러한 내용을 담은 자료 모음집에서 그와 관련한 몇몇 저자들을 찾을 수 있다.

　우리말로[55] 된 이러한 자료들 가운데 하나는 몰튼(Morton) 주교가 쓴 『로마교회 학자들의 고백들로부터 개신교도들에게 향한 가톨릭의 상소

---

55) 역자 주) 영어로 된 것을 의미함.

(Catholike Appeale for Protestants out of the confessions of the Romane Doctors)』이다. 그리고 필드(Field)의 『교회에 관하여』라는 책의 3권 부록에 있는 글이다. 그러나 이 주제에 관해 가장 완전하고 풍성하게 다룬 저작은 루터파 교회의 존경받는 유명한 신학자인 존 게하르트(John Gerhard)의 『가톨릭의 신앙고백서(Confessio Catholica)』이다. 필드의 교회에 관한 책 3권 부록에서 과감하고 놀랄 만한 입장을 확립하려는 목적을 드러냈다. 그는 "교황이 독재하고 있는 라틴교회나 서구교회는 지속적으로 참되고 정통적이며 개신교적인 교회였다. 그리고 로마교회의 오류들과 미신적인 남용들을 계획하고 지속시킨 자들은 루터가 훌륭한 사람들의 환호 속에서 신성 모독적으로 남용되고 있는 교황의 면죄부에 반하는 제안서를 제출했을 때 동시대에 존재한 단지 하나의 당파에 불과한 자들이었을 뿐이다."라고 했다.

이러한 일반적인 입장은 괴상망측하게 과대포장된 것이었고, 로마가톨릭의 악명 높은 교리적 사실들과는 완전히 모순되는 주장이었다. 자신을 개신교도라고 하면서 로마교회가 참된 정통 개신교회라고 말하는 것은 억지 주장이다. 루터가 등장했을 때는 하나의 교회회의(제2차 니케아공회)가 형상숭배를 확립하였고, 또 제4차 라테란 공회에서 화체설을 확립하였으며 모든 치명적인 죄악들을 용서받기 위해서는 고해성사가 반드시 필요하다고 확정한 이후였다. 그리고 1439년에 플로렌스 공회에서는 연옥설을 확정했고, 그리스도의 모든 교회 위에 군림하는 교황의 최고수위권을 확립하였다.

이 모든 사실들은 개신교도들이 갖은 애를 다 써서 증명해 낸 것이다. 즉, 현대 로마교회는 자신들이 사도성과 보편성을 띠고 있는 최고의 교회라고 주장하지만 현대 로마교회의 모든 체계는 트렌트 교회회의에 오기까지 온전히 구축된 것이 아니었다는 사실을 증명해 냈다. 트렌트 교회회의에서 결정한 칙령들에 의하여 다양한 교리들이 만들어져서 로마교회에 속해 있는 모든 이들이 강제적으로 예속하게 되는 것이었다. 그 칙령들은 이전에는 존재하지 않았던 신앙들이었다. 본질적으로 개신교적인 것들인 다른 의견들 몇몇은 로마가톨릭교회 공동체 안에서 실제적으로 고백된 것이고 관용적으로 수용되었던 것들이었다. 이것은 사실로 증명된 것들이다.

교황주의자들과의 논쟁에서 쟁점이 된 이것은 통상적인 교황주의자들의 요구들과 억지 주장과 연계되어 있는 것들이다. 그러나 종교개혁이 시작되기까지 라틴교회나 서구교회가 정통이었고 개신교였다고 말하는 것은 말도 안 되는 이야기이다. 학자였던 필드(Field)가 이러한 견해들의 첫 번째 입장을 확립하게 한 많은 호기심과 가치를 지닌 것들을 양산해 냈지만, 그는 자신이 취한 입장을 증명해 보이지는 못했다.

필드의 작품이 옥스퍼드 운동을 주도했던 이들의 커다란 관심을 받은 것은 당연하다. 그의 견해는 그들의 입장과 완전히 조화를 이루고 있다. 그의 견해는 그들이 증명하기가 상당히 힘겹게 느껴진 고 교회(High Church)원리들과 로마교회와 연계를 가지고 있지 않는 것들에 대한 부담감을 덜어 주는 것이 되었다. 로마교회에 귀속되기 전에 그들이 가졌던 난제와 그들이 내세운 합법적인 결과물들에 대한 원칙들을 사용할 근거를 찾지 못하고, 잉글랜드교회를 떠나는 것을 망설이고 있는 자들에게는 그 난제가 종교개혁을 옹호하는 것이 되었다. 로마교회가 합법적인 권위를 지닌 진정한 사도성 계승자들이라고 인정해 온 이후로 그들이 개혁파 교회들의 입장을 분파주의자들로 규정하는 모든 혐의를 벗기고 개혁파를 지지하는 것이 되었다. 그때까지도 로마교회는 어떤 심각한 오류를 지니고 있는 것이 아니라고 가르쳤다. 그들 중 몇몇은 종교개혁자들이 로마교회를 떠난 자들이 아니라 축출된 자들임을 증명하고자 했다. 그러므로 종교개혁자들은 분리의 책임을 지닌 자들이 아니라고 주장했던 것이다.

그러나 이것은 만족스러운 것이 되지 못했다. 개혁자들이 붙들었던 견해들은 로마교회에게 공정한 근간을 제공한 것이었다. *만일 개혁자들이 합법적인 권위를 소유하였고, 지금 하고 있듯이 동일한 고백을 가졌다면* 그들은 로마교회로부터 축출되기에 합당한 자들이라는 결론에 도달한다. 그러나 필드가 한 것처럼 교리적인 문제를 생각할 때 지금 로마교회가 루터가 등장했을 때 단지 하나의 분파로 보고 그 이후 실로 트렌트 교회회의에서 우위권을 내세웠다고 한다면, 어쩌면 개혁가들은 합법적으로 세워져 있는 이 교회를 이탈하는 일은 하지 않고 다만 현존하는 정통 교회의 가장 건전한 분파가 되었거나 그런 자들로 남아 있게 되었을 것이다.

필드는 일반적으로 다른 주제들에 대해서는 고 교회 원리들에 대한 지지자는 아니었다고 보는 것이 적절하다. 그는 감독들과 장로들의 구별성에 대한 주제에 대해서 온건하고 합리적인 입장을 견지하였다. 그리고 그는 우셔(Usher) 대주교의 감독제의 변형(The Reduction of Episcopacy)[56]에 동의하는 것을 주저하지 않았을 것이다. 그가 견지하고 증명하고자 한 것은 초대교회의 교리와 실천에 어떤 것도 개입해서는 안 된다는 것이었다. 또한 필드의 3권 부록의 내용이 옥스퍼드 운동가들이 선호하는 입장이었다고 하는 것과 그로 인하여 그의 책이 심판대에 올랐다고 말하는 것은 공정한 판단이다. 그 작품은 그가 죽은 다음에까지 출판되지 않은 아주 희귀본이 되었다. 그러한 의혹은 그 책이 필드 자신이 쓴 것이 아니라 라우드(Laud) 대주교의 입김에 의한 것이라는 말로 번지게 되었다.[57]

---

56) 역자 주) 1641년에 우셔 대주교가 교회 정치 문제에 있어서 감독의 우위권을 내세우고 있는 성공회 감독제도와 장로회주의 원리와의 간극을 줄이기 위하여 성공회 총회석상에서 절충안을 제안한 것을 말한다.

57) Baillie's "Laudensium Autocatacrisis", p. 103. Baxter's Safe Religion, p. 373. 역자 주) 베일리는 이러

1. 교회의 영속성과 가시성

우리가 언급한 개신교 저술가들이 견지한 두 번째 입장은 적그리스도 출현으로부터 종교개혁이 일어난 때까지 로마교회가 이단 내지는 분리주의자라고 낙인찍어 핍박을 한 개개인들과 기관들이 연속적으로 등장했는데 이들은 성경에 중심을 둔 개신교의 원리 안에 서 있었고, 진리의 참 증인으로 간주되는 자들이다. 이것은 여전히 폭넓게 다룰 주제이자 어떤 측면에서 보면 좀 복잡한 논쟁 사항이다. 이 입장 안에서 다루게 된 많은 주제들은 개신교도들과 교황주의자들 사이에 논쟁으로 이어졌다. 역사적인 질문들로서 상당히 고려할 만한 의혹들과 난제들이 내포되어 있는 것이며, 그리스도의 약속과 연관된 입장의 계승권, 교회의 영속성 및 가시성과 관련한 중대한 교리적인 문제들도 뒤섞여 있는 것이다.

이 주제에 대한 통상적인 교황주의자들의 논지는 루터 시대보다 훨씬 오래전부터 로마교회가 존재해 왔고, 로마교회는 세상에서 그리스도의 하나 된 보편교회로 계속 존속되어 온 교회라는 점이다. 반면에 개신교주의는 16세기 초에 등장하기 전까지는 존재하지 않았던 교회라는 입장이다. 교황주의자들은 더 나아가서 교리적으로나 성경적 원리로서 그리스도께서 약속하시고 지켜 주신 것은 그리스도의 진리를 붙들고 있는 이 땅에 가운데 존재하는 가시적인 조직 교회 안에 변함없이 지속적으로 함께하실 것이라는 주장이다. 이 성경적이고 교리적인 원리의 적용은 그리스도의 교회라고 간주된다는 개신교도들의 모든 주장은 배제된 채 오직 로

한 의혹을 언급하였는데 박스터는 필드를 언급한 것에 대하여 완전히 입증하였다. '라우드 대주교는 웨스트민스터 종교회의 이전의 성공회 대주교였고 라우드 기도예식서를 만들어 장로교를 없애려는 찰스 1세 왕의 수하였다.'

마교회만이 보편적인 교회임이 확고한 것이라는 주장을 내세운다.

그리스도의 약속들의 중요성과 그 의미가 무엇인지에 대해 교회 역사에 대해서는 이미 앞에서 설명했다. 그리하여 하나의 교리적인 문제로서 이 주제를 다시 다룰 생각은 없다. 여기서는 그와 관련되어 논의된 역사적인 질문들 중 몇몇을 간략하게나마 언급하고자 한다. 먼저, 로마교회가 세상에 있는 유일한 그리스도의 보편적인 교회로 종교개혁 이전부터 오랫동안 존재해 온 교회라는 주장은 명백하고 부정할 수 없는 사실들에 의해서 반박되는 주장임을 밝힌다. 특별히 그리스 정교회의 존재와 지구상의 동쪽에 있는 다른 교회들의 존재가 그러하다. 그리스 정교회는 교황주의자들과 다른 고 교회 지도자들이 매우 중요한 것으로 내세우고 있는 교회의 역할들과 예전 문제에 있어서 단절된 적이 없는 가시적 계승을 이어가고 있는 교회이다. 또한 라틴교회가 교회 직분자들의 정규적인 가시적 계승을 내세우고 있는 것과 같은 훌륭한 전통을 이어 가고 있다. 뿐만 아니라 외형적인 조직도 사도시대로부터 종교개혁의 시대까지 여전히 존속하였고, 지금까지도 존재하고 있다.

만일 그리스 정교회가 교황주의자들과 고 교회들의 원리 위에서 그들 자신의 위치와 지위가 그리스도의 보편적인 교회의 한 부분으로서 끊겨진 교회가 되는 것이라면, 그것은 오직 이단이나 분리주의자라는 죄명에 반하여 세워진 교회라는 말이 된다. 그러나 그들에게 그런 죄명이 붙은 적이 없었다. 따라서 교황주의 논객들은 그들에 대항하는 이러한 죄명을 제시하고자 노력하였다. 한편, 몇몇 개신교도들은 적어도 교황주의자들의 원리들 위에서 그 죄명은 성립될 수 없다는 것을 증명해 보이는 수고를 아끼지 않았다.

만일 성경을 유일한 표준으로 수용한다면 교리와 실천 부분에 있어서 매우 심각한 오류들이 그리스 정교회 안에서도 발견된다. 그러나 그런 문제들은 로마교회에 비하면 동일한 잣대로 판단하여 볼 때 문제 삼기 어려울 정도로 훨씬 양호하다. 우리가 이 부분에 있어서 초대교회의 입장들과 실천사항들과 연관하여 제대로 된 안내를 받는다면, 그리스 정교회는 로마교회보다 훨씬 초대교회의 모습에 가깝다는 사실을 분명히 알 수 있을 것이다. 실로 그리스 정교회의 공공 고백에서 존속하고 있는 것들의 정확도 면에서 놀라울 정도로 근접하다. 이 교회는 별로 주목받지 못한 제2차 니케아 회의의 칙령들을 수용한 것을 제외하고는 4세기와 5세기에 정통성으로 간주된 것들을 여전히 고수하고 있다. 심지어 본 주제와 관련해서도 정교회의 잘못은 로마교회의 것보다 훨씬 약하다. 특히 형상숭배와 관련하여 어느 특정한 입장을 유지해야 한다거나 특별한 실천사항을 받아들여야만 한다는 것을 요구하고 있지 않다는 측면에서 그러하다.

그렇다면 성경의 표준이나 초대교회의 기준으로 볼 때 그리스 정교회는 라틴교회보다 훨씬 덜 부패했음을 알 수 있다. 또 로마의 감독들이 *신적인 권위에 의하여* 모든 교회의 지배자들이라는 것을 제외하고, 그러한 빈약한 근거로부터 배제되는 것을 근거로 삼은 정교회는 교황주의자들이 자신들을 그리스도의 보편적인 교회의 한 부분으로 간주되는 것보다 더 나은 교회라고 볼 수 있다. 그리스 정교회를 이단으로 정죄한 로마교회의 주된 근거는 정교회가 성령을 성자와 성자로부터 나오신 분으로 보지 않는다는 것이다. 이 점에 있어서 개신교도들은 일반적으로 교황주의자들과 견해를 같이한다. 이 부분은 그리스 정교회가 오류를 저지르고 있는 것이다. 그러나 그들은 일반적으로 이 오류가 자신들을 보편교회의 한 부류로 간주되지 못할 만큼 이단으로 여길 만한 사유는 아니라는 것이다. 라틴교회가 정교회를 출교시킨 사실은 정교회가 분리주의자들이라는 충분한 증거가 있어서가 아니었다.

이러한 근거를 바탕으로 살펴볼 때, 로마교회가 기독교 권역에서 오랜 세월 동안 종교개혁이 일어나기 훨씬 이전부터 그리스도의 모든 보편적 교회로 존속되어 왔다는 주장은 전적으로 근거가 부족한 주장임을 알 수 있다. 로마교회가 이 주장을 어떻게 제시하든지 간에 정교회 역시 동일한 주장을 할 수 있는 교회인 것이다. 그리스 정교회가 사도시대로부터 교회의 역할들과 외형적인 조직체를 계승하여 왔다는 사실은 교회의 영속성과 가시성과 관련한 로마교회 논객들과의 논쟁에서 매우 효과 있게 작용한 근거이다. 물론 이 부분을 적용하면서 *사람들의 논의*(argumentum ad hominem)의 존엄성을 높이 둘 수 있는 것은 아니다.

그것은 교황주의자들이 개신교도들을 반대하면서 늘 제기하고 있는 주장, 즉 종교개혁 이전부터 존재해 온 자신들이야말로 보편교회로서 세상에 존속하여 왔다는 주장의 실체를 폭로하는 것이다. 그것은 참된 교회의 표지로서 단절된 적이 없이 지속적으로 존속해 온 가시적인 보편교회로 지내 왔다는 주제를 논의하는 방식에 상당한 영향을 미쳤다. 몇몇 교황주의자들은 교리의 순수성과 사도성에 대한 주제를 심도 있게 논의하는 것을 피해 가고자 한다. 어떤 교회든지 고백적인 교회의 특성과 주장들을 평가함에 있어서 *근본적으로 중요한 유일한 것은* 순수성과 정통성 자체에 의하여 충분한 증거를 제시하는 것이다. 다시 말해, 사도시대로부터 외적으로 조직되어 가시적인 계승을 이어 오고 있다는 증거를 제시하는 것이다. 그리고 보편적인 교회라고 내세울 만한 모든 주장들에 대한 증거를 제시해야 한다.

그러나 개신교도들이 논쟁에서 제기한 그리스 정교회 경우는 이 극단적인 입장을 포기하도록 강요당하였다. 단절됨이 없는 가시적 계승권은 정통성과 합법적인 권위를 주장하는 일에 없어서는 안 되는 매우 좋은 근거가 되는 것에 만족하라고 요구했던 것이다. 그 주장을 반박하는 것은 역부족이지만, 그 주장 자체만 가지고 확고한 것이라고 하는 것도 충분히 타당하지 않다. 종교개혁자들은 이러한 제한된 목적을 위해서라 할지라도 외적으로 가시적 계승권이 필요한 것이라고 인정하지 않았다. 그들이 일관되게 견지한 것은 어떤 유능한 수단을 통해서든지 고백적인 교회가 다음의 사실을 증명하는 것으로 충분하다는 것이었다. 첫째는 그리스도와 그의 사도들이 가르친 교리를 붙들고 있고 그리스도와 그의 사도들에 의해서 확립된 훈육을 유지하고 있다는 것이고, 둘째는 성경에서 재가하고 있는 외적인 조례들을 주제넘게 모욕적으로 이탈하는 것이 아니라는 것을 증명하는 것이다. 이것은 종교개혁을 옹호하는 주도적인 일반적 원리들 중 하나로 발견되는 부분이다. 그러나 우리는 이 대목을 더 논의할 시간이 없다.

개신교도들은 이 중요한 일반 원리를 강하게 붙들고 있으면서도 한편으로 교황주의자들의 교리와 반대되는 개신교의 계승과 영속성을 역사적으로 제시하는 고통을 감수해야 했다. 가시적 교회 안에서 교리와 실천의 역사를 추적하는 것은 아주 중요하고 재미있는 일이며, 치열한 논쟁이나 논박에서 그 연구의 결과를 적용하여 독립적으로 제시할 수 있어야 하는 것이다. 그 일은 배교한 로마교회가 이단들 내지는 분리주의자들로 낙인찍은 자들에 대한 특성을 변호하는 공의로운 행위이다. 개신교 저자들은 교황주의자들의 특징들과 교리들을 조사함으로써 그들의 조롱과 반대들의 어리석음을 폭로하기에 적합한 것들을 가져왔다. 그리고 개신교 진리를 확정하여 주었다. 이것이 그들의 주목적이었다. 또한 중세 시대에 로마교회가 이단으로, 분파주의자로 낙인찍어 출교시키고 핍박을 한 자들이었지만, 개신교도들로부터 진리를 증언한 훌륭한 인물들로 평가되는 자들의 역사와 견해들을 조사하는 데 포함된 원리였다. 그런 자들은 엄청나게 부패하였고 죄악이 넘쳐 나는 교회 현장 가운데서 사도적인 개신교적 교리를 이어 갔고 지켜 냈다.

이 주제와 관련된 대부분의 사실들과 논박들은 왈도파와 알비파들의 역사에 잘 반영되어 있다. 특별히 전자(이 둘은 서로 혼동되어서는 아니 된다)의 역사에 더 많이 영향을 미쳤다. 몇몇 개신교 저자들은 왈도파의 역사를 추적할 수 있다는 견해를 가지고 있다. 그리고 왈도파가 사도적인 개신교적 교리와 실천을 잘 보존하여 온 자들이었음을 입증할 수 있다. 개신교 저자들은 왈도파가 그 엄청난 배교의 현장에서 타락하지 않고 4세기부터 종교개혁의 시기에 이르기까지 지켜 온 자들이라고 주장한다. 그들은 왈도파가 중세 시대에 우리가 알고 있는 그 어떤 역사적 인물들보다도 더 개신교가 붙들고 있는 반교황주의적 교리들을 더욱 온전하고 더 지속적으로 드러낸 자들이라고 말한다.

그러나 모세임은 이러한 주제들의 역사가 완전한 공정성을 가지고 기술된 것이 아니라고 불평한다. 어쩌면 이 불평에 대한 근거는 전혀 부족한 것 같지 않아 보인다. 이에 대한 역사적 사실들과 그리스도의 교회에 대한 계승성, 영속성 및 가시성에 대한 교리와 관련하여 개신교도들과 교황주의자들의 다르고 반대되는 견해들을 적용하는 문제들은 각각 매우 밀접하게 서로 얽혀 있다. 그것은 역사적인 연구에 있어서 완전한 공정성을 유지하는 것보다 더 힘겨운 것이다. 심지어 옳은 자리에 있는 자들의 입장에서도 어려운 일이다. 몇몇 개신교 저자들은 더 훌륭한 근거를 취하였고 교황주의자들에게 더 폭넓게 용인하였다는 사실을 인정해야만 한다. 즉, 하나님의 말씀과 그리스도의 약속들이 요구한 것보다 교리의 단절되지 않은 가시적 계승성에 관하여 일반적인 주제를 다룰 때 그리하였던 것이다. 따라서 그들은 그 논지의 실제들이 보여 줄 수 있는 근거들보다 역사적 증거에 의해서 더 많은 것을 확립해 나가도록 강권되어짐을 느끼지 않을 수 없었던 것이다.

2. 왈도파와 알비파

개신교 저자들은 어둡고 무시무시한 중세 시대 동안 로마가톨릭교회 안팎에서 발생한 다양하게 활용되고 중요하게 여긴 목적들과 관련된 것들로부터 사도적 개신교 교리의 계승을 추적하고자 하는 중요한 시도들에 깊은 관심을 가졌다. 따라서 그들은 가톨릭 교리와 정반대되는 입장을 취한 개신교적인 사도적 교리를 세우고자 했는데, 특별히 종교개혁 시대에까지 이어 온 튜린의 감독인 클라우드(Claude), 폴리키안들(Paulicians)[58], 카타리들(Cathari)[59], 알비안파(Albigenses), 왈도파(the Waldenses), 위클리프와 존 후스, 프라하의 제롬(Jerome of Prague), 보헤미아 형제단(the Bohemian Brethren) 등을 통해서 확립하고자 했다.

개신교 저자들은 진리를 위한 이들의 증언들을 구현하는 여러 가지 작업을 준비했다. 그것들은 로마의 주교들이 가르친 교리들과 실천사항들, 그리고 선언들과 반대되는 것이었다. 어쩌면 이 방면에 헌신한 가장 완벽

---

58) 역자 주) 바울파로 불리는 자들은 중세 기독교의 분파로 양자론(Adoptionism)을 주장했다. 이들은 예수께서 요셉과 마리아 사이에서 일반사람들처럼 태어났는데, 세례를 받을 때에 하나님의 아들로 선택되어 양자가 되었다고 믿는 자들이다. 이 분파는 중세 안디옥의 총대주교인 사모사타의 바울(200-275)의 이름에서 따온 것이라고 한다.

59) 역자 주) 카타리파는 12, 13세기에 북부 이탈리아와 남부 프랑스에서 활동했던 기독교 분파로, 이원론주의자들 또는 영지주의자들의 재등장으로 알려졌다. 이들의 사상의 기원은 폴리키안들에게 있다고도 한다.

한 작업은 교회사에 처음으로 훌륭한 업적을 남긴 막대부르크의 『수세기들』(Centuries)의 저자인 플라시우스 일리쿠스(Flacius Illyricus)의 『진리의 증언 목록』이다. 그런데 그의 증언들은 우리가 지금 관심을 기울이는 시대보다 더 광범위한 시기를 포함한다. 교황제를 반박하는 주장에서 그는 사도 베드로로부터 출발하였으며 그 이후로 거의 1500년의 세월 동안 다양한 저자들의 글로부터 흥미진진한 많은 내용을 소개하였다.

중세 시대에 진리를 위한 증언들로 활약한 이들 중 단 몇 사람의 교리적 입장을 정확하게 규명하는 것은 매우 어려운 일이다. 대부분의 경우 그들을 핍박하고 대적한 교황주의 저자들의 글들을 제외하고 그들이 믿은 것과 가르친 것이 무엇인지를 우리는 정확히 알지 못하기 때문이다. 그러나 그들을 살해한 자들은 그들을 비방하는 데 전혀 양심의 가책을 느끼지 못했음이 분명하다. 우리가 언급한 사람들 개개인이나 단체들은 교황제에 대해서 열정적으로 반대한 자들이었을 뿐 아니라 교황주의 저자들이 그들에게 혐의를 씌운 죄목들에 대해서는 무죄한 자들이며, 그들의 삶과 그들의 죽음을 통해서 성경적인 개신교적 진리의 원칙들을 확고히 붙들었던 사람이라고 볼 수 있는 증거들은 넘쳐 난다. 그들은 로마교회의 박해를 당당히 받으면서 견뎌 냈다. 왜냐하면 그들은 이러한 원칙들에 대해서 확고하였기 때문이었다. 그들은 하나님을 두려워하였으며 주 예수 그리스도를 사랑하였다. 그들은 진정으로 성령의 인도하심과 지지를 기뻐한 자들이었다.

몇몇 개신교 저자들은 그리스도가 약속하신 땅에서는 언제나 가시적인 유형교회가 존재하고, 사도적인 교리의 계승을 이어 가는 신실한 자들이 있게 됨을 암시하는 것들이 필연적으로 존재한다는 의견을 고수하였다. 물론 우리 주님께서 약속하신 것들의 중요성에 대한 이런 입장을 취한 자들도 그들이 여전히 개신교적인 원칙들을 배반하지 않고 지키고 있다면, 옥스퍼드 운동가들이 행한 것처럼 로마교회와는 구분된 사도들 시대로부터 보전되어 온 사도적인 교리의 계승을 이어 가는 유형교회를 만들어 내야 한다는 데 동의한다. 이 동의는 상당한 책임이 요구된다. 왜냐하면 그것이 부과하는 조건을 역사적 증거에 의해서 명확하게 만족스럽게 만들어 내는 것이 쉽지 않기 때문이다.

그리스 정교회(The Greek Church)는 몇 가지 측면에서 로마교회와는 상당히 대조된다. 그들은 적어도 공적인 고백 문제에 있어서 로마교회가 저지른 부패를 똑같이 저지르지는 않았다. 이에 개신교 저자들은 앞서서 로마교회주의자들을 대항하는 사람들의 논의들 위에서 그리스 정교회를 수용하기를 주저하지 않았고, 일말의 좋은 효과도 나타낸 바 있다. 그러나 그들은 이 논쟁에서 그것이 근거가 된다거나 안전한 것이라고 생각하지 않았다. 단지 그들은 자신의 이름으로 사안의 진실적인 측면에서 형상숭배 문제와 관련하여 제2차 니케아 공회의 법령들을 받아들였기 때문에 직접적으로 그들을 수용한 것이었다. 개신교도들은 그리스도의 약속들을 성취하기 위해서 사도적인 개신교 교리의 실체들을 변함없이 계승해 가고 있는 유형교회가 지상에 계속적으로 필요하다는 것을 인정했다. 한편, 이를 위해 내세운 근거 위에서 논리를 전개하여 일반적으로 그 조건들을 전적으로 충족시킨 것은 왈도파와 알비파였다.

물론 그들 역시 이전 시대로부터 적그리스도가 등장하기까지 종교개혁 교회로서 대체해 오면서 사도시대로부터 이어지고 있는 사도적인 개신교 교리의 실체를 계승해 왔음을 증명해야 하는 자들이다. 따라서 그들은 교리적으로 크게 타락하기 전에 초대교회와 연계되는 종교개혁자들의 시기와 함께하는 자들임을 증명해야 한다. 이것은 매우 힘든 일이다. 왜냐하면 주장한 바가 만족스러운 역사적 증거에 의해서 성립된 것을 확신하기가 쉽지 않은 일이기 때문이다. 교황주의자들이 개신교 저자들의 동의를 얻어 내는 일에 성공한 것은 유형교회에 의해서 견지해 온 사도적 교리의 지속적인 계승의 필요성에 의한 것이었다. 그것을 얻어 낸 사례는 일반적으로 왈도파와 알비파들의 경우였다. 그런 다음 그들은 그 조건이 실제적인 역사 안에서 모두 다 충족시키지 못하였다는 것을 내세우면서 자신의 입맛에 맞게 그들을 악용했다. 그들은 매우 어려운 문제들을 다루는 데 있어서 이 주제를 역사적인 증거로 포함시키고자 궁리하였는데, 이것은 합리적으로 논증될 수 있는 것이 아니다.

개신교 저자들은 교황주의자들이 공격하고 비난한 11세기, 12세기, 13세기와 그 이후 시대의 알비파들과 왈도파들의 입장을 옹호하는 데 성공하였다. 그리고 그들의 교리들이 12세기부터 줄곧 본질적으로 지금 개신교 교회들이 붙들고 있는 것들과 같은 것임을 보여 주었다. 그들은 또한 교황주의자들이 그들의 기원을 제시하고 있는 것보다 훨씬 더 이른 시기에 출범한 자들임을 증명해 보였다. 심지어 개신교 저자들은 왈도파가 9세기의 튜린 감독인 클라우드의 시대부터 존속했다는 가능성을 제기하기까지 했다. 그러나 이 주장은 개신교가 일반적으로 9세기경에는 교리적으로 치명적인 타락이 등장하지 않았기 때문에, 9세기까지 거슬러 올라가 그들이 존재하였다는 역사적인 증거를 제공하고 있다고는 볼 수 없다. 이 주제에 대하여 교황주의자들이 붙들고 있는 역사적인 정황들에 대한 전반적인 견해는 부서에(Bossuet)의 11번째 책인 『다양한 개신교 교회들의 역사(History of the Variations of the Protestant Churches)』에서 발견된다.

이 책은 그 이후의 개신교 저자들이 주로 이들을 따랐다는 것을 반박하는 내용을 담고 있다. 실제로 파버(Faber)가 1838년에 출판한 『고대 왈도파들과 알비파의 역사와 신학』이라는 책은 일반적으로 교황주의자들에 내세우는 그리스도의 약속들의 중요성에 대한 개념들과 연관된 입장들을 다룬 부서에의 역작에 대한 답변서 형식이다. 즉, 부서에가 15번째 책인 그의 마지막 작품에서 강론되고 적용된 교황주의자들의 견해에 대한 파버의 답변 형식의 책이었다.

파버는 반교황주의자이자 반옥스퍼드 운동가였지만 그리스도의 약속들은 사도적 교리의 본질을 잘 붙들고 있는 조직된 유형교회의 지속적이고 깨어지지 않는 존재가 지상에 언제나 필요하다는 것을 내포하고 있는 것에 동의하는 고교회파의 사람이었다. 그는 알비파와 왈도파는 이 조건을 충분히 충족시키는 자들이라고 보았다. 그는 자신의 입장을 확립하기 위하여 상당한 창의력과 학습력을 동원하였다. 그러나 그는 부서에의 주된 많은 주장들을 증명해 내지 못했다. 그는 참으로 개신교주의의 전체 원리를 증명하고자 대범한 시도를 한 것은 분명하지만, 증명하고자 한 요지를 충분히 잘 밝혀내지는 못했다. 특별히 그리스도께서 자기 교회에게 주신 약속들의 참된 의미와 적용문제에 내포되어 있는 것들을 고려할 때 그러했다.

이 주제에 대하여 부서에와 다른 교황주의자들이 주도한 역사적 입장은 다음과 같다. 첫째, 알비파와 왈도파는 그들의 기원과 위치, 교리 및 특징 면에 있어서 전혀 다른 분파라는 것이다. 둘째, 프랑스 남동부 지역에 정착했던 알비파는 동방으로부터 온 바울파로부터 나온 자들이며 그들은 마니교들과 유사한 자들이라는 것이다. 결과적으로 그들은 심지어 개신교도들에 의해서도 사도적인 교리의 계승자들로 간주될 수 없다는 주장이다. 셋째, 왈도파는 12세기경 리용의 피터 왈도 또는 왈두스가 시작한 분파이다. 즉, 그 이전에는 존재하지 않았다는 주장이다. 넷째, 이 왈도파들은 12세기에 등장하여 종교개혁 때까지 존재하였는데 그들이 가장 왕성하게 활동했던 기간 동안에 코티안 알프스의 계곡에 정착했던 자들이라는 것이다. 이들은 이단이라기보다는 로마교회로부터 나온 노바티안들이나 도나티스트들과 같이 분리주의자들이었다는 주장이다. 이들은 교리적인 문제보다는 훈육문제로 갈라선 자들이었다는 주장이다. 주된 모든 교리적 입장에서 그들은 특별히 성찬식과 관련하여 로마가톨릭의 입장을 붙들었다. 그러므로 개신교도들이 주장하듯 그들이 사도적인 교리들을 존속하였고 계승한 자들이라는 것은 있을 수 없다는 입장이다.

이러한 견해들의 첫 번째 주장과 관련하여 일반적으로 개신교도들이 동의하는 것은 왈도파와 알비파가 서로 다른 분파라는 사실이다. 물론 그 둘은 서로 혼동되게 사용되거나 같은 존재들로 인식하는 경우도 있지만 사실은 서로 다른 자들이라는 것이다. 그러나 이 주장을 수용한다고 해서 로마가톨릭의 논박이 자료적으로 우세한 입장에 있다고는 볼 수 없다. 다른 세 가지 견해들은 개신교 저자들에 의해서 다 반박된 것들이었다. 전반적으로 우리는 그들이 다 증명되지 않는다는 입장이다. 그러나 우리가 이미 지적한 것과 같이 우리는 이 모든 것을 파버의 입장을 성립시키기에는 역부족이라는 점을 언급하지 않을 수 없다.

알비파가 마니교도들과 같은 주류에 있다는 혐의는 그들을 핍박하는 자들과 그 당시 교황주의 저자들이 항시 갖다 붙인 죄목이었다. 그렇지만 이것이 사실인 것처럼 우리도 동일한 권위를 가진 견해를 가지고 있다. 그것은 그들이 마니교 원리를 붙들고 있다는 것을 지속적으로 부정해 왔다는 사실이다. 그들은 순교를 당하면서 까지도 이에 대한 주장을 굽히지 않았다. 그리고 그 당시에나 그 이후에도 그들의 혐의를 입증할 어떤 증거도 찾지 못하였다. 그들은 원죄와 영생의 교리라는 원리의 측면에서 마니교 교리를 붙들었고, 그로 인하여 파생된 것들을 붙들었다고 주장한다. 그래서 우리도 그들을 핍박한 자들의 단언을 고스란히 가지고 있는 것이다. 과연 그들이 양심을 위하여 기꺼이 순교를 당했다는 사실을 인정하자니 그 안에 있는 오류로 인해 그들이 주장한 것을 그대로 수용하는 것은 난감하지 않을 수 없다. 또 다른 한편으로 그 혐의 자체를 부정하는 것에는 그들에게 짐을 가중시키는 것들이 동반된다.

특별히 로마가톨릭교회에 의해서 비방과 핍박을 받은 알비파의 전체 역사는 필연적으로 2세기와 3세기의 초대교회가 받았던 비방들과 핍박들을 연상케 한다. 이 사람들을 핍박한 자들의 설명들에서도 예기치 않게 자연스럽게 등장하고 있듯이 교황권의 잔인한 희생을 피할 수 없었던 이들의 전체 특징과 행위는 이교도 로마제국에 의해서 희생된 초기 순교자들의 특성과 원리들과 동일한 것이었다는 강렬한 확신을 주기에 알맞다.

자크 바스네이지(Jacques Basnage, 1653-1723)[60]는 프랑스 남부에서 로마 교회로부터 분리된 자들 중에 실제로 마니교의 오류에 감염된 자들이 더러 있었다는 개연성을 생각하면서도, 실제로는 그렇게 비난을 받는 혐의에 대한 증거는 없다는 입장을 견지한다. 우남 쌍크탐(Unam Sanctam; 거룩한 하나)이라는 칙령을 공포한 유명한 교황 보니페이스 8세의 주장(이 칙령은 교황제를 지나치게 강조한 것으로 사고의 분별력도 없고 성경을 총체적으로 왜곡한 한심한 칙령으로 유명하다)에서 우리는 마니교 원리를 따르고 있다는 혐의가 일말의 증거가 있다거나 충분한 근거를 지니고 있는 것이 아니었다는 흥미로운 주장이 그 당시에도 제기되었음을 엿볼 수 있다. 왜냐하면 그 칙령에서 교황이 내세운 마니교의 실례들은 그들의 지역 내에서 시민 권력

---

60) 역자 주) 그는 프랑스의 탁월한 개신교 신학자 중 한 사람으로서 설교자이자 언어학자, 저술가이며 행정가였다. 그는 개혁교회들의 역사와 고대 유대인들의 역사를 저술하였다.

자가 존재하고 그 권력은 교회권력과는 독립적인 것이라는 두 가지 이 원리를 내세웠다는 선언을 하고 있기 때문이다.[61]

파버(Faber)는 그의 질의의 두 번째 책 중 제3장에서 위에서 언급한 부분과 관련하여 알비파의 실질적인 성경적인 교리들에 대해서 아주 어울리지도 않고 또 있을 법하지도 않은 왜곡된 방식으로 가정해서 설명하고 있지만, 그 설명은 매우 독창적이고 풍부한 내용으로 꾸며져 있다. 다시 말해, 알비파가 마니교주의자라는 혐의는 그 기원이 어디에서 온 것인지에 대한 설명이 없이 순수하고 절대적인 날조의 죄목으로 뒤집어씌워졌던 것이다.

전반적으로 우리는 알비파라고 불린 자들은 12세기, 13세기에 씨가 마를 정도로 로마교회로부터 핍박을 받았지만, 그들이 마니교적인 오류를 신봉한 자들이었다는 타당한 증거는 전혀 없는 자들이었음을 증명해 냈다. 그리고 교황제에 반대함에 있어서 그들은 신실하고 정직하게 사도적인 개신교 교리를 견지한 자들이었고, 순교자들이었다는 사실 역시 의심의 여지가 없음을 증명해 냈다. 그들은 '하나님의 말씀과 그들이 믿고 있는 신앙 때문에 살해된 자들이었다.' 그들은 여전히 부르짖고 있다. '거룩하시고 참되신 여호와여 땅에 거하는 자들을 심판하여 우리 피를 신원하여 주지 아니하시기를 어느 때까지 하시려나이까?'[62]

왈도파의 기원과 교리에 대한 부서에의 세 번째와 네 번째 입장은 여전히 중요하다고 본다. 적어도 논박 문제를 고려해 볼 때 파버가 알비파가 마니교적인 이단이라는 주장에 대해서 종종 포기했다 하더라도, 부서에의 주장에 동조하고 있는 한 이 문제는 매우 중요하다. 부서에와 교황

---

61) Corpus Juris Caninici; Extrav. Com., Lib. i., tit. viii., c. i.
62) 요한계시록 6장 9-10절 말씀.

주의자들이 퍼뜨린 주장은 12세기 중엽에 리용의 부자 상인 피터 왈도 또는 왈도스에게서 왈도파가 시작되었고 그 이름이 등장했다는 것이다. 이 개인적인 이름은 로마교회로부터 분리해 나왔고 로마교회를 반대했던 사람의 것이었음은 분명하다. 왈도는 개인적인 경건의 삶에 대한 엄청 많은 자료를 남겼다. 그는 자신이 성경을 번역하고 보급한 자라고 언급하였다. 그는 신적인 진리를 퍼뜨리는 자이며, 그로 인해 반교황주의 분파의 창시자가 되었고 진리를 위하여 증언하는 자들 중에 가장 영광스러운 위치에 있다고 했다.

그가 활동하던 시대 이전에 알프스 계곡에 로마교회와 단절하고 반대하며 나선 정통교회가 존재하고 있었다는 점은 충분한 자료를 바탕으로 연구해 봤을 때 우리 역시 전혀 의심하지 않는 사실이다. 더욱이 왈도가 이 알프스 계곡에 존재한 교회와 가장 먼저 접촉한 인물이었다는 것도 믿을 수 있는 충분한 근거가 있다. 그는 그들이 믿었던 동일한 교리를 가르쳤는데, 이는 그들로부터 배운 것이었다. 그 이후로 그를 추종하는 자들이 박멸당한 핍박 가운데서 살아남은 알비파들과 함께 프랑스에서 추방되었을 때 알프스에 정착하였다. 거기에서 이미 그 이전부터 존속해 왔고 그들의 교리와 같은 입장을 띤 고대 왈도파 교회에 합류하였던 것이다. 이렇게 해서 왈도의 직속 추종자들로부터 그들의 교리들이 전수되었다.

우리는 왈도와 알프스의 옛 왈도파들 사이의 관계에 관한 이러한 모든 입장들이 온전히 증명된다는 것을 말하려는 것이 아니다. 그러나 단지 그럴 가능성이 매우 높다고 여길 만한 것들이 상당히 많이 있어서 우리가 그것들을 받아들이는 것을 주저할 이유는 없다는 것을 밝히는 것이다. 마찬가지로 우리는 많은 역사적 사실들로부터 얻을 수 있는 타당한 근거들이 불충분할지라도 수용하고 있는 것과 같은 것이다. 우리가 수용한다고 해서 논쟁에서 제기되는 그들에 대한 진실성이나 확실성에 안주하는 것은 아니다.[63] 그렇다면 여기서 떠오르는 질문은 이것이다. '알프스 계곡에 있는 이 왈도파 교회의 기원과 역사와 관련하여 더 알 수 있는 것은 무엇인가?' 분명한 사실은 이 교회가 왈도 시대 이전에 외딴 시골의 옛 교회로 불렸다는 것이다. 그리고 이 주장은 일반적으로 교황주의 저자들도 동의하는 바이다. 이 사실 외에는 만족스런 증거에 의해서 확실하게 성립될 수 있는 자료는 많지 않다. 그러나 이 교회는 때때로 최초의 개신교도라고 불리는 9세기 튜린의 클라우드 시대에도 존재했었다는 기록이 있다. 이처럼 믿을 만한 타당한 증거들이 존재한다. 따라서 그 교회의 지속적인 존재에 대한 증거와 본질적으로 정통신학과 순결성을 말하는 증거들은 의심 살 이유가 전혀 없다.

그러나 이 교회가 9세기부터 12세기까지 정통교리를 계승한 교회로 존속해 왔다고 증명할 길은 없다. 9세기를 넘어서 그 이전으로 거슬러 가면 알프스 계곡 중앙에 가시적으로 조직된 정통교회가 존재했다는 주장을 지지할 만한 증거를 끄집어낼 수 있는 것이 하나도 없다. 교황주의자들은 현재 왈도파 조상들의 기원을 말하고 있는 알프스 계곡의 왈도파 사람들이 12세기의 리용의 피터 왈도로부터 기인된 자들임을 보여 주는 일에 실패하였다. 또한 비슷한 입장을 수용한 파버와 다른 개신교도들 역시 역사적 근거들을 확신하기 위해 추적하는 일에 실패하였다. 즉, 12세기로부터 상대적으로 더 일찍부터 존재하는 순수한 초대교회로까지 거슬러 올라가서 존재한 조직된 유형교회로 계승되었다는 것을 아무도 증명하지 못했다.

---

63) Faber의 Inquiry를 보라.

이제, 부서에의 네 번째 질문과 관련하여 왈도파가 교리적으로 로마교회와는 별 차이가 없고, 다만 교리보다는 훈육 문제에 이견이 있어서 분리되어 따로 독립적으로 존재했기 때문에 개신교도들이 그들을 앞세워서 상당 기간 동안 반교황주의 교리인 사도적 교리의 계승자가 존재했다고 볼 수 없다는 주장을 살펴보자. 우리는 그 견해가 결정적으로 증명이 되지 않았다는 것은 전혀 의심하지 않는다. 만족할 만한 증거가 종교개혁 시대로부터 11세기까지 거슬러 올라가면서 충분히 제기되었다. 9세기의 튜린의 클라우드 시대까지 어떤 방해거리도 없이 모든 개연성에 있어서 왈도파 사람들은 결연하게 로마교회를 반대하였고 로마교회의 주도적인 교리 체계들을 반대했다. 그 반대들의 근거는 성경적인 자료들에 입각한 것들이었다. 그들은 본질적으로 개신교주의의 주요한 교리들을 붙들었던 것이다. 우리는 이것이 부서에의 질문에 답변하면서 바스네이지와 파버에 의해서 확립된 사실이라고 생각한다. 이것은 정말 흥미롭고 가치 있는 내용이다. 따라서 교회 역사에 있어서 상대적으로 별로 중요한 관심을 받지 못한 왈도파의 역사를 반드시 살펴보아야만 한다.

전반적으로 파버와 다른 이들에 의해서 시도된 것들, 즉 알비파와 왈도파를 통해서 *가시적인 조직된 유형교회*가 붙들고 견지한 사도적인 개신교 교리의 계승이 그들에게 있었다는 사실은 매우 설득적이다. 그들은 그리스 정교회와 로마교회들이 실패한 것을 독특하게 붙들고 있었던 것이다. 그러므로 결론은 '우리 구세주의 약속들이 이것을 내포하거나 요구하고 있는 것이 아니다.' 또는 '그것들은 그리스 정교회와 로마교회에서 성취되었다.' 이 둘 중에 하나이다. 따라서 이것들은 종교개혁 시대에 본질적으로 건전하고 정통적인 그리스도의 교회로 이미 존재해 온 교회로 간주되어야 한다. 파버의 글은 구세주의 약속들이 그 고백의 필요성을 뒷받침해 주고 있다는 개연성을 제공하게 되는 것은 거의 없는데도 빈약한 증거를 가지고 역사적인 입장을 규정했다. 이것은 너무나 분별없고 성급한 행동의 전형적인 실례라고 볼 수 있다.

실로 정직한 사람들은 역사적 사실과 꿰맞추기 위해 우리 주님의 약속을 왜곡시키는 유혹에 대항하는 일을 철저히 감당해야 하는 의무를 가진다. 다른 한편으로는 우리 주님의 약속들과 맞추려고 역사적 사실들을 왜곡하는 우를 범하는 것도 피해야 한다. 그러나 파버는 우리 주님의 말씀을 바르게 해석하는 것도 실패했고, 동시에 왈도파를 통해서 조직된 가시적인 정통 교회의 지속적인 계승이 있다는 역사적 입장을 확립하는 것에도 실패하였다. 우리는 우리 구세주의 약속이 역사의 실제적인 사실들과 일치되고 있음을 보여 주는 일은 어렵지 않은 일이라고 생각한다. 주님의 교회는 비록 언제나 가시적인 형태로 조직되어 나타난 것은 아니지만 지상에서 단 한 번도 모두 다 파멸케 된 적은 없었다. 그리스도께서는 언제나 그리스도를 섬기는 남은 씨를 가지신다. 다양한 외적인 환경 가운데서도 그리스도를 섬기는 자들을 남겨 두신다. 그런 자들 중에는 매우 타락한 교회의 맥 빠진 상태에서도 주님의 바른 교리를 붙들고 있었고 주님의 길로 행한 자들이 있었던 것이다.

파버가 전해 준 알비파와 왈도파의 역사는 그리스도의 약속들의 성취를 발전시켜 나가기 위한 가장 중요하고 가치 있는 것을 제공했다. 그리고 그리스도와 그의 뜻에 가장 큰 대적자인 배교한 로마교회(the apostate Church of Rome)의 특징과 성향들에 대한 올바른 인식을 가지도록 우리에게 큰 도움을 주었다.

제17장

종교개혁시대의 교회

제17장

종교개혁시대의 교회

우리는 교회사를 들여다보고 있다. 그중 특별히 교회가 굳게 붙들고 있고 전파해 온 교리들의 역사를 검토하고 있다. 또한 이 교리들이 사도들의 시대부터 16세기 초 종교개혁의 시대까지 어떻게 형성되어 왔는지를 고찰하고 있다.

16세기는 교회 역사에서 가장 흥미진진하고 중요한 시기이다. 진실로 여러 측면에서 볼 때 그러하다. 하나님의 아들께서 인간의 몸을 입고 이 세상에 오신 것과 그 자신의 영감을 받은 사도들이 그의 이름으로 열방에 나가 가르치라는 명령을 받은 시기를 제외하고는 모든 면에서 흥미롭고 중요한 시기이다. 이 시기의 주도적 특징은 가장 주목할 만하며 가장 초자연적이고 가장 명백한 신적 능력과 신적 은총이 부어졌다는 것이다. 이 시기에는 하나님의 성령의 내주하심에 따라 탁월한 능력으로 무장한 걸출한 지도자들을 일으켜 세우시는 일에 있어서 그분의 특별한 역사하심이 있었다. 또한 그리스도의 은총으로 교통하시고 사건의 과정을 조정해 주심에 있어서 이러한 사람들을 교회와 이 세상에 가장 중요한 혜택들을 나눠 주는 도구로 사용하셨다.

종교개혁 시기는 하나님께서 지성과 영성의 탁월한 실력으로 무장시킨 매우 주목할 만한 사람들이 상당히 많이 나타난 시대였다. 하나님의 섭리가운데서 그들은 특별히 흥미진진한 환경 속에서 세움을 입었다. 그리고 그들은 가장 중요하고 가치 있는 결과물을 끌어냈다. 이 시기의 사건들은 어쩌면 사도시대 이후로 그 어떤 것들보다도 가장 중대한 사건들이었다고 못 박을 수 있다. 즉각적으로 그리스도께서 그의 교회를 다루심에 있어서 하나님의 도덕적 통치하심의 위대한 원리들을 설명하는 데 정확히 들어맞는 시대였다. 그리고 전체적으로나 개별적으로나 하나님의 백성들을 교훈하고 인도하기 위한 가장 중요한 실천적 교훈들을 제공한 시기였다.

이 시기는 고백하는 모든 교회가 다 로마 감독의 비참한 노예로 전락되어 있는 상태와 더불어 시작되었다. 그리고 이교적인 신앙을 신봉하고 있는 가장 악명 높은 자와 함께 인간의 본성을 수치스럽게 만든 자(알렉산더 6세)와 함께 시작된 시기였다 이 사람은 기독교 전체가 지상에서 그리스도의 전권을 쥔 대리인으로서 간주하였고, 그의 교회를 통치하는 군주로 간주하였다. 이 교회 전부가 다 총체적으로 무지에 빠지게 했고 각양 미신과 추문에 휩싸이게 만든 자였다. 이런 상황 속에서 출범한 이 시대는 개신교도들인 우리의 입장을 대변한 인물들 몇몇 사람들도 나타났다. 겸손하고 잘 알려지지 않은 개개인들이 이 문제에 대해서 항거하는 목소리를 내기도 했다. 그들은 하나님의 말씀 안에서 하나님께서 계시하신 뜻과 관련하여 모든 측면에서 교황주의자들이 얼마나 모순된 주장들을 펼쳤는지를 폭로하였다. 그리고 교회를 통치하는 자들이 찬탈해 간 권력행사를 거부하였다.

우리는 지상의 권력자들이 가했던 엄청난 권력과 초월적인 수단들을 목격하였다. 시민 권력이나 교회권력자들 모두가 다 그들을 반대하는 자들을 잔혹하게 짓밟아 왔음을 보았다. 그렇지만 그들 중 어느 누구도 성공하지 못하였다. 이처럼 환난을 이겨낸 겸손한 개개인들은 사도들보다는 좀 부족한 자들이었지만, 그토록 힘겨운 상황 속에서도 참 진리를 증거 하는 일에 엄청난 성공을 거두었다. 그들의 성공은 성령의 감동하심을 받은 사도들이 즐거워했고 효과를 본 것들 다음으로 대단한 열매를 거둔 사건 이었다. 그들은 인간이 처한 일시적이고 영적인 상황에 가장 많은 자료들을 남겨 주었으며, 이 자료들은 여전히 세계적으로 큰 영향을 끼치고 있다.

이 위대한 운동의 시작과 과정, 그 결과들과 관련해서 우리가 주목하는 것은 군주들의 회의들, 정치인들의 책략들, 그리고 군사들의 싸움이 난무 하던 상황에서 그들은 놀랍게도 하나님의 인도하심을 직접 받아서 하나님의 다스림 가운데서 행동했다는 부분이다. 그리고 하나님께서 그분의 종들의 노력을 강력하게 지원하셨고 그의 원수들의 계략들을 무너뜨리셨으며, 심판과 긍휼을 통해서 하나님의 목적하심을 성취하신 부분이다. 이러한 일에 하나님께서 사용하신 자들은 평범한 일들에 관해서는 별 관심이 없었고 오로지 하나님의 영광만을 드러내고자, 그리고 그의 정하신 뜻을 성취하고자 온 신경을 다 쏟은 자들이었다. 그들이 어떤 자들이었는지 무슨 일을 했는지를 연구하는 것은 매우 유용하면서도 유익한 일이다. 그들이 본래 소유하였던 자질들이 무엇이었는지, 그들이 가진 영적인 은사들이 어떤 것들이었는지, 그들에게 주께서 수여하신 은총들이 무엇이었는지, 그들의 성격과 행실이 그들이 처한 위치에서 어떻게 영향을 끼치게 되었는지, 그들이 겪은 시련을 어떻게 대처해 나갔는지, 그들의 임무들을 어떻게 수행하였는지, 그들의 기회들을 어떻게 진전시켜 나갔는지 등을 살펴보는 것이야말로 참으로 유익한 것이라 말하지 않을 수 없다.

종교개혁자들이 탁월한 자질을 지녔다는 것과 그들도 우리와 같은 성정을 가졌다는 것에 대한 증거는 차고 넘친다. 그들의 말과 행동에서 드러나는 거듭난 사람에게 나타나는 허약한 부분들도 결코 드문 것이 아니었다. 그러나 이것들조차도 그들의 역사를 살펴보는 가운데 우리의 흥미를 자극함으로써 도전을 갖게 하고, 또 다른 추가적인 자료들을 안겨다 주는 것이다. 따라서 우리는 그들의 허물들, 약점들, 그리고 단점들도 주목하여 눈여겨보아야 한다. 우리는 그들이 지원받은 것이 무엇이었는지와 그들이 추구한 목적이 무엇인지를 보아야 한다. 그렇게 함으로써 우리는 우리 자신의 견해와 행동을 어떻게 규정할 것인지에 대한 유용하고 필요한 교훈들을 얻을 수 있다.

중요한 것은 종교개혁을 달성하게 된 원칙적인 기록물들에 익숙해지는 것이고, 주요 개혁자들의 삶과 특성들에 대해서도 잘 아는 것이다. 그러나 종교개혁의 역사적인 사건들의 나열이나 개혁가들의 전기들을 소개라는 것이 이 강의의 목적은 아니다. 물론 섭리적인 측면에서 사건들이 어떻게 서로 연관되었는지를 고찰하는 것은 분명 중요하다. 그리고 개혁가들의 삶과 특성들에 대해서 윤곽을 그려 주는 것 역시 매우 유용하다. 그러나 우리가 쉽게 접근할 수 있는 그와 같은 일들을 다룬 자료들은 부지기수로 많다.[64] 따라서 여기에서 우리는 16세기 신학에 집중하고자 한다.

이것은 이 시기의 교회 역사에 있어서 가장 중요한 요소이다. 종교개혁이 다른 것과 구별된 위대한 특징은 하나님을 예배함과 죄인들을 구원하신 방식과 관련하여 성경에서 가르친 참된 원리들을 담아낸 건전한 교리의 부활과 회복에 있다. 신학적 측면에서 볼 때 이것에 버금가는 중요한 요소는 하나님의 말씀에 대한 참된 교리의 회복인데, 이 방식이 로마교회에 의해서 수용되었다. 다시 말하면, 트렌트 교회회의의 결의는 종교개혁자들이 가르친 성경적인 교리들과는 정반대되는 것인데, 지금의 로

---

64) 특별히 내가 쓴 종교개혁자들과 종교개혁의 신학(영국 진리의 깃발사 발행) 책을 보라.

마교회는 지난 1,400년 동안 교회에서 깊이 뿌리 내린 교리와 실천사항으로서 많은 부분을 받아들였다. 그렇다면 16세기의 위대한 특징을 형성하는 것은 두 가지로 볼 수 있다. 하나는 교리, 예배, 그리고 교회 정치의 회복이 적어도 사도적인 순수성으로 돌아가게 된 것이다. 그리고 또 다른 하나는 로마교회의 칙령에서 말하고 있듯이 오랜 세월 동안 성장해 온 이단들과 부패한 많은 것들에 대하여 무오한 권위를 지닌 자의 지속적인 통치와 신학적 관점으로 재조명된 것이다. 하나님의 말씀의 조명 하에서 이러한 주제를 살펴보는 것은 아주 유익하고 흥미로운 결과를 얻기 위한 풍부한 자료들을 얻는 데 도움이 될 것이다.

종교개혁자들이 수용한 신학체계의 주도적인 요소들은 하나님의 말씀에 의해서 정확하게 연역한 것들이었다. 그리고 그것들은 대다수 개혁된 교회들의 상징적인 책들 안에서 견고히 뿌리내린 것들이다. 실로 신학적인 학문은 상당히 많이 변형되었고 종교개혁 이후로 괄목할 만하게 확대되었다고 말할 수 있다. 그러나 이러한 변화들은 점진적으로 성장함에 따라서 신적 진리가 구성하고 있는 자료들에 대한 본질적인 요소들보다 신적 진리가 나타내고 확립하게 된 신학 체계와 그 양상에 대해 더 관심을 기울이게 되었다. 그들은 신학의 내용을 검증하는 것으로부터 찾아내야 하는 위대한 일반적인 결론에 집중하기보다는 성경에서 특별히 언급하고 있는 말씀의 명확한 뜻을 밝히고자 하는 일에 더 관심을 기울이게 되었다.

이제부터 인간의 전적 타락, 그로 인한 인간 의지의 전적인 노예상태, 속박 문제, 이 타락의 결과로 인간에게 어떤 영적인 선함을 행할 수 있는 능력이 있는지, 자신의 구원을 위해서 인간 스스로 할 수 있는 일은 아무것도 없다는 그들의 가르침 등을 파악하고자 한다. 그리고 인간이 하나님의 손에서 뭔가를 획득할 수 있다거나 자신의 성향과 상태를 향상시키는 효과적인 일을 실행함으로써 구원을 얻을 수 있는 무엇이 전혀 없다는 것, 오직 믿음으로 말미암아 그리스도의 의를 전가 받게 되었다는 근거에서 하나님의 값없이 베푸시는 은혜로 의인이 된다는 것, 그리스도에 의한 구속을 사람들에게 제공하고 적용하심에 있어서 하나님의 주권적인 목적들과 효과적인 작용을 일으키는 것 등에 대한 그들의 가르침을 들여다볼 것이다. 또한 하나의 단체로서 교회에 의해서 차지하게 된 참된 위치, 예전과 제도, 구원에 대한 하나님의 위대한 계획에 있어서 믿음으로 말미암는 그리스도와 개인적인 연합과 구분되는 외적인 유형들과 관련된 개혁자들의 교리 등을 눈여겨보고자 한다.

이 모든 것들에 대해서 종교개혁자의 교리들은 거룩한 성경 말씀과 전적으로 어울리는 것임을 증명할 수 있다. 그리고 그들을 공격한 자들의 공격에 의해서도 그 사실을 확립할 수 있다. 그 모든 가르침들을 교황주의자들만 반대한 것이 아니라 심지어 개신교도들도 반대하였다. 그리고 인간의 본성과 도덕성에 대하여 엄청난 주목을 기울이는 자들에 의해서도 공격을 받았다. 또한 기독교와 죄인들의 회심에 지대한 관심이 있다고 입으로만 고백하는 형식적이거나 위선적인 자들에 의해서도 공격을 받았다. 그 모든 가르침들은 그러한 자들에 의해서 쉽게 개정되고 이러한 결과들을 얻게 하는 단순한 방법들을 제안 받음으로써 공격을 당한 것들이다.

그러나 우리 주님께서는 이러한 교리들을 방어하도록 자질을 갖춘 탁월한 사람들을 일으켜 세우셨다. 하나님의 자비하신 목적들을 달성하는 도구들로서 하나님은 그들을 최대한으로 높여 주셨다. 이러한 교리들은 주님의 위상을 높여 드렸고 주님은 그들을 영화롭게 하셨다. 과거에도 그러하셨듯이 주님은 계속해서 그렇게 하실 것이다. 사람들을 도구로 삼으시고 그의 성령의 손에서 사람들을 어둠에서 빛으로 인도하시게 하신다.

사단의 권세로부터 주님 자신에게로 이끄신다. 종교개혁 시대와 같이 하나님은 이러한 교리들을 사용하시고 사람들에게 가르치심으로써 그들이 그의 강대한 대적인 배교한 로마교회에 치명적으로 상처 내게 하셨다. 그리하여 하나님은 앞으로도 계속해서 그의 계시된 의지와 목적들에 반하는 체계나 다른 모든 것들이 그의 입에서 나온 숨결로 말미암아 그리고 그의 오심의 밝은 빛에 의해서 다 삼켜 버림을 당하게 되기까지 하나님의 사람들이 죄의 사람들과 함께 다투게 하실 것이다.

종교개혁이 시작될 때 이 교리들이 어떤 것들이었는지를 주목하는 것은 매우 중요하다. 어쩌면 로마교회도 공식적으로는 이 교리들을 수용한다고 공개적으로 고백할지도 모른다. 특별히 현재 많은 주목을 끌고 있는 일반적인 관심사항에 대해서 논쟁하는 것과 관련시켜 볼 때 그런 교리들을 그들 역시 다 믿고 있다고 말할지도 모른다. 나는 이미 필드(Field) 박사의 탁월한 책인 『교회론』에 대해서 언급했었다. 1635년에 출판된 제3판의 3권 안에는 부록이 하나 있다. 그 부록의 "교황이 독재하고 있는 서구교회는 정통이었고 참된 개신교 교회였음이 명백히 증명 된다" 제목이 말해주는 것과 같이 '루터가 교황의 면죄부의 모독적인 남용들을 대항하여 모든 선한 사람들의 대대적인 환영을 받으면서 95개 조항을 출판하였을 그 당시에 로마교회의 오류들과 미신적인 남용들을 만들어 내고 실천한 자들은 동일한 교회 내에 산재하는 하나의 분파였음이 명백히 증명된다.' 라는 것이었다.

이와 같은 주장은 우리 시대의 옥스퍼드 운동가들에 의해서 초기부터 적극 수용되었다. 왜냐하면 만일 이것이 사실이라면, 종교개혁자들, 적어도 성공회 개혁자들은 라틴계 교회나 서구교회에서 결코 이탈한 것이 아니라, 단지 교황과 교회가 한 번도 인준한 것이 아님에도 불구하고 교회 안에서 자라난 부패들에 대항하여 개혁을 일으킨 것에 불과한 것이 되기 때문이다. 이에 따라 성공회는 지상에서 존속해 온 교회와 동일한 교회가 되며, 종교개혁 전후로 직분자들과 회원들 역시 동일한 교회의 식구들이라는 주장이 성립되기 때문이다. 그것은 종교개혁 이후에 트렌트 교회회의에서 고위 성직자들이 소개한 것으로, 이로써 가톨릭교회의 원칙들 위에서 서구교회의 하나 됨을 깨 버린 것에 대하여 교황청의 강경한 독재를 받게 된 것이라는 주장이 성립되기 때문이다. 그리하여 이러한 입장은 한동안 옥스퍼드 운동가들이 매우 선호하는 개념들이 되었는데, 그 이유는 그것들은 자신들의 종교개혁에 대한 일종의 옹호성 발언이 되기 때문이었다. 또한 그들이 그 교리들의 진실과 관련하여 사적인 판단을 내릴 때, 교회의 당국자들이 그들을 교회의 권위에 반기를 드는 자들로 규정하는 것을 피하는 데 그것들을 근거로 삼을 수 있었기 때문이었다.

그러나 그들 가운데 더 유능하고 정직한 사람들은 이것이 매우 빈약하고 방어할 수 없는 타협이라는 사실을 알아차렸다. 또 그들은 트렌트 교회회의 칙령들과 교회법들이 가톨릭교회로부터 분리된 자들로 선언하는 것이나 분리되어 남아 있는 이유에 대해 설명할 수 있는 적절한 근거를 루터나 츠빙글리가 종교개혁을 일으키기 전에 공식적으로 인준된 교리들보다 더 제공해 줄 수 없다는 것을 확신하였다.

이러한 특별한 주장과 논의와는 별개로 이 주제를 언급하는 또 다른 이유는 지금까지 언급한 것들에 대해 유명한 개신교 저자들 사이에 다양한 견해가 있다는 사실을 알고 있지만, 그들 중 대부분이 로마교회 안에서 일반적으로 가르친 것들에 매우 중요한 오류들이 있다고 주장하고 있기 때문이다. 물론 교회에서 공식적으로 인준 받은 것은 아니지만 여전히 트렌트 교회회의와 다른 곳에서 이를 부정하는 말은 하지 않을지라도 아주 제한된 측면에서 이러한 사실을 받아들이고 있다. 예를 들면, 종교개혁 이전에 이단들이나 분리를 요구하는 자들의 주장들을 로마교회가 전적으로 받아들였다는 공식적인 근거는 없지만 이는 필드 박사나 옥스퍼드 운동가들 외의 다른 사람들이 수용한 바이다. 신학의 역사 가운데서 이 부분에 대해서 말하려면 상당한 분량을 할애해야 되기 때문에 자세하게는 언급하지는 않겠지만, 이 문제와 관련된 만족스러운 증거를 가지고 확립될 수 있는 것을 간략하게나마 다루고자 한다. 이 작업은 쉽지는 않겠지만 불가능한 일은 아니다. 전체 교회가 그들의 결정에 전적으로 따라야 한다는 범 교회적이고 무오한 교회회의들의 실체가 무엇이었고, 또한 무엇이 잘못된 것이었는지를 밝히는 것은 두말할 것도 없이 교황주의자들의 일반적인 주장들과 고백들에 치명적인 일이다.

사실, 이 주제에 대해서 신중하지 못하고 매우 극단적인 주장들이 개신교도인들에게서 종종 돌출되고 있다. 그러나 이 문제에 대한 일반적인 진실은 다음 두 가지 입장에서 충분히 파악된다고 생각한다. 첫째는, 교황의 지배하에 있는 라틴계 교회나 서구 교회가 종교개혁 이전에 공식적으로 그리고 공개적으로 교리적인 오류들을 합법적인 것으로 인준한 것이었는데, 이것은 로마교회로부터 분리할 수 있는 근거를 제공하는 필연적인 조항들이었다는 점이다. 그 인준은 순종과 복종을 요구하는 모든 주장들에 대해서 반박하거나 포기함이 없고 그것들을 취소할 수 없는 방식으로 결정한 것이었다. 둘째는, 비록 종교개혁 이전에 일반적으로 가르쳐온 것이지만 지금 로마교회가 인정하는 칙령의 한 부분을 형성하고 있는 몇몇 중요한 교리적 오류들은 트렌트 교회회의 때까지 교회의 공식적인 승인을 얻은 것이 아니었다는 점이다.

이 두 가지 쟁점 중에서 첫 번째는 종교개혁 이전에 라틴계 교회나 서구 교회가 공식적으로 그리고 돌이킬 수 없는 방식으로 중요한 교리적 오류들을 범하였으며, 그 오류는 그들의 교회로부터 탈퇴의 근거가 되는 것인데, 나는 로마교회를 충분히 반박할 수 있게 하는 모든 오류들에 대해서 상세하게 설명하고 싶지는 않다. 다만, 가장 중요하고 악명 높은 것들 몇 가지만 지적하고자 한다.

개신교도들은 첫 4차 교회회의의 결정들을 성경적이고 정통적인 교리적 판단으로 받아들였다. 심지어 제5차와 제6차 교회회의의 결정도 수용했다. 물론 그 모든 회의에서, 특히 마지막 두 번의 교회회의에서 결정한 것 중에는 교회 정치와 예배 문제와 관련해서 초대교회의 실천사항들과 상당히 다른 부분들이 증폭되어 나타났지만, 개신교도들이 그것들을 대체로 수용했다. 그리고 교회 일들을 운영함에 있어서 세속적이고 세상적인 정신이 상당히 영향을 미쳤다는 많은 증거들이 있다. 그런데 그다음 제7차 교회회의, 제2차 니케아 교회회의, 그리고 제8차 교회회의에 동방교회와 서구교회가 다 함께 참여하였을 때, 쌍방이 다 우상숭배에 대한 이론적이고 실천적인 범과를 다 수용해 버렸다. 형상숭배를 온전히 인준하여 공식적으로 도입하였기 때문에 한 가지 중요한 교리적 오류와 우상숭배적인 실천사항을 재가했던 것이다.

형상숭배와 관련된 칙령에 있어서 트렌트 교회회의가 내린 결정의 권위는 대체로 제2차 니케아 교회회의에 근거한 것이었다.[65] 이는 분명히 트렌트 교회회의가 이 주제를 결정함에 있어서 완전한 근거를 가지고 결의한 것이 아니라는 사실을 증명하는 것이다. 이에, 결과적으로 종교개혁 이전의 700년 이상 전체 교회에 부가시킨 이 문제의 죄책을 제대로 판단

---

65) Session 25장을 보라.

하지 못하고 말았다. 결국은 샤를마뉴 황제의 후원하에 모인 프랑크푸르트 대회(synod)에서 제2차 니케아 교회회의 결정에 반대하게 되었다. 이것은 매우 역사적인 사건이지만 로마교회에는 너무나 괴로운 일이었다. 그렇지만 이러한 고통은 잠시였을 뿐, 그들은 만연해 있는 우상숭배의 죄악을 척결하지 못하였다. 루터가 등장하기 전에 수세기 동안 모든 교회에 의해서 수용되고 실천되어 온 형상숭배를 선호한 이 회의의 칙령들의 진실이 아무런 영향을 미치지 못하고 말았다.

이와 동일한 입장은 다른 로마교회의 우상숭배 또는 다신론사상을 표방하는 주도적인 분야들에서도 사실임을 본질적으로 드러내 준다. 예를 들면, 동정녀 마리아를 부르고 숭배하는 일과 성자들과 천사들을 숭배하는 일들이 그것들이다. 우리가 본질적이라고 말한 것은 이러한 일들을 지지함에 있어서 그리고 그것들이 기반으로 하고 있는 교리들을 트렌트 교회회의 이전의 그 어떤 범 교회적인 회의에서, 공적인 결정을 내린 것이 없었기 때문이다. 그 이유는 그것들이 형상숭배보다 더 이른 시기에 슬그머니 숨어들었기 때문이다. 적어도 마리아가 아닌 성자들을 부르고 숭배하는 것이 점차적으로 더 확대되었고, 공개적인 반대의사 표명이나 교회회의에서 정식으로 결정을 내려 달라는 공개적인 요청 없이 전체 교회로 확산되었던 것이다. 그리하여 트렌트 교회회의는 대범하게도 의도적으로 '그것들은 보편적이고 사도적인 교회의 실천과 일치하게 기독교의 시초부터 전해진 것들이며 거룩한 교부들의 동의와 교회회의의 칙령들에 의해서 재가 된 것들이다.'라는 거짓된 주장을[66] 해 버린 것이다. 그리고 교황주의자들은 그 선언을 지지하는 어떤 특별한 증거나 증언을 언급할 필

---

66) Sess. 25.

요가 있다는 생각을 하지도 않은 채 그대로 수용해 버렸다.

그러나 종교개혁 이전에 범 교회적인 회의에서 성자들과 천사들을 부르고 숭배하게 하는 공식적인 결의가 전혀 없었음에도 불구하고, 이 문제의 본질과 관련된 교회의 교리와 실천에 대한 의문을 전혀 제기함 없이 수 세기 동안 확정적이며 변개할 수 없는 것인 양 로마교회 안에 고착화되었다. 트렌트 교회회의는 수백 년 동안 교회가 허가하였고 실천한 것을 뛰어넘는 그 어떤 절차도 밟지 않았다. 종교개혁 이전에 교황주의자들 가운데서 숭배의 유형과 정도에 관하여 또는 성자들과 형상들에게 가해지는 공경에 대해서, 그리고 그렇게 실천하게 된 근거들에 대해서 많은 논의들과 토론들이 없었던 것은 아니었다. 그러나 트렌트 교회회의는 의혹투성이인 이 문제들을 매듭짓고자 하는 의도가 결코 없었다. 그들은 오늘날까지 그 결정을 미룬 채 남겨 두고 있다. 다만, 교황주의의 우상들에 대해서 변호하는 자들 중에는 더러 이견들이 제기되고 있을 뿐이다.

개신교도들이 로마교회를 향하여 우상숭배 종교요, 다신론주의자라고 비난하는 혐의와 관련해서(이 혐의에 대해서는 교리적인 오류들과 죄악된 실천사항들을 포함하고 있다) 말하고자 할 때, 종교개혁 이전에는 전체 교회가 다 이 죄악에 빠져 있었음을 부정할 수 없다. 트렌트 교회회의가 이것을 더 악화시킨 것이 아니었다. 초기 개혁자들, 특별히 루터는 이러한 우상숭배의 죄악에 때때로 가담하긴 했어도 온전히 빠져 있었던 것은 아니었다. 그러나 개신교 체계가 발전되면서 칼빈의 포괄적인 교훈에 의해서 방어된 개신교는 하나님을 예배하는 일에 포함되어 있는 우상숭배의 가증스러운 타락의 징조들을 다 제거해 버렸다. 그것을 어기면 로마교회로부터 출교를 피할 수 없는 결과를 얻게 되는 무서운 근거들 중 하나를 없애 버렸던 것이다.

종교개혁 이전에 로마교회가 공식적으로 재가한 것으로 증명될 수 있는 다른 주도적인 오류들은 다음과 같다. 즉, 화체설, 죄 사함을 받기 위해서 반드시 신부에게 죄들에 대한 고백이 필요하다는 것, 이단들을 박멸해야 할 의무들, 이 일에 협조를 얻기 위해서 시민 권력자를 동원할 교회의 권리(이것은 1215년에 제4차 라테란 교회회의에서 정착된 것임), 보편적 교회의 통치자로서 교황의 최고수위권, 사후에 연옥이 존재한다는 것, 이곳에서 신자들은 지상에 있는 신자들의 기도와 만족스러운 헌물들로부터 혜택을 얻게 되기까지 일시적으로 형벌을 받는 장소인 연옥이 있다는 것(이 사상은 1435년 플로렌스 교회회의에 의해서 정착된 것임), 이단자들과는 신앙고백을 단절하는 것이 합법적이라는 것, 콘스탄틴 교회회의에서 정착시킨 주의 만찬을 거행할 때 두 가지 요소, 즉 빵만이 아니라 포도주도 사용하는데, 이 두 요소를 다 사용하지 않아도 된다는 것 등이다.

제4차 또는 대 라테란 교회회의에서 로마교회주의자들은 만장일치로 교회회의를 범 교회적이고 무오한 교회회의로 가결하였다. 그들 중 몇몇은 거기에 생소하고 편법적인 것들이 있다고 문제 제기를 했다. 특히, 갈리칸 자유주의를 옹호하는 자들(일명 교황권 제한 주의를 제창하는 자들)이 문제를 제기했다. 그들은 시민권력 위에서 교회가 사법적 판단을 내릴 수 있다는 교회회의 결정의 권위를 삭제시키고자 했다. 그 이유는 예를 들어서, 이러한 결정들을 폐기한다고 선언하기는 했어도 교회회의가 하나의 권위 있는 회의로 구성된 교회사적인 역량을 발휘할 수 있는 것이 되지 못한다는 것이었다. 이는 그 당시에 상당히 많이 참여하였던 시민 권력자들에 의해서 지지를 받았지만, 오랜 세월 동안 로마교회가 교회문제들에 대해 내린 결정을 다 순복하는 자리에 있었기 때문에 그다지 진척을 이루지 못했다.

한편, 주의 만찬에서 축사를 한 후에는 떡과 포도주의 모든 실체가 다

변화한다는 화체설에 대한 이의 제기를 뛰어넘어 진짜 그리스도의 몸과 피로 변한다는 교리를 확립시키기도 했다. 또한 죄 사함 받기 위해서는 신부에게 모든 죄악들을 낱낱이 고백해야 할 필요성이 있다고 했다. 이것은 무엇보다 괴물적인 몰상식한 처사이고, 다른 요소들은 교황의 폭군 정치를 용인하는 것이 된다. 더욱이 칭의론을 직접적으로 부패시키는 경향을 지니고 있는 것이다. 트렌트 교회회의에서 신앙고백과 관련하여 다룬 것은 제4차 라테란 교회회의의 교회법을 반복하는 것보다 본질적으로 약간 더 진전된 것이었다. 제4차 라테란 교회회의에서는 허무맹랑한 부가적인 것들을 더 만들었다. 여기에 반대하는 반동세력들이 일어난 기간 동안에 왕성하게 활동한 자들은 그것들을 잘라 내고자 시도하였으나, 그 결과는 라테란 교회회의의 교회법을 부드럽게 하거나 개정하는 조치밖에 이끌어 내지 못하였다. 지금 로마교회가 신봉하고 있는 교회론의 모든 본질은 그 교회법 안에 다 내포되어 있다는 사실은 누구도 의심할 수 없는 것이다. 물론 그것이 13세기 초에 교회의 공식적인 교리가 된 것도 부정할 수 없는 사실이다.

플로렌스의 교회회의와 관련하여 로마교회주의자들 모두가 그 회의에 대해 범교회적인 회의였다는 것을 인정한다고는 말할 수 없다. 왜냐하면 몇몇 갈리칸 자유주의자들(교황권 제한주의자들)이 이 성향과 관계된 그 회의 주장들 중 일부를 거부하였기 때문이다. 이 거부는 거의 같은 시기에 열린 바젤 교회회의에 반대한 교황 유게니우스(Eugenius)에 의해서 작성된 것에 기초한다. 갈리칸 자유주의자들 중 더 단호하고 일관성 있는 자들은 교황 유게니우스가 바젤 회의를 해산시키고 모임 장소를 페라리에서 플로렌스로 옮겨 회의를 진행한 후 결정을 내린 이것을 불법적이고 정당하지 못한 것이라고 주장하였다. 그러나 프랑스 사람들은 이것을 범 교회적

회의로 간주하였다. 나탈리스 알렉산더와 같은 보다 더 진중한 프랑스 저자들은 플로렌스 회의가 합법적으로 개회된 것이었다고 주장하였다. 이 때문에 범 교회적 회의라 여겨졌던 이것은 갈리칸 원리들을 한동안 바닥에 내동댕이치라고 강요했던 것이다.

그러나 이것은 본질에 관한 문제라기보다는 형식에 관한 문제이다. 왜냐하면 플로렌스 회의의 *교리적인* 결정들이 공식적인 권위를 지닌 것인지에 대해서 의문을 가지는 대부분 로마교회주의자들도 그것을 건전하고 정통적인 것으로 수용하였기 때문이다. 이 점에 대해서 알렉산더는 '마침내 플로렌스 교회회의는 그 자체의 교리들의 근거에 의해서 범 교회회의라 선포되었다.'[67]라고 진술하였는데, 이것은 정말 제대로 된 지적이었다. 플로렌스 교회회의는 적어도 연옥설과 면죄부 문제와 같은 주제에 대해서 극단적으로 말하고 조심스럽게 결정한 트렌트 교회회의만큼 나갔다. 물론 이 주제들에 대해서 교회가 인식하고 있는 교리들은 그 당시 선언할 때 기대했던 것보다 더 많은 것을 내포하고 있는 것들이다. 로마 감독인 교황의 최고수위권과 관련하여 플로렌스 교회회의의 칙령은 교황이 개인적으로 무오하다고 주장한다거나 모든 교회회의를 총괄하는 우위성을 천명한 것이 아니라 갈리칸 성직자에 의해서 시인된 것이었다. 물론 로마교회주의자들도 이것이 교회의 교리라고 시인하였다. 그러나 교황권 지상주의자들(Ultramontanists)은 그것만으로 충분하다거나 이 주제에 대하여 전반적인 모든 진실을 다 드러낸 것은 아니라고 여겼다.

트렌트 교회회의는 어떤 공식적인 결정에 의해서도 플로렌스 교회회의가 제정한 교리들보다 근본적인 교황제 원리 외에 그 이상의 다른 무엇

---

67) Natalis Alexander, vol. xviii., p. 608.

을 가르치지 않았다는 것은 분명하다. 나는 실로 로마교회가 전에나 지금이나 이 주제에 대해 플로렌스 교회회의에서 선포된 칙령 외에 다른 가르침으로 변경이 가능한 것을 내놓은 적이 있었다는 증거를 발견할 수 없다. 물론 많은 교황주의자들은 그렇게 가르쳐 왔고, 교황은 어떤 비난도 없이 개인적으로 무오하며 일반적인 교회회의보다 우월적 지위에 있는 존재라고 가르쳐 왔다. 이러한 주장은 교황제 원리들을 수용하고 인정하는 자연스러운 결과물로 보인다. 그들이 통상적으로 옹호하고 있는 근거들 위에서 이처럼 인도함을 받고 있는 것이다.

이 문제에 대한 플로렌스 교회회의 결정은 '데크레툼 유니오니스(Decretum Unionis, 통합 칙령)' 또는 '그리스 정교회와의 연합칙령'이라고 하는 것에 내포되어 있다. 그 내용은 '사도적 감독과 로마 추기경은 전 세상 위에 군림하는 최고수위권을 지니고 있는 자이며, 그는 사도들의 수석 사도인 사도 베드로의 계승자이며 그리스도의 참된 대리인이다. 전체 교회의 머리이며 모든 기독교인들의 아비지이며 스승이다. 성 베드로 안에 있는 모든 권능이 보편적 교회를 먹이시고 다스리시고 통치하시는 주 예수 그리스도에 의해서 그에게 주어졌다.'[68]라는 것이다. 이것은 종교개혁 이전에 거의 한 세기 동안 로마교회의 보편적이며 공식적인 교리로 수용되어 온 것임을 알 수 있다. 이 모든 권능과 권세는 교황이 붙들고 있고 교황에게 속한 것이고, *신적 규율*도 그에게 속한 것이다.

나는 갈리칸 성직자들과 모든 교황주의자들이 이 칙령을 인정하고 있다는 점을 지적한 바 있다. 그리고 몇몇 프랑스 저자들이 이 문제가 분명하게 무엇을 뜻하는지에 대한 이해와 설명이 되지 않는 한 양심적으로 수

---

68) Natalis Alexander, vol. xviii., pp. 633-4.

용하기가 매우 껄끄러운 한 조항이 있다는 것을 언급하지 않을 수 없다. 그 문구는 '보편적 교회를 통치한다.'는 부분이다. 그들도 교황이 모든 신실한 성도들과 모든 교회들을 다스리는 신적 규율을 지닌 자라고 언급하는 데 큰 어려움이 없는 자들이다. 그러나 그들은 보편적 교회를 통치하는 권리가 일반적인 교회회의보다 위에 있다는 우월적 지위를 내포하고 있다는 의미로 해석한다는 것은 받아들이지 않았다.

이것은 일반 교회회의 혹은 범 교회회의는 보편교회를 대표하고 있는 것이라고 본 것이다. 보편교회를 대표하고 있다는 원리 위에서 교회회의의 최고 권능과 권세를 말하는 것이다. 그러나 심지어 범 교회회의조차도 그것이 대표하고 있는 보편교회보다 더 높은 위치에 있다고 내세울 수 있는 것은 거의 없었다. 이는 만일 교황이 보편교회를 통치할 권리를 가진 자라고 한다면, 그는 보편교회를 통치하는 권리를 지닌 자이고, 당연히 그 교회가 대표하는 일반적 교회회의보다 우월적 지위를 지닌 자라는 것이다.

그들은 내부적으로 교황이 그런 지위에 있다는 것을 타당하다고 보았다. 그러나 그들은 '보편교회'라는 문구를 모든 교회나 각 지역의 모든 교회와 동의어로 따로따로 분리해서 생각하였기 때문에 그것을 수용하기를 매우 꺼려했던 것이다. 즉, 보편교회라는 문구를 일반적인 교회회의를 대표하고 있는 전체성 안에서 모든 교회를 아우르는 집합적인 의미로 보지 않았던 것이다. 실로 부서에(Bossuet)는 그의 위대한 저서인 『갈리칸 성직자들의 변증서(Defensio declarationis cleri Gallicani)』에서 트렌트 교회회의에서 프랑스 성직자들이 교황의 최고수위권에 대한 플로렌스 교회회의 칙령들을 내부적으로 반복하는 것을 거부하였다는 것을 보여 주었다. 동시에 그것이 건전한 의미에서 자신들의 원칙들과 전적으로 일치하고 있는 것으로 인정한 것이 아니었음을 보여 주었다. 그러나 거기에는 앞에서 언급한 구조에 대해서 승인하는 것으로 비춰지는 것에 대한 염려도 있었다. 즉, 교황 위에 교회회의가 수위권을 가진다는 조항에 대해 갈리칸 자유주의자들(교황권제한주의)과 의견이 충돌되는 것을 시인하는 것처럼 비춰질까 봐 걱정스러웠던 것이다. 한편, 부서에는 "그 주제는 교회회의에서 다루어야 할 문제이며 플로렌스 교회회의가 결의한 것에 대한 어떤 새로운 칙령을 가함이 없이 그대로 내버려 두어야 한다."고 주장한 교황 파이우스 4세의 솔직함과 중도적인 입장을 높이 칭송하였다. 그 이유는 교황 파이우스가 교회회의 총대들이 만장일치로 결의한 것 말고는 어떤 요점들도 결정되기를 원하지 않은 사람이었다는 데 있었다.[69]

그러나 부서에가 칭하고 있는 「플로렌스 규정집」은 갈리칸주의자들의 설명이 곁들여 있다고 하더라도, '보편교회'라는 문구를 집합적으로 보지 않고 따로 떼어 분리하여 생각함으로써 전체 교회를 그 교리에 위탁해 버렸다. 즉, 그것이 성경에 기초한 것이고 신적 권리라고 인정하게 만든 것이다. 다시 말하면, 교황은 사도 베드로의 계승자이며 지상에 있는 그리스도의 대리인이고, 모든 기독교 교회의 머리이며, 그리스도께서 모든 신실한 신앙인들과 모든 교회를 다스리고 통치하는 권리를 부여한 자라는 것이다. 이 교리는 우리가 그리스도와 그의 말씀에 준하여 볼 때, 결코 인정할 수 없고 폐기하도록 요구하는 교리이다. 또한 그것은 한때 옥스퍼드

---

69) 부서에는 다음과 같이 말했다. "Quare Pius IV, non agit pugnaciter, neque ea sibi tribuenda contendit, quæ multi privato sensu, sed quæ omnes communi fide tribuerent, atque a Formula Floentina, recta licet, si bene intelligatur, sed tamen dubia Gallis in tanta re omnem ambiguitatem recusantibus temperandum putat." "왜 교황 파이우스가 싸우지도 않고 싸우라고 준 것조차도 활용하지 않았는지, 그리고 많은 사람들이 각각을 상실한 것을 활용하지 않았는지는 알 수 없지만 그는 공통된 신앙을 가지고 그 자체에 기여하지도 않고, 그렇다고 플로렌스의 규정집에 의해서 판단된 것도 아닌 것을 왜 다 선하다고 했는가? 비록 그것을 이해하는 자가 있을지 몰라도 프랑스 사람들에게는 의혹투성이기에 이것은 희석되어야 한다고 생각한다."(이 말은 본래 원문에 있는 것인데 역자의 의도에 따라 각주로 옮겼음.)

운동가들을 매료시켰던 조항이었다. 즉, 만일 그들이 로마교회가 트렌트 교회회의에서 고안되어 소개된 로마가톨릭의 신학적 기조를 폐기하도록 설득할 수 있다면, 그들은 로마의 교황이 전체 서구교회의 족장으로 기꺼이 인정할 것이고, 그들이 상상했던 것처럼 제5세기의 보편적 교회로 되돌아갈 수 있다고 보았던 것이다.

이단들과 신앙적 교류를 단절하는 것이 합법적이라는 것을 결정한 콘스탄스 교회회의의 칙령들에 대해 언급하면서 내가 첫 번째 일반적인 입장을 설명하는 가운데 다루겠다고 제안한 것 중 남은 주제는 두 요소(떡과 잔)의 성찬식을 해야 할 의무가 없다는 것이다. 콘스탄스 교회회의 권위와 관련하여 그 문제를 간략하게 말하자면 다음과 같다. 즉, 갈리칸주의자들을 옹호하는 자들은 그것을 교회회의 결정들과 회의록 안에 있는 범 교회적인 것으로 간주했던 것이다. 반면에 대부분의 다른 교황주의자들은 일반 교회회의가 교황보다 우월적 위치에 있다는 것을 결정한 제4차, 제5차 조항들을 제외시켰다고 간주하였다.

그러나 교황권지상주의자들과 교황의 직속 옹호자들은 이를 인정하지 않았다. 한편, 교회회의의 모든 일반적인 목록들 속에 한 가지 특정한 것('보편교회'라는 문구)을 제외하고 모든 다른 주제들에 대한 결정들은 갈리칸주의자들이나 다른 로마교회자들이 모두 다 범 교회적이고 무오한 것이라고 수용하였다. 그러므로 이단들과의 신앙 교류와 성찬의 두 요소와 관련된 칙령들은 종교개혁 이전에 교회에 의해서 전적으로 재가 된 것이고, 수용한 것이었음을 알 수 있다.

현대의 모든 분야의 교황주의자들은 콘스탄스 교회회의와 로마교회가 일반적인 원리로서 이단들과의 신앙교류를 끊어 버리는 것이 합법적이라고 말한다. 그 원리에 입각하여 요한 후스도 그렇게 단죄한 자신들의 잘못을 회피하고자 교묘하게 행동하였다. 이 사악한 원리가 콘스탄스 교회회의 결정에 의해서 본질적으로 주장되고 실행되었던 것이다. 이것은 범교회적인 회의라고 인정하는 자들이 다 수용하였고, 그 후로 교황에 의해서 확정되었다. 트렌트 교회회의는 이 문제에 있어서 콘스탄스 교회회의에서 결정한 것 이상으로 나아간 것은 아니었다. 트렌트 교회회의에서 한때 강력하게 항거한 이들이 제기한 협상안들에 대해서 총회는 안전 통행권(salvus conductus)에 대한 다른 형태를 그들에게 제공하는 것으로 정리하고자 했지만, 그 안들은 불만스러운 것들이라는 이유로 거부되었다. 만일 교황이 자신의 힘이 그들을 죽음으로 내모는 가장 안전하고 편리한 방편이라고 생각했었다면 안전통행권이 유지되었을 것이다.

마침내 그 교회회의는 항거자들이 총회에 참석하기를 바란다고 고백하면서 그들의 제18차 회의에서 그 이전의 어떤 것들보다 더 광의적인 안정통행권이 보장받는다는 내용에 동의하였다. 그리고 콘스탄스 교회회의의 교리와 실천에 의해서 타당하게 고쳐되었던 견해들을 제거한다고 동의하면서 그들은 의도적으로 이 결정들을 언급하였다. 즉, 모든 영역과 모든 위험으로부터 항거자들의 안전을 보장하는 결의문을 언급했던 것이다. 그리고 그들의 세력이나 활동을 의심하여 중지시켰던 법안들을 언급했던 것이다. '그로 인하여 이 부분에 있어서 훼손됨을 막았다(quibus in hac parte prohac vice derogat).'[70]라고 했다. 이는 콘스탄스 교회회의가 이단들과 신앙교류를 끊어야 함을 재가하였다는 결정적인 증거가 된다. 물론 그렇게 실천하는 일은 특별한 경우에 유능한 권위자에 의하여 의혹받기는 했어도, 그 결정문은 지금까지도 교회가 지키고 있는 교리이다.

---

70) Sess. xviii.

성찬식과 관련한 교리에서 떡과 잔 두 요소로 해야 하는가 아니면 둘 중 한 가지 요소로만 해야 하는가에 관해 콘스탄스 교회회의가 확실하게 결정한 것은 성경에는 그리스도의 명령에 따른 것에는 두 가지 요소를 다 사용하여 성찬식을 거행해야 할 의무가 있는 것은 아니다라는 것이었다. 그리고 교회는 잔을 사용하거나 포도주를 사용하는 것을 금지할 수 있는 완전한 권력을 가지고 있다고 확정하였다. 그 교리는 그리스도께서 그를 따르는 제자들에게 명확하고 분명하게 교훈하신 것을 금지시키는 데 실질적으로 사용된 지침이었다. 그 이후로 이것은 종교개혁이 시작되기 전 한 세기 이상 동안 로마교회의 교리와 실천으로 확고하게 자리 잡았고 의심을 사지 않는 교리로 실천되어 왔다. 트렌트 교회회의는 콘스탄스 회의가 결정한 그 본질을 반복하는 것 외에 그 어떤 결정도 내린 것이 없다. 그저 자신들의 결정을 뒷받침하기 위해 도리어 콘스탄스 회의의 권위를 앞세웠을 뿐이다.

따라서 종교개혁과 트렌트 교회회의 이전의 로마교회는 공적으로나 공식적인 예배에 있어서 우상숭배와 다신론주의 사상에 푹 빠진 자들이요, 교리적으로는 이단이었고 정치적으로는 폭군이었음이 분명하다. 이에 대한 증거들은 넘쳐 난다. 권징의 느슨함만이 아니라 대단한 부패와 실천의 남용들, 그리고 로마교회가 순결한 예배와 하나님에 대한 참된 교리로부터 이미 배교한 종교를 공적으로 준엄하게 전체 기독교에게 강요해 왔음을 보여 주는 증거들은 넘쳐 난다. 로마교회는 그리스도께서 제정하신 것들을 임의대로 바꿀 수 있다는 권리를 내세우며 실천하였다. 그리고 그리스도의 백성들의 권리와 자유를 짓밟았다. 로마교회는 모든 교인들에게 그리스도의 영광과 권위에 복종하는 것을 거부하게 되는 신앙과 실천을 요구하였으며, 인간의 이해력을 모독하는 신앙을 강요하였고, 도덕적인 명백한 원리들에 반하는 것들을 하도록 강요하였다. 그러므로 그러한 사실들 자체만으로도 로마교회의 권위에 복종해야 하는 의무를 철회하고, 로마교회의 성찬을 폐기하며, 도리어 자신들을 위하여 하나님이 정하신 규례대로 시행하는 것을 준비해야 함이 당연하다. 그리고 은혜의 수단들을 즐겨 사용하되 성경적이고 초대교회가 제공하고 있는 그 표준에 부합하는 방편으로 해야 하며, 이것은 그들의 양심에 반하는 것이 되어서는 아니 되고 하나님의 복을 기대할 만한 보다 나은 이유를 가지고 그 모든 예전을 실천하게 해야 한다.

종교개혁에서 교회 안에 교리적 입장에 대한 전체 진리를 제시할 두 번째 필요성은 로마교회가 인정하고 있는 신경에는 의심의 여지가 없는 명백한 오류들이 있다는 사실 때문이다. 다시 말해, 그것은 종교개혁 이전에 그들이 공식적으로 가르친 교리로서 공식적인 교회의 재가를 받은 것은 아니었을지라도 트렌트 교회회의에서 무오한 권위에 의하여 돌이킬 수 없도록 처음으로 교회에 부가시킨 것이다. 이 입장의 근거를 우리가 간략하게나마 설명하고자 한다.

종교개혁 이전에 로마교회가 인정한 신경이며 그 신경의 한 부분을 형성하고 있는 주도적인 교리적 오류들 안에는 죄인의 구원의 방편을 드러내는 본질적인 원리들과 직접적으로 관계된 내용은 하나도 없다. 그 내용들은 일반적으로 알고 있는 은혜의 교리와 완전히 상충되는 것들이다. 그러나 지금 개신교도들은 로마교회가 이러한 가장 중요한 주제들에 대해서 매우 위험한 오류적 가르침을 가진 종교라는 혐의만 말하고 있다. 사실 이 혐의는 트렌트 교회회의에 의해서 재가된 문건들을 담고 있는 트렌트 교회회의의 칙령들과 교회법이 제공한 것을 근거로 내린 것이다. 그러나 이것이 로마교회가 그 이전에도 어떤 권위 있는 기관을 통해서 수용되

없는지는 증명할 수 없다.

펠라기안주의 혹은 조금 변형된 사상을 취한다면 세미펠라기안주의는 그 모든 것이 다 반 복음주의적인 것으로 파악하게 되었을 것이다. 반 복음주의란 은혜의 교리에 대한 성경적인 견해에 반대함에 있어서 기독교인이라고 고백하는 자들에 의해서 제기된 그 모든 것들이 복음과 위배된다는 것이다. 비록 어거스틴의 영향이 있었다 하더라도 그것들은 정죄받는 교리들이며 5세기의 여러 교황들에 의해서도 광범위하게 배척된 것들이었다. 그리고 에베소 교회회의에 의해서도 반대된 것들이었다. 5세기의 아프리카 대회의 칙령들과 6세기의 오렌지 교회회의 법령들은 펠라기안과 세미펠라기안의 오류들을 명백하게 정죄한 회의들이었는데, 비록 보편교회가 전반적으로 다 그것을 수용한 것은 아니었지만 일반적으로 범 교회적으로 존중하고 복종할 사항으로 간주되었다. 그러나 종교개혁 때까지 어거스틴의 신학체계의 주된 원리들을 거부했다거나 정죄하는 잘못을 저질렀다는 증거 역시 찾지 못한다.

따라서 개신교도들은 어거스틴으로부터 루터에 이르기까지 로마교회의 교제 속에 살았던 자들로부터 성경적이고 복음적인 원칙들을 지지하는 증언들을 발견하는 데는 전혀 어려움이 없었다. 심지어 종교개혁의 시작 시점과 트렌트 교회회의 사이에 살았던 그 시대 사람들로부터도 그러한 증거들을 찾는 데 전혀 어려움이 없었다. 그러나 펠라기안과 세미펠라기안 견해들은 종교개혁 이전에 2세기 이후로 이어져 온 교회의 일반적인 가르침과 권위를 크게 더럽히고 말았다는 것은 의심할 수 없는 사실이다.

펠라기안이 가진 은혜의 교리에 대하여 성경적 견해에 대한 개념이나 타락현상은 일괄적으로 개인적인 신앙생활의 저조한 상태로 떨어뜨린다는 것은 사실이다. 이 두 가지는 필연적으로 서로에게 영향을 주며 움직일 뿐 아니라 원인과 결과로 작동하는 것이다. 로마교회 체계의 일반적인 전체 흐름은 사적인 신앙생활을 즉시 파멸하기에 딱 알맞은 것이다. 그리고 그것은 복음적 교리를 왜곡하거나 말살하기에 적합한 종교이다. 이 두 가지 목적을 달성하는 일에 사단이 성공을 거두지 못하였다면, 사실상 하나는 필연적으로 다른 하나를 내포하거나 만들어 낼 수밖에 없지만 사단의 걸작은 실패를 증명하고도 남았을 것이다. 그러나 그의 성공은 허용되었다. 그 결과 종교개혁 이전의 수세기 동안 개인적인 경건의 능력은 교회에서 엄청나게 사라지고 말았다. 복음의 참된 교리와 특히 죄인의 구원의 길에 대한 성경적 견해가 사람들에게 전혀 알지 못하는 것이 되고 말았던 것이다.

펠라기안주의는 교회가 공식적으로 재가한 것은 아니었을지라도 교회 직임자들의 일반적인 교훈들을 보급시켰다. 그들은 모든 기독교 신앙에 전적으로 다른 입장을 취한 것은 아니지만 하나님의 의에 대해서 무지하고 도리어 자신들의 의를 확립하고자 했던 몇몇 사람들의 가르침들을 크게 확산시켰다. 그들은 하나님의 의에 복종하지 않은 자들이었던 것이다.

사색적인 교리문제에 관한 논쟁은 스콜라 학자들의 수고와 저술들을 통해 매우 많이 조성되었다. 그들 중 대다수는 아주 예리하고 왕성한 활동의 지성인들이었다. 그렇지만 개인적인 신앙은 스콜라주의 시대에 상당히 저조하였다. 하나님의 말씀에 대해서 겸손하게 기도하는 마음으로 연구하는 일은 전적으로 사라지게 되었다. 이에 따른 필연적인 결과는 앞에서 언급한 것과 같이 신학적 주제들에 대한 그들의 사색들이 전반적으로 펠라기안 혹은 반(反)복음적 국면을 띠게 된 것이었다. 스콜라 학자들은 본질적으로 중세시대의 이성주의자들이라고 해도 과언이 아니다. 비록 그들이 삼위일체 교리와 구속 교리를 붙들고 있었다고 할지라도 모독적인 사색가들은 아닐지 몰라도 가정적인 사색을 위한 범위와 자료들을 제공한 장본인들이었다. 기독교 체계의 대부분의 다른 교리들에 대한 그들의 견해의 일반적 특징은 현대 소시니안들의 좀 못한 펠라기안주의의 특성들과 상당히 유사하다.

물론 스콜라 학자들의 글에서 성경적이고 세미펠라기안 교리들을 지지하는 매우 의미 있는 증언들이 나온 것도 사실이다. 특별히 그들 중에 가장 훌륭한 두 사람은 문장론의 대가인 피터 롬바르드와 천사적인 박사 혹은 스콜라주의의 천사라고 불리는 토마스 아퀴나스이다. 아퀴나스는 성인으로 추앙받은 인물이기도 하다. 그러나 세미펠라기안 입장을 띤 이 두 사람의 견해는 전반적으로(전부가 그런 것은 아니지만) 순수한 계시에 근거한 것들이 아니라 성경적인 진술과 더불어서 형이상학적인 사유들에 기초한 것들이었다. 비록 그들이 성령과 하나님의 말씀의 인도를 구하거나 즐거워한 것은 아니었다 하더라도, 강력하고 왕성한 지적 활동과 관련하여 만일 그들이 공정한 게임을 하였더라면 사람들이 건전한 생각을 가지도록 이끌었을 것이다. 그리고 사람들이 종교적인 주제들을 처음 접하게 될 때 인간의 지성의 일반적인 이해와 활동들이 직접적으로 그리고 즉각적으로 접촉하게 되는 성경의 다른 교리들, 즉 예정론, 섭리론, 신적 기관에서와 같이 경건치 못한 것들을 수반시키는 오류는 발생시키지 않았을 것이다. 그리고 오늘날 우리 시대에서 바라본 무신론자 홉스(Hobbes)와 이교도인 콜린스(Collins) 그리고 소시니안 프리스틀리(Priestley)와 같은 사람들이 다룬 주제들은 어떤 면에서 성경에서 가르치고 있는 것과 유사한 견해들을 유지하게 하는 필요성과 복음적이고 칼빈주의적인 진리의 체계 안에서 구체화된 것들에 대한 오류를 수반하지 않았을 것이다.

일반적으로 스콜라 학자들은 원죄를 상당히 많이 다루었다. 하나님의 뜻을 행하는 인간의 본성적인 역량과 인간 자신의 구원에 뭔가를 기여할 수 있는 역량에 대해 폭넓게 가르쳤다. 그러나 교리의 독특한 논제로서 칭의론은 뒷전으로 밀려났으며, 그것을 공식적으로 다룬 적은 거의 없었다. 칭의와 관련한 모든 성경적인 원론들은 좀 전에 언급했던 것과 같이 오류들로 인해 가라앉고 말았다. 특히 선행을 통한 공로사상과 성례가 인간을 의롭게 한다는 효력에 대한 주장 때문에 모두 다 뒤덮이고 말았다. 이 중요한 주제에 대한 펠라기안 원리들은 비록 스콜라 학자들의 일반적인 사색이 널리 보급되어 있었다 하더라도 그런 사상을 반대하지도 않았고 교회 당국자들은 그에 대해 전혀 의심을 품지 않았다. 왜냐하면 그들도 다기독교와 관련된 그 당시의 성향과 특성에 매몰되어 있었기 때문이었다. 실로 이들 당국자들이 고백하고 있고 사역에 부름을 받은 자들이 한결같이 선언하고 있는 것은 어거스틴의 권위를 존경하며 펠라기안주의를 거부한다는 것이다. 그것은 의심되지 않는 사실이지만 스콜라 학파의 일반적인 가르침과 그들의 강의의 핵심을 들여다보면 펠라기안임을 알 수 있다.

물론 교회는 공개적으로나 공식적으로 그러한 교리적 오류들을 재가하였다고 말할 수는 없을 것이다. 그러나 그들은 교회의 직임자들의 공식적인 가르침들을 퍼뜨렸다. 그리고 교회는 그들의 가르침의 수고를 전혀 검증하지도 않았다. 일반적으로 대단히 심오한 학자로 알려진 14세기 켄터버리 대 주교 브라드워딘(Bradwardine)은 『펠라기우스를 반대하는 하나님의 이유(De causa Dei contra Pelagium)』라는 책을 썼다.[71] 이 책은 신학의 역사에 있어서 중요한 몇몇 시대를 드러내고 있다. 그리고 조금은 조잡하며 스콜라주의적 형식을 띠고 있지만 복음적 진리를 상당히 잘 옹호하고 있

---

71) Amesii의 'Bellarminus Enervatus'를 언급하였다. tom. iv., p. 44. 브라드워딘의 글에 있는 문구는 872쪽에 있다.

고 교회 안에 널리 번져 있는 펠라기안 오류를 애통하게 탄식하고 있다. 그러면서 그 문제를 점검해 달라고 교황에게 다음과 같은 말로 청원하였다. "베드로여 일어나라 왜 자고 있느냐?"

그러나 베드로는 그의 소리를 들을 수 있는 상황이 아니었다. 계속해서 잠만 잤다. 결과적으로 펠라기안 이단은 가장 총체적이고 가장 유해한 방식으로 16세기 초에 교회를 잠식해 버렸다. 이에 종교개혁자들은 모든 열정과 힘을 다해 널리 펴진 오류들을 바로 잡고자 애썼다. 그리고 그 오류들은 스콜라 학자들의 영향으로 말미암은 것들이라고 묘사하였다(개혁자들은 그들이 받을 만한 모욕보다 더 강한 어조로 지적하였다). 개혁자들은 그 오류들이 그리스도에게 불명예를 안기는 것들이며 인간의 영혼들에게 해를 끼치는 것들이라고 하였다. 특별히 루터와 관련하여 그의 주된 소명과 작품 및 성과들은 모두 구원의 길을 왜곡시킨 펠라기안 이단들과 신적 진리의 체계를 더럽힌 것들을 폭로하고 그에 저항하는 것이었다고 해도 틀리지 않는다.

스콜라 학자들의 권위와 교회 권세가들의 관용을 가지고서 반박한 루터의 초창기 반대자들은 공개적으로 펠라기안 오류들을 방어하였다. 그리고 복음적 진리의 원리들, 특히 성경적 은혜의 교리들을 최선을 다해 반대하였다. 그러나 트렌트 교회회의가 열리기 전에 로마교회주의자들은 이러한 주제들에 대해서 좀 더 신중을 기할 필요가 있다고 느꼈다. 만일 교회가 이제까지 고백해 온 것을 지키고자 한다면 펠라기안주의를 거부하는 데 다소간에 확실하고 정직하게 입장을 표해야 한다고 느꼈던 것이다.[72]

---

72) 필드(B. iii., c. viii, p. 85)는 추기경 콘타리누스 혹은 콘타리니(그의 칭의론은 상당히 건전한 것이다. 랑케(Ranke)가 쓴 교황들의 역사 37쪽을 보라)의 글로부터 매우 흥미로운 글을 발췌하고 있다. 그 글에서 추기경이 불명한 것은 '만일 누구든지 인간의 본성을 저하시키고자 한다면 죄악된 육체의 교만을 죽여야 한다. 그리고 하나님의 은혜의 풍성함을 확대해야 한다. 그 일의 필요성을 촉구하라.'라는 것이었다. 결국 그는 루터주의자로 판명되어 이단이라고 낙인찍혔다. 비록 그들이 가톨릭이라는 이름을 높이 샀을지라도 그들 스스로는 펠라기안 이단들이었던 것이다.

멜랑흐톤은 1536년에 쓴 그의 작품에서 자신의 성향의 나약함들과 여러 방면에서 자신에게 불명예스러운 면모를 드러내었는데, 우리는 그 작품에서 그가 프랑스의 프란시스 1세와 협상을 시도했을 때 종교개혁이 일어나면서 이러한 질문들의 몇몇 사항들에 대하여 로마교회주의자들 사이에 건전한 생각들이 움트고 있음을 지적하는 내용을 발견한다. 그리고 결과적으로 서로 간의 용인에 의해서 모든 차이점들을 조절할 수 있는 개연성을 언급하고 있음을 발견한다. 그 내용은 다음과 같다. '그 당시의 칭의에 대한 논쟁은 별로 부각된 것이 아니었다. 사실 그 문제는 처음에 배운 자들에게 속한 논쟁이었으나 그것은 엄청난 투쟁의 서막이었다. 스콜라주의자들은 이미 알려진 문제들로부터 이 모호한 주제를 불합리하게 다루고자 했다. 다시 말하자면, 그들은 하나님의 율법을 만족시키는 것이라고 했다. 또 행위의 공로로 죄 사함을 얻게 되는 것, 그리고 자신의 행위의 존엄성을 인정받는 것, 즉 율법을 완전히 지키는 자신의 행위로 의롭다 함을 얻는다는 것을 옹호하지는 않았다. 모든 사람은 그리스도를 신뢰하는 믿음의 행위를 인정해야만 한다. 그 믿음으로 죄 사함을 받는 것인데, 스콜라주의자들의 가르침에는 이 부분이 명시되어 있지 않다. 모든 사람은 그리스도의 영광 안에서 다양한 부류의 사람들에게 주어지는 이 믿음을 인식해야만 한다. 마찬가지로 학자들 사이에는 자유의지와 원죄 및 다른 많은 관련된 질문들에 관해서도 일차적으로 동의하였다.'[73]

---

73) Controversiam de justificatione ipsa tempora mollierunt. Nam de multis convenit inter doctos, de quibus fuerunt initio magna certamina. Namo jam defendit ista absurda quæ leguntur apud Scholasticos, quod homines possint Legi Dei satisfacere, quod mereantur remissionem pecatorum diginitate suorum operum, quod sint justi, id est, accepti propter propriam diginitatem, et legis impletionem. Omnes jam fatentur fide opus esse, hoc est fiducia in Christum in remissione peccatorum, de qua fide nulla est mentio in Scholasticis. Omnes jam fatentur interesse gloriæ Christi, ut illa fides inculcetur hominibus. Convenit item inter Doctos de libero arbitrio, de peccato originis et de plerisque aliis quæstionibus conjunctis.

이 견해들 안에는 약간의 진리가 담겨 있다. 단지 진술된 그 내용 자체를 볼 때 그것들은 그 증거가 근거하고 있는 것들보다 훨씬 더 강한 것들이다. 왜냐하면 로마교회주의자들은 멜랑흐톤이 묘사하고 있는 것만큼 정통적인 존재들이 아니었기 때문이다. 그들로부터 추론한 멜랑흐톤의 언급, 즉 그들과 화해하게 될 가능성과 개연성 자체가 전적으로 납득되는 것이 아니었다. 그러나 로마교회주의자들은 일반적으로 널리 퍼져 있는 스콜라 학파들의 펠라기안주의의 병폐를 날려 버려야 할 필요성을 느끼고 있었다. 이 때문에 그들은 종교개혁이 시작될 때 옹호하였던 것이다. 트렌트 교회회의에서 그들의 교묘함은 다음 세 가지 목적들과 연계되어 주장되었다. 첫째는 개혁자들의 교리들안에 정죄할만한 것이 있는지를 찾아내는 것, 둘째는 스콜라적 교리들에 대하여 가능한 한 공식적인 정죄를 피하고자 하는 것, 셋째는 그들의 대적자들을 펠라기안주의자들로 혐의를 씌우는 명백한 근거를 가지고서 대적자들을 박탈시키고자 하는 것이었다.

이 목적들을 얼마나 달성했는지에 대해서는 앞으로 우리가 살펴볼 기회를 가질 수 있을 것이다. 동시에 주의할 것은 그 조사는 신중을 기해야 할 것이라는 점이다. 거기에는 상당한 어려움들이 따르기 때문이다. 로마교회가 트렌트 교회회의의 결정들에 의해서 명확하게 드러내며 판단한 것으로서 왜곡된 하나님의 은혜의 교리를 어떻게 그렇게 성공적으로 성취했는지, 어디까지 뻗어 나아갔는지를 명백하게 설명하는 것은 보기만큼 결코 쉬운 일이 아니다.

그러나 우리가 지금 다루는 주제에 대해서 눈여겨보는 것은 비록 종교개혁 당시에 펠라기안 이단이 로마교회 내에 폭넓게 퍼져 있었다 할지라도, 그리고 결과적으로 로마교회는 엄청 큰 죄를 저질렀으며 인간의 영혼에 무서운 해악을 끼쳤다 하더라도, 로마교회가 교회로서 공식적으로나 정식적으로 펠라기안의 오류들을 인준한 적이 없었다는 점이다. 따라서 지금 로마교회가 어떤 위치에 있든지 간에 인간의 영혼에 직접적인 해악을 끼치고 있는 반복음적인 원리들이 퍼져 나가게 된 점에 대해서는 공식적으로 분명한 책임을 져야 한다. 이것은 종교개혁이 소개한 순수한 복음의 빛을 받아들이는 것을 거절하게 만든 원흉이었고 마침내 교회회의를 무오한 것으로 나아가게 만들었기 때문이다. 우리는 개신교도들이 트렌트 교회회의가 개혁자들의 교리를 전적으로 싫어하였다는 사실을 전혀 의심하지 않는다. 그들은 개신교도들을 대적함에 있어서 분명한 의도를 가지고 정책적으로 모든 사람들이 다 명백하게 이 왜곡된 것들을 수용하도록 그들의 신앙조항들을 격상시켰다. 심지어 개개인의 의사에 맡겨 두었던 다양한 요점들까지 다 로마교회의 신앙으로 받아들이도록 만들어 버렸다. 그런데 이러한 것들에 대해서 자기들 사이에서도 다양한 의견들이 존재했다.

이로써 로마교회가 돌이킬 수 없는 중대한 교리적 오류에 빠지게 되었던 것이다. 종교개혁이 시작될 때, 로마교회는 그 전에는 공식적으로 빠져들지 않았던 죄악으로 뛰어든 것이었다. 그러므로 로마교회는 교회의 원칙들에 대해서 어떤 것도 희생시킴 없이 트렌트 교회회의의 결정들로부터 탈피하거나 제외시키는 일을 하지 않는 입장을 견고하게 붙들고 있는 죄로부터 자유하지 못하게 된 것이다.

트렌트 교회회의에서 결정한 칙령들과 교회법에서 구체적으로 명시된 교리적인 주요 주제들은 신앙의 규범, 원죄, 칭의 및 일반적인 성례와 특수적인 성례, 그리고 미사의 희생 제사를 포함한 것으로 제단의 성례라고 하는 성만찬, 고해성사 등이다. 이것은 죄 고백, 만족, 그리고 사죄선언을 포함한 것이고, 서품성사는 교회의 통상적인 정치인 계급서열을 포함한 것이다. 이 주제들은 일반적으로 교황주의자들의 작품들 가운데서 신학적 논의들이 있었던 것들이다. 여기서 나는 트렌트 교회회의가 이 모든 주제들에 대해서 로마교회로 하여금 돌이킬 수 없는 매우 중대한 신학적 오류에 빠뜨렸다는 것을 충분히 증명할 수 있다. 물론 이 모든 것들은 이미 오래전부터 다 로마교회 안에 폭넓게 번져 있었던 것들이다. 그러나 트렌트 교회회의 이전까지는 그런 것들에 대한 의혹제기도 허용되어 왔었고 교회적인 권위에 복종해야 할 것들로 명시된 적은 없었던 것들이었지만, 트렌트 교회회의가 그 모든 것들을 다 바꾸어 놓았던 것이다.

교회는 공적으로 인정된 문서로 기록된 전통을 가져 본 적이 없었다. 또 외경들을 성경의 정경 속에 집어넣은 적도 없었다. 공식적으로 성경 해석의 표준으로서 교회의 권위와 교부들의 만장일치를 제시한 적도 없었다. 그런데 그와 같은 원리들이 로마교회 안에서 적나라하게 거행되었다. 이로써 건전한 교리와 순수한 종교의 특권들을 크게 훼손되고 말았다. 다시 말하지만, 그 이전에는 교회가 하나님의 진리를 부패시킨 그와 같은 황당한 죄에 빠진 적이 없었다. 교회는 그것을 조사함에 있어서 사람들의 평범한 권리에 대한 보편적 의무들이 일반적인 법에 의해 짓밟히지 않았었다. 그러나 앞에서 살펴본 것처럼 로마교회는 신도들에게 하나님의 말씀이 정죄하고 있는 몇 가지 중요한 교리적 오류들을 믿으라고 요구해 왔다. 결과적으로 그 권위에 복종해야 한다는 것과 관련해서, 사람들은 그것들을 거부해야 할 의무가 분명히 있었던 것이었다. 그러나 종교개혁가들이 모든 인간의 권위와 종교적인 문제들에 있어서 교회적인 관습들을 거부하면서 하나님의 기록된 말씀만을 내세우기까지 로마교회는 신적 진리를 근본적으로 오염시키는 권위 있는 맹세를 가지는 죄를 전적으로 범하지는 않았고, 하나님의 말씀을 전혀 효과가 없는 것으로 전락시키지는 않았다.

원죄와 관련하여 펠라기안들을 대항하여 교회가 내린 옛 결정들은 스콜라 학자들이 의혹의 길로 인도하지 않는 한 그렇게 멀리 달아나지 않도록 트렌트 교회회의를 막아 나섰다. 따라서 로마교회가 사람들이 일반적으로 가진 신적 진리의 전체적인 체계의 개념 위에 서 있어 온 원죄에 대한 성경적인 견해를 무기력하게 하는 다른 수단들을 고안해 낸 것이었을지라도 이 주제에 대한 로마교회의 상징적인 교리는 개신교도들이라는 이름으로 불리는 자들의 것들보다 더 건실한 것이었다. 그러나 그 교회회의가 교회의 신앙에 부가시킨 주된 오류는 중생한 자가 가진 강렬한 욕망은 일반적으로 우리 안에 내주하는 죄에 의한 것이라고 이해하고 있는 것을 *죄가 아니라*고 주장한 것이다. 이 주장 역시 이전에 그 어떤 교회회의에서도 재가한 적이 없는 것이었다. 그러므로 그것은 사실상 교황주의자들 중에서도 반대에 직면한 것이었다.

종교개혁자들의 생각과 글 속에서는 매우 핵심적인 위치를 차지하고 있는 것이 칭의 교리이다. 본질적으로 이보다 더 중요한 교리는 없으며, 칭의 교리는 오랫동안 모호하게 가르치고 왜곡되어 버린 것 중에서도 가장 대표적인 것이다. 심지어 어거스틴의 진술들도 이 부분에 있어서는 오류와 모호성으로부터 자유롭지 않다. 다른 것과 연계되어서 우리가 이미 언급해 온 이 교리는 사도 시대에서도 교회 안에서 논쟁의 주된 주제였음에도 종교개혁 때까지 이 주제에 대해 온전하고도 전적으로 다루어진 적은 단 한 번도 없었다. 그 이유는 이 중대한 주제에 대한 사단의 적대감이 조금이라도 누그러져서가 아니라 사단은 어떤 논쟁도 거친 적이 없었고, 교회 권위자가 이 교리를 내세우게 하는 일 없이도 정죄하고 사장시켜 버리는 일에 성공해 왔기 때문이었다. 실로 그 이전에 교회에는 이 교리를 공식적으로든지 공개적으로 말할 수 있게 하는 결정이 전혀 없었다. 이 교리는 종교개혁자들이 사도시대 이후로 적어도 적확한 가르침과 관련할 때 땅에 묻혀 있었고, 거의 짓밟힘을 당한 이 교리에 대한 주제의 진리를 하나님의 말씀으로부터 드러내며 성령의 인도하심을 따라서 부각시켰을 때 로마교회는 이것과 관련한 성경의 가르침을 수용하고 선포한 적이 결코 없었다.(이 주제에 대해서 매우 혼란스러워하고 오류투성이인 견해들을 가진 자들이 많이 있었음에 대해서는 추호도 의심하지 않는다.)

트렌트 교회회의 역사를[74] 쓴 신부 폴(Paul)은 트렌트 회의 총대들이 칭의의 주제를 접하게 되었을 때 그들은 좀 당혹스러워했다고 언급했다. 왜냐하면 그 주제는 스콜라 신학에서 두드러진 제목으로 접해 본 적이 없었고, 그들이 지금까지 다루어 온 논쟁점이 전혀 아니기 때문이었다. 그들은 원죄에 대해서는 매우 많이 취급했다. 그래서 총대들은 그 문제에 대해서는 나름 논지를 지니고 있었다. 그러나 칭의 문제에는 폴 신부가 말함과 같이 어느 누구도 개념을 가지고 있지 않았다. 의에 대한 루터의 입장은 별로 다뤄지지 않았고, 총대들은 잘 알려지지 않은 것을 진행시켜야 했으므로 어정쩡한 입장을 취했던 것이다. 그들은 이 주제를 다루는 데 있어서 하나님의 말씀을 지침으로 삼지 않았기 때문에 로마교회의 공인된 신학에 이 주제가 처음으로 소개되었던 것이다. 따라서 그들은 매우 신중하고 기교적으로 잘 준비했을지라도 성경의 가르침과 정반대의 것을 보여 줄 수밖에 없었다. 그리고 칭의의 신적 방편을 잘못 기술할 수밖에 없었다. 그로 인해 인간의 영혼을 위험에 빠뜨리는 결과를 가져온 것이다.

교회의 신학에서 성례의 역사는 칭의 문제에서와 같이 매우 유사한 면을 지니고 있다. 성례에 대한 속성, 목적, 효과 측면에서 매우 부패하고 위

---

74) Tome i., Livere ii., lxxv., 335, Courayer. Vol. I.

험스러운 개념들이 일찍부터 교회에 유입되었다. 너무 멀리 가 버려서 기독교에 큰 상해를 가하고 말았다. 그러나 성례와 관련된 공식적인 결정에 대해서는 종교개혁 시기에는 그렇게 큰 비중을 차지하지 못했다. 즉, 이 당시에는 칭의를 다룬 만큼 성례 문제에 대해서 일반적으로 그렇게 많이 취급하지 않았다.

그러나 여기에는 매우 중요한 차이점이 있다. 성례에 대해서는 일반적인 것이든 특수한 것이든 스콜라 학자들이 거의 다 다루었다. 실로 그들이 취급한 성례론은 셀 수 없을 만큼 많이 남아 있다. 그것들은 다 스콜라주의 학자들의 산물들이었다. 그러므로 트렌트 교회회의의 총대들은 이 주제에 대해서는 나름 식견들을 가지고 있었다. 그런데 좀 당혹스러운 이 칭의 주제를 접하면서 그들은 성례 주제에 대해서 스콜라주의 학자들의 제안과 추측들을 좋아한 것으로 취급하였다. 이 때문에 이 주제는 스콜라주의의 권위 위에서 교회의 공인된 신학으로 소개가 된 것이었다. 그것이 성경의 인준과 같이 혹은 초대교회의 전통과 같이 취급된 적은 거의 없었지만 그럼에도 교리와 의전에 대한 엄청난 것들이 로마교회 안에 소개되었던 것이다. 그것들 대부분이 수세기를 걸치면서 다 사람들의 손에 의해서 고안되고, 계획된 것들이었다. 교회가 전에 수용해 본 적이 한 번도 없었던 것들을 다 받아들인 것이었다. 그것들은 거룩한 성경의 가르침과 위배되는 것들을 수용한 것이었고, 하나님을 예배하는 순수성에 엄청 많은 해를 끼치는 일들을 저지른 것이었다. 그리고 구원의 길을 적확하게 제시하며 인간의 영생복락 문제를 명백하게 다루고 있는 성경의 교훈에 정면으로 위배되는 것들을 교훈한 것이었다.

제18장

트렌트 교회회의

제18장
트렌트 교회회의

트렌트 교회회의는 교회사에 있어서 매우 중요한 역사적 분기점을 차지하고 있다. 왜냐하면 종종 말했던 것처럼 이 교회회의는 칼빈이 죽은 지 10년이 지난 1563년에 열렸기 때문이다. 그해는 일반적으로 종교개혁의 역사의 종점에 해당되는 해였고, 교황제의 효능을 재생시킨 시기였으며, 적어도 그해에 남아 있었던 모든 것들을 그 이후로도 계속 유지할 수 있게 한 해였다. 심지어 종교개혁이 취했던 것들 중 몇몇 것들을 다시 잠식시켜 버렸던 해이기도 하다. 그런 결과를 직간접적으로 낳게 한 것이 바로 트렌트 교회회의였다. 어느 정도였는지 살펴보자면, 그것은 트렌트 교회회의의 전개과정과 밀접한 관계가 있었다. 이 부분은 역사를 공부하는 학도에게 매우 흥미로운 주제이다. 그러나 이 분야의 연구는 직접적인 신학적 견해 측면에서 볼 때, 그 모든 것에 대한 기록에서 트렌트 교회회의가 그리스도의 하나의 거룩하고 보편적 교회라고 지속적으로 주장하는 로마교회와 관련한 엄중하고 공적인 결정문건을 어떻게 다루었는지에 달려 있다. 그리고 종교개혁자들이 가르친 주된 교리를 어떻게 다루었는지와 관련되어 있다. 로마교회 성도들은 모든 교리적 견해들에 대한 교회의 칙령들을 무오한 권위를 가진 것으로 수용하였다. 그리고 로마교회의 모든 신부는 그것들을 수용하고 고백하며 교회가 규정한 대로 잘 지키겠다고 선언하고 맹세한 자이다.

하나님께서는 종교개혁자들을 통해서 오랜 세월 동안 모호함과 오류 속에 방치되어 있었던 중대한 모든 주제들을 다루는 데 있어서 기록된 말씀 안에 계시해 주신 진리들을 재생시키는 것을 무척 기뻐하셨다. 그들은 그 진리들을 온전히 밝혀내어 사람들의 심령에 강한 인상을 심어 주었다. 그리고 트렌트 교회회의의 칙령들과 교회법은 로마교회가 수용하고 드러낸 방식이 어떤 것이었는지를 보여 주고 있다. 로마교회는 신랄한 예비적인 토론이 진행된 후에 이 모든 중대한 주제들에 대한 단호한 입장을 발표하였다. 교회의 근본적인 원리들에 의하여 교회가 반드시 변경할 수 없는 것은 고수해야만 한다는 결정, 심지어 교회의 가장 중대하고 놀랄 만한 역사가 파멸로 종결될 때까지, 엄청 큰 연자 맷돌처럼 완전히 침몰되어 더 이상 보이지 않을 때까지 고수해야 할 사항들이 무엇인지를 결정했던 것이다.[75]

트렌트 교회회의의 결의사항들이 로마교회가 지킨다고 맹세한 교리들의 독자적인 표준을 형성한 것이라고는 생각하지 않는다. 왜냐하면 그것은 앞서 열린 18번의 교회회의들 중 마지막 공회였기 때문이다. 그들은 그 모든 공회에서 결정한 모든 것들을 다 무오한 것들로 수용한다고 고백하였다. 물론 그 모든 공회들의 결정들에 다 맹목적으로 복종해야 한다는 것에는 모두가 다 동의한 것은 아니었을지라도 무오한 것으로 받아들였던 것이다. 이에 종교개혁자들은 여전히 로마교회 안에 자리 잡고 있는 교리들과 실천사항들을 수용할 수 없는 것들로 생각하고 그 점들을 온전히 부각시켰다. 물론 루터는 종교개혁을 시작하면서 점차적으로 다양한

---

75) 요한계시록 18:21 참고.

주제들에 대한 성경적인 입장을 획득하고자 했다. 그런 주제들 중 대부분은 트렌트 교회회의에서 결정한 것들이었다.

사실상 이 부분에 있어서 몇 가지 질문들이 있다. 그것들은 결코 작은 것이 아니다. 트렌트 교회회의가 망설였거나 결정을 허락하지 않은 것들에 대한 것이다. 그것들 중 하나는 교황수위권의 실질적인 특성과 범위에 대한 것이었다. 비록 벨라민이 기독교가 다 거기에 달려 있다고 말했지만 이에 대한 로마교회의 입장이 무엇인지 정확하게 말하는 것은 쉽지 않은 일이다. 로마교회 당국은 일반적으로 공회가 선택한 절차들을 그대로 따랐지만 그것들을 실행해 감에 있어서 상당한 난관에 부딪히기도 하였다. 한편, 뇌물을 주는 행위나 위협하는 것에서 벗어날 수 없었고, 많은 책략들과 협잡에 직면해야 했다. 심지어 그 모든 것들과 더불어서 서로 이해관계가 얽혀 있는 몇몇 사항들은 사전에 논의된 대로 결론지어 버렸다. 이런 이유 때문에 교황들은 그들 자신의 수위권이 교회회의 석상에서 논의되는 것 자체를 허락하기 싫어했던 것이다. 개신교도들이든지 로마교회 사람들이든지 이 중요한 주제에 대한 로마교회의 교리를 알기 원한다면, 콘스탄스 교회회의나 플로렌스 교회회의의 결의 사항들을 들여다보아야 한다. 그리고 그들의 결정들을 최선을 다하여 해석하고 조정해 줘야 한다.

물론 로마교회는 트렌트에서 규정하고 결정한 것들에 대한 책임을 피할 수 없다. 그 이후로 또 다른 교회회의가 열리지 않았다고 하더라도 후속조치들에 의해 새롭게 첨가된 것들을 초래하게 만들었기 때문이다.[76] 트렌트 교회회의에서 논의된 몇 가지 교리적인 주제들에 대하여 이미 공적으로 설명된 것들 위에 로마교회가 지켜야 하는 추가적인 결의사항들

---

76) 역자 주) 저자 윌리엄 커닝함은 1861년에 세상을 떠났음으로 1869년의 제1차, 1964년 제2차 바티칸 교회회의에 대해서는 알지 못하였다.

이 더 있다. 이 때문에 확실한 논지들을 이해하기 위하여 그것들이 어떠한 것들인지를 충분히 설명해야만 한다. 내가 염두에 두고 있는 것은 얀센니우스(Jancenius)의[77] 선구자인 바이우스(Baius)의 교리들을 정죄한 교황 파이우스 5세(1566-1572)와 그레고리 8세(1572-1585)가 정한 법안들이다. 얀세니우스의 5개 전제들을 정죄한 교황 인노센트 10세(1644-1655)의 법안, 그리고 쿠에스넬(Questnel)의 얀센니우스파나 어거스틴적인 교리를 정죄한 교황 클레민트 11세(1700-1721)가 정한 우니겐티우스(Unigentius) 법령을 특별히 살펴보고자 한다. 그 법안들은 역사적 측면에서 트렌트 교회회의의 칙령들에 의해서 제공된 것들보다 로마가톨릭의 펠라기안적인 확실한 증거(explicit evidence)를 더 많이 내포하고 있는 것들이다.

우니겐티우스 법령은 로마교회가 붙들고 있는 것으로 간주됨이 확실하다. 바이우스와 얀센니우스의 교리들에 대한 정죄를 내린 근거는 로마교회 입장과 동일한 근거 위에서 한 일이다. 이것은 지금의 로마가톨릭 학자들이 인정하고 있는 것이다. 물론 이 법령이 출판되었을 때 그들의 권위를 인정하지 않은 자들도 있었다. 그리하여 받아들이기를 거부한 자들이 있었다. 이에 대한 증거로서 당대 교황제에 대해서 가장 전문적으로 탁월하게 옹호한 학자인 뮐러(Moehler)가 그의 초기 상징주의(Symbolism) 글에서 일반적으로 로마교회의 학자들이 견지하고 있는 인간의 도덕적 상태에 관하여 특별한 의견을 언급하는 것을 지적한 것이 의미가 있다고 본다. 그러나 그것은 신앙 조항으로서나 신앙에 관한 조항으로서가 아니라 교회가 지키고 있는 것으로 언급한 것이었다. 훗날에 이것을 깨달은 그는 벨라민

---

77) 역자 주) 얀센니우스는 1510년에 화란에서 태어나 루우벤 대학에서 수학한 가톨릭의 성경학자이고, 겐트(Ghent)의 초대 감독으로 지내다가 1576년에 사망한 자로서 트렌트 교회회의의 총대로 활약하였다. 제수잇파였다가 성 어거스틴을 공부하면서 정통적인 교리를 견지한 학자로 살았고 사후에 그의 저서들이 정죄되었다고 알려졌다.

의 글에서[78] 발견했었을 것이다. 한편 바이우스를 반대하여 자신들의 법령에서 교황 파이우스와 그레고리가 정죄한 적이 있는 이 의견에 의문을 품는 것은 자신의 오류를 철회하는 것이었다. 그리고 그 입장은 이 근거 위에서 신앙의 공적 사항으로 받아야만 한다는 것을 주장하는 것이었다.[79]

본질적으로 이 사건은 그렇게 중요한 것은 아닐지라도 상대적으로 볼 때 약간의 중요성을 띠는 것이다. 왜냐하면 바이우스 교리에 대한 정죄가 로마교회가 다 받아야만 하는 것으로 인식하고 있음을 보여 주는 것만이 아니다. 자신의 '상징주의'를 출판하기 전에 독일의 유명한 대학에서 신학교수로 섬긴 뮐러와 같은 사람이 이와 같은 유형의 잘못에 빠졌을 때 무엇이 로마교회가 인정하고 있는 권위 있는 교리인지를 단정하기가 쉽지 않다는 점을 드러내고 있는 것 때문이다. 그러나 로마교회의 교리들에 대하여 온전하고 완전한 입장을 가지기 위해서 전적으로 무오하다고 주장하는 교회의 교리에 대해서 맹세시키고 있다는 점은 확실하다. 따라서 우리는 트렌트 교회회의보다 앞서 열린 모임에서 주장된 것과 그 후에 내세우게 된 것 두 가지를 모두 잘 조사해 보아야 한다. 그래도 여전히 남아 있는 진실은 트렌트 교회회의의 칙령들과 교회법령들이 로마교회의 공식적인 권위 있는 교리적 입장에 대해 즉각적으로 대략이나마 알게 하는 믿을 만한 방편이라는 사실이다. 그리고 종교개혁자들에 의해서 재생된 주된 성경적인 교리들에 대해서 로마교회가 보인 반응 전체가 로마교회의 공

---

78) Bellaminus, de Gratia primi hominis, c. i and v.

79) 뮐러의 심볼리즘, vol. i., 37. 바이우스의 오류들을 대적하는 법령은 나탈리스 알렉산더의 교회사 책에서 확인된다. Natalis Alexander, History Ecclesiastical., Sec. xv.ii. and xvi and cap. ii. art. 14. 1851년에 출판된 영어판이 있는데, 버클리(Buckley)의 트렌트 교회회의 교회법들과 법령들을 다룬 것이다. 바이우스를 반박한 파이우스와 그레고리 교황의 법령을 확정한 1641년 우르반 7세 법령의 진위와 권위 문제와 함께 이 문제, 그리고 얀센니우스를 다룬 절차 등을 충분히 논의한 것이 있다. Baillie의 도덕신학을 보라. De Gratia christi, tom. v.

식적인 입장이 무엇인지를 밝혀 준다. 이러한 사항은 앞으로도 반드시 염두에 두어야 할 사실이다. 그것은 교회 신학의 역사에 있어서 가장 중요한 위치를 차지하고 있기 때문이다. 물론 로마교회주의자들은 교회의 수장으로서 교황의 권위에 복종한다고 서약한 모든 고백적인 성도들(예를 들어, 세례교인들, 이단적인 사람들이든 혹은 개신교 세례를 받은 자들)은 모두 트렌트 교회회의의 법령들을 다 무오한 것으로 받아들이고 지켜야 할 의무가 있다고 요구한다. 그리고 그에 대한 근거는 다른 일반적인 교회회의들과 같이 그 회의 역시 성령의 내주하시는 역사하심에 따라 확실하게 인도함을 받았다는 데 있다고 주장한다.

트렌트 교회회의 칙령에서 주장한 법령의 형태와 제목은 '거룩하고 범교회적이며 총체적인 트렌트 교회회의, 합법적으로 성령 안에서 회집된 교회회의, 사도적 감독의 대표단들에 의해서 주재된 교회회의'이다. 그들이 주장한 제목은 회의 자체에서도 종종 논박을 일으켰고, 상당히 많은 논쟁과 의견 차이들이 있었던 문제였다. 어떤 총대들은 이 문제에 영향을 끼치고자 상당히 오랜 시간을 끌며 열정적으로 논의에 나섰다. 그들이 주장한 제목에 '보편교회를 대표하는'이라는 어구가 삽입되어야 한다는 의견을 내세웠다. 이것은 매우 합리적이고 일관된 것처럼 보인다. 왜냐하면 일반적으로 교회회의는 '보편 교회를 대표하는' 것이라는 근거에서 그렇게 말할 수 있기 때문이다. 또 그리스도와 그의 영께서 임재하신다는 성경적 약속에 대한 특별한 인식에 근거하여 그들이 주장한 무오성을 내세우는 것이기 때문이다.

그러나 이 문구는 특별히 교황들이나 그의 사절단들에게는 달가운 것이 아니었다. 그 문구가 그들에게 이전 세기에 열렸던 콘스탄스와 바젤 교회회의를 진행하는 과정에서 매우 불쾌하게 여겼던 것을 떠오르게 하였기 때문이었다. 왜냐하면 이 두 교회회의는 그들이 보편교회를 대표하고 있다는 근거를 기초로 교황 위에 교회회의가 있다는 교회회의의 우월권 원리와 교회회의가 교황에 대하여 감독권을 지니고 있다는 것을 주장하였기 때문이다. 결국 교황권 세력은 그 문구를 삭제시키는 데 성공하였다.

그러나 만일 트렌트 교회회의의 총대들이 '보편교회를 대표하는'이라는 문구를 당연한 것으로 생각하였다면, 지속적인 그 조치는 대담한 단계를 밟았을 것이다. 왜냐하면 그들의 수가 열세였고 대다수의 총대들은 다 이태리에 속한 자들이었기 때문이다. 그들은 다 교황들의 수족들이었고 고용된 대리인들이었으며, 그들 중 몇몇은 유명무실한 교구들을 섬기는 감독들로서 오직 트렌트 회의에 참석을 위해서 임명된 것이 전부였기 때문이다. 회의석상에서 교황이 지시한 것을 찬성하는 거수기 역할을 하는 것이 그들의 목적이었다. 네 번째 회의에서 사상 최초로 교회에 위탁하는 신앙의 규범을 통과시킬 때, 학식 있는 교황주의자들 중에는 비록 반대 표를 던지지 못했을지라도 그 이후로 크게 부끄럽게 여긴 자들이 있었는데, 그와 관련한 조항들은 다음과 같은 것이었다. 즉, 문서화되지 않은 전통들도 문서화된 것과 동일한 권위를 지닌다는 것, 구약성경의 외경들도 정경으로 채택한 것, 성경을 해석하는 권한은 교회에게만 있다는 것, 그리고 그 해석은 반드시 신부들의 만장일치에 따라야 한다는 것, 벌게이트(Vulgate) 라틴 성경만이 모든 논쟁에서 가장 권위 있는 기준이라는 것 등이다. 그것들을 결정할 때 거기에는 겨우 50명의 감독들만 참석했고, 그들 중 극소수만이 결의사항들 중 몇 가지를 반대하였다.[80]

대부분의 회의가 진행되는 과정에서 200명의 감독들은 참석도 안 했

---

80) Waterworth, *Canons and Decrees of the Council of Trent*, Historical Essays, Pt., ii., xciii.

다. 그들 대부분은 이탈리아 출신 감독들이었고, 독일과 스페인 출신의 감독들도 일부 있었다. 교황 파이우스 4세가 주재한 마지막 회의에서 프랑스 감독들과 다른 연유로 참석한 감독들로 인하여 그 어느 때보다 회의실을 가득 매웠는데, 참석한 감독들의 숫자는 전부 270명이었다. 그들 중 2/3에 해당되는 187명이 이탈리아 출신 감독들이었고, 31명이 스페인, 26명이 프랑스, 그리고 26명이 다른 나라 각지에 있는 보편교회로부터 온 자들이었다.[81]

만일 모든 교회회의가 다 무오하다면, 만일 트렌트 교회회의가 범 교회회의였다면, 그리고 이 모든 것이 다 우선적으로 확정될 수 있다면, 그렇다면 우리는 모두 다 그 결정에 명백하게 복종해야 할 의무가 있는 것이다. 그러나 개신교는 트렌트 교회회의가 범 교회회의라거나 무오한 교회회의였다고 확신할 만한 그럴싸한 근거를 제공하지 못한다는 것에 일치된 의견을 보인다. 숫자적인 측면에서 트렌트 교회회의는 분명히 보편교회를 대표한다고 볼 수 없는 부적절한 것이었다. 그 회의를 구성하고 있는 총대들의 면모를 보면 그들은 존중받아야 하고 복종해야 할 것으로 여겨지는 보편적인 판단의 원리를 따라서 결정을 내린 것이 아니었다. 회의 절차에 미친 영향들이나 그들이 실행한 방편들이 다 그들이 내린 결론에 이를 만한 확신을 가지도록 감화 감동적인 것들이 전혀 아니었다. 간단히 말해서, 트렌트 교회회의는 로마교회 역사의 요약판 내지는 축약판이었다. 교황들과 최측근들의 생각들을 그대로 반영한 것이었다. 사실상 교회회의의 역할을 잘 드러냈다고 볼 수 있다. 왜냐하면 교황들은 본질적으로 그들이 원하는 방향으로 결정들을 이끌고 가는 데 성공했기 때문이다.

---

81) Con. Trident, 40. Waterworth(ccxliii)는 마지막 회의에 참석한 총대 수는 255명으로 주교들이 참여했다고 한다. 이것 역시 그가 제시한 숫자 중 그 어떤 회의보다 가장 많이 참석한 숫자이다.

물론 반대에 부딪힌 것들이 없었던 것은 아니지만 결론은 바뀌지 않았다. 그들은 하나님의 계시된 뜻에 반대되고 진리와 경건의 권리에 반대되는 결정을 하였다. 그리고 대부분이 자신들의 이기적인 욕망과 무가치한 목적들을 위하여 파렴치한 일들을 저질렀다. 이는 실로 모든 불의의 속임수들이고, 사악함의 신비에 대한 위대한 성경적인 특질들이다.

1544년에 출판된 칼빈의 탁월한 논문인 『교회개혁의 필요성에 관하여(De necessitae Reformandæ Ecclesiæ)』 안에는 주목할 만한 단락이 있다. 그 해는 트렌트 교회회의가 열리기 직전이었다. 칼빈은 그 단락에 교회회의가 모인다면 그것이 무엇인지, 무엇을 해야 하는지, 절차들이 어떻게 진행되어야 하는지, 어떤 결과들을 돌출해야 하는지 등에 대한 것을 예견하여 기술하였다. 그것은 전적으로 완벽하게 성취되게 하는 매우 총명한 사람의 예견에서 쉽게 나올 수 있는 사례는 아니다.[82] 정확성을 기하기 위해서는 수많은 자료들을 들춰 보아야 하고 신부 바울(Father Paul)만이 아니라 팔라비치노(Pallavicino, 1606-1667) 자신의 글들을 들여다보며, 또 다른 신뢰할 만한 로마 당국자들의 글들을 다 참고해야 나올 수 있는 것이다.

『16, 17세기 유럽의 문학사』를 쓴 할람(Hallam)은 그의 책에서 트렌트 교회회의에 관한 몇 가지 사실을 솔직하게 기술했다. 교황주의자들은 그의 글을 보면서 뛰어난 개신교 저자가 용인한 것이라고 자랑했다. 그러나 나는 실로 할람이 로마교회 신자는 아니라는 사실 외에 그가 개신교도라고 불릴 만한 다른 어떤 사례를 가지고 있지 않다고 생각한다. 그는 "어떤 교회회의에도 트렌트 교회회의만큼 학식이 많고 유능한 자들로 구성된 회의는 없었다. 의제들을 다룸에 있어서 그렇게 신중하고 정확하고 온화

---

82) Tractatus, 62, Amstel. 1667.

하게 숙고하면서 진리의 욕구를 가지고 살핀 회의는 없었기 때문에 그 회의에는 충분히 믿을 만한 근거가 있는 것이다. … 다른 견해를 가졌던 자들에게 사르피(Sarpi, 1552-1623)를 읽었는지를 물어보자."라고 했다. 예를 들어, "신부 바울이 1547년에 트렌트 교회회의를 중지하자는 논의 과정에 대해서 특별히 주목하여 읽어 보았는지를 물어보자."라고 한 것이다.

할람은 그 주제에 대하여 정반대의 입장에서 주로 개신교도들에 의해서 반대되는 것으로 소개하고 있다. 여기서 할람의 이와 같은 진술에 관하여 우리가 주목하고자 하는 것은 첫째, 트렌트 교회회의가 너무 호의적인 측면에서 범 교회회의를 대표하는 교회회의로 간주하는 좋은 근거가 있다는 것이다. 둘째, 그 안에는 개신교도들이 일반적으로 논쟁을 했거나 논쟁하기를 좋아할 만한 관심거리가 실제로는 많이 없다는 것이다. 그런데 트렌트 교회회의 구성원에는 놀라운 식견과 역량을 가진 자들이 없지 않았다. 나는 그것에 대해 의심해 본 적은 단 한 번도 없다. 로마교회는 언제나 자신들의 입장을 대변할 만한 학식이 많고 능력 있는 자들을 소유하고 있었다. 이전 교회회의들에서처럼 탁월한 인물들이 포함되어 있었다. 제1차 니케아 공회를 제외한다면, 그러한 자들이 충분히 넉넉하지는 않았지만 각각의 교회회의에는 상당히 유능한 자들이 있었다.

그러나 할람이 주장하는 것처럼 트렌트 교회회의에 그처럼 유능한 인재들이 많이 참여했다고 여길 만한 이유는 없다. 식견과 역량을 충분히 지닌 존재들은 모든 의사결정을 내리는 자리에 있었던 감독들보다 수도사회 계열의 사람들과 일반 학자들 사이에 더 많이 존재하였다. 그런 분들은 대체로 감독들의 참고인이거나 보좌관들이었다.[83] 다양한 주제들에

---

83) 이것은 신부 바울도 그가 언급하고 있는 당국의 권위를 따라서 인정하는 것이다. Liv. ii., lxvi. Courayer, tome. i., 311-12.

대하여 수많은 논쟁이 있었던 것은 사실이지만 신부 바울의 역사책에서 분명히 보여 주고 있듯이 그것은 소수의 개개인들에게 한정된 것이었다. 그 논의들을 충분히 다룰 만한 역량을 지닌 자들의 참여는 상대적으로 극소수였다. 자신들이 그 회의에 총대로 참석했다는 사실 외에 훗날에 신학적인 문헌에 뛰어나거나 장대한 명성을 가진 자들로 꾸려졌어야 함을 인식한 자들은 극히 적은 무리였던 것이다.

그러나 트렌트 교회회의 총대들 중에는 교부들과 스콜라 학파 사람들에 대해서 잘 알고 있는 자들도 있었다. 그들 중에 논쟁에 나설 만한 자질이 있는 자들도 있었고, 그들 앞에 제기된 문제들에 대해서 정확하게 다룰 수 있는 능력 있는 자들이 있었음을 부인할 수 없다. 신부 바울의 역사책은 이 사실을 충분히 입증한다. 내가 아는 한 할람이 주장한 것과는 달리 그중에서 개신교 사상을 가진 사람들은 아무도 없었다. 적어도 일반적으로 논의사항들을 취급한 총대들을 염두에 둘 때, 신부 바울의 역사책에는 그 토론의 진행에 담긴 진실에 대해 주장된 끈기, 성질, 욕구에 관해 논박할 만한 분명하고 뚜렷한 논리가 들어 있지 않다. 이러한 이유에서 로마교회주의자들이 내세우듯이 신부 바울이 그 교회회의가 망신을 당하도록 신중하게 자신의 의도를 피력한 것은 아니었다고 보는 것이 타당하다. 이에 대한 근거는 그 교회회의의 대표적인 대변인이었던 추기경 팔라비치노(Pallavicino)가 내세운 몇 가지 사실에서 찾아볼 수 있다. 그는 할람의 책은 읽어 본 적은 없지만 그 의견에 동조하여[84] 몇몇 사실을 제기했는데, 신부 바울은 그것을 간과해 버렸다. 그중 그가 총대들의 인내와 기질에 대하여 매우 인상적인 모습이 전혀 없었다고 한 것은 매우 흥미로운 내

---

84) Hallam, 364.

용이다.

예를 들면, 논의가 진행되는 중에 어떤 감독은 다른 감독의 멱살을 잡고 수염을 쥐어뜯기도 하였다. 교황의 입장에 반대하는 회의를 주재하는 의장인 다른 추기경은 서로에게 무시무시한 빌링스게이트(Billingsgate)의 욕설들을 퍼부었다.[85] 진리에 대한 그들이 주장하는 욕구와 관련하여 총대들이 참된 것이라고 선언한 교리적 결의사항들을 정직하게 믿었는지에 대해 논의되지 않았기 때문이었다. 그렇지만 다른 의견이나 그 오류에 대해서 다른 입장을 가진 자들을 어떻게 하든지 확신을 갖도록 애를 썼고 사안에 따라 실제로 효과를 본 것들도 많았다.

트렌트 교회회의의 교리적 결의사항들을 인도한 신학자들은 총회석상에서 로마교회 안에 널리 퍼져 있는 신학적인 흐름들을 충분히 대변했다는 사실에는 이견이 없었다. 물론 신학적인 주제들을 연구한 자들 중에 개신교도들의 주장을 잘 파악하고 있는 자들은 총회석상에 부름을 받았다. 종교개혁자들은 그 교회회의가 그들의 반대자들을 전보다 더 건전한 신학자로 만들었다거나 성경적인 증거들에 더 적극적으로 순응한 자들이었다고 부각시키리라고는 전혀 기대하지 않았다. 그들은 논의과정에서 종교개혁자들을 대적하는 논쟁적인 반박글에서 보였던 것을 그대로 재현한 것이 전부였다. 그들은 성령의 주도적인 역사하심을 따라서 진리를 더 깊이 알고자 하는 욕구가 일어났다거나 전보다 더 진리를 풍성하게 획득하게 되었다는 증거를 전혀 제시하지 못하였다.

개신교도들은 트렌트 교회회의에 탁월한 식견과 역량을 가진 총대들이 참석했다는 것을 반박하지 않는다. 그 회의의 교리적 결의사항들은 자

---

85) Pallavicino Lib. viii., c. 6. Fleury, Liv. cxliii, sec. 56. 역자 주) 빌링스게이트는 런던의 유명한 수산물 시장이었는데 그곳 상인들이 거칠게 내뱉는 욕설들을 빗대어서 사용한 것임.

신들이 참된 것이라고 믿는 것들을 인정하는 그들이 속한 공동체의 견해에 충실히 따른 자들이었다는 것에도 전혀 이의를 제기하지 않는다. 그들은 아무런 반대 없이 정말 그럴듯한 형태로 자신들의 교리들을 기술하는 일에 매우 많은 진땀을 흘렸을 것이다. 개신교도들의 생각에 트렌트 교회회의의 주요 내용이라고 파악하는 내용은 사실 뭔가 제목을 붙여서 존중하고 따를 만한 결정사항들은 전혀 없었다. 개신교도들이 이와 같이 확신하고 있는 주된 근거는 보편교회를 대표하는 회의로 보기에는 숫자적으로 트렌트 교회회의의 회원이 너무 적기 때문이었다. 또한 그들은 일반적으로 경건과 학문과 역량 측면에서 탁월한 면모를 지닌 사람들이 아니었다는 이유에서다. 그 총대들의 대다수가 그러한 자질을 가지고 있다고 보기에는 역량이 턱없이 부족한 저질스러운 자들이었다. 그들은 단순히 교황이 만들어 낸 피조물에 불과하고, 교황이 원하는 대로 결정한 자들이었다.

회의절차에 대한 모든 것은 로마교회 행정당국이 정했다. 당연히 자기들의 요구사항을 관철하는 방식으로 규정되었다. 그리고 자신들의 관심사들을 제기했을 때 예기치 못한 어려움들이 발생하게 되면 수단방법을 가리지 않고 자신들의 입장을 지켜 내고자 했다. 그러한 일은 다 교황의 이름으로 회의를 주재하는 자들에 의해서 이루어진 것이었다. 그리고 그 사안들을 제안한 사람들의 다수를 움직여서 표결케 한 것이었다. 그러한 수단들이 성공을 거두지 못한 적은 거의 없었다. 이 모든 것이 그렇게 진행되었다는 것은 가장 만족스러운 역사적 증거에 의해서 확립된 것이다. 이것을 증명하는 근거는 충분하고도 넘친다. 그와 같이 구성된 기구는 상황을 원하는 대로 만들었고, 때문에 그들의 영향력을 발휘하여 만든 결과물은 참으로 존중을 받지 못하는 것이 되었다. 따라서 그들이 주장하는 대로 트렌트 교회회의의 결정이 건전한 체계라고 봐 줄 수 있는 강력한 선례가 되지 못하는 것이다. 그것들은 충분히 검증되어질 수 있고, 얼마든지 검토될 수 있는 것이다. 거기에는 우리가 무시하고 있는 그들의 근거가 거룩한 것이라고 느낄 만한 압도적인 힘이 전혀 없다.

트렌트 교회회의가 공언한 두 가지 주목적은 종교개혁자들이 제기한 신학적 질문들을 결정하는 것과 로마교회 안에 널리 퍼져 있을 뿐 아니라 수용되어 실천되고 있는 부패와 남용을 개혁하는 것이었다. 그 문제는 교리와 교회개혁이라는 두 가지 제목으로 나누어 진행되었다. 그중 후자는 회의록에 기록된 내용에 따르면 분량으로 취급되었음을 알 수 있다. 즉, 교황의 영향권이 매우 깊게 미치는 교회개혁과 관계된 주제들을 주로 다루었던 것이다. 왜냐하면 그것은 교황이 원했던 관심사였기 때문이다. 그래서 교회개혁이라는 제목하에서 주어진 안건들을 주로 상정하여 다룬 것이다. 그리고 거기에서 회의 구성원들의 진면목이 그대로 드러났다. 그 절차들을 통과시킨 실질적인 손이 무엇인지를 잘 드러냈던 것이다. 교황들은 교회 정치 문제 외에 교리적인 문제들을 명확하게 규정되는 것에는 별 관심이 없었다. 다른 교리적 주제들에 대해서는 교황들은 총대들의 알려진 의향대로 결의하는 것에 만족을 표했다. 이렇게 나온 그들의 결정사항들은 종교개혁자들이 사전에 제기했던 원리들과는 정반대의 것이었다. 그리고 로마교회에 널리 보급되어 실행하고 있는 신학적 견해에 일치하는 것이었다.

교황들은 사안들을 세심하게 살피지 않고 그들의 결정에 매우 만족하면서 순수한 교리적인 문제들까지도 자신들의 확신과 느낌에 따라 결정했다. 이것은 자유토론의 과정을 통해서 논의되고, 여기에 내포된 로마교회의 행정당국의 무가치한 관심사항들이 가장 확실하게 검토될 수 있었던 것이었다.

교리적 주제들을 다룬 논의에 대한 신부 바울의 설명은 아주 흥미롭고 중요하다. 그것들은 로마교회에서 통용되고 있는 신학적인 기조에 대한 일반적 조항에 상당한 빛을 비춰 주고 있다. 또한 로마교회가 궁극적으로 수용한 칙령과 교회법령의 의미와 목적이 무엇인지를 잘 조명해 주고 있는 것이다. 실로 그것들을 잘 숙독하는 것은 트렌트 교회회의가 정착시킨 로마교회의 신학을 정확하게 꿰뚫는 데 거의 필연적인 과정으로 여겨진다. 그들이 제시하고 있는 일반적인 유형에는 두 가지 재미있는 고려사항이 있다. 그것은 둘 다 할람이 그 교회회의에 대해서 묘사하는 데 사용하는 것을 기뻐하는 용어 "진리의 욕구"라는 문구와 어울리는 것은 아니다. 그중 첫째 고려사항은 논의에 있어서 논리적으로 잘 이끌어 내야 하는 중요한 질문에 대한 의견의 다양성은 조화로운 결정을 내리게 할 가능성을 명확하게 배제시키지만 여전히 영향력을 미친 것으로서 그냥 지나칠 문제는 아니라는 점이다. 둘째 고려사항은 비록 그것이 그 *교회회의의 대부분 진영에 속해 있는 자들*에 의해서 수용된 것으로 보이지만 개신교도들이 주장한 하나의 교리에 대한 진실에 반대되는 충분한 논의로서 종교개혁자들이 제기하고 유지한 중요한 교리적인 문제들을 적어도 본질적으로 몇몇 총대들이 지지하였다는 사실이다.

교리적 혹은 신학적인 결의사항들에 있어서 트렌트 교회회의가 지켜 낸 것으로 보이는 큰 목적들은 다음과 같다. 첫째, 그들은 종교개혁자들의 교리들을 가능한 한 철저하고 완벽하게 정죄할 것으로 만드는 것이었다. 둘째, 스콜라주의 신학자들 사이에서 논쟁적인 주제였던 교리들에 대해서 정죄하는 일을 될 수 있는 한 피하려고 한 것이었다. 그것들은 여전히 그들 사이에 존속되어 있는 의견 차이이다. 그 결과, 많은 부분에 있어서 트렌트 교회회의의 결의사항들을 고의적으로 그리고 의도적으로 모호하게 표현하게 된 것이다. 이 입장의 진실은 칙령들과 법령들을 심층 조사해 보면 바로 확인이 되고, 그것들이 어떻게 제정되었는지에 대한 역사적 기록들을 조사해 보아도 금방 알 수 있다. 그리고 로마교회 자체 안에서 발생한 이래 무엇이 논의되었는지를 살펴보아도 알 수 있다. 이러한 목적 때문에 교회회의에서 그토록 어설픈 결과를 낳은 것으로 보인다. 즉, 교황 파이우스 4세는 그의 교황령에서 트렌트 교회회의를 확정하는 가운데 모든 것을 금지시키는 법령을 발휘했다. 심지어 교회의 직원들과 무슨 계보의 사람이든, 상황이 어떠하든, 정도가 어떠하든 구실이 어떤 것이든, 어떤 주해서를 발간하거나 겉치레를 하거나 주석서를 내든, 고전 주석가의 의견이든, 학자들의 의견이든 간에 트렌트 교회회의 칙령들을 재해석하는 것을 교황의 허가 없이는 금지시킨 것이다. 이와 동시에 내용이 모호하여 설명이 필요한 칙령들 가운데 어떤 특별한 것을 발견하게 되면, 모든 신자들의 안주인으로 여호와께서 택하신 곳(교황의 보좌)으로 즉시 가서 해결 받으라고 하였다.

트렌트 교회회의의 칙령들을 손질하고 가다듬고 하는 일에 상당한 기술과 정교함이 요구되었다는 것을 부정할 수 없다. 그리고 종교개혁이 시작되면서 교리적 진술과 강론에 더 신중함과 주의를 소개한 이후로 논쟁이 벌어지는 곳에서 큰 유익을 안겨다 주었다는 점도 인정한다. 이 때문에 그들은 종교개혁자들의 반박 가운데 일부를 매우 잘 방어할 수 있었던 것이다. 트렌트 교회회의의 칙령들과 법령들 안에 펠라기안주의는 확실히 거의 없었다. 그러나 상당수는 성경의 근본적인 교리들과 명백하게 모순되는 것들이었다. 로마교회의 초창기 루터 저격수들은 하나님의 은혜의 교리를 왜곡시키고 구원의 성경적 방법을 전복시킨 로마교회라고 충분히 말할 수 있는 것들이었다.

칙령들과 구분되는 그 회의의 법령들은 개혁자들에게 언도한 교리들에 전적으로 반하는 아나테마로 구성되어 있다. 여기에는 엄청 불공정한 일들이 실행되었다. 장점은 루터의 과장되고 역설적인 진술들 중 상당한 부분까지 취해진 것이었다. 루터를 정죄한 교황 레오의 칙서에서도 같은 방식이 적용되었다. 이와 같이 진술들은 권위를 지니게 되었고, 그들이 인식하지 못한 개신교도들에게도 언급되었다. 왜냐하면 그들은 책임이 없기 때문이었다. 그들의 원칙들을 강론하고 유지해야 할 필요성을 전혀 느끼지 않았기 때문이었다. 그의 칙서에서 루터를 지명하여 맹세하면서 적대시한 레오는 그의 문건을 작성한 장본인이었다. 루터는 자신이 하지 않은 일로 자신에게 가해진 죄목에 대해서 전혀 불평하지 않았다. 따라서 트렌트 교회회의가 루터의 성급하고 잘 다듬어지지 않은 진술들을 바탕으로 지금, 매우 신중하고 정확성을 가지고 자신들의 교리를 주장하고 있는 개신교도들을 싸잡아 증오하는 증거로 사용한 것은 옳은 일이 아니다.

개신교의 교리들을 정죄하는 그들의 교회법령에서 트렌트 교회회의가 만든 교묘한 또 다른 책략은 일반적으로 개신교도들이 붙들고 있는 교리를 루터나 다른 이의 극단적이고 과장된 진술에 덧붙여 버리는 것이다. 이는 그것들을 동일하게 정죄 받을 대상으로 포함시켜 버리는 것이다. 다시 말하면, 그에 수반되는 다른 것들을 포함시켜서 더 증오심을 가지고 반대할 수밖에 없는 것으로 만들어 버리는 것이다. 그것들 중 몇몇은 앞으로 구체적인 예를 들어 설명하고자 한다. 그러나 여기서 우리의 목적은 트렌트 교회회의의 칙령들과 교회법령과 관련하여 기억해야 하는 주도적인 요점들을 언급하는 것이다. 이에 그것들을 조사하면서 언급하며 적용했던 부분들을 부각시키는 것이다.

제19장

인간의 타락

제19장
인간의 타락

트렌트 교회회의 칙령들과 법령들은 로마교회의 엄숙한 공적 판단을 보여 준다. 특히 로마교회가 종교개혁자들에 의해서 하나님의 말씀으로부터 추론해 낸 주된 교리들에 대해서 그리스도의 하나이자 거룩한 보편교회로 간주되도록 선언하는 판단의 기준임을 나타내 준다. 교리적인 논쟁점들에 대해서 트렌트 교회회의가 결정한 첫 번째 것은 신앙의 규범 문제였다. 그러나 이번 장에서 나는 이 주제에 대해 다루지 않고, 그다음 결정사항인 다섯 번째 토론 과정에서 나온 원죄문제에 대해 살펴볼 것이다. 이 주제와 관련하여 나는 개혁자들과 로마교회 사이에 논의된 것에 주목하여 고찰해 보고자 한다.

1. 로마교회와 개신교의 견해

신학자들은 원죄(*peccastum originis, or peccatum originale*)라는 용어를 두 가지 다른 용도로 사용한다. 그러나 원죄라는 문구에 의해서 서로 다른 두 가지 용도에서 묘사된 것들은 전체적인 측면에서 파생되는 일부분에 불과한 것이다. 결과적으로 더 넓은 의미로 사용되든지 좁은 의미로 사용하든지 일부분에 해당되는 것이다. 원죄라는 문구는 아담의 범죄를 통해서 타락하게 된 인간에게 남겨진 죄성의 상태를 구성하고 있는 요건들 혹은 다른 요소들에 대한 포괄적인 의미를 가진 것으로 쓰이기도 한다. 또한 그것은 오직 도덕적 타락 또는 본성의 부패를 묘사는 데 사용되기도 한다. 원죄는 인간이 세상에 나올 때 가지고 태어나는 본능적이고 보편적인 기질 혹은 성향을 말하는 것이다. 그리고 자연스럽게 하나님의 율법들을 어기고, 실제적인 모든 허물들을 일으키는 근본적인 원인이며, 실제적으로 인간의 죄성에 대한 자연적인 모습의 가장 중요하고 근본적인 요건이라는 측면에서 사용되는 것이다. 이것이 일반적으로 이해하고 있는 원죄의 의미이다. 그리고 이러한 의미로 우리 교회의 표준문서 안에서 사용되고 있는 것이다. 물론 원죄라는 말은 우리 신앙고백서에 직접적으로 사용된 것은 아니지만 대요리문답과 소요리문답에서는 사용되고 있다.

소요리문답에 나오는 '일반적으로 원죄라 부르는'이라는 구절을 '인간의 본성 전체'에 해당되는 것으로 단정할 수 있는지, 혹은 인간 타락 상태에 대한 죄성의 다른 성분이나 구성물들을 다 포함하고 있는지는 확실히 정리할 수는 없다. 예를 들자면, 아담의 첫 범죄 그리고 본래 가지고 있는 의의 상실이 다 포함된 것인지 단정하기는 어렵다. 그러나 이러한 모호성은 더욱 분명하게 설명하고 있는 대요리문답에서 확실하게 해결된다. 즉, '원죄'에 대한 일반적인 의미를 대요리문답은 오직 우리 본성의 부패라고 말한다. 실질적인 범죄로 인해서 즉각적으로 나타난 본래의 타락상을 뜻한다고 기록하고 있다. 그러나 사람이 타락하게 된 죄악의 요소나 기질 전체에 대한 특별한 의미만을 고려하고 있는 이러한 고찰은 일반적으로 '죄에 대하여(De peccato)'라는 제목 하에 다루고 있는 신학 체계에서 논의되고 설명되는 것이다. 사실 이것이 가르치고 있는 것이 무엇인지에 대한 분명한 설명이 없이 이 주제를 구분하거나 분리하는 측면에서 성경의 이 교리를 충분히 이해한다는 것이 불가능하다.

　인간학이라는 제목 하에서 현대 대륙의 저자들이 일반적으로 다루고 있는 타락 이전과 이후의 인간의 도덕적 성격과 상태에 관한 주제는 스콜라 학파에 의해서도 대단히 많이 논의되었던 것이다. 어거스틴이 강론한 것과 같이 성경의 이 교리는 스콜라 학파에 의해서 너무나 잘못된 방향으로 나아갔다. 타락이 미친 진짜 효과들이 무엇인지에 대한 인간의 본래 상태의 죄성 문제는 상당히 많이 설명했던 내용이다. 로마교회에서 일반적으로 가르치는 이 교리는 종교개혁이 막 닻을 내릴 시점에 개혁자들에 의해서 성경적이지 않은 것으로 정죄 받았던 것이다. 그 이유는 그것의 특성이 너무나 펠라기안적인 가르침이라는 이유 때문이었다. 그러한 교리는 그리스도의 사역과 구속사역의 계획에 대한 전체 흐름을 불필요한 것으로 만들어 버리는 것이다. 그것은 사람들이 자신들의 구원에 영향을 주는 토대를 다지는 것으로 혹은 적어도 하나님의 손에서 이 결과를 달성하기 위하여 필요한 은혜를 얻어 내는 것으로 전락시키는 것이다.

　종교개혁자들이 아우구스부르크 신앙고백서와 다른 문서들에 이 교리에 대해 설명하였을 때 로마교회주의자들은 한 가지 면을 제외하고는 자료적인 측면에서 그들의 설명과 별반 다르지 않다고 고백하였다. 그 예외적인 것은 차후에 설명하도록 하겠다. 모임들이 개최될 때마다 양측 인사들은 조정 내지는 개정한다는 견해를 가지고서 논의하여 원죄의 의미가 본질적으로 어떤 것인지에 의견의 일치를 가져온 듯한 모양새를 보여 주었다. 사실상 본질은 성경이 이에 대해 무엇을 말하고 있느냐이다. 아담의 타락이 그의 후손들에게 가져다준 것과 관련하여 개혁자들이 선언한 것이 무엇인지, 그리고 타락한 인간의 본성적인 상태와 상황이 어떤 것인지에 대한 논의의 핵심은 어거스틴이 펠라기우스와 논쟁을 벌이면서 사용한 내용을 피력한 것이었다. 5, 6세기의 교회는 어거스틴의 영향을 받았고, 그의 가르침을 수용하고 그것들을 고백했다. 따라서 로마교회는 이 교리에 대한 건전한 견해로부터 이탈하고자 교부들의 권위와 초대교회의 전통을 따른다고 고백한 자신들의 원칙을 공식적으로 드러내 놓고 폐기한다고 선언하는 것은 불가능했다. 이 주제에 대한 어떤 결정을 하든지 간에 그 안에서의 입장 차이와 트렌트 교회회의가 개혁자들의 교리를 언제나 반대해 온 교리적인 전개사항, 그리고 자신들의 전통적 입장을 절충하는 것은 쉽지 않은 일이었다. 어거스틴의 가르침이든 혹은 영향력 있는 스콜라 학자들의 입장이든, 그것들의 정죄를 최대한으로 피할 방도를 찾는 것은 쉽지 않은 것이었다. 왜냐하면 그들을 추종하는 자들이 여전히 존재하고 있고 교회회의 안에도 남아 있기 때문이었다.

이 주제에 대한 그들의 칙령은 5개 단락으로 구성되어 있는데, 그중 처음 세 단락은 펠라기안들의 입장과 성경 진리를 담아내고 있는 개혁가들이 인정하는 것을 반박하는 것으로 구성되었다. 그들은 자신들의 입장에 결함이 있고 모호한 것임을 알면서도 그렇게 하였다. 네 번째 단락은 재세례파 입장을 반박하는 것이었고, 다섯 번째 단락은 종교개혁자들이 내세우고 지금까지 개신교도들이 수용하고 있는 입장에 무조건적으로 타격을 가하는 것이었다.

개신교도들은 트렌트 교회회의가 수천 년 동안 교회가 정죄해 온 이단들의 죄와 더불어 그들이 내린 교리적인 결정들은 전혀 납득되지 않고 어리석은 것이었음을 밝히는 데 주력하였다. 유아세례에 대한 거부 조항을 제외하고 트렌트 교회회의가 공언하며 결정한 신학적 논쟁점에 있어서 언급되지 않았던 것들을 부각시켰다. 이 점에 대해서 칼빈은 "왜 기도해야지?(Quorsum obsecro)"라고 말한다. 왜냐하면 우리는 그의 글로부터 처방책을 얻는 특권을 갖고 있기 때문이다. 즉, 그 교회회의의 첫 일곱 번의 논의과정들에 대한 매우 흥미롭고 유익한 처방책을 얻은 것이다. '사실 무지한 자들이 믿을 만한 것이 되도록 사용하는 것을 제외하고는 그 형벌을 받을 만한 뭔가가 분명히 있기 때문에 비난을 사는 것인데, 왜 내가 그 비난을 받아야 마땅한 그 많은 파면자들을 믿게 되도록 기도해야 합니까?'

한편, 개신교도들이 트렌트 교회회의의 첫 4차 회의과정들은 건전하고 성경적인 것들이었다고 인정했지만 펠라기안들과 재세례파들은 본질적인 측면에서 이를 부인하였다. 그들은 거기에는 많은 결함들이 있다고 불평하였으며 원죄에 대하여 실제적으로 적합한 설명이 있어야 하고, 거기에 포함되어 있는 요소들에 대해 더 다루어야 한다고 생각하였다. 또한 타락의 결과로 인간의 본성이 죄성을 지닌 것에 대해서도 더 고찰해야 한다고 생각하였다.

이러한 불평은 여기저기서 많이 발견된다. 그런데 이 주제가 제대로 안착하지 못하고 매우 불만족스러운 상태로 남게 된 실제 이유는 회의장 안에 이 주제를 바라보는 관점에 대한 다양한 의견이 팽배해 있었기 때문이다. 그리고 총대들이 이에 대한 주장을 꺼려 한 데에도 그 원인이 있다. 이는 우리가 이미 살펴본 할람(Hallam)의 기록물로부터 얻은 정보에 의한 것이고, 실제로 이 상황에서 바울 신부[86]는 그 회의의 역량과 학문적 수준이 어느 정도인지를 가늠할 수 있는 것들을 소개하고 있고, 총대들이 정확하게 표출하고자 하는 진리의 욕구가 어느 정도인지도 알려 준다. 그 기록물은 '반대되는 진술에 대한 명백한 언급이 없이 그토록 중요한 주제에 대한 오류를 단순히 정죄하는 정도로 그쳤다고 그 회의를 평하는 것은

---

86) Father Paul. Liv. ii., sec. lxvi., 311, 312.

무가치한 일'이라고 강력하게 지적함과 동시에 그가 언급하고 있는 주교들의 일반적인 입장(신학적으로 역량을 가지고 말할 수 있는 자들은 소수이지만)은 신학자들이 동참하여 만족스럽게 여길 만한 토론을 벌이지 못한 점을 드러냈다. 즉, 죄에 대한 인간의 본성적 상태가 어떤 특징을 가지고 있으며 어떻게 구성되어 있는지에 관하여 논의할 능력이 부족하였다고 기록되었다. 그들은 칙령들이 진리에 대한 긍정적 입장 표명 없이 단지 오류들을 반대한다는 입장만을 언급하는 것으로 만족할까 봐 매우 염려하였다. 그것들은 분명하게 이같이 해결이 어려운 주제들에 대해서 확실하게 표명함이 없이 애매하고 일반적인 용어들로 표현할 수밖에 없었던 것이다. 그렇게 함으로써 그들은 자신들의 결정에 의해서 알지 못하는 상황에서 잘못 작성되는 일이 벌어지지 않기만을 바랐던 것이다. 그 결과 우리는 트렌트 교회회의의 그 위대한 총대들의 정직한 무지와 어리석음이 원죄에 대한 칙령을 만드는 데 매우 모호하고 만족스럽지 못한 형태로 작성되는 데 영향을 미친 것으로 보는 것이다.

트렌트 교회회의는 교리적인 각각의 주제들마다 종교개혁자들의 저술들로부터 자료를 수집하고 조사하여 자신들의 입장을 정리했다. 그들은 개혁자들의 입장들을 다른 무엇보다 가장 먼저 오류로 분류시켰다. 그렇기 때문에 개혁자들의 진리는 조심스럽게 점검되어 결정되어야 한다고 한 것이다. 그런데 신부 바울이 말한 것처럼 이 교회회의에서 원죄에 대한 칙령의 근거를 종교개혁자들의 저술들의 기본적인 내용에서 찾아 모았다는 것은 정말 놀라운 일이다. 그리고 그것만이 아니라 인간의 본성과 본래의 죄성에 대한 문제와 관련하여 논의된 수많은 교리들이 있었는데, 그것들이 우호적이었든지 비우호적인 것이었든지 간에 트렌트 교회회의에서 전반적으로 선포되었다는 것이 의미심장하다.

트렌트 교회회의에서 가르친 성경적인 진리의 본질은 지금도 로마교회가 붙들고 고백하는 것인데, 원죄에 관한 주제는 펠라기안 입장과 반대된다. 그 내용은 다음과 같다. ①[87] 아담의 첫 범죄는 자기 자신만이 아니라 그의 후손들의 도덕적 특성과 상태에 가장 중요하고 해로운 영향을 미친 원인이었다. ② 그로 인하여 아담은 하나님께로부터 받았던 거룩함과 의를 상실하였다. ③ 자기 자신만 잃은 것이 아니라 우리들도 다 잃게 만들었다. ④ 그는 온 인류에게 일시적인 죽음만이 아니라 다른 육체적인 형벌의 고통을 남겼으며 또한 영혼의 사망인 죄를 전이시켰다. ⑤ 인간의 도덕적이고 영적인 상태에 끼친 타락의 파괴적인 해악은 주 예수 그리스도의 공로가 아니면 인간 본성의 어떤 능력으로나 다른 어떤 처방으로도 개선될 수 없는 것이다.

이 내용들은 전부 다 맞는 것이다. 하나님의 말씀과 일치되는 가르침이다. 그리스도인이라고 말하기에는 좀 난감한 소시니안들을 제외한 모든 개신교도들이 다 믿고 있는 교훈이다. 그러므로 트렌트 교회회의가 선언한 인간의 타락과 도덕성 상태와 관련한 진리는 성경에서 우리에게 알려 주고 있는 주도적이고 본질적인 요소들의 총집합으로 여겨도 무방하다. 따라서 칼빈은 그의 방어책에서 트렌트 교회회의의 교리를, 심지어 결함이 있는 부분까지도 바꾸지 않았다. 실로 일반적으로 주목할 것은 초기 개혁자들은 원죄라는 주제 하에서 직접적으로 이해되는 더 모호한 질문들을 꼼꼼히 혹은 대강이라도 숙고하기를 원치 않았다는 사실이다. 그들은 자유의지, 은혜, 그리고 공로라는 주제와 더 직접적으로 관련된 인간의 죄성에 대한 본성적인 상태로부터 몇몇 내용들을 연역해 내는 것을

---

87) 숫자는 역자에 의해서 삽입한 것임.

주로 염려하였다. 내가 이미 고찰했듯이, 트렌트 총대들은 원죄의 특성에 대해 종교개혁자들이 가르친 교리들을 입증하거나 정죄하는 과정을 거치지 않고 자신들 앞에 두었다.

그러나 교황주의 신학자들은 회의를 진행해 나가는 과정 속에서 원죄와 관련하여 특히 스콜라 학자들 중 몇몇이 내세운 분명히 사악한 개념들, 그러나 적어도 트렌트 교회회의에 의하여 정죄 받은 것으로 보이는 개념들을 여전히 가르쳤다. 그것을 주도한 신학자들은 이러한 질문들에 대한 결정을 의도적으로 그만둔 교회회의 총대들과 다룬 자들이었다. 그들은 회의에서 일부러 애매하고 일반적인 용어들을 사용했다. 그 결과, 견해 차이를 숙의하고 논할 여지를 전혀 갖지 않도록 만들었던 것이다. 이 때문에 개신교 신학자들은 특별히 종교개혁자들이 깊이 관심을 가진 자유의지, 은혜, 그리고 공로 사상을 담아내는 실천적 결론을 유지하기 위하여 원죄에 대한 특성과 내포된 요소들에 대하여 세세하고 정확한 강론에 매진하는 일이 필요했던 것이다.

루터파 교회에서 벌어진 흥미로운 신인(神人)협력설(Synergistic) 및 소시니안들의 원죄에 대한 전적인 부정과 함께 이 문제는 16세기 말까지 다뤄졌고, 개신교 신학자들에 의해서 더욱 온전하고 상세하게 논의되었다. 이로 인해 죄성에 대한 인간의 본성적인 상태의 특질과 구성 요소들에 대한 보다 상세하고 정확한 연구가 17세기 위대한 신학자들의 저술들 안에 온전히 기술되었던 것이다. 그 가르침들은 그 이후로 개혁파 정통교리가 되었으며 표준문서들을 작성한 이들은 그것을 매우 중요한 것들로 간주하였고, 그 덕분에 기독교 신앙의 근본적인 교리들을 집약한 소요리문답서에 구체적으로 기술되었던 것이다. 거기에서 인간의 타락으로 말미암은 죄성의 상태는 '아담의 첫 범죄의 죄책과 원의(原義, original righteousness)

의 상실, 전적인 타락(본성의 타락을 의미)'으로 구성되어 있다고 선언하고 있다. '일반적으로 원죄라 일컫는 이것으로부터 실질적인 모든 허물들이 나오는 것'이라고 기록되어 있다.[88] 물론 이 교리가 명확하게 확정적으로 표현된 것은 아닐지라도 종교개혁자들이 가르쳤던 것이자 트렌트 교회 회의의 입장이었다. 그들이 채택한 칙령의 주도적인 단점 중 하나는 그와 관련하여 명백한 지침이 주어지지 않았다는 것이다. 그것은 타락이 가져온 죄성에 대한 인간의 본성적인 상태에 대한 견해를 설명하는 데 크게 유익하지는 않을지라도, 전적으로 우리의 목적과 부합한다고 볼 수 있다.

2. 아담의 첫 범죄의 죄책

인간의 본성적 상태에 대한 죄성(罪性)이 구성하고 있는 첫 요소는 아담의 첫 범죄의 죄책이다. 이것의 일반적인 의미는 세상에 태어난 인간은 아담의 첫 범죄의 죄책이 전가되었다는 것 또는 자신의 책임으로 묻게 된다는 것이다. 그리하여 하나님께서는 아담이 금단의 열매를 따 먹은 죄책을 마치 인간 개개인이 범한 것으로 간주하시고 그렇게 다루신다는 것이다. 만일 그렇다면 아담의 후손들에게 전가되었고 후손들의 죄로 여겨지는 아담의 첫 범죄의 죄책은 죄성에 대한 인간의 본성적 상태의 실제적 모습인 것이다. 그 상태로부터 그 본성의 다른 구성요소들이 나오는 근원이요 기초가 되어야만 하는 것이다. 이 말이 전적으로 옳다면 인간들에 관하여 가장 우선적이면서도 가장 중요한 것은 인간이 아담 안에서 죄를 지었다는 것이며 그의 첫 범죄 안에서 아담과 함께 타락하게 되었다는 사실이다.

---

88) 역자 주) 소요리문답 25문을 보라.

죄에 대한 인간 본래의 상태를 설명함에 있어서 무엇보다도 먼저 주목할 것은 이 세상에 태어난 인간의 실제적인 개인적 도덕 상태와 성향들, 그리고 그들 모두가 다 죄책을 지닌 존재들로 규정되는 하나님의 율법을 깨트린 죄악들이다. 인간이 순수한 계시의 말씀 중 그 어느 것도 전적으로 복종하지 않았다는 것은 다양한 증거들을 통해서 충분히 증명되고도 남는다. 이에 관한 증거들은 보다 직접적으로 인간의 양심에 비춰 보면 더욱 확실해진다. 즉, 인간의 본래 상태가 어떤지는 인간이 경험하는 것들을 눈여겨보면 모두가 다 죄성을 지닌 존재라는 사실을 어느 누구도 부정할 수 없다. 그러나 인간의 도덕성에 대한 실제적 부패와 타락 및 하나님의 율법을 모든 사람이 다 어겼다는 실제적 죄악의 보편성, 즉 이러한 인간의 본래적인 성향들을 성경을 통해서 확실하게 단정 짓고자 할 때, 인류 족속은 하나님의 계획 안에서 인류의 대표자인 아담에 의해서 그리고 그 안에서 모두 다 연합되어 있다는 교리가 분명히 세워져야만 한다. 그래야 아담의 첫 범죄의 죄책이 인류에게 전가되고, 결과적으로 인류는 마치 자신들이 그 죄를 지은 것처럼 하나님이 그렇게 간주하며 취급하신다는 말이 성립된다. 그래야만 여기에 부가적인 어려움이 제기되지 않게 되고 어렵고 신비한 주제를 더 명확히 밝힐 수 있고, 설명할 수 있게 된다. 그리고 그것을 전부 드러내는 것은 인간이 인식할 수 있는 역량 밖에 놓여 있는 것이 된다.

아담과 그의 후손 사이에 보존되는 동맹관계, 즉 아담의 첫 범죄의 죄책이 그의 후손들의 도덕성과 상태에 그대로 전가되었다는 것과 하나님께서 아담에 대한 심판을 인류 전체에 대한 심판으로 간주하신다는 교리, 그리고 아담의 첫 범죄의 죄책을 인류에게 전가하였다는 이 동맹관계는 하나님께서 이 사실을 밝히 계시해 주시지 않는 한 인간 스스로는 결코 알 수 없는 순수한 계시이다. 그리고 성경으로부터 이 사실을 깨닫게 될 때 반드시 인정해야만 하는 *실질적으로 존재하는 현상들로서* 우리가 더 확고하게 이해할 수 있고 평가할 수 있는 문제가 되는 것이다. 왜냐하면 그것들의 존재현상은 설명이나 평가를 위한 실질적인 접근이 없을지라도 충분히 입증될 수 있는 것이기 때문이다.

아담 안에서 모든 사람이 다 죄를 범했고 아담의 첫 범죄와 함께 모두 타락하게 되었다는 교리가 성경에서 확립하게 될 때, 아담의 첫 범죄의 죄책은 후손들에게 그대로 전가되었고 후손들은 그 죄책을 자신들의 죄책으로 인식하며 그로 인해 다 자신들이 법적으로 책임을 지는 결과를 가져오게 된다. 법적으로 정죄와 형벌을 피할 수 없는 것이 되는 것이다. 이것은 인간 본래의 죄성 상태를 분석하는 설명에서 반드시 먼저 고려해야 할 문제이다.

후손에게 이어지는 아담의 첫 범죄로 인한 죄책의 전가는 아담의 타락을 통해서 나타나는 인간의 실질적 타락과 비극 및 황폐함에 포함되어 있는 문제를 설명하거나 사색적 논쟁의 근거와 출처로 간주되는 것이다. 이러한 가르침을 트렌트 교회회의는 확실히 부정하지 않았다. 도리어 그 반대로 명백하게 명시하지 못했을지라도 그들의 칙령들 속에 공정하게 담겨 있게 하였다고 추정하게 만들었다. 실제로 그 당시의 논쟁 가운데 그들이 붙들었던 교리적 입장과 이후 세대에서 논의된 내용들의 자료 출처는 달랐다. 이 입장의 몇몇 설명은 이 주제에 대한 종교개혁자들의 견해를 이해하고 평가하는 데 필요한 것이다. 이것이 현대의 신학적 논쟁에서 직면하여 종종 추정되는 것들이라는 점은 매우 인상적이다. 그러나 아담의 첫 범죄의 죄책 안에 인간들이 다 포함되어 있고 그 죄가 그의 후손들에게 전가되었다는 교리는 궁극적으로 칼빈주의의 정점교리이다(the highest point of ultra-Calvinism). 또한 좀 더 온건하고 합리적인 칼빈주의자들의 교리요 칼빈도 종종 그렇게 주장한 이 교리를 거부하였다. 그것은 본성적으로 인간의 도덕적 상태에 대한 묘사를 해 온 것들 중 가장 어둡고 가장 신비스러운 견해였다. 그러나 분명한 사실은 종교개혁 시대에 이 교리를 로마교회주의자들이 붙들고 있었다는 점이다. 이는 트렌트 교회회의의 총대들 중 칼빈주의자들이 아닌 몇몇 신학자들이 주장하였던 견해이고, 인간의 본성적 상태의 죄성을 보다 완화시키거나 가볍게 하고자 혹은 교묘히 발뺌하고자, 그리고 변명거리를 삼고자 적용시킨 것이었다.

전적으로 타락한 도덕적 본성이 인간 세상에 온 결과, 하나님의 법을 어긴 죄악이 실제적으로 전 세계에 미치게 되었음을 믿는 칼빈주의 신학자들이 있었지만 그들은 아담의 죄가 그의 후손에게 전가되었다는 것을 인정하지 않았다. 이 사실은 내가 설명한 것을 확증시켜 준 것이었다. 그들은 성경에서 이 전가교리에 대한 충분한 증거를 발견하지 못하였기 때문에 그와 같은 입장을 취한 것이었다. 그러나 지금은 성경뿐만이 아니라 더 다양하고 규모 있는 출처로부터 인간의 본성이 보편적으로 전부 다 타락하였다는 증거들이 만연해 있다는 사실은 모두가 인정하는 바이다. 실질적으로 모든 사람이 죄를 범하였다는 그 확실한 결과로서 아담의 죄가 전가되었다는 교리를 믿는 것보다 구원의 계획과 인간들 자신이 당면한 개인적 의무 차원에서 사람들의 일반적인 견해들을 담고 있는 자연적이고 합법적인 것들 안에 있는 증거들이[89] 실제적으로 더 효과적인 것들이다. 인간 본성의 실질적인 도덕적 타락의 이 교리는 인간들이 하나님의 진노와 저주를 피할 수 없게 만드는 실제적인 죄악들이 전적 타락을 증거

---

89) 역자 주) 성경 밖에서 찾아지는 증거들을 말함.

해 주듯이 그 자체로는 아담의 죄의 전가교리와 실질적인 관련을 맺지 않아도 설명이 되는 것이다. 어떤 측면에서 전가교리는 그 사실을 더 잘 설명해주기보다 신비적이고 납득하기 힘든 것으로 만든다.

물론 최후의 확정은 성경이 뭘 말하고 있느냐를 보는 것이어야 한다. 하나님의 말씀에서 아담의 첫 범죄의 죄책이 그의 후손에게 전가됨을 가르치고 있느냐 아니냐에 의해서 확정되어야 한다. 이 부분에 대해서는 여기서 장황하게 다루지는 않겠다. 그렇지만 다른 교리보다 이 교리 안에서 보다 더 두렵고 신비롭고 납득될 수 없는 것은 아무것도 없다. 이 교리는 인간의 실질적인 상태로서 인간이 보편적으로 타락한 존재라는 교리와는 구분되며, 아담의 후손에게 아담의 첫 범죄의 죄책이 전가되었다는 교리를 거부할 만한 근거는 전혀 없다. 많은 사람들이 그것을 지지하고 있듯이 이것은 위험한 추측에 대한 중용과 주의 또는 반감을 지니게 됨을 가리키는 것이다.[90]

트렌트 교회회의는 이 주제에 대해서 명백한 입장을 밝히고 있지는 않았지만, 칼빈주의 신학자들이 붙들고 있는 아담의 죄책이 그의 후손들에게 전가되었다는 교리적 입장과 관련해서 로마교회주의자들이 자유롭게 선택하도록 맡겼다. 다른 문제들에 있어서도 개신교 교리에 근접해 있는 입장을 띤 로마교회주의 신학자들은 이 주제에 대해서 상당히 칼빈주의 견해를 일관되게 피력하였다. 심지어 그 당시에 바이우스(Baius)에게서 건실한 신학적 가르침을 받았다는 증거가 상대적으로 부족하고, 17세기 잔세니우스에게서 더 상세하게 교훈을 받았다는 증거가 거의 없는 추기경 벨라민조차도 인간에게 죄성이 전가되었다는 엄격한 칼빈주의자들이 주

---

90) 윌리엄 커닝함이 쓴 〈종교개혁자들과 종교개혁 신학〉이라는 책 377쪽 이하를 보라.

장하는 본질을 그대로 담고 있는 견해를 피력하였다. 그는 아담의 첫 범죄를 아담 안에서 태어난 모든 인간에게 전가되었다고 했다. 우리 모두는 다 아담의 허리에서 나온 존재이고 그를 통해서 세상에 왔기 때문에 아담이 처음 죄를 범했을 때 우리 모두도 다 죄를 지은 것이라고 했던 것이다.[91] 그리고 그는 우리 모두가 아담의 불순종이 인류가 처음 시작될 때에 전가되었기 때문에 우리 각자에게 왜곡됨과 부정함이 나타나는 것이라고 했다.[92] 그는 하나님의 율법을 실제적으로 깨 버린 것을 뜻하는 페카툼(peccatum)이라는 용어를 사용함으로써 인류의 원죄를 아담이 저지른 첫 불순종을 의미하는 것으로 규정하였다. 즉, 단지 한 개인으로서가 아니라 모든 인류의 대표로서 범죄 했다고 말한 것이다.[93]

마지막으로 그는 우리가 설명하고자 노력해 온 주도적인 입장들 중 하나를 온전히 확정 짓게 하는 아주 중요한 진술을 다음과 같이 하고 있다.

> 만일 우리가 아담 안에 있다고 한다면, 그리고 아담은 어떤 이유로든지 진짜 죄를 범한 것이 사실이라면 새롭게 태어나는 모든 아이는 다 그의 잘못을 지니고 태어난다고 설명될 수 있다. 그리고 가톨릭의 교리는 그것과 정반대되는 입장은 아니지만 그 개념하고는 다른 입장이다. 아담의 죄의 결과 안에서 우리가 무엇을 말하든지 그것은 아이가 가지고 태어나는 것이다. 그것이 죄책이든, 배반이든, 은혜의 결핍이든, 어떤 면에서도 갓난아이의 잘못이라고 말할 수 없는 것이다. 그리고 심지어 그

---

91) 'omnibus imputatur, qui ex Adamo nascuntur, quoniam omnes in lumbis Adami existentes in eo, et per eum peccavimus, cum ipse peccavit.'

92) 'in omnibus nobis, cum primum homines esse incipimus, præter imputationem inobedientiæ Adami, esse etiam similem perversionem, et obliquitatem unicuique inhærentem.'

93) 'prima Adami inobedientia, ab ipso Adamo commissa, non ut erat singularis persona, sed ut personam totius generis humani gerebat.'

아이 존재 자체에 있다고도 말할 수 없다. 그것은 오직 자유의지의 행동으로부터 나오는 것으로서 아담에게 속한 행위에 똑같이 참여하고 있는 것이다.[94]

우리는 이제 아담의 첫 범죄가 그의 후손들의 특징과 상태에 나타나고 있다고 설명하는 올바른 방식에 관하여 개신교도들 사이에 논의되는 입장에 주목하고자 한다. 이제 우리는 전가교리를 본질적으로 부인하는 자들에게 제시하고, 그 밖에 그것을 회피하려는 자들보다 자신들의 입장을 강론하는 데 있어서 더 큰 어려움에 빠져 버린 자들에게 말하고자 한다.

아담의 첫 범죄는 그의 후손들의 상태에 영향을 끼쳤다. 이 영향은 해로운 것 혹은 타락시킨 유형의 것으로서 성경이 명백하게 가르치고 있는 것이다. 그것은 성경의 신적 권위를 고백하는 모든 자들이 다 시인하는 가르침이다. 다만 원죄 자체를 인정하지 않는 소시니안들과 이성주의자들만 믿지 않는데, 이는 그리스도의 신성과 구속을 부인하는 것과 연관되어 있다. 그들의 가르침은 그들이 때때로 고백하거나 내세우는 것이 무엇이든지 자신들의 입장을 위하여 하나님의 말씀을 진지하고 정직하게 살펴보는 것이 아니라는 근거를 우리에게 제공해 준다. 현대 이성주의자들은 실로 그런 자들의 입장을 공정하게 판단한다. 그들은 아담의 죄가 후손에게 전가되었다는 것을 포함하여 원죄 교리는 사도 바울이 명백하게 가르친 것임을 인정한다. 물론 그들은 그것을 왜 믿어야 하는지에

---

94) De Amissione Gratiæ et Statu Peccati, Lib. v., c. xvii, et, xviii. : Opera tom iv. Garissole은 Placæus의 즉각적으로 전가된다는 것을 부정한 것에 반하는 입장에 있는 벨라민의 권위를 제시한 것이다. 이를 위해서 Placæus가 쓴 『아담의 첫 범죄의 전가』라는 책을 보라. P. i., c. x. p, 125. 그리고 Pars ii., c. xiv. 이 진술에 대한 벨라민의 견해를 위해서는 Placæus의 『아담의 첫 범죄의 전가』라는 책을 보라. 은혜의 상태와 죄의 상태(Grat et Statu pecc.)를 찾아보라. 여섯 가지 개발 및 훈련(Libri sex explicati et castigati), 859-869를 보라.

대한 충분한 이유를 바울의 가르침 때문이라고 보지 않는다. 백쉐이데르 (Wegsheider)는 바울이 이 교리를 철학과 주해의 원리에 일치하게 가르친 것을 부정하는 것은 불가능하다고 인정한다. 그는 '사도 바울보다도 그들 당시의 학자들이 역사와 철학과 종교의 무지로 인해 아담의 죄의 전가교리를 쓸모없는 것으로 간주하게 만들었고 교회에 해를 끼치는 것으로 두려움을 확장시키고 번지게 했다.'[95)라고 말하는 것을 주저하지 않는다.

그러나 신앙의 규범으로서 성경을 받아들인다고 더 신실하게 고백하며, 결과적으로 아담의 타락은 그의 후손들의 상태에 해로운 영향을 끼쳤다는 일반적인 견해를 시인하는 자들의 의견은 나뉘었다. 즉, 타락한 후에 그 결과로 인해 그런 영향이 미치게 되었다는 것과 타락과 그로 인해 파생된 어떤 것이 존재하는 것과 관련된 의견의 차이가 크게 존재했다. 어떤 자들은 그의 후손들에게 미친 아담의 죄에 의해서 영향을 받은 것은 신체적인 나약함과 고통의 나락으로 떨어지고 보편적으로 슬픔과 수고가 팽배하게 된 것과 함께 오직 일시적인 죽음뿐이었다고 주장했다. 한편, 또 다른 사람들은 이것과 더불어 더 이상 봐 줄 수 없는 상황 속으로 떨어지게 된 도덕성, 즉 인간의 부패된 도덕성이 존재한다고 주장했다. 그리하여 사람들이 하나님께서 요구하신 것을 지킬 수 없게 된 것은 아담의 경우보다 더 힘든 것이요 아담이 타락하지 않았을 때보다 실패와 결핍으로 말미암은 보편적인 상황은 아니었을지 몰라도 부패한 도덕성은 더 크게 확장되고 빈번히 발생되는 것으로 나타났을 것이다.

이러한 일반적인 표제아래에 놓여 있는 타락의 범위와 관련해서는 그

---

95) Institutiones Theologiæ Christianæ Dogmaticæ, P. iii., c. i., 370, 386. edit sexta 1829.

'Imputatio illa peccati Adamiciti, quam Paulus Apostolus, sui temporis doctores Judæos secutus, argumentationibus suis subjecit, ad obsoleta dogmata releganda est, quæ et philosophiæ et historiæ ignorantia in magnum veræ pietatis detrimentum per ecclesiam propagavit et aluit.'

범위가 점차적으로 확대되었다고 생각하게 만들어 줄 여지가 있다. 인간이 죄를 짓게 만드는 힘과 경향들, 그리고 영향들의 파급성을 논할 여지가 있는 것이다. 그리고 실제적인 범죄를 저지르게 된 것에 내포된 뭔가가 있다고 볼 여지가 있다. 그 단계들은 앞에서 명백하게 설명한 첫 번째 견해에 근접한 것이든지 혹은 이제 다루고자 하는 세 번째 입장과 가까운 것이다.

셋 번째 주장은 인간이 세상에 가져온 도덕성의 전적인 타락을 믿는 자들의 이론이다. 이 모든 것과 관련하여 성경의 증언 위에서 하나님의 율법을 실제적으로 어긴 죄의 보편성은 아담의 죄에 의해서 발생되었거나 아담의 죄가 원인이 되었다는 것이 이들의 주장이다. 이런 견해를 가진 자들 중에는 앞의 두 입장을 옹호하는 자들이 분명히 존재한다. 그들은 대체로 알미니안주의를 신봉하는 자들로 규정할 수 있다. 그들은 자신들의 판단이 매우 공정하고 바른 것이라고 생각하며, 아담의 타락에 기인한 것이라고 확신한다. 그들은 인간들 사이에서 실제적으로 존재하는 죄와 고통이 무엇이든지 성경의 증언에 의해서 강권함을 받는 모든 것들을 다 아담의 죄와 어떤 방식으로든 연계된 것이라고 생각하기를 거북스럽게 여겼다. 그들은 어떤 식으로든 인간의 실제적인 행실과 상황 가운데 나타난 현상들이 아담의 죄로 인해서 설명되거나 다룰 수 있는 것이라는 확실한 개념들에 의해서 영향을 받은 자들이었다.

그러나 그 주제를 숙고하는 데 이 방식은 합리적이지 않다. 그리고 오류에 빠트리기에 적합하다. 이 문제를 다루는 제대로 된 방식은 인간이 저지르고 있는 실제적인 사실들과 현상들을 낱낱이 조사하는 것이다. 그리하여 조사된 모든 정확한 정보들을 가감 없이 적용시킴으로 말미암아 인간의 도덕적 특성과 상태가 어떠한 것인지를 발견하는 것이다. 그리고 나서 그런 상태의 원인이나 시조가 무엇이었는지에 획득된 것을 곰곰이 생각하는 것이다. 그렇게 되면 사람들의 도덕성이 전적으로 타락되었음을 부인할 사람들은 많지 않을 것이다. 즉, 일관성 있게 아담은 그의 후손들에게 그의 죄책을 전가시키지 않을 수 있었으며, 다만 일시적인 특성만 나타내게 했을 뿐이라는 왜곡된 개념은 등장하지 않았을 것이다. 그리고 성경의 증거들이 가진 힘에 양보하고 인간의 도덕성이 전적으로 타락하였다는 개념을 더욱 적극적으로 살펴보게 되었을 것이다. 또한 그 사실을 인정한다면 실제적으로 인간사에서 발견하는 모든 것들이 다 첫 사람의 첫 범죄와 함께 연계되어 있다는 인간의 타락의 확실함과 보편성 개념을 수용하기가 그렇게 어렵게 여겨지는 일들은 없었을 것이다.

그러나 우리는 여기서 인간의 실제적인 도덕적 특성과 본질적인 상태에 관하여 다루지는 않을 것이다. 아담의 첫 범죄의 죄과를 다룰 것이며 그 타락의 사건과 그로 인하여 흘러나오게 된 결과들 사이에 존속하는 연관성을 들여다볼 것이다. 그렇게 함으로써 우리는 마지막으로 언급한 세 번째 이론이 참되다는 사실을 당연하게 여기게 될 것이다. 다시 말하면, 성경과 경험들이 제공한 가장 풍부한 증거들을 가지고 인간의 도덕성은 전적으로 타락한 것임을 제시할 것이다. 그것은 실제적으로 하나님의 율법을 어기는 것이고, 모든 시대의 모든 인간들은 자신들이 저지른 행위에 대한 책임을 지닌 존재로 만든 것이다. 그것이 결론임을 충분히 입증될 수 있다고 생각하기 때문에 여기서는 이 문제를 다루지 않는다. 이는 실제적인 상태, 존재하는 실제적인 현상들 모든 것이 다 충분히 설명될 수 있고 다룰 수 있기 때문이다. 그러나 꼭 그런 것들만이 아니라 그것들 자체가 실제 상태인데 그것들을 설명하기가 어렵고 만만치 않은 것이라는 편견이 있기 때문에 이 문제를 다루고 있는 것이다. 지금 우리의 주된 목적은 모든 칼빈주의자들이 그러하고 좀 더 복음주의적인 일부 알미니안들이 했던 것처럼 *이 모든 것을 실제적인 것이라고* 인정은 하면서도 아담의 첫 범죄의 죄책이 그의 후손들에게 전가되었다는 것을 부정하는 자들은 그로 인하여 어떤 실제적인 현상으로부터 도망치지 못하며 도리어 더 어둡고 난감한 것이 되게 만들 뿐임을 밝히고자 하는 것이다.

인간은 본질적으로 현상적인 악에 노출되어 있는 자로 간주되는 한, 결코 호의적이지 못한 도덕적 환경 가운데 놓여 있으나 여전히 자신들의 힘으로 또는 실질적으로 공급되거나 모든 사람들에게 임하게 되는 몇몇 일반적인 은총으로 말미암아 그 모든 상황을 극복하든지, 아니면 그러한 환경으로부터 도망칠 수 있다고 간주되는 한, 세상을 창조하시고 통치하시는 하나님의 절대권한으로 인해 그 모든 문제를 큰 어려움 없이 충분히 설명할 수 있다. 모든 사람이 인정해야만 하는 사실은 이것이다. 즉, 그의 피조물들에게 다양한 형태의 행복과 그가 선택하신 자에게 특권을 수여해 주시는 창조주 하나님께서는 인간 자신의 죄과로 말미암은 저주와 축복이 아닌 비참함 가운데 살도록 만드신 분이 아니시라는 것이다. 그러나 칼빈주의자들이 견지하고 있는 입장에서처럼 모든 인간이 실질적인 행동으로 이 세상에 가져온 도덕적 성향은 특별히 하나님의 은총이 개입하지 않는 한 이 세상에서 삶에서뿐만 아니라 장차 도래할 세상에서도 하나님의 진노와 저주를 받기에 합당한 실제적인 죄와 허물을 필연적으로 자아내는 본성으로 볼 수밖에 없다.

여기에 실질적으로 부딪히는 난감한 문제들이 있다. 즉, 창조주요 통치자로서 자신의 피조물들에게 다양한 형태의 행복과 특권들을 수여하시는 하나님의 권리로 문제 해결이 이루어질 수 없고 설명이 될 수도 없다고 느껴지는 어려움들이 있다. 인간의 도덕적 성향과 상태가 그러하다는 것이 전적으로 성립이 된다면, 우리는 그 문제를 그 이상의 어떤 설명 없이도 하나님의 주권적 행위로 결정할 필요가 있다. 예를 들어, 그 난제를 한두 단계 더 뒤로 물러나서 생각하는 방식으로 우리가 그것을 한 측면에서 설명할 수 있을지라도 우리는 그 문제를 하나님의 주권으로 결정해야만 한다. 왜냐하면 어떤 이론이든 간에 다 그런 방식으로 설명할 수 있기 때문이다. 여전히 본질상 인류 족속의 실제적 현상을 바라보는 칼빈주의 견해 위에서 우리는 창조주로서 그의 피조물들에게 다양한 형태의 행복과 특권을 수여하신다는 하나님의 권리만 가지고서는 그 난제에 대한 실질적 해결점을 찾는다든지 설명할 수 있다고 볼 수 없다. 결과적으로 우리는 그 문제 해결점이 있다면, 그 문제점에 대한 해결점을 향해 접근할 수 있는 방안을 마련하게 되는 근거에 대해 살펴보아야 한다.

칼빈주의 신학자들 중에는 판단의 건전성보다 더 대담하고 창의력이 뛰어난 자들이 더러 있었다. 다른 이들 중에 웨스트민스터 총회 의장으로 활약한 트위스(Twisse) 박사는 하나님의 권한을 매우 긍정적으로 설명되고 옹호될 수 있다고 주장한다. 그 권한은 칼빈주의 견해를 확고하게 붙들고 있고 그 분명한 결과를 잘 견지하고 있으면서도 그 문제를 하나님께서 자신의 피조물들에게 다양한 유형의 행복과 특권을 누리도록 수여해 주시는 것이다. 그리고 초월적인 근거를 취하는 모험을 감행하였다. 그것은 *그들의 입장을 내세울 수 있는 유일한 근거이다.* 즉, 심지어 비참함 가운데서조차도 영원히 거한다는 것은 존재하지 않는다는 것이나 소멸된다는 견해보다 더 낮고 흠모할 만한 조건이다. 그리고 그것은 전반적으로 피조물들에게 복이지 저주가 아니다. 결과적으로 하나님께서는 그것을 하나님의 주권적 행사의 결과로서 수여하시거나 효과를 미치게 하는 것이다. 이는 이것을 정당화하기 위해 사전에 뭔가 근거가 될 만한 필연적인 것들이 없이도 가능한 것이다. 그러나 이 개념은 즉각적으로 일반상식선에서, 중요성 차원에서, 그리고 사람들의 일반 감정으로 인하여 상대적인 반발에 부딪히고 말았다.

그나마 마음에 든 것은 고귀하고 매우 인상적인 우리 주님의 선언이었다. 그보다 더 중요한 것은 우리 구세주께서 명확하면서도 엄숙하고, 가장 인상적으로 선언하신 것이다. "그 사람은 차라리 태어나지 않았으면 좋았을 것이라!" 그것은 일반적으로 칼빈주의 견해로 수용된 것이 아니었다. 다만 원수들을 다룰 때 제공되는 키로서 사용되었을 뿐이다.

그렇다면 인간의 도덕성과 상태에 관련된 칼빈주의적 견해를 붙들고 있는 자들에게 '이같이 무서운 상황들이 어디서부터 나온 것인지에 대한 원인을 충분히 설명할 수 있는가'라는 물음은 별 의미가 없다. 이제 우리는 이 주제를 다룬 논쟁사(論爭史)에서 인간의 전적 타락을 인정하는 신학자들이 취한 독특한 4가지 견해들을 추적해 볼 수 있다. 첫째는 이 문제에 대해서 성경이 제시하고 있는 일반적인 진술을 넘어서 아담의 타락과 직간접적으로 관련된 뭔가를 설명하고자 하는 것을 거부하는 입장이다. 그들은 칼빈주의의 전가교리는 뚜렷하게 혹은 명백하게 함축되어 있다는 가르침을 부정하였다.

둘째는 칼빈주의 신학자들 대부분이 붙들고 있는 것으로 어떤 면에서 아담의 첫 범죄의 죄책에 대해서 사람들에게 전가된 것으로부터 파생된 형벌적인 고통(a penal infliction)이라는 원리로 그 문제를 설명해 보고자 하는 것이다. 셋째는 정통 신학자들이 일반적으로 설명하고 있는 전가교리를 문자 그대로 시인하지는 않으면서도 아담과 그의 후손들 사이에 연계성이 있다는 견해를 내세우는 입장이다. 그리고 아담의 첫 범죄에 의해 의도된 전가교리를 강하게 옹호한 주장인 아담의 첫 죄를 사람들은 거의 온전히 본질적으로 간직하고 있다는 것이다. 마지막 넷째는 아담의 죄의 전가교리를 문자 그대로 고백하면서도 실천적으로나 본질적으로 중립적인 입장을 취하는 견해이다. 특별히 즉각적이거나 전제적(前提的)인 것과 중재적이거나 결과적인 전가 사이에 자기들이 고안해 낸 독특한 수단에 의해서 설명하고자 하는 것이다. 이것은 오직 참되고 합당한 전가교리인 전자를 부정하는 것이다. 그리고 오직 후자만 인정하는 것이다.

이들 넷 중에서 처음 두 가지만 중요하고 실제적이며 본질적인 것으로 간주될 수 있다. 한편, 셋째 입장을 견지하는 자들은 그래도 둘째 입장에 속한 자들로 간주할 수 있다. 왜냐하면 이 문제에 대해서 일반적인 정통적 문구에 대한 몇 가지 요소와 관련하여 불필요하게 까다롭게 굴고, 그 교리에 대해서 지나치게 자세히 설명하고, 그와 더불어 오류를 찾고자 불필요한 논지를 내세우고, 제시되고 설명된 내용들 중 특별한 측면들을 따지면서 이 건전한 교리에 해를 끼치는 일을 하고 있지만, 일반적으로 전가교리를 이해하고 있고 그 교리가 내포하고 있는 것이 무엇인지를 전반적으로 다 시인하고 있었기 때문이다.

그리고 넷째 견해에 속한 자들은 문자적으로 전가교리를 인정하지만 실질적으로 그리고 본질적으로는 그것을 부인하는 자들로서 첫 번째 입장에 속하는 자들로 볼 수 있다. 그러나 이와 같은 네 가지 입장들은 이 주제를 다룬 논쟁사를 살펴볼 때 충분히 추적할 수 있는 견해들임이 분명하다. 그러므로 이 다양한 그룹들이 고백하는 것들은 모두 다 다른 입장을 견지하고 있지만 성경이 가르치고 제시하는 것을 믿고자 한다는 것에는 이견이 없다고 말할 수 있는 것이다. 그들이 논쟁하는 요점은 각각의 진술에 담긴 참된 의미를 신중하게 연구함으로써 합법적이고 결정적으로 확정짓고자 하는 데 있다. 우리는 여기서 이 문제를 직접적으로 조사하지 않고 다만 주된 견해들의 요점들을 약간 살펴보고자 한다.

첫 번째 입장을 지지하는 자들이 동의하는 것은 늘 그렇게 주장한 주도적인 것으로 나타난 현상 혹은 사실들이 보편적인 도덕적 타락상, 실제적으로 개인적인 범죄행위들 혹은 인간의 죄성을 드러내주는 만족스러운 증거물들로서 그 자체가 결정적이라는 것이다. 물론 그들은 증명된 사실들과 현상들에 앞서 그것들의 기원과 원인이 무엇인지를 설명해 주는 예비적인 것으로나 수반되는 것으로 보편적 타락을 한정시키지는 않는다. 그리고 다른 사람을 불러 그것을 수용하도록 강요하지 않는다. 이 입장은 전반적으로 확고부동한 것이다. 누구도 성공적으로 공략하여 무너뜨릴 수 없는 견해이다. 그들은 설명하려는 어떤 노력도 없이 신적 주권으로 그 문제를 결정한다. 이러한 현상들이 존재하기 때문에 그것은 하나님의 특성과 통치와 일치되어야만 하는 것이다. 물론 우리는 그 모든 일치성을 다 펼쳐 보일 수는 없다. 전가교리 지지자들은 다른 견해를 취하고 있는 자들과 마찬가지로 이 원칙의 장점을 취한다.

인간 중 누구도 아담의 타락교리를 이해할 수 있다거나 설명할 수 있는 척할 수 없다. 그리고 그 타락상은 인간의 현재 특성과 상태를 다 설명할 수도 없다. 모두가 다 동의하는 것은 신적 계시에 의하여 빛을 비추임 받은 인간의 이성으로도 그 깊이를 측량할 수 없는 그 너머의 신비적인 무엇이 내포되어 있다는 것이다. 우리가 성경을 세밀하게 연구하고 그 주제를 다 살펴본 후에 내릴 수밖에 없는 결론은 하나님의 주권적 역사라는 것뿐이다. 우리는 '아버지여 그럴지라도 주님 앞에서는 그것이 선한 것이니이다.'라고 말하는 것으로 만족해야만 한다. 전가교리를 옹호하는 자들이 주장하는 모든 것은 일반적으로 성경이 제시하고 확정하는 것이다. 성경이 제시하는 것만이 풀지 못하는 신비를 설명해 주는 것으로 받아들이도록 우리의 지성에 천거하는 것이다. 우리가 할 수 있는 것은 이 분명한 사실과 하나님의 절대 주권의 심연에 한두 가지 끼어 넣는 정도이다. 그로 인하여 이 주제에 관해 우리가 이해할 수 있고 평가할 수 있는 것들에 대한 추론을 제시하는 것뿐이다.

첫째 견해가 옳다고 지지하는 자들은 성경이 우리에게 알려 주는 것은 아담의 첫 죄가 어떤 측면에서 그의 후손들의 도덕적 특성과 상태에 깊이 연계되어 있다는 것이라고 말한다. 즉, 한 가지 사실은 다른 것의 원인이나 이유가 된다는 것이다. 그러나 성경이 이 이상 무엇을 가르쳐 주는 것은 아무것도 없다고 말하는 것은 잘못이다. 더욱이 칼빈주의 학자들이 일반적으로 붙들고 있는 전가교리를 성경은 재가하지 않는다고 말하는 것은 더 잘못이다. 우리는 비록 그들의 논지가 일리가 있다 할지라도 이처럼 희미하고 불확실한 주장을 인정할 수 없다. 그들의 주장은 사도들의 선언에 온전한 중요성을 채우거나 아니면 다 망가뜨리는 것이다. 즉, 한 사람으로 말미암아 죄가 세상에 들어오고 죄로 말미암아 세상에 사망이 들어온 것이라는 사도의 선언, 그리고 심판은 한 사람을 인하여 정죄에 이르렀으며 한 사람의 불순종으로 많은 사람이 죄인이 된 것(κατεστάθησαν)[96]이라는 선언을 파괴하는 것이나 다름없다. 이는 이 주제에 대한 성경의 가르침 안에서 우리에게 다른 정보를 제공하는 짓이다. 그러나 이 문제를 상세하게 다룰 시간이 없다. 다만 우리는 성경이 가르치고 인준하고 있는 것으로 간주하는 견해들을 살펴보고자 한다. 즉, 아담의 첫 범죄의 죄책이 그의 후손들에게 전가되었다는 교리가 가르치는 것에 대해 설명하고자 한다. 이 신비로운 주제를 설명해 보고자 하는 것이다. 그리고 성경의 가르

---

96) 로마서 5:12, 18, 19.

침 외에 거기에다 뭔가를 첨가시킬 생각은 추호도 없다.

아담의 첫 범죄의 죄책이 그의 후손들의 도덕적 특성과 상태에 실질적으로 미친 영향을 주장하려면 아담과 후손들은 어떤 차원에서든 *하나였*어야만 한다. 예를 들어서, 연합 혹은 정체성의 종들(species)이 그들 사이에 존재했어야만 한다는 것이다. 즉, 후손에게 미친 그 영향을 주장하는 근간이나 바탕 또는 근본적인 이유가 되는 뭔가가 존재했어야만 한다는 것이다. 이것은 모두가 다 인정하는 바이다. 실로 이 질문은 하나 됨 또는 정체성의 본질과 기초에 주로 의존한다고 말할 수 있다. 어떤 이들은 그들 사이에 육체적인 하나 됨 혹은 정체성이 존재한다고 주장하였다. 그로 인해 그들은 씨 안에 들어 있는 식물이나 혹은 뿌리 안에 들어 있는 가지들처럼 아담 안에서 존재하였다는 것이다. 따라서 아담 안에서 후손들이 존재하는 것은 문자적으로 육체적 의미를 지닌 것이라는 의미이다. 즉, 아담 안에서 죄를 지었고 아담 안에서 타락하였다는 것이다. 아담의 죄와 타락은 곧 후손들의 죄와 타락인 것이다. 물론 그들에게 전가된 것이며 형벌적 결과 안에 그들도 포함되어 있다는 주장이다.

어거스틴은 문자적으로 개인적인 하나 됨의 개념을 붙든 것으로 보인다. 그런 개념을 사용하는 칼빈주의자들도 적지 않다. 조나단 에드워드 역시 분명히 같은 개념을 견지하고 있다. 물론 그는 후자의 정체성 개념과 혼합한 듯하다. 즉, 아담이 인류의 조상이라는 개념 위에서 그리고 자신과 같은 존재들을 출생시켰다는 개념을 가지고 그렇게 주장한 것이다.[97] 이 개념은 성경에서 인정하지 않는 것이다. 실질적으로 벌어지고 있는 현실에 대한 설명으로서는 그렇게 논리적이라고 할 수 없다. 아담은

---

97) 프린스톤 에세이, 139, 151을 보라. 에드워드의 원죄론, P. iv., c. iii. Stapfer, tom. i., 236. Payne의 원죄, Lect. ii., 86-93.

의심의 여지없이 모든 인류의 조상이다. 이것은 확실히 아담과 후손 사이에 하나 됨 혹은 정체성을 구성하고 있는 것이다. 그것은 자연법이 되는 것처럼 보이며, 이는 세대의 연속성이 있는 곳에서 아담과 같은 유형의 존재를 생산할 수밖에 없는 정체성이다. 즉, 아담과 같은 특성과 자질들을 지닌 존재가 존속하는 것이다. 이 법과 관련되는 이 자연적인 하나 됨 혹은 정체성은 아담의 죄가 그의 후손에게 미치고 있다는 것을 설명하고자 적용된 개념이었다.

이 개념은 아담이 그의 첫 범죄로 말미암은 자연스러운 결과나 형벌적인 고통으로, 또는 그 둘 다로 인해 자신의 도덕적 특성이 전부 타락하였고, 앞에서 설명한 자연법에 따라서 동일한 도덕적 특성, 즉 전적으로 타락한 특성이 그의 모든 후손들에게 전이되었다는 내용이다. 이 견해는 일반적으로 전가교리를 부정하는 자들에 의해서 수용되었다. 그러나 그들도 거의 이 어려운 문제에 대해서 어떤 빛을 비추어 주거나 그 입장을 바꾸는 시도를 거의 하지 못했다. 왜냐하면 자연법을 따르는 것이 하나님께서 의도하신 것이며 제정하신 것들이기 때문이다. 하나님은 그러한 형태들이나 경로들을 통해서 하나님 자신의 목적들을 달성하신다. 아담의 첫 범죄가 그의 후손들의 도덕적 특성과 상태에 고스란히 배어 있다는 설명으로서 제시되는 이것은 단지 하나님께서 아담이 소유하고 있는 모든 도덕적 특성이 그의 모든 후손들에게 계승되는 방편으로 사물들의 구조나 체계를 구성하셨다는 것을 말하는 것이다. 자신의 첫 범죄로 인하여 타락한 본성을 가지게 됨으로써 그것이 자연스럽게 그의 후손들에게 계승되었다는 것이다.

이제 이것은 실질적으로 사실이다. 그 이상 아무것도 아니다. 그다음에 직접적으로 그 결과가 무엇인지 하나님의 구성하신 것이나 제정하신 것으로까지 거슬러 올라가 보는 것이다. 간단히 말해서, 그 문제가 발견되는 그곳에 그냥 그 문제를 내버려 두자는 것이다. 후손들에게 나타나는 그 결과와 하나님의 주권 사이에 무엇이든지 끼어 넣을 수 있는 것은 아무것도 없다. 그 결과가 나타나는 상황에서 하나님께서 구성한 것 혹은 배치하신 것으로 설명하려거나 옹호하려는 일을 향하여 할 수 있는 것은 아무것도 없다. 동시에 아담이 전 인류의 조상이라는 것은 누구나 다 인정하고 있다는 사실을 기억하는 것이다. 그리고 그것이 전가교리와 전혀 불일치하지 않는다는 것도 기억하자. 만일 그 법을 적용함으로부터 어떤 이점을 얻을 수 있다면, 즉 "같은 유형을 낳고(like begets like)"와 같은 이점이 있다면 그것은 이 교리를 부인하는 자들과 마찬가지로 그 사실을 믿는 자들에 의해서 전적으로 소유하게 되는 것이다. 반면에 그 교리를 부정하는 자들은 그것을 설명할 수 있는 원리를 전혀 제시하지 못하고 있다.

칼빈주의자들이 일반적으로 붙들고 있는 전가교리의 특수성은 아담과 그의 후손들 사이에 존재하는 하나 됨 혹은 정체성이 같은 다른 종을 가져오는 것이다. 즉, 아담과 후손과의 관계는 아담이 연방적 대표성 혹은 언약적으로 머리되심에서 나온 후손과의 하나 됨이다. 이 언약 안에서 아담은 그의 후손을 대표하고 있다. 그 언약은 아담만을 위해서 맺어진 것이 아니라 아담 자신과 그의 후손들 모두가 포함된 모든 이들을 위한 것이다. 따라서 아담의 죄의 유죄성이나 도덕적으로 꾸중 들을 만한 범죄와 직접적인 연관이 실질적으로는 없을지라도 그들은 아담이 언약을 지키는 것에 실패한 것 때문에 아담의 범죄 행위에 가담하거나(rei) 법적으로 책임을 지는 책무(reatus)를 지게 된 것이다. 그 언약의 근거 위에서 하나님은 아담이 그 언약을 파기함으로써 아담의 죄의 죄책에 그의 후손들 역시 다 책무를 지닌 자들인 것처럼 취급하시는 것이다. 이 방식으로 그들은 아담이 자신의 범죄로 인하여 자신에게 부여된 자연적이고 형벌적인 결과들 안에 다 포함되어 버린 것이다.

이제 이 견해는 단지 추측에 불과하며 실질적으로 성경의 지지하고는 별개로 보인다. 이 원리는 그 질문에 부가적인 난제를 소개하는 것만이 아니라 이 신비적인 전이에 우리가 이해하고 평가할 수 있는 전이의 추론에 일종의 빛을 비춰 주는 경향이 있다. 비록 거기에는 여전히 우리가 전적으로 그 깊은 것을 다 이해할 수 없는 풀지 못하는 숙제가 남아 있을지라도 말이다.[98]

만일 이것이 그 참된 빛 가운데서 이해한다면, 그로 인하여 이 죄책이 전가되었고 또는 후손들에게 전가된 아담의 첫 범죄의 책무라고 여기는 자들의 특별한 선입관이 제거되어지는 것과 같은 느낌을 가지게 된다. 비록 인간 본성이 전적으로 타락했다는 것을 인정하는 모든 사람들이 인간의 자연적인 상태에 대한 실질적인 양상들에 대해서 실질적인 설명이나 이해를 줄 수 있는 것은 아니지만, 모든 인류가 다 아담 안에서 죄를 지었고 그리고 아담의 첫 범죄 안에서 아담과 함께 인류가 다 타락하게 되었다는 교리를 입증하고 있는 성경의 긍정적인 증거들의 무게에 쏠릴 수밖에 없다.

3. 원의(原義)의 결핍

인간의 타락 상태가 어떤 모습인지, 그리고 모든 사람이 지금 본성적으로 어떤 상태에 놓여 있는지를 알려 주는 인간의 죄성이 가진 두 번째

---

98) 윌리엄 커닝함의 종교개혁자들과 종교개혁신학, 391쪽 이하를 보라.

요소는 원의가 결핍되어 있다는 것이다. 이것을 설명하는 것도 종교개혁 당시에 논쟁이 벌어진 몇몇 논의들과 연계되어 있다. 그리고 로마교회주의자들과 개신교도들 사이에 논쟁이 벌어진 이후로 지속된 논쟁주제들과도 관련된 것이다. 요리문답의 진술에서 원의의 결핍은 인간의 타락상태에 놓여 있는 죄성의 한 요소로 묘사되어 있다. 이 견해의 주장은 다음과 같은 것들이 담겨 있다:

타락 이전의 인간은 의 또는 공의(일반적으로 사용되는 용어)를 지니고 있었다. 인간의 도덕적 특성 혹은 본질의 실질적인 자질로서 전체적으로 청렴한 존재였다. 그러나 타락 이후 이 본래의 의를 소유한 인간은 아무도 없다. 인간이 타락하면서 인간 속에 들어 있는 죄성의 실제적 양상인 인간 안에 있는 죄는 타락하기 이전의 인간은 가지고 있지 않았다. 타락 이전에 인간이 지녔던 이 원의는 실질적으로 모든 죄악으로부터 무죄하다거나 자유로운 존재였음을 나타내는 표시로 여겨지는 것이다. 그리고 죄를 짓고자 하는 모든 치우침이나 경향으로부터 자유로운 존재임을 나타낸 것이다. 그러나 원의는 긍정적으로 인간의 모든 도덕적인 특성과 성향이 단순히 행동만이 아니라 외적인 행동을 유발하는 내적인 출처들이 서로 다 일치되는 것이었다고 말하는 것보다 더 높고 고상한 그 이상의 무엇이었다. 욕구들과 동기들, 그의 마음과 의지가 지닌 경향들과 모든 흐름들이 다 일치하였다. 거룩하고 의롭고 선한 율법의 모든 요구에 일치하게 행동하였다는 그 이상의 무엇이었다.

따라서 원의를 개신교도들은 언제나 인간이 지음 받은 하나님의 형상 안에 있는 무엇으로 이해하였다. 인간은 하나님의 형상으로 창조되었다. 그 사실이 인간이 원의를 가진 자로 지음을 받았다는 증거로 늘 제시되는 것이다. 그러나 우리는 창조된 인간의 구성요소인 하나님의 형상이 무엇인지에 대한 직접적인 정보를 성경에서 발견할 수 없다. 그러므로 이 문제에 대해서 다양한 의견들이 제시되었다. 어떤 이들은 하나님의 형상은 정신적인 능력들과 이성적이고 책임감 있는 존재가 되게 하는 역량으로 말하였다. 가장 낮은 곳에서 더 낮은 것을 찾고자 애쓰는 소시니안들은 그것을 다른 피조물들을 다스리는 영역으로 간주한다. 반면에 대부분의 사람들은 그것은 그 안에 포함되어 있는 것이 무엇이든지 인간의 능력을 따라서 하나님의 성품과 율법들에 다 부합하는 도덕성과 기질의 전적인 합일을 내포하고 있는 것이어야만 한다고 주장해 왔다.

우리는 창조하심에 있어서 하나님의 능력이나 위치에 따라서 하나님이 직접적으로 그리고 즉각적으로 하나의 도덕적으로 순결하고 완전한 존재 그 이상의 어떤 이성적이고 책임감 있는 다른 유형의 존재를 창조하셨을 것이라는 가능성을 눈곱만큼도 생각할 수 없다. 우리는 이 점을 의심할 만한 그 어떤 강력한 증거를 댈 수 없다. 심지어 하나님께서 인간을 자신의 형상을 따라 창조하셨다는 것을 듣지 못하였을지라도 인간 외에 다른 유사한 피조물을 지었을 것이라는 증거를 찾을 수 없다. 성경이 우리에게 명백히 말하고 있는 것은 인간이 지음을 받게 된 하나님의 형상이란 그리스도의 중보와 성령의 역사하심을 따라 된 하나님의 선택받은 백성들 안에 있는 결과로서 지식과 의와 거룩으로 구성된 것이다. 그로 말미암아 부족한 부분들이 전적으로 채워지며 이렇게 구성요소가 된 자질들을 가지고 하나님의 형상의 원리 안에서 인간이 지음을 받은 것이다.

로마교황주의자들도 타락 이전에 아담이 그의 도덕적 특성의 실질적 자질로서 원의를 지니고 있었다는 것을 반박하지는 않는다. 그리고 그의 죄로 인하여 자신만이 아니라 그의 후손들에게서도 그 원의를 상실하였다는 것을 인정한다. 그리고 모든 인간이 그 원의가 없이 이 세상에 왔다는 것도 인정한다. 실로 로마교황주의자들의 상당수의 성직자들이 이 원의의 결핍이 유일한 것은 아닐지라도 인간의 자연스러운 상태의 죄성이 지니고 있는 원의의 결핍 혹은 상실(*crentia or privatio originalis justitia*)이 핵심이라는 것도 시인한다. 트렌트 교회회의의 칙령도 자신들의 성직자들로 하여금 그런 주장을 하도록 온전히 자유롭게 내버려 두었다. 다만, 인간이 원의를 지니고 있었다는 사실을 부정하는 자들은 유일하게 소시니안들이다. 이 전체 주제에 대한 그들의 근본적인 원리는 아담이 처음 지음을 받았을 때 가졌던 도덕적 특성 혹은 구성요소를 지금도 똑같이 지니고 있다는 것이다. 그들은 지금 이 세상에 온 인간을 본래 우리가 원의를 지닌 존재로 이해한 긍정적인 자질을 지닌 존재로 묘사한 것은 없지만, 무죄한 상태 혹은 하나님께서 본래 인간에게 요구하신 것은 무엇이든지 다 수행할 능력을 지닌 존재이자 모든 도덕적 부패로부터 자유한 상태를 지닌 존재로 이해한 것이다. 그들은 아담이 타락한 본성을 지니고 있다는 것을 부정한다.

그러나 로마교회는 타락 이전의 아담을 도덕적 특질의 긍정적인 자질인 원의를 지닌 존재로 인정하지만, 이 원의를 본능적인 것이라고 보지 않고 초자연적인 자질로 이해한다. 즉 그 원의는 본래 구성하고 있는 아담의 도덕적 특질의 원리들 안에 있다거나 그로부터 파생된 것이 아니라는 것이다. 도리어 그것은 하나님에 의해서 그에게 수여된 초자연적인 선물이나 은혜, 특별하고도 비상한 은총이라는 것이다. 그리고 아담 안에 있는 순수한 자연스러운 것(*pura naturalia*)과 원의의 초자연적인 은사 사이의 구분을 더 강조하고자 많은 교황주의 저술가들은 아담의 창조 시에 이 비범한 은사가 순수하고 자연스러운 도덕적 자질과 함께 주어진 것이 아니라 상응한 시간이 흐른 후에 주어진 것이라고 주장하였다. 트렌트 교회회의는 아담에게 초자연적인 은사를 수여하는 시간에 그의 후손들을 배제시키지 않았다는 차원에서 이 주제를 다룬 칙령을 의도적으로 만들었다. 즉, 아담이 자신의 죄로 인하여 창조 시에 지녔던 거룩과 공의(*sanitatem et justitiam in qua creatus fuerat*)를 상실했다는 내용이 그 칙령 초고에 담겨 있었다.

아담이 창조되었을 때 이 공의나 의를 소유하지 않았고 창조된 후에 주어진 것이라고 주장한 학자들을 정죄하는 기준으로 이러한 증거가 제시되었을 때, 이를 피하고자 지금 그 칙령의 표준이 되어 버린 '본래 창조되었던 대로(in qua creatus fuerat)'로 변경해 버린 것이다.[99] 일반적으로 종교개혁자들, 특히 루터는 이 원의를 인간에게 합당한 본성의 자질이며 완전성 혹은 온전한 상태에 이르는 필요한 것이라고 열렬히 주장하였다. 그것은 초자연적인 선물이 아니요 하나님에 의해서 우발적으로 그리고 더 주권적인 의지에 의해서 주어진 것이 아니라고 하였다. 여기에 대해서 트렌트 교회회의는 공식적으로 결정한 것이 없다.

그러나 그 반대의 입장은 교황주의 신학자들에 의해서 보편적으로 다 수용되었다. 그것은 1567년과 1579년에 바이우스(Baius)가 내린 칙령에 반하여 파이우스(Pius) 5세와 그레고리 13세의 칙령들에 의해서 신앙조항으로 부과되었고 1641년 우르반(Urban) 8세의 칙령에 의해 확정되었다.[100] 그 칙령들이 부과될 당시의 몇몇 학자들의 반대표명이 있었지만 그 칙령들을 교회가 수용하였고, 그리하여 모든 로마교회주의자들이 다 따르게 되었다. 물론 그 반대 입장을 피력한 바이우스가 가르친 교리는 다음과 같이 이단적인 것이라고 정죄되었다.

---

99) Moehle's Symbolism, B. i., P. i., sec. i., 40.
100) Bailly's "Theologia Moralis" Tractatus de Gratia, c. vi., tom. v. 264-272.

인간본성의 고귀함과 신적 존재와의 교제함에 있는 것은 인간이 창조된 최초의 온전함에 기인한 것이다. 그러므로 그것을 우리는 자연스러운 것으로 불러야만 하지 초자연적인 것으로 불러서는 안 된다. 즉, 본래상 태의 온전함은 인간 본성의 부적절한 것이 기인한 것이 아니라 자연스 러운 상태에 기인하는 것이다.[101]

그리고 우니제니투스(Unigenitus)의 칙령에서 퀴스넬(Quesnel)의 '아담의 은혜는 창조의 결과이며 그로 인해 자연스럽게 거룩하고 온전한 것이다 (Gratia Adami est sequela creationis et erat debita naturæ sanæ et integræ).'[102]라는 교리 는 정죄되었다.

따라서 이 질문은 개신교도들과 로마교도들 사이에 언제나 논쟁이 붙 었던 관점들 중 하나였다는 것을 알 수 있다. 그것은 얼핏 보면 단순한 말 다툼에 불과하다고 여겨질지 모른다. 그리고 여기에는 실천적인 중요성 이 전혀 없으며 결정할 만한 자료가 충분하지 않는 것으로 보일 수 있다. 그러나 이것은 잘못이다. 그 사안의 본질을 좀 유심히 보면 발견할 수 있 으며, 그것과 관련된 논쟁이 벌어진 역사를 더듬어 살펴보면 그렇게 취 급하는 것은 분명 잘못임을 알 수 있다. 그 단어들이 담아내고 있는 것들 을 살펴보면 어쩌면 개신교도들도 이 원의가 자연적인 것이 아니라 초자 연적인 것이었다고 인정하는 것처럼 보인다. 그리고 교황주의자들은 그 것이 초자연적인 것이 아니라 자연적인 것이라고 시인하고 있는 것이 아 닌가라고 여길 만한 뉘앙스를 풍기는 것도 사실이다. 특히 우리가 튜레

---

101) Humanæ naturæ sublimatio, et exaltatio in consortium divinæ debita fuit integritati primæ conditionis, ac proinde naturalis dicenda est, non supernaturalis. Integritas primæ conditionis non fuit indebita naturæ humanæ exaltatio, sed ejus naturalis conditio.

102) Perrone, Prælectiones Theologiæ; Tractatus de Deo Creatore, P. iii. c. ii., tom.i., col. 740.

틴(1623-1687)의 글들을 연구해 보면 그렇게 볼 여지가 있다.[103] 그러나 튜레틴의 글을 잘 보면 알게 되듯이 이 주제에 대해 아주 잘 규정된 질문(status quaestionis)이 있는 것도 사실이다.

그 질문에 대해서는 상세하게 다룰 필요도 없고, 단 한마디로 말할 수 있다. 아담이 명백하게 소유한 이 원의가 인간의 본래 지니고 있는 도덕성의 구성요소로 온전히 필요로 하는 것이었는가? 그래서 도덕적인 존재로서 아담의 일반적인 위상과 역량들이 그것이 없는 상태에 있었던 것과는 육체적으로 상당히 달랐으며, 본래 하나님께서 그를 창조하셨을 때 가지셨던 일반적인 생각 안에서 인간을 형성하고자 하신 목적에 따라 그가 소유하게 되기를 바라셨던 자리에 있기 위해서 반드시 필요한 온전함과 완전함을 소유했던 것이 아니었다는 것인가? 우리는 이 문제에 있어서 로마교회의 주장에 반대되는 확고한 주장을 뒷받침하는 충분한 지침들을 성경에서 발견할 수 있다고 확신한다.

이 의가 본래 인간이 지음을 받았을 때 지닌 적합한 본성이 아니었다고 주장하는 로마교회 학자들의 주된 반대는 그것에 기인하여 온전함 혹은 완전함에 이르는 것이 필요하였다는 것이다. 그래서 타락한 인간조차도 하나님의 뜻을 행할 수 있는 자연적인 권능을 가지고 있는 자로 묘사하기에 이른 것이다. 그리고 그들은 더 큰 가능성을 가지고서 중생한 자 안에 있는 강한 욕망이 죄라는 것을 부인하는 자리에까지 나아간 것이다. 강한 욕망의 죄성을 부인하는 이 개념(이 교리는 원죄를 다룬 칙령에서 트렌트 교회회의만 가르친 교리이다)은 개신교도들이 근본적으로 잘못된 교리라고 정죄한 것이다. 우리는 앞으로 이 문제를 논박할 것이다. 그리고 인간은 타락했

---

103) Turretin. Loc. v., Quaest. vi. Bellarmin을 보라. De Gratia Primi Hominis, c. v., op. tom. iv., 그리고 Amesii Bellarmin. Enervat, Le Blanc, and Perrone을 보라.

을지라도 여전히 하나님의 뜻을 전적으로 수행할 권능을 지니고 있다는 것을 보여 주기 위해 그들은 이 개념을 다음과 같은 형태로 적용했다. 아담의 원의 혹은 하나님의 율법의 요구에 완벽하게 부응하는 그의 도덕적 구성요소 안에 있는 온전한 순종은 특정한 지위나 계급을 지닌 피조물인 아담에게 타당한 특질 중 한 요소가 아니라 초자연적인 은사로 주어진 선물이기 때문에 아담은 그것을 상실할 수 있으며 빼앗길 수도 있다는 것이다. 반면에 그는 하나님의 뜻을 행할 능력을 포함하여 그의 모든 타당한 자연적 권능들을 보유하였던 존재였다는 것이다. 물론 지금은 그의 도덕적 특성의 적극적인 자질로서 의는 없지만 말이다.

실로 이것이 그들이 일상적으로 타락의 본성과 효력에 대해서 설명하고 있는 견해이다. 그들은 아담은 그의 죄에 의해서 그에게 부여된 초자연적인 것을 다 상실하게 되었으나 그 자신의 타당한 도덕적 성형의 본래 부분은 보유하고 있다고 주장한다. 물론 그들도 그의 죄악으로 인하여 어느 정도 흠이 났거나 손상을 가져온 것은 사실임을 인정한다. 이에 대해서도 그들은 타락한 인간이 여전히 지니고 있는 실제적 상황이라고 주장하고, 인간은 아담의 죄의 죄책과 함께 더렵혀진 존재임을 인정한다. 그리고 인간은 아담이 자신만이 아니라 후손들까지도 몰수당한 원의가 결핍되어 있는 존재임도 인정한다. 그러나 거기에는 그의 도덕적 성향에 첨가되는 적극적인 타락이나 부패는 없다는 것이다. 본래 아담에게 수여된 자연적인 도덕적 권능들을 가진 존재로서 아담은 부가된 초자연적인 은혜들이 지금은 상실되어 없을지라도 여전히 하나님의 율법을 달성할 수 있도록 뭔가를 행할 수 있다는 것이다. 그리고 그리스도를 통해서 초자연적인 신적 은혜를 되돌려 받을 수 있도록 자신을 충분히 준비할 수 있다고 주장한다.

따라서 벨라민은 이 주제에 대하여 펠라기안들과 개혁가들의 반대되는 양극단적인 입장을 쳐 내는 로마교도들의 견해를 제시하고 있는 것이다. 그들이 그 방편을 가지고 주장하는 것은 '아담의 죄로 인하여 모든 인간이 다 죄인이 되었다.'라는 펠라기안들의 입장을 대적하는 것이 되기 때문이다. 펠라기안의 입장을 부정할 필요가 없이 초자연적인 은사를 제거함으로 말미암아 인간은 비록 타락했지만 그의 자연적인 모든 능력들과 역량들을 보유하고 있다고 주장하게 되는 것이다. 동시에 원의를 상실했다는 것을 부인할 필요가 없이 '자유의지나 일반적인 은사들 안에서 상실한 것은 아무것도 없고 다만 초자연적인 것만 상실했다.'라는 것으로 개혁자들의 가르침에도 대적하게 되기 때문이다.[104]

따라서 로마교회 학자들은 '원의는 자연적인 것이 아니라 인간이 본래부터 지닌 도덕적 구성요소에 대한 초자연적인 자질'이라고 자신들의 교리를 확립하게 된 것을 매우 합법적인 것으로 간주하는 것이다. 그러나 '만일 그 전제를 당연히 여기게 된다면' 두 가지 반성경적인 오류들을 방어하는 것을 피할 수 없게 된다. 그중 첫째는 타락한 인간은 하나님의 모든 뜻을 수행할 능력을 여전히 보유하고 있다는 것이고, 둘째는 중생한 자에게 있어서 강한 욕망은 죄가 아니라는 것이다. 따라서 이 두 가지 반성경적인 가르침을 변호해야만 하는데, 그러기 위해서 그들은 자신들의 교리의 거짓됨을 확정하기 위한 자료들을 산출할 수밖에 없다. 또한 동시에 종교개혁자들에 의해서 제기된 반대되는 그 진리의 중요성만 설명하게 될 뿐이다. 그런데 매우 흥미진진한 사실은 이 문제에 있어서 로마교회의 교리가 거짓이라는 결론을 단호하게 확정한다는 점이다. 그리고 그들의 입장과 정반대인 개신교도들의 진리가 얼마나 실천적으로 중요한

---

104) Bellarmin. De Gratia Primi Hominis, c. i., op. tom. iv. Perrone이 tom. i., col. 723에서 베라민의 글을 인용하여 증명하고 설명한 것을 참고해 보라.

것인지를 확고하게 만든다. 로마교회 안에서는 다양한 시대에 살았던 탁월한 신학자들과 최고의 교회 지도자들이 발흥하여 로마교회 당국자들의 비난을 받으면서 성경적이고 복음주의적 진리를 가르쳐 왔다. 그들은 바이우스(Baius), 잔센니우스(Jansenius), 퀴스넬(Quesnel)과 같은 인물들인데, 정도의 차이는 있지만 이 주제에 대하여 대체로 개신교도들이 주장하는 교리적 입장을 선언했던 자들이다.[105]

몇몇 개신교도 학자들은 일반적으로 원죄 교리에 대한 건전한 가르침으로부터 크게 빗나가지는 않은 선에서 교황주의자들의 입장을 수용했다. 그러나 그들이 사용한 용어의 뉘앙스는 전반적으로 달랐고, 다른 목적을 위해 적용하였다. 이에 대한 좋은 설명은 최근에 우리나라(스코틀랜드)에서 출간된 책에 나와 있다. 이 책은 엑스터의 페인 박사(Dr Payne of Exter)가 1845년에 회중 강의(Congregational Lecture)에서 발표했던 내용을 담고 있으며 원죄문제를 다룬 좋은 책들 가운데 한 권이다. 원죄에 대한 그의 저서는 매우 주목할 만한 가치가 있고, 몇몇 중대하고 유익한 논의들을 포함하고 있다. 물론 오류와 위험스러운 요소가 있는 몇몇 주장들도 눈에 띄기도 한다. 그러나 페인 박사는 도덕적 타락이 보편적으로 다 번진 것이라는 전가교리를 논의한 학자들 중 세 번째 그룹에 속한다고 볼 수 있다. 그는 이 주제에 대하여 대체로 칼빈주의 신학자들이 가르친 본질적인 것에까지 미치는 것으로 보는 학자군에 속한 자이다. 세 번째 그룹은 정통적인 입장들을 개정하거나 부드럽게 만들려는 욕구를 크게 내비친 자들이다. 그리고 통상적으로 전통적으로 사용된 문구를 사용하는 것에

---

105) Perrone, tom.i., col.738-9를 보라. De Gratia, col.1238-9도 보라. Le Blanc's These Sedanenses도 보라. De Justitia primi hominis, 396를 보라. 여기에는 로마교도들의 교리에 대해서 상세하게 설명하고 있다.

대해 불필요할 정도로 과하고 까다롭게 따진 자들이다. 이것이 페인 박사가 원죄에 대해서 가지고 있는 견해라고 생각하는 나의 시각이다. 물론 지금 내가 언급한 요점은 그가 깊이 숙고하며 제시한 한두 가지 견해들과 함께 위에서 묘사한 것을 공정하게 판단하는 것보다 더 심각한 오류를 가지고 있는 것으로 간주될 수도 있는 것이다.

그의 주된 특징적인 입장은 하나님께서 아담에게 수여하신 은사들과 그의 후손들의 언약적 대표자로서 성령의 성결케 하시는 효력들을 포함하여 그와 함께 약속된 것들은 하나님께서 혜택들로 허락해 준 것들이며, 독점적으로 받은 특혜라는 것이다. 이것들은 다 하나님께서 주권적으로 아담에게 무상으로 베푸신 것들이었다. 아담은 그것들을 공평히 달라고 요구할 수 있는 것이 아니었다. 왜냐하면 그것들은 아담의 성향의 고귀함이나 온전함에 필요한 것이 아니었기 때문이다. 페인 박사는 아담을 단지 피조된 인간으로만 바라보았다. 결국 아담과 그의 후손들이 누릴 즐거움은 결과적으로 하나님께서 적절하다고 생각되는 때에 중지될 수도 있다는 것이다. 어떤 이유로든지 하나님께서는 아담의 후손들로부터 그 혜택들을 누리지 못하게 즉시 중단할 수 있다는 것이다. 그는 이것을 반역죄를 지은 귀족이 그 나라의 법에 의해서 판결을 받아 자신만이 아니라 후손들에게서도 지위와 재산이 몰수당하게 되듯이 아담의 후손들도 박탈될 수 있는 것이라고 설명했다. 페인 박사는 이 원리를 발전시킨 것이다. 그리고 이 원리를 아담의 죄의 결과 안에 있는 모든 인류에게 적용시켰으며 도덕성의 부패가 만연되어 있는 현상에 도입하여 적용해 버린 것이다. 이 방식으로 그는 정통 신학자들이 붙들고 있는 견해들 몇 가지를 수정하였고 정통신학자들이 즐겨 사용해 온 몇몇 문구들에 의문을 제기하고 반박하기까지 한 것이다. 그러나 내가 알기로는 그는 자신의 수정제안을 실질적으로 혹은 결정적으로 채택하게 하는 일에는 성공을 거두지 못하였다.

예를 들면, 특혜에 관한 이 원칙의 근거 위에서 페인 박사는 그의 후손들의 언약적 대표자로서의 지위를 가지고 있는 아담과 하나님이 맺은 언약을 칼빈주의자들이 늘 말하는 행위 언약이 아니라 은혜의 언약이라고 주장했다. 그가 은혜 언약이라고 부른 것에 대해서는 어느 누구도 반박하지 않았다. 왜냐하면 그것은 하나님의 선하심과 자비하심을 가장 잘 드러내고 명시해 주고 있기 때문이다. 하나님께서 자기 피조물들을 다루시는 모든 일은 은혜와 형벌이라는 두 가지 유형으로 나눌 수 있다. 사실 어떤 피조물도 엄격한 공의적인 차원에서 볼 때 하나님의 손에서 은총을 받을 만한 존재가 아무도 없다. 그러나 이 분류 안에서 일반적으로 은혜라는 항목 하에서 우리는 하나님의 기뻐하신 뜻 안에서 주어지는 것을 제외하고 어떤 원인이나 조건이나 동기가 전혀 없이 무상으로 주어지게 되는 행위들과 그리고 하나님의 자비하심을 드러내는 것으로서 여전히 은혜로운 것이지만 약속이나 계약과 무관하게 공의에 기인하지 않지만 약간의 근거 혹은 원인으로 정당하게 말할 수 있거나 혹은 사물들에 적합하고 일치되는 행위들 사이의 차이를 구분할 수 있거나 구분 지을 수 있는 것이다.

하나님께서 아담을 창조하겠다고 정하신 후에 그의 도덕적 구성 요소나 자질들을 규정함에 있어서, 그리고 그 자신과 후손 위에 복종케 하심의 결과가 임하게 된 것을 배열함에 있어서, 하나님이 아담을 다루시는 것은 이 두 가지 측면 중 후자의 입장에서만 은혜로운 일이다. 그러므로 우리는 아담과 맺은 언약은 은혜의 언약이 됨을 부정하는 잘못을 저지르지 않고도 그것은 나중에 주어진 보다 나은 새 언약적 관점과 같은 은혜의 언약이 아니라는 사실을 충분히 보여 줄 수 있다고 생각한다. 반면에 근본적인 섭리하심의 일반적인 특성으로부터 그것을 행위 언약이라고 부르는 것은 잘못이 아니다.

그러나 우리는 여기에 오래 머물러 있을 수 없다. 우리는 이미 그 주제에 대해 페인 박사가 의도한 것을 잘 다룬 그의 저작을 소개하였기 때문이다. 앞서 제기된 설명으로부터 우리는 특혜를 받았다는 그의 교리가 교황주의자들의 교리와 일치된다는 것과 원의는 인간이 지음을 받았을 때 가진 완전함이나 온전함에 이르기 위해 반드시 필요한 도덕성의 자질이 병합된 구성요소가 아니라 초자연적인 은사로 첨가된 것이라는 그의 주장을 이미 밝혀냈다. 그 유사점은 본질적으로 그리고 약간의 호기심을 가지고 상세하게 설명할 수도 있다. 예를 들어서, 우리는 로마교회의 많은 저자들이 초자연적인 은사인 원의를 하나님께서 창조 시에 아담에게 주신 것이 아니라고 한 것을 보았고, 트렌트 교회회의는 의도적으로 이 문제를 의문시하도록 남겨 두었다는 것을 눈여겨보았다. 같은 방식으로 페인 박사가 그러한 특혜들은 아담이 창조된 이후의 후속 기간 동안에 아담 혼자에게만 주어진 것이었지만 아담은 인류의 시조가 되도록 정해진 존재이기에 아담이 지은 죄로 인하여 자신만이 아니라 그의 후손들까지도 반역죄를 지은 자가 되어 버렸다는 내용도 다루었다. 아담만 특혜로서 받았다는 이 교리는 로마교회가 언제나 열정적으로 고수하고 있는 것으로서 본질적으로 개신교도들의 주장에 반대하는 입장이다. 그리고 그 교리는 종종 로마교회 안에서 역사적으로 가장 건전한 신학사상을 가진 신학자들과 최고의 지식인들이 그 생각과 반하는 정당한 이론을 내세운 것과도 어긋난 주장이다.

우리는 페인 박사가 로마교회가 가르쳐 왔고 개신교도들이 반대한 것들을 충분한 근거로 삼아서 주장했다고는 생각하지 않는다. 우리가 이미 살펴본 것과 같이 옛날 교황주의 신학자들은 자신들의 교리적 입장을 고수하기 위해, 즉 인간이 타락한 상태에서도 하나님의 뜻을 전적으로 실행할 권능을 자신들이 가지고 있다는 견해를 견지하기 위해 그 교리를 적용시켰다. 그러나 페인 박사는 로마교회 학자들의 주장과 본질적으로는 같은 자신의 이론을 인간들이 마치 아담의 첫 범죄를 지은 존재인 것처럼 그리고 그의 타락의 결과에 다 포함된 것처럼 취급하게 되는 인간의 본성의 공정함과 타당성을 가리키는 데 적용하고 있다.

종교개혁자들과 교황주의자들의 이론을 반대하는 자들은 아담의 죄가 후손에게 전가되었다는 것을 인정하였지만, 그것을 전적으로 부인하는 자들의 반대에 맞서서 그 교리를 변호하고자 하는 시도는 하지 않았다. 그러나 이 문제와 관련된 두 가지 사안들이 있었다. 그것들은 단연코 초자연적인 선물로서 원의를 주장하는 교황주의자들의 이론과 본질적으로 일치한다는 것이다. 그리고 특혜로 설명하는 페인 박사의 이론과도 연계되어 있다는 것이다. 예를 들면, 첫째로 아담의 죄가 전가되었다는 교리를 부정하는 개신교 이단들과 맞서서 그 이론을 옹호해야만 했던 근래의 교황주의자들은 그 목적을 위하여 자신들의 초자연적인 원의 교리를 적용시킨 것이다. 로마에 있는 제수잇대학교에서 신학을 가르치고 있는 페론(Perrone) 교수도 매우 동일한 방식으로 페인 박사의 특혜 교리를 『Prælectiones Theologicæ』에서 적용하고 있다.[106]

둘째로 페인 박사의 글에는 몇 가지 설명들이 내포되어 있다. 물론 이 주제가 철저하게 논의된 것은 아니지만 그는 자신들이 *책임 있는 존재*라고 말하고자 *필요한 머리 혹은 대표자 밑에 있는* 타락한 인간을 위해 주장한 것이다. 그리고 그들은 하나님께서 요구하시는 것은 무엇이든지 전

---

106) De Deo creatore, P. iii., c. iv., 원죄의 전달(de peccati originalis propagatione), col. 775, tom i.

적으로 다 수행할 능력을 가지고 있다고 묘사한다. 그렇기 때문에 인간은 비통한 상태로부터 벗어날 수 있다는 것이다. 이것은 칼빈주의자들이 견지하고 있는 입장과는 상반된다. 그것은 페인 박사가 즐겨 사용하는 예화의 단상 중 하나로서 매우 얄팍한 개념이다. 예를 들면, 반역죄를 범한 귀족 자신만이 실제적인 반역자로 간주되어 자기 자신의 생명을 망치게 된 것과 같은 것이어서 비록 그 귀족의 반역적 행위로 인해 그의 후손들이 고귀한 칭호와 재산은 다 상실했을지라도, 그 후손들은 일반 시민권자가 가지는 모든 자연적인 권리들을 여전히 소유하고 있다는 말이다. 그리고 그들이 후에 다시 새롭게(de novo) 재기하는 일을 금지할 어떤 빗장이 채워진 것이 하나도 없다는 것이다. 혹은 *죄목이 제거되는 것은 없어도 또는 그들을 위하여 어떤 무엇이 개입됨이 없이 그들의 조상이 소유하였던 그 지위와 동일한 위치에 설 수 있다는 것이다.*

실로 페인 박사는 인간의 자연적인 상태와 관련하여 이런 견해를 전혀 비치지는 않았다. 즉, 칼빈주의 견해와 정면으로 배치될 뿐 아니라 트렌트 교회회의의 선언과도 배치되는 그런 견해를 내비친 적은 없었다. 그러나 그의 입장의 몇 가지는 앞의 이론을 선호하고 있는 것처럼 보인다. 따라서 우리는 그가 자신의 몇 가지 이론들을 그것을 함유하고 있는 것으로 보이기 때문에 그 견해를 전적으로 반대하는 사람이라고 결코 확신할 수는 없다.

아담이 대표성 혹은 언약적 관계의 대표자로서 지녔던 역량을 상실한 상태에서 그리고 자기 자신만이 아니라 자신의 후손들의 것도 다 상실해 버린 상태에서, 모든 인간이 아담의 첫 범죄의 결과에 포함되어 있다는 상태의 정당함과 합리성을 옹호하고자 오직 아담만이 특혜를 받은 자였다고 주장하는 이론에 대한 페인 박사의 적용을 우리는 살펴봐야 한다.

이 개념의 진실에 대해 그 질문을 다방면으로 주의 깊게 보면, 그 개념이 부적합하고 불충분하다는 사실이 우리가 이미 제시한 몇 가지 입장에 명백하게 내포되어 있다. 이 난제는 아담의 후손들이 짊어진 그의 죄의 결과를 일시적인 악행이나 도덕적으로 약간 왜곡된 성향, 그리고 불쾌한 도덕적 현상들일 뿐이라고 한정시키는 교리와 실질적이고 확실하게 죄악을 저지르고 있는 도덕성이야말로 전적인 타락으로 이어질 수밖에 없다는 이론 사이의 차이에서 발생하는 것이다.

후자에 있어서 난제를 다루는 과정에서 하나님의 기뻐하신 뜻을 따라 창조주로서 그의 피조물에게 수여하시는 하나님 자신의 권리로부터 실질적인 어떤 도움을 끄집어낸다는 주장은 있을 수도 없고, 인간이 누리는 행복과 특권의 정도 문제와도 별개의 것이다. 우리의 언약적 대표자로서 아담이 자기 자신만이 아니라 우리를 위한 것들까지도 그의 죄로 말미암아 다 상실한 것이라면, 지음 받은 인간이 지니고 있는 타당한 본능적인 요소가 아닌 지음 받은 후에 무상으로 받아 그만이 가진 혜택들은 그의 온전함과 완전함을 위하여 반드시 필요한 것이었다. 그렇다면 그 문제에 있어서 일하시는 하나님을 깊이 생각할 수 있는 한 가지 양상은 하나님께서 지으신 피조물들에게 행복과 특권의 정도가 다르게 각자에게 수여하신다는 면이다. 우리가 앞에서 지적한 것과 같이 이것은 하나님의 위치와 행하심에 대한 견해이다. 그것은 특혜들이 상실되었지만 그럼에도 불구하고 인간이 시민권자로서 모든 일상적인 권리들과 특권들, 즉 영원히 비참한 상태로 전락되어 버리는 것으로부터 자신들의 힘으로 피해 갈 능력이나 보편적인 은총을 누릴 수 있는 권리들을 보유하고 있다고 추정되지 않는 한 그 난제를 풀어 갈 만한 실마리를 전혀 던져 주지 않는다. 다시 말하면, 인간은 이제 도덕적으로 타락한 존재요 실질적인 죄성을 지닌 존재라는 것과 그들에게 붙어 다니는 현상들이 충분히 그 사실들을 입증하고 있다는 것을 부정하지 않는 한 그 난제는 풀리지 않는다.

여기에서 우리는 앞에서 밝힌 견해를 확고하게 할 수 있다. 즉, 아담 안에서 아담만이 지녔던 특혜들은 상실되었다는 페인 박사의 이론은(비록 그가 그 점을 적용한 것은 아니지만) 원의가 초자연적인 것이라는 교황주의자들의 교리적 주장에 자신도 포함시키고 있는 것이다. 즉, 인간은 비록 타락했지만 하나님께서 요구하시는 것을 실행할 능력을 충분히 가지고 있다는 견해에 페인 박사 자신도 동참하고 있는 것이다. 그는 죄를 벌하시는 공의한 재판이라는 측면에서 하나님을 나타내는 것을 제외하고 이 모든 문제에 있어서 그 사례에 대한 실제들을 입증하고 있는 현실에 부합하는 하나님의 행하심에 대한 견해는 없다. 그의 견해는 원의를 상실한 인간과 본성적으로 전적으로 타락한 형벌적인 특징인 죄를 다룸에 있어서 하나님이 바르게 부과시킨 형벌들이다. 이것은 타락에 대한 긍정적인 소통으로 된 것이 아니라 하나님의 은총과 성령의 영향들을 공정하게 철회하심을 통해서 나타난 것이다.

성경이 이 신비한 구성요체를 설명하고 있는 유일한 방책은 아담의 첫 범죄의 죄책이 인간들에게 전가되었다거나 그 후손들에게도 아담이 저지른 죄에 대한 책임을 인간에게 동일하게 묻는다는 것이다. 그러므로 아담이 저지른 행위에 대한 형벌은 고스란히 그의 후손들에게 합법적으로 노출되는 것이다. 후손들에게 그 죄책이 그대로 드러나게 되는 전가교리는 하나님께서 아담과 맺은 언약 안에서 아담이 그 언약적 대표성을 띤 존재라는 사실에 기초하고 있는 것이다. 우리는 이 모든 것을 성경에서 분명하게 가르치고 있는 것이라고 생각한다. 그러나 이 성경을 넘어서면 안 된다. 성경에서 우리의 사고와 논리가 멈춰야 한다. 그렇지 않고 성경 밖으로 넘어가면 그들은 엄격하게 한 가지 목적에 한정될 수밖에 없다. 즉, 반대논리에 귀결될 뿐이다. 심지어 반대진영에 답하고자 함에 있어서조차도 근거가 없고 단지 추정된 사색에 안주하고자 하는 유혹에 빠지는 결과를 낳지 않도록 우리의 사색이 성경을 바탕으로 한 논리적 필요성을 가로질러 가는 우를 범하지 말아야 한다. 우리는 오직 한 가지 요점을 입증할 수 있는 것에 한정해야 한다. 이것이야말로 현 상황에서 우리에게 논리적으로 부여해 주는 의무이기 때문이다. 불공정한 것을 내포하고 있는 필연적인 구성요소들은 증명될 수 없다.

지금 특별히 명시한 제한들 내에서 반대 입장에 답변하기 위해 일반적으로 제시되었던 것들 중에는 매우 합리적이고 타당성 있다고 여겨지는 것이 하나 있다. 그것은 합법적인 것으로 간주되는 생각이다. 왜냐하면 적어도 그것은 성경의 진술에 반하는 것이 아니며 그렇다고 믿음의 유추에도 어긋나는 것이 아니기 때문이다. 물론 그 난제에 대한 해결책을 제공하는 것은 아니지만 이 신비로운 주제를 숙고함에 있어서 지적인 안정과 만족을 제공하는 생각이다. 그것은 하나님의 지혜와 주권에 있어서 하나님은 처음 지음받은 자신의 상태를 유지하지 못하고 타락한 천사들로부터 수반된 다음과 같은 생각이다. 그 타락한 천사들과는 다른 형태의 이성적이고 합리적인 존재를 창조해야겠다는 생각이고, 다른 형태로 구성되며 천사들과는 다른 상황에 놓이게 되는 존재, 도덕적인 시험에 예속되는 존재를 창조하실 생각이다. 그리고 그 처음 만들어진 특별한 계층의 존재를 모든 피조물들의 대표로서 시험 가운데 두고 그 존재로부터 계승되는 모든 피조물들의 시련 혹은 시험을 받게 되는 피조물을 만드시기로 결심하신 생각이다. 그래서 그의 경우 그 시련의 결과는 적용되어야 하는 것이고, 그 족속의 상태나 운명을 결정짓게 하는 것이다. 마치 각자가 실

제적으로 직접 시련이나 시험을 당한 것처럼 첫 사람과 동일한 유형의 피조물들에게 첫 사람이 받은 동일한 결과가 나타나게 한다는 생각이다.

이 일반적인 가설로서의 생각의 적용점은 반대측의 입을 막는 데 적합한 자료가 된다고 생각한다. 이 구성은 부당함을 필연적으로 증명해야 하는 어려움이 내포되어 있지만, 반면에 그것들은 이 목적을 달성하지 못함을 보여 주기에 타당하다고 생각된다. 그러나 우리는 지나치게 가치와 중요성을 여기에 부여하지 않기 위해서 이러한 생각을 적용시키는 데 애를 쓸 필요는 없다. 또는 우리가 지금까지 반복해서 가르친 교리의 건전함과 유용성의 참됨에 의혹을 제기하는 것이 되지 않기 위해서라도 이 생각을 더 확대할 필요는 없다. 그것을 언급한 유일한 이유는 그 생각과 인간의 원의는 자연적인 것이지 초자연적인 것은 아니라는 개신교 교리 사이에 아름다운 조화가 있다고 생각하기 때문이다. 아담이 자신과 후손들을 위하여 상실한 것은 단순히 특혜를 받은 것이 아니라 본래 그의 도덕성이 구성하고 있는 요소들이다. 이 두 가지 견해들은 서로 보강해 주는 증거들이다.

어떤 경우든지 우리는 도덕적이고 책임성 있는 존재를 창조하시는 하나님을 직접적으로 그리고 즉각적으로 생각하는 것은 거의 불가능하다. 적어도 하나님처럼 본래적으로 가지고 계신 도덕적 성향들을 지니고 있지 않는 인간으로서는 하나님의 율법에 정직하게 혹은 완전히 연합되게 생각하는 것은 불가능하다. 이 문제를 파악하는 것은 점점 더 힘들어진다. 특히 그 위대한 도덕적 실험의 주제가 되는 존재의 표본이나 예표하는 존재로서 간주됨과 동시에 그 실험은 완전한 것이 되거나 표본적인 존재 안에서 나머지 모든 존재를 예표하는 것으로 결정되어지는 것임을 고려할 때 문제는 더욱 복잡해진다. 하나의 추론 위에 우리는 마치 공평성과 같은 주장이 있었던 것처럼 변하기 쉽고 자유의지를 지닌 존재, 또는 완전하고도 충분해서 도덕적 시험을 가질 수 없으며 도덕적 구성요소로 의와 거룩함을 소유하고 있는 존재로 여길 수밖에 없다. 그렇지 않으면 '본래부터 지닌 근본에 기인한 것이었다.'라고 말할 수밖에 없다. 이는 앞에서 인용했고 바이우스(Baius)가 사용했으며, 로마교회가 정죄했던 내용이다. 또한 아담은 환경이나 상태에 있어서 모든 유익을 지니고 있었고 하나님께서 요구하시는 모든 것을 다 수행할 능력도 지니고 있었기 때문에 그가 겪어야 할 시험도 능히 성공을 거둘 수 있었던 존재라고 말할 수 있다.

실로 하나님께서는 아담에게 그가 지닌 적합한 자연적인 성향에 초자연적인 선물들이나 은총들을 덧붙여 주실 수 있으신 분이시다. 그리고 아담으로 하여금 그 시험을 능히 통과할 수 있도록 그가 즐거워한 본래의 환경에 처할 수 있도록 능히 하실 수 있는 분이시다. 그러나 그런 경우라면 아담은 본래부터 그의 후손들과 동일한 유형의 사람이 아닌 존재가 되는 것이다. 물론 그의 시험이 무엇이든지 그리고 그 결과가 어떠하든지 후손들에게 적용하는 동일한 원리들을 충분히 설명하고 동일한 목적들을 달성하게 한다는 설명은 충분하지 못한 것이다.

4. 본성의 타락

이제 우리는 또 다른 큰 주제인 인간이 타락함으로 가지게 된 죄성의 상태가 어떠한 것인지에 대해 간략하게 살펴보고자 한다. 인간 전체 본성의 타락 문제, 즉 통상적으로 가장 적절하게 사용되는 용어인 '원죄' 문제를 다루려는 것이다. 로마교도들은 아담이 자신의 후손들에게 지어 준 죄는 주로 배타적인 것이 아니라고 한다면 타락은 후손들에게 전가된 아담의 첫 죄의 죄책과 그리고 결핍으로 구성되었다고 주장한다. 그리고 인간 전체 본성의 타락이나 도덕적 부패에 대해서는 거의 언급조차도 없거나 한 마디도 하지 않고 있다. 그들이 이 교리를 부정하지 않는 것은 트렌트 교회회의가 이 교리를 정죄하지 않았기 때문이다. 그러나 그들은 그 교리를 주장하지도 않는다. 왜냐하면 트렌트 교회회의가 의도적으로 삼갔기 때문이다. 우리가 앞에서 살펴봤듯이 아담이 전체 인류에게 전이시킨 죄(peccatum)의 구성 요소들이 무엇인지를 규정하는 것을 그들은 의도적으로 피해 버린 것이다.

따라서 잔센파들은 어거스틴과 함께 인간의 전적 타락교리를 고수하게 되었다. 즉, 인간의 도덕성에 붙어 있는 것으로서 실제적으로 죄를 짓는 경향을 고스란히 갖고 있는 인간 도덕성의 전인적 타락을 자연스럽게 내세운 것이다. 반면에 로마교도들은 이것을 보다 더 일반적으로 부정하거나 아주 희미하고 모호한 의미로 인정하였다. 그것은 덜 복음주의적인 알미니안주의자들의 의견과 유사한 것이다. 로마교도들은 원죄를 단순한 부정이나 결여로 간주하였다. 즉, 아담에게 초자연적으로 부어진 혜택인 원의의 결핍으로 보았다. 그리고 자신의 첫 범죄로 말미암아 자신만이 아니라 자신의 후손들도 상실하게 만든 원의의 결핍으로 보는 것이다.

그러나 모든 종교개혁자들과 대부분의 개신교회들이 한결같이 고백하는 것은 본성의 타락은 타락한 인간의 특징에 그대로 드러나는 실질적인 양상이라는 것이다. 타락한 인간은 죄를 짓는 강력한 기질 혹은 성향을 지니고 있으며, 하나님으로부터 떠나서 그의 계명들을 어기는 기질이 대단히 농후한 자라는 사실을 견지하고 있다. 이것은 여러 방면에서 타락한 인간에게 들어온 죄성에 대한 가장 중요한 양상 혹은 요소이다. 특별히 하나님의 계명들을 범하는 인간의 실질적인 행위의 모든 원인이나 출처로서 타락한 인간이 지닌 죄성의 가장 중요한 양상인 것이다. 인간은 하나님에 대한 두려움이나 사랑을 자아내는 자신의 도덕적 성향 안에서 하나님을 영화롭게 하거나 혹은 하나님을 섬기고자 하는 욕구를 세상에 전혀 드러내지 못한다. 이뿐만 아니라 자신의 실질적인 도덕적 기질 그 자체가 보여 주듯이 실질적으로 하나님의 뜻에 일치하는 것들을 다 싫어하고 하나님께서 지적이고 도덕적인 피조물들에게 부여하신 계명들이 요구하는 모든 것을 실행할 수도 없는 존재가 되었다.

이것이 성경에서 인간 본성의 실제적인 도덕적 상태에 관하여 말해 주는 것이다. 그리고 그것은 우리의 경험들이 증명하고도 남는 것이다. 당시 로마교회 안에 널리 퍼져 있던 펠라기안주의자들의 견해들에 반대하여 개혁자들이 이 사실을 온전히 다 밝혀냈을지라도 그 사실을 트렌트 교회회의는 확정하지도 않았고 그렇다고 부정한 것도 아니었다. 우리가 나중에 보게 되겠지만 그들은 그 사실을 암시적으로는 부인하였다. 로마교회 안에서는 다른 모든 교회들 안에서도 그러하듯이 하나님의 말씀과 자신의 마음이 어떤지를 최고로 잘 알고 있고, 하나님의 것들에 대해서도 깊이 인식하고 있는 석학들은 그 사실을 수용하고 증명하였다. 이러한 측면에서는 다소 부족한 면이 있고, 그리고 그들의 결함에 좀 균형을 잡고자 하는 자들은 그것을 전적으로 부인하는 입장이거나 설명을 기피하고자 한다. 특별히 그것은 대수롭지 않거나 존재하지도 않는다고 하면서 그 크고 두려운 실체를 축소시키려고 한다.

나는 인간 본성의 타락에 대한 이 위대한 교리의 참됨을 성립시키는 데 힘을 소진하고 싶은 생각이 없다. 인간 본성은 분명히 다양한 방식으로 하나님의 율법을 범하는 일들만 생산하고 있다. 나는 앞에 있는 제목(원의의 결함, 역자 주) 아래에서 본성의 전적 타락에 대한 주제를 다룬 논쟁의 역사에서 그 관계를 충분히 밝혔다. 그리고 인간이 타락한 상태의 죄성에 대한 양상들이나 요소들에 대한 입장에 대해 분명히 붙들어야 할 것이 무엇인지도 다루었다. 이러한 근거들을 기반으로 볼 때 나는 이 주제에 대해 더 다루어야 할 필요성을 느끼지 않는다. 그러나 성경과 양심과 경험과 관찰로부터 도출되는 익숙한 증거와 함께 너무나도 중요한 이 부분에 대해서 교리가 함축하고 있는 모든 것에 대해 분명하고도 정확한 개념을 강조하지 않을 수 없다. 전반적으로 그리고 상식적으로 실감하는 것이 되는 개념들을 바르게 세울 필요가 있기 때문이다. 이것이 인간의 본성적인 상태가 무엇인지 이론적으로나 실천적으로 가장 중요한 진리일 뿐 아니라, 제공된 치유책의 특성과 적용을 잘 아는 것과 뗄 수 없는 관계에 있다. 더욱이 인간의 전 본성의 타락에 대한 신앙, 그리고 그 타락으로 인하여 실질적인 범죄가 모든 인류에게 효과를 미치게 되었다는 보편성을 확고하게 세우게 되기 때문에 그 교리는 가장 직접적이고 강력하게 온갖 오류로부터 보존되기에 적합하며, 인간 본성 상태의 죄성이 가진 요소들이나 양상들과 관련된 참된 진리로 나아가게 한다. 그리고 개인적으로 인간의 구원 문제가 걸려 있는 실천적인 단계를 수용하도록 즉각적으로 인도한다.

이 주제는 하나님의 말씀이 우리에게 재료들을 제공하여 주는 한 신학적인 주제들에 대한 명확하고 확고한 개념들을 우리의 생각 속에 정립시키고 고정시켜야 할 필요성과 중요성을 놀라울 정도로 분명하게 설명하여 주는 것이다. 원죄에 대한 트렌트 교회회의 칙령들의 중심 부분은 건전하고 성경적이다. 그러나 우리가 설명한 이유들을 바탕으로 볼 때, 그 내용 자체는 매우 모호하고 일반적인 진술들에 불과하다는 것을 알 수 있다. 그 교리의 건전한 요인을 확고하게 세워 주는 데는 전혀 도움을 주지 않는 것이다. 실로 그것은 직접적으로 펠라기안주의라고 낙인찍을 수밖에 없는 것이다. 그러나 로마교회 안에 펠라기안 사상이 폭넓게 번져 있기 때문에 여전히 그 사상이 남아 있으며 인간 구원에 대한 복음적 방법론에 대한 모든 개념들에 해로운 영향을 끼치고 있는 것이라고 주저 없이 선언할 수 있다. 당연히 그것은 인간의 영적 건강상태에도 심각한 해를 끼치는 것이다. 인간의 타락한 상태의 죄성에 대해서 트렌트 교회회의의 칙령과 소요리문답에서 제시하고 있는 명확하고 분명하며 확고한 진술과 얼마나 대조적인 것인지를 확인할 수 있다. 요리문답의 설명은 인간이 본래 어떤 존재인지, 그로 인해서 인간의 마음에 어떤 것이 새겨지고 그것이 어떤 행동을 불러일으키는지에 관하여 온전하고 바르게 이해할 수 있도록 잘 드러내 준다.

우리는 여전히 로마교회의 교리 안에 희미하고 분명하지 못한 진술로 구성되어서 많은 결함이 있다는 것과 긍정적으로 보아도 오류투성이라는 사실을 지적한다. 그리고 로마교회 교리는 세례적 칭의와 세례적 중생 등과 같은 다른 주제들에 대한 오류투성이의 교리들 때문에 원죄에 대한 교리가 건전하고 성경적일지라도 그 자체를 실질적으로 무효화하거나 어떤 효과를 만들어 내지 못하는 것이다.

5. 현세의 욕망

원죄와 관련하여 트렌트 교회회의 칙령의 오류는 칙령 5항과 마지막 항목 안에 내포되어 있다. 그것은 두 부분으로 구성되어 있는데, 첫째는 세례식에서 언급하는 우리 주 예수 그리스도의 은혜를 통해서 원죄의 죄책이 면제받는 것만이 아니라 죄라는 항목하에서 인간이 저지르는 모든 것들이 다 도말되었다는 것이고, 둘째는 세례를 받았고 중생을 한 자들 안에 있는 현세의 욕망은 실제 죄라고 말할 수 없다는 것이다.

첫 번째 것은 확실한 설명을 곁들여서 대부분의 개신교도들도 옳다고 수용하는 입장이다. 그러나 두 번째 입장은 아니다. 그래서 우리는 먼저 후자를 다루고자 한다. 그리고 나서 분명한 설명들과 특성들을 제시하고, 그 가르침이 진리라고 인정하는 첫 번째 입장으로 되돌아가서 로마교회가 원죄에 대한 일반적인 교리를 고백하는 건전하고 유익한 문제를 어떻게 무력화시키거나 망쳐 버리게 되었는지를 설명할 기회를 가지게 될 것이다.

현세의 욕망 혹은 악한 욕구라는 단어가 뜻하는 것은 내주하는 죄라는 전문적인 용어로 더욱 잘 알려져 있다. 그것은 사도가 거듭난 성도들 안에 육과 영의 투쟁 혹은 마음에 새겨진 법을 대적하는 성도들의 영적 전쟁을 말하는 것이다. 그러나 이 중요한 제한과 더불어 지금 이 특별한 논쟁에서 사용하고 있듯이 이 단어는 악한 경향 혹은 악한 쪽으로 나아가려는 욕망의 우선적인 솟구침 혹은 움직임을 포함하는 것이다. 그것은 의도적으로 동의해 버린 쪽으로 실행하게 하는 욕구, 그리고 그것들이 의도하거나 정한 것을 실제적으로 행동으로 옮겨 죄를 짓게 하는 욕구를 포함하는 것이다. 그것은 종종 죄의 연료라고 말한다. 왜냐하면 그것이 제압되지 않고 간직하고 있으면 실제적인 죄를 범하게 하는 것이기 때문이다.

사도 야고보는 현세의 욕망 혹은 우리말에 욕구(lust)로 번역된 에피두미아(επιθυμια)를 욕구가 잉태되면 낳게 되는 '죄'라고 번역한 하마르티아(άμαρτια)와 구분하여 사용하고 있다.[107] 이것은 현세의 욕망이 아닌 죄라는 이름하에서 이해되는 뭔가가 있다는 것을 입증하는 것이다. 그러나 그 진술은 필히 이것보다 더한 어떤 것을 내포하고 있다는 의미는 아니다. 그리고 그것이 죄를 낳는 하마르티아와 같은 의미가 아니더라도 에피두

---

107) 야고보서 1:14-15.

미아 자체가 죄인지 아닌지에 관하여 결정할 수 있게 도움을 주는 것은 하나도 없다. 트렌트 교회회의는 이러한 의미의 현세의 욕망이 악을 의도하는 욕구의 처음 솟구침 혹은 움직임을 뜻하는 것이라고 의도적으로 주장하지는 않았지만, 그것이 참으로 그리고 정확히 죄라는 사실은 부인하였다. 일반적으로 개신교회들이 고수하고 있는 이 주제에 대한 반대적 입장은 우리의 신앙고백서 제6장 5항에 다음과 같이 잘 기술되어 있다.

이 본성의 부패는 이 세상에 사는 동안 중생한 자들 안에도 남아 있다. 비록 그것이 그리스도를 통하여 사함을 받고 억제되고 있다 할지라도 본성 그 자체와 본성에서 비롯되는 모든 행동들은 참으로 그리고 정확히 죄이다.

이 설명은 트렌트 교회회의의 칙령과 정확하게 대조되는 확정적인 내용이다. 그리고 이 설명은 앞에서 이미 논의된 논쟁과 트렌트 교회회의의 칙령과 연계하여 살펴보면 정확하게 이해할 수 있는 것이다. 이 부분에 대해서 트렌트 교회회의의 칙령의 내용을 직접 인용해 보는 것이 적절하겠다. '이 거룩한 교회회의가 고백하고 인정하는 것은 세례받은 자 안에 욕구 혹은 의향이 남아 있다는 것이다. …… 사도가 언제나 죄라고 부르는 이 현세의 욕망에 대해서 거룩한 이 교회회의가 선언하는 바는 로마교회가 이것을 죄라고 부르도록 이해하라고 한 적이 없다는 것이다. 그것이 잉태되었다고 해서 참으로 그리고 정확히 죄라고 하고, 죄를 낳게 되고 죄를 짓게 하는 것이라고 볼 수 없는 것이다.'[108]

---

108) Sess. v. 5. 'Hanc concupiscentiam, quam aliquando Apostolus peccatum appellat, sancta synodus declarat ecclesiam catholicam nunquam intellexisse peccatum appellari, quod vere et proprie in renatis

그 후로는 다른 의견을 가진 자들에게는 정죄하는 단계로 나아갔다. 신부 폴(Father Paul)은 다른 교회회의의 칙령에서 벌어진 것과 관련된 흥미로운 상황을 바탕으로 이 부분에 대해 우리에게 말해 준다. 제기된 내용은 안토이네 마리니에르(Antoine Marinier)의 이름을 딴 카멜라이트 수도사(Carmelite friar)를 제외하고 모든 사람들이 다 동의하였다. 안토이네 마리니에르는 아나테마(파문 혹은 출교와 같은 가톨릭의 무서운 형벌)라는 이름으로 이단으로 정죄하는 교회회의를 반대하였다. 그 교회회의 입장은 궁극적으로 전혀 의심의 여지가 없이 사도 바울의 재가를 가진 것으로 간주된 것이었다. 그러나 그의 견해는 지지를 받지 못하였다. 반대로 총대들 앞에서 마르니에르가 설교를 하게 된 다의적인 의미를 지닌 두 개의 설교를 떠올리게 하였다. 그 설교문에서 그는 우리 자신들의 선행을 신뢰하지 않고 오직 하나님의 은총만을 신뢰해야 하는 의무에 관해서 좀 미심쩍은 방식으로 설교하였다. 그는 이 설교문들이 양산한 의혹들을 확정하였다. 그는 개신교도들의 교리와 매우 근접해 있는 사람이었다.[109]

로마교도들의 이 교리는 타락 이전에 인간이 지닌 도덕적 구성요소와 관련하여 붙들고 있는 입장들과 밀접하게 연계되어 있다. 그들은 자신의 적절한 속성 안에서, 혹은 스콜라 신학자들이 사용하는 순전한 속성 안에서, 비록 죄를 짓고자 하는 적극적인 의향으로부터 자유롭다 할지라도 인간은 갈등으로부터 제외되지 않는다고 생각한다. 또 그의 속성의 높고 낮은 부분 사이에 조화의 결핍으로부터도 제외되는 것이 아니라고 본다. 그러한 갈등이나 부조화는 오직 원의의 초자연적인 은사로 말미암아 실질적인 죄를 낳게 하거나 죄를 범하도록 이끌림을 받음으로부터 억제되는

---

peccatum sit, ded quia ex peccato est et ad peccatum inclinat.'
109) Liv. ii., LXV.; vol. i., 308-0 of Courayer.

것이다. 그것은 갈등이나 그와 비슷한 것들을 배제시키는 것은 아니라 할지라도 하나님께서 타락을 허락하시기 전까지는 실제적인 죄를 낳게 하는 것을 억제시키는 것은 초자연적인 은사인 것이다. 나는 그것이 타락하지 않은 인간의 도덕적 특성과 관련하여 중생한 자 안에서 육체와 영 사이의 갈등 혹은 현세의 욕망을 부정하는 자리로 나아가게 한 그들의 입장이라고 말하는 것이 아니다. 왜냐하면 나는 이에 대한 역설이 진짜 역사라고 믿기 때문이다. 그것은 원의가 없이 창조된 인간에 관한 그들의 개념을 고안하는 자리로 이끈 중생한 자 안에 있는 현세에 대한 욕구는 무죄하다는 욕구 교리였다. 초자연적인 자질이 순수한 자연산에 첨가된 것을 빼고는 중생한 자 안에 있는 현세의 욕구는 무죄하다는 것이다.

인간의 타락 이전의 상황에 대해서 무엇이 선행되었는지 성경이 우리에게 주는 정보는 거의 없다시피 하다. 개신교도들과 로마교도들의 전통적 입장은 타락 이전의 인간은 어떤 존재였는지에 관하여, 주로 타락한 자로서 인간은 어떤 존재인지 그리고 갱신된 자로서 어떤 존재인지에 관하여 성경으로부터 그들의 입장을 도출해 내는 것이었다. 그러나 중생한 자 안에 있는 현세의 욕망이 무죄한 것이라는 교황주의자들의 견해는 원의의 결핍 자체가 본래 인간 본성이라는 개념이라고 한 것이다. 결과적으로 이것은 인간 본성의 보다 높은 힘과 낮은 힘 사이에 벌어지는 무죄한 갈등의 결과로 나아가게 한다. 그 반대는 아니다. 그러나 그 두 교리는 명백하게 조화를 이루고 있고 상대방의 입장을 설명해 준다. 한편으로 그것은 타락 전에 인간에게는 순전한 속성을 지닌 존재로서 인간 속성의 높은 부분과 낮은 부분 사이에 여전히 갈등이 있었고 완전한 조화의 결핍도 존재했다면, 이것은 다음 개념을 지지하는 것이다. 즉, 의심의 여지가 없이 그들 안에 내재되어 있는 갈등의 원인인 중생한 자 안에 있는 현세의 욕망은 죄악된 것이 아니라는 것을 지지하는 것이 된다. 다른 한편으로는 만일 중생한 자 안에 있는 현세의 욕망이 죄가 아니라고 한다면, 이것은 타락 이전에 인간 안의 갈등 또는 조화의 결핍이 이미 존재하고 있었다는 개념을 지지하는 것이 된다.

로마교회 신학의 일반적인 특징들이 지닌 가장 큰 타격이요 위험스러운 경향들은, 첫째, 외적인 예전의 효과와 영향력을 부풀리는 것이고, 둘째, 인간에게 하나님의 은총과 하늘의 복을 받아 내게 하는 공적을 쌓게 하는 것이다. 이 두 가지 경향들은 현세의 욕망이 무죄하다는 이 하나의 교리 안에 그대로 드러나게 된다. 그것은 인간으로부터 죄성을 소유하고 있는 모든 것을 전적으로 제거케 한다는 세례의 효과를 극대화시킨다. 그것은 인간에게 은혜와 영생을 증폭시키게 하는 공적을 위한 매우 호의적이고 유리한 고지를 점하게 하는 것이다. 이러한 견해들은 얼핏 보면 단지 간교하다는 인상을 주지만, 실천적인 입장에서 보면 결코 적지 않은 심각성을 드러내는 것이다. 트렌트 교회회의의 칙령들을 보면, 그들이 사도가 때때로 현세의 욕망을 죄로 말하는 것을 인정하고 있다는 사실을 확인할 수 있다. 그 본문에 대한 그들의 메시지에서는 로마서 6장 7장 및 8장을 언급하고 있는데, 이 서신들에는 죄를 짓게 하는 경향이 중생한 자들 안에 남아 있다는 교리를 추론해 낸 개신교도들의 선언이 담겨 있다. 그리고 의도적으로 동의하거나 수반되는 것은 아니라 할지라도 악한 욕망이 꿈틀대고 있다는 것에 대한 언급들이 있다.

이 성경말씀 안에서 사도는 중생한 자 안에 있는 현세의 욕망을 분명 죄라고 말하고 있다. 이것을 근거로 로마교도들은 죄라 불리는 뭔가가 존재한다는 것은 시인한다. 그러나 그들은 죄라 불릴 수 있는 유일한 측면을 온당치 않은 방식으로나 은유적으로 나타낸다. 또는 그 교회회의가 표현하고 있듯이 사도가 그것을 죄로 칭한 것은 그것이 진정하게 그리고 온당하게 죄이기 때문이 아니라 그것이 죄로부터 파생되고 죄를 짓게 하는 경향이 있기 때문이라고 한다. 로마교회 신학자들이 종종 지칭하듯이 그것은 죄의 형벌과 죄의 원인 때문이라는 것이다.

물론 개신교도들도 그것을 죄의 형벌로 간주하는 것에는 동의한다. 왜냐하면 그것은 성경이 인간의 전인적인 도덕적 타락이 후손에게 미친 아담의 첫 범죄의 죄책 안에 포함되어 나타나는 결과이고, 신적 은총이 떠나가고 성령의 영향력이 사라지게 됨으로써 사람들에게 부가된 형벌적인 고통이라고 설명하기 때문이다. 또 그것과 관련하여 죄라고 하는 이유는 중생한 자들의 생각이나 말이나 행동이 보여 주는 것은 실제적으로 죄악들을 저지르게 하는 선행되는 혹은 가장 근접한 요인으로 작용하기 때문이다. 예를 들면, 죄에 대하여 사도 야고보가 사용하고 있는 단어의 제한적인 측면에서도 욕심 혹은 악한 욕구가 잉태되면 죄를 낳는다고 말하고 있음을 알 수 있다.

그러나 개신교도들은 중생한 자 안에 있는 욕심 혹은 현세의 욕망은 죄악스러운 일을 저지르게 하는 남아 있는 경향이 죄악이라고 믿는다. 그리고 비록 의도적으로 찬동하거나 행동으로 옮기는 일은 없을지라도 마음속에서 먼저 생각게 되는 그 첫 움직임, 생각 그 자체가 진정으로 온당한 죄악거리라고 받아들인다. 트렌트 교회회의가 정죄하고 파면한 이 입장에 대한 주된 증거는 그 교회회의가 시인하는 것과 같이 로마서에서 발견되는 것이다. 사도 바울은 현세의 욕망과 그 첫 움직임을 죄라고 로마서에 기록했기 때문이다. 그 말씀 안에서 개신교도들은 '하말티아'라는 단어를 들어 설명하는 것과 곁들여서 사도 바울에 의해서 특별히 언급한 것들과 그 논리의 일반적인 과정과 취지들은 아노미아라는 단어를 사용하고 적용시키는 일을 통해서 그것을 충분히 증명해 보일 수 있다고 생각한다. 즉, 하나님의 율법에 부합함이 없으며 그의 후손들에게 하나님의 율법을 어기는 죄책이 포함되어 있는 것이다. 하나님의 율법의 요구에 이르지 못하는 것과 아담의 첫 죄의 죄책이 남아 있는 후손에게 이 죄성이 존재하는 것 자체가 욕심이 죄라는 사실을 충분히 증명되는 것이다.

이 견해를 성립시키기 위하여 우리는 성경에서 사용하고 있는 하말티아의 의미에 대해 비판적인 검토를 해 보고자 한다. 그러나 한 가지는 확고하다. 즉, 사도가 죄라는 이름으로 종종 언급할 때 부당하다거나 은유적인 측면으로 그것을 이해하는 것이라는 어떤 정보도 주지 않고 단지 죄라 칭하는 것은 진정한 의미의 죄가 아니라고 주장하는 부분에는 그것이 정당하다는 통상적인 설득력과 명확성이 없다는 증거가 필요하다. 그리고 확실한 근거 없이 성경이 말하고 있는 문자적인 일반적 의미로부터 벗어나려면 더 특별하고 면밀한 증거가 요구된다. 하나님의 말씀이 죄라고 말씀한 것을 죄가 아니라고 말하는 그러한 이탈에는 충분한 근거가 제시되어야 한다. 왜냐하면 인간의 어두운 이해력과 죄악된 심성은 너무나도 쉽게 그렇게 간주하도록 격려받게 되기 때문이다.

이 주제에 대해서 로마교도들이 자신들의 입장을 지지해 주는 통상적으로 추론해 온 증거와 사도가 죄라고 사용한 말이 부당하거나 은유적인 용도로 사용된 것이라고 주장하는 증거들은 세례와 중생의 효과들과 관련된 성경의 일반적인 진술들이다. 그리고 중생한 자에 대한 하나님의 시각에서 일반적인 특징과 지위와 관련된 성경적인 설명을 예로 들고 있다. 이것은 다시 한 번 원죄에 대한 트렌트 교회회의 칙령의 다섯 번째 조항을 상기시켜 준다. 그것은 우리가 지금까지 보다 제한적이고 특별하게 지적해 온 것을 포괄적으로 이해하게 한다. 그것은 세례식에서 언급되는 우리

주 예수 그리스도의 은혜를 통해서 원죄의 죄책과 그리고 죄의 참된 특성을 지닌 모든 것이 다 제거된다는 것이다.[110)]

개혁자들은 트렌트 교회회의가 이 입장에 대해 일반적으로 기술한 것을 개혁자들이 직접적이고 단호하게 부정한다고 묘사함으로써 그들에게 상당한 해를 가하고 있다고 불평하였다. 그리고 개혁자들은 확실한 설명을 통해 욕심이나 현세의 욕망은 진정한 죄라는 것에 대해 부정하는 내용이 포함되어 있거나 포괄적으로 함축되어 있다는 것을 제외시키는 한, 중생한 자에게 여전히 부착되어 있는 도덕성의 타락은 남아 있다고 선언하였다.

칼빈과 다른 개신교도들은 트렌트 교회회의가 적시하고 있는 입장을 논의함에 있어서 세례와 중생을 일치시키는 일은 하지 않았다. 그렇다고 이 문제에 대해서 논쟁을 야기시키지도 않았다. 그러나 그들은 한 인간의 역사에 있어서 하나님께서 그 사람의 죄악들을 용서하시고 그의 은혜를 누리는 자리에 나아가게 하시는 중대한 순간을 묘사할 때, 세례는 중생이라고 보거나 세례는 중생과 같은 측면이 있다고 보는 것이 아닌가 하는 생각이 든다. 로마교회는 이 모든 것이 다양한 차원의 세례식에 발생한다고 믿는다. 특히 자신들의 세례적 칭의와 세례적 중생의 교리를 믿음으로써 그러한 모든 형상이 세례 안에서 세례식에서 발생한다는 것이다. 루터는 특히 중생을 생각할 때 그와 유사한 사고에 대해서는 다소 모호한 입장을 취했다. 왜냐하면 그는 성례들과 연계된 교황주의적인 부패들의 오명들

---

110) Si quis per Jesu Christi Domini nostri gratiam, quæ in baptismate confertur, reatum originalis peccati remitti negat, aut etiam assert, non tolli totum id, quod veram et propriam peccati rationem habet, sed illud dicit tantum radi aut non imputari; anathema sit. 세례에서 언급되는 우리 주 예수 그리스도의 은혜로 말미암아 원죄의 죄책이 제거된다는 것을 부인하는 자는 누구든지, 또는 그로 인하여 죄의 참된 특성을 지닌 모든 것이 멸망되는 것이 아니라 단지 접촉한 것이지 전가되는 것이 아니라고 주장하는 자는 저주를 받을지어다.

을 내던지는 일에 철저하지 못하였기 때문이다.

다른 개혁자들은 교황주의자들의 세례적 칭의와 세례적 중생 교리를 인정하지 않았다. 그러나 세례와 중생 사이의 연결점에 관한 질문이 그 당시 논의되지 않았을 때, 그들은 종종 세례를 실질적으로는 중생과 일치하여 언급하곤 했다. 왜냐하면 세례가 일반적인 목적과 취지 차원에서 볼 때 중생한 것에 대한 인침 혹은 표지이기 때문이다. 성인 세례(물론 우리는 성인 세례를 가지고 세례가 무엇을 의미하는지, 세례가 무엇인지에 관하여 우리의 일반적인 개념을 형성해야만 한다)에서는 신앙고백을 정직하게 그 상황의 실제와 맞게 고백하는 것이 그 자신이 중생을 하였다는 혹은 거듭났다는 고백이자 선언이기 때문이다. 그리고 중생과 연결된 모든 은총들과 특권들을 다 소유하는 자리에 들어섰다는 선언이기 때문이다.

세례에 관하여 더 직접적이고 공식적인 진술을 보면 성경은 반드시 그런 것은 아니지만 주로 성인 세례를 다루고 있다. 그리고 신앙고백의 정직성이나 정확성을 가정한다. 이 관점의 적용점은 교황주의자들과 감독주의자들이 일반적으로 가르치고 있는 세례적 중생을 지지하고자 흔히 제시되어지는 논쟁을 무력화시키는 것이다. 동일한 근거 위에서 이것이 신학자들에게 낯선 것이 아니었던 이유는 그들이 세례와 중생 사이에 일반적 혹은 보편적으로 놓여 있는 구별 혹은 연계점에 관하여 특별히 논의하지 않았을 때 이 단어들을 사용함에 있어서 세례와 중생을 같은 의미로 묘사하였기 때문이다.

칼빈과 다른 신학자들이 트렌트 교회회의의 입장을 논의할 때, 여기에서 세례에 관해 지적한 사항들에 대해 그 어떤 난색을 표명한 적이 없었다는 것은 가히 놀라운 일이다. 그렇지만 그것은 사실이다. 그러나 실제적으로 그에 관하여 인정과 부정을 정리하곤 했다. 그것을 지지한 근거는 여기에서 세례에 관해 언급이 마치 중생에 관해 말한 것과 같다는 데 있다. 또는 실제적으로 인간의 상태와 특성이 변화됨을 통해서 하나님의 은혜가 부어질 때의 상황 그리고 아담의 첫 범죄의 죄책 안에 내포된 존재의 결과로부터 벗어나게 되는 상황을 말할 때 다룬 것이기 때문이다. 따라서 칼빈은 이 부분에 대해서 다루는 그의 처방책에서 전가시키는 교리를 부정하고 개신교도들에게 다음과 같은 진술로 자신의 입장을 구체화했다. 즉, 죄의 모든 범죄행위가 세례 안에서 사라지기 때문에 죄의 잔재가 남아 있지 않으므로 전가되지 않음을 주장한다고 했다. 세례에는 이중적 은혜가 있음을 기억하라. 즉, 세례는 우리에게 죄 용서와 중생을 제공한다. 그 세례에서 죄 사함은 완전히 이루어지고, 전 생애 동안 진전을 이루어가는 중생이 시작되는 것이다. 따라서 세례를 통해서 한번 제거된 죄는 우리 안에 남아 있는 것이 아니다. 채무는 완전히 제거되었기 때문에 전가가 없는 것이다.[111]

개신교도들이 견지하고 있는 것은 위에서 주어진 설명에 의하면 세례 안에서 그 위대한 순간에 사람들은 진리 안에서 하나님의 은혜를 받게 될 때 여기서 할 질문은 아니지만 그들의 모든 죄악 혹은 범죄행위 혹은 아담의 첫 번째 죄에 다 가담되어 있는 형벌받기에 합당한 범죄행위가 제거된다는 것이다. 그들의 본성 안에서 죄의 지배하는 능력이나 타락은 진압되어지는 것이다. 그래서 타락하였다는 측면에서 그 죄는 더 이상 성도들을 통치하지 않게 된다는 것이다. 그러나 다른 한편으로 성도들은 로마교회

---

111) Nos totum peccati reatum vere tolli in Baptismo, asserimus: ita ut quæ manent peccati reliquiæ, non imputentur. Quo res clarius pateat, in memoriam revocent lectores, duplicem esse Baptismi gratian; nam et peccatorum remissio illic, et regeneratio nobis offertur. Remissionem plenam fieri docemus: regenerationem inchoari duntaxat, suosque tota vitat facere progressus. Proinde manet vere peccatum in nobis, neque per Baptismum statim uno die extinguitur: sed quia deletur reatus, imputatione nullum est. Calivin, *Tractatus*, 234. *Amstel*, 1667.

의 입장과는 정반대로 세례를 받고 의롭다함을 받으며 중생한 후에도 그들의 본성의 부패 혹은 타락은 전적으로 제거된 것이 아니다. 그들이 세상에 살아가고 있는 동안 여전히 진정으로 온당히 죄악으로 볼 수 있는 죄성이 잔재해 있는 것이다. 그리고 본래 결함이 있는 존재라는 측면에서 하나님께서 불쾌하게 여기시는 것들을 드러내게 된다. 물론 그 죄성이 지금 죄책과 정죄를 전가하는 것은 아니다.

성경을 오류 없이 해석한다고 말하는 트렌트 교회회의의 근거는 이것과는 정반대의 입장이다. 세례 혹은 중생에서 참되고 온당하게 죄성으로 보는 모든 것이 다 제거되거나 사라지게 된다는 것이다. 그들은 그들의 칙령에 다음과 같이 구체적으로 진술하고 있다. '하나님은 중생한 자 안에 있는 그 어떤 것도 싫어하지 않으신다. 세례로 말미암아 진실로 그리스도와 함께 죽음에 장사 지냈고 육체의 소욕을 따라 사는 것이 아니라 성령의 소욕을 좇아 살아가는 자들에게는 정죄함이 없다. 그들은 옛 사람을 벗어 버리고 하나님의 형상을 따라 지음을 받은 새 사람을 입은 자들이다. 그들은 순결하고 거룩하며 의롭고 하나님의 상속자들이며 그리스도 예수와 함께 하는 상속자들로 부른다.'라고 기록되어 있다.

그러나 중생한 자의 일반적인 특성과 위치에 관한 성경의 이러한 진술들은 그 어느 것도 우리가 지금 논박하고 있는 요점에 대해 명확하고 단호하게 뒷받침해 주지 않는다. 만일 성경의 다른 부분에서 그 신앙을 지지하고 있다면, 이 사람들 역시 자신의 본성이 악함을 말하고 있는 것이 된다. 그것은 여전히 하나님을 불쾌하게 만드는 것으로 드러나 있는 것처럼 보이는 그들의 일반성(their generality)으로부터 미리 배제할 필요성은 없는 것이다.

지금 범죄 행위 혹은 실제로 정죄와 위험에 노출되어 있는 악행을 저지르고 있는 성도들을 대적하여 형량을 내리는 것은 없다. 그들의 지침 원리를 형성하고 있고 그들의 일반적 특성을 결정하게 하는 것으로부터 명명되고 있는 것처럼 그들은 더 이상 불경건하다거나 부패한 자들이 아니라 거룩하고 의로운 자라고 하는 것이다. 그들은 하나님의 특별한 사랑과 만족의 대상이다. 그들은 하나님 자신의 임재하심을 즐기는 곳으로 인도함을 받게 될 것이 확실하다. 이 모든 것이 분명한 것은 성경이 그와 같은 사실을 분명하고 확실하게 가르치고 있기 때문이다. 그러나 성경은 분명하고 단호하게 하나님의 특별한 사랑과 만족의 대상이 거룩하고 의로운 그들에게도 이 세상에 살아가고 있는 한 죄가 여전히 남아 있다고 가르치고 있다. 그들도 실제로 하나님의 율법을 어김으로써 그리고 주어진 임무를 온전히 달성하지 못함으로써 죄를 짓는 것만이 아니고, 그들의 본성의 부패와 타락이 전적으로 사라진 것이 아니라 여전히 남아서 활동한다는 것을 성경은 분명하게 가르치고 있다. 그것들이 무엇이든지 그것들은 다 참으로 죄악이라는 평가를 내림에 있어서 우리는 이 잔존하는 부패, 그 모든 동향들, 하나님의 계명들을 어긴 실제들을 다 인정해야만 한다.

만약 이것이 성경에서 가르치고 있는 것이 맞다면 우리는 그것을 시인해야 한다. 이 사람들의 특징과 지위와 관련하여서 다른 주장들과 타협점을 찾는 것보다 우리의 주장에 더 큰 문제가 있는 것같이 보인다고 하더라도, 이것은 우리가 그것을 부인할 만한 충분한 이유를 제공하지 못하는 것이다. 이는 하나님께서 그의 말씀 안에서 분명하게 가르치고 있기 때문이며, 우리의 의무는 그에 대해서 믿어야 하는 것이다.[112]

로마교회가 아담이 타락하여서 하나님의 은총이 몰수되었고 본성적인

---

112) 칼빈의 처방책을 보라. Heidegger's Anatome, Davenant, Downame의 칭의도 보라.

거룩함의 상실이 자신뿐 아니라 후손들에게까지 미쳤으며, 죄성과 사망을 온 인류에게 남겼다는 성경적인 위대한 원리를 붙들고 있는 것은 사실이다. 그러나 로마교회는 이 위대한 진리를 애매하고 상투적인 용어들로 포장함으로써 결점을 남기는 오류를 범했고, 인간의 타락한 본성의 죄악된 상태에 대해 분명하고 명쾌하게 설명하지 않았다. 또한 결정적이고 중대한 오류를 가르치는 죄를 초래하였는데, 그것은 바로 세례 혹은 중생에서 죄라고 볼 만한 타당한 모든 것을 제거해 버린 것이다. 그리고 영감받은 사도들이 반복적으로 죄라고 말하는 중생한 자 안에 있는 현세의 욕망을 죄가 아니라고 주장하는 것이다. 우리가 이제 정작 주목해야 할 것은 (왜냐하면 트렌트 교회회의 칙령 말미에서 원죄에 관한 그들의 선언과 복되고 흠이 없다는 동정녀 마리아, 하나님의 모친을 이해하려는 것이 그들의 의도가 아니었다는 것을 주목할 이유는 거의 없기 때문에) 로마교회가 되풀이하며 가르치고 있는 다른 교리들에 의해서 제공되는 것들이다.

세례식을 거행하며 본성의 죄책과 타락이 전적으로 제거된다는 가르침 사이의 불변의 연계성으로 말미암아 로마교회는 적어도 대부분의 사람들이 유아 때에 세례를 받고 기독교를 공식화하고 있는 나라들 안에서 율법을 깨 버린 것에 대한 저주 아래에 종속된 타락한 피조물들로서, 그들의 참된 상태에 대한 모든 감각과 느낌, 책임성과 위험성을 제거한 것이다.

물론 이 세상에 태어난 모든 인간은 죄에 포함되어 있다. 그러나 기독교가 국교인 나라에서는 대부분의 사람들이 유아 때 세례를 받는다. 로마교회에 따르면, 이것은 그들을 그 모든 죄책으로부터 자유하게 하며 신앙의 여정 속에서 모든 죄책과 타락으로부터도 자유롭게 해 주는 것이다. 그들의 교리에 의하면 세례를 받지 않은 자들은 중생의 과정을 통해서 얻을 수 있고, 그의 도덕적 본성에 영향을 미치는 어떤 혁신도 경험하지 못한다는 것이다. 이러한 측면에서 그들에게 필요한 모든 것은 세례에서 다 성취되었다고 주장하고 있음을 알 수 있다. 한편, 로마교에 이르는 반(半)지름길인 성공회의 요리문답은 세례 받은 자에 대해서 '그는 그리스도의 권속이요 하나님의 자녀요 하늘나라 상속자로 만들어졌다.'라고 진술하고 있다.

실로 인간은 하나님의 율법을 어김으로 인해 죄책을 초래하게 된 것이다. 그러나 로마교회는 고해성사를 제공하여 줌으로써 인간에게 큰 위로를 가져다주었다. 그 고해성사는 이 죄책을 제거하게 하는 외적인 또 다른 예전이다. 그리고 실질적인 허물의 더러움으로부터 세례적 순결함을 지키려는 노력을 기울이는 가운데 갈등을 일으키는 본성의 타락과 부패는 존재하지 않는다는 것을 확신하게끔 만들어 줌으로써 성도들에게 위로를 안겨다 준다. 이 가르침의 실제적인 효과는 사람들이 그들의 죄책과 부패가 담겨 있는 원죄에 내포되어 있는 것이 무엇이든지 전혀 개의치 않게끔 이끄는 것이다. 지금까지 소중히 여겨지는 마음의 상태나 의무로부터 면제받게 되는 의무에 관한 것을 고려할 때 상당한 위로를 주는 것이다. 그들이 원죄가 없다고 하거나 유아세례를 받을 때 원죄가 완전히 제거되었다고 하든지, 인간이 만들어 내고 있는 대혼란에 대한 입장이나 느낌, 감정이 어떠하든지 간에 그들은 실천적으로 차이점을 만들어 내고 있는 것이 아닌가?

교황주의자들의 마음에 미치는 실천적인 효과는 펠라기안 사상으로 교육받았든지, 소시니안 원리로 교육받았든지, 원죄에 대하여 전혀 믿지 않는 것으로 교육받았든지 상관없이 본질적으로 동일한 것이다. 예를 들면, 그들의 이해력이 증진되어질 때 마치 그들의 생각들이 종교적인 주제들로 전환되어지는 것으로 이끌림을 받게 되는 인상을 받게 될 것이다. 그리고 엄청 큰 죄악들을 범하는 자리로 나아가기 전에 그들은 그들 자신의 구원을 위해서 지금 당장 필요한 모든 효과적인 것들을 시작해야만 한다는 인상을 준다. 수행능력을 다 상실해 버려서 여전히 갈등구조에 있는 본성의 타락함이 없다고 말하기 때문에 예전참여나 도덕적 의무들과 같은 외적인 요구사항들을 잘 이행하고 있다는 것을 확고하게 유지함으로써 자신들의 구원을 위한 필요한 효과적인 것들을 시작해야 한다는 인상을 심어 주게 되는 것이다.

타락의 효과들과 타락한 인간의 실제적인 상태에 대해서 확고하게 견지하고 있고 적용되는 성경적인 입장은 구원의 방식에 대한 인간의 모든 개념들 위에 가장 건전한 영향을 끼치기에 적합한 것이다. 그리고 신적인 것들에 대한 전체 인식들에 영향을 주기에 타당한 것이다. 실로 성경적인 입장은 이 목적을 위한 수단으로서 매우 중요하다. 그러나 로마교회는 이 중요한 진리 위에서 불의한 방식을 취하고 있으며, 말로는 인정하지만 실제적으로는 부정하고 있다. 그들이 시인하는 것은 오직 사람들이 죄를 제거하기 위해서 절대적으로 사제에게 의존하게끔 만드는 목적을 위한 체제유지를 위한 것일 뿐이다. 사제는 외적인 예전 집전을 수행하여 사제의 권위에 전적으로 복종하도록 강권한다. 그러나 다른 어떤 실천적인 목적들을 위해서는 그 사실을 부정하거나 거절한다. 세례를 받을 때 죄책과 부패가 다 제거된다는 개념은 너무나 해로운 것이고 위험스러운 것이다. 로마교의 신학에서 동일한 이유 때문에 대체로 성공회의 신학에서도 중생의 중요한 성경적 교리에 해를 끼치는 개념이다. 진리를 신뢰함을 통해서 성령의 역사하심으로 말미암는 인간의 도덕적 본성의 진정한 갱신에 대한 입장을 밝혀야 하는 상황에서 그들은 거의 전적으로 불필요한 것이라고 말한다. 왜냐하면 사람들은 유아 때에 세례를 받았기 때문이다. 그리고 그로 인하여 분명히 하나님의 계명들에 대한 그들의 외형적인 순종을 제외하고 모든 위험으로부터 건짐을 받은 것과 천국에 들어가기 위한 허가를 위해서 필요한 모든 것을 다 소유하고 있기 때문이라고 주장한다.

6. 중생 이전 행실의 죄악성

나는 종교개혁 당시에 개혁자들과 로마교회당국자들 사이에 벌어진 원죄에 대한 논쟁이 원죄 자체의 특징이나 정의 또는 원죄가 구성하고 있는 요소들에 대한 강론을 다룬 것이라기보다는 주로 자유의지, 은혜, 그리고 공로와 같은 매우 친근한 실천적 과제에 대한 것이었다고 언급한 바 있다. 루터와 그의 측근들은 죄인이 죄책, 타락, 파멸로부터 구원함을 받는 길에 대한 성경적인 참된 교리에 주로 깊은 관심을 가졌다. 그리고 이 교리에 대해서 로마교회 안에 일반적으로 널리 퍼져 있는 가르침에서 왜곡되고 모호한 점들을 명확하게 하는 데 주력하였다. 그 작업에 있어서 그들이 직면한 큰 장애물들은 인간의 능력과 공적과 관련하여 일반적으로 습득하게 되는 개념들 속에서 찾아진다. 너무 깊게 들어갈 필요는 없지만 흔히 믿고 있는 이 문제들에 대한 본질이 무엇인지는 다음과 같이 정리할 수 있다.

첫째, 타락한 상태에 있음에도 불구하고 인간은 신적 은총을 받도록 준비하고 처리할 수 있는 본능이 여전히 남아 있다. 심지어 확실히 그들은 자신들의 구원에 효력을 미칠 수 있는 유일한 하나님의 은혜를 획득할 수 있는 뭔가를 할 수 있다고까지 말한다. 둘째, 하나님의 은혜가 부어지고 근본적이고 기본적인 효과들을 만들어 낸 이후에 인간은 하나님으로부터 공로를 받게 하는 그들의 능력 안에서 그것을 지닌 상태로 보다 더 높고 확실한 은혜와 영생을 증폭시키는 자이다. 이러한 개념들은 스콜라 학자들 사이에서 되풀이해서 주장해 온 것이다. 그리고 종교개혁 당시에 로마교회 안에 거의 보편적으로 널리 펴져 있는 생각이었다. 사람들은 루터가 종교개혁자로서 공적인 사역을 시작했을 때 이미 백성들의 교사들에 의해서 보편적으로 가르침을 받아서 즐겼던 것이었다. 그것들은 인간이 누구인지, 자신의 구원을 위해서 무엇을 할 수 있는지, 그리고 그 구원이 실제적으로 효과를 보는 길은 무엇인지에 관한 사람들의 생각에 상당한 영향을 끼친 도구였음이 분명하다.

하나님께서 루터를 일으키시고 사용하시어 달성하게 하신 위대한 일은 로마교가 기반을 두고 있는 인간의 역량과 공로 자체에 대한 개념들을 완전히 뒤집어 놓은 것이었다. 그리고 그것들을 떠받친 모든 상층구조들을 더 뒤엎어 버렸다. 이러한 개념들이 내포하고 있는 것들 혹은 그것들로부터 파생된 것들, 인간 본성의 실제적 상태와 관련된 견해들, 그리고 세상에 태어날 때 인간이 기본적으로 소유하고 있는 것들에 대한 개념들을 다 엎어 버린 것이다. 반면, 그것들의 실천적인 큰 결과는 하나님의 은혜와 인간의 노력과 성취 사이의 인간 구원의 완성을 갈라놓았다. 원죄 문제에 대한 개혁가들과 로마교도들 간의 논쟁을 차지하고 있었던 것이 주로 이 개념 안에 있었다. 물론 이러한 고려사항들은 앞서 제기된 주장들과 병합되어 있다. 예를 들면, 로마교회가 어거스틴의 영향권에 매여 있고 5, 6세기에 있었던 펠라기안들과 반 펠라기안들 사이의 논쟁에 등장하는 초대교회 결정들에 의해 좌우된 것이다. 로마교회는 자신들의 원칙들을 제시함이 없이 적어도 공적 고백에 있어서 원죄에 대한 성경적인 입장으로부터 멀리 이탈할 수는 없으며 또한 이미 지적한 결과를 설명할 수도 없을 것이다. 다시 말하면, 원죄와 관련된 논의들은 인간이 세상에 태어날 때 자유의지, 은혜와 공로를 가진 존재로서 인간의 현존하는 도덕적 상태에 눈을 돌릴 수밖에 없는 것이다.

개혁가들이 아담의 모든 후손이 그의 첫 범죄의 죄책과 형벌에 다 포함되었다는 것을 입증하려는 수고와 아담이 그의 모든 후손에게 죄와 사망을 전이시켰다는 것을 증명하고자 하는 노력 대신에 취한 입장들은 로마교회가 보통 논박하지 않는 것이나, 일반적으로 그들은 그 모든 것들로부터 추론할 수 있는 것들로 생각하는 확실하고 실천적인 결론들에 관하여 관심을 기울인 것이다. 이는 일단 정립이 되면 죄인의 구원의 길과 관련하여 로마교회 내에 번져 있는 견해들에 대한 전체 기조를 뒤덮는 것들이다. 이 실천적 결론은 주로 두 가지로 정리할 수 있다. 첫째는 중생에서 그리스도를 통하여 하나님의 특별한 은혜의 대상들이 되기까지 인간은 모두가 다 죄인이라는 것이다. 즉, 인간 속에는 죄성 외에는 아무것도 없다는 것이다. 둘째는 심지어 인간이 하나님의 의롭다함을 받으며 은혜를 새롭게 주입해 주심을 받았을지라도 그 후에 중생한 자 안에도 여전히 죄성이 남아 있다는 것이다. 그 자체로는 다 형벌을 피할 길이 없다. 인간 모두 그리고 인간이 하는 모든 일들에 관해서, 그들의 성격에 관한 모든 양상에 관하여, 그리고 그들의 행위의 모든 영역에 있어서 몇 가지 죄성들이 남아 있는 것이다. 이것들은 매우 강하고 포괄적인 입장들이다. 이는 그것들이 참인지 아닌지 확인해야 할 매우 중요한 문제임이 분명하다.

왜냐하면 만일 이것이 사실이라면 그것들은 이론적으로나 실천적으로나 가장 중요한 영향력을 발휘하기에 적합한 것이 되기 때문이다. 예를 들면, 죄인의 구원이 무엇인지 그리고 구원에 영향을 미쳐야만 하는 방식에 대한 인간의 개념들을 규명함에 있어서, 그리고 그들의 영적 복락 상태에 관하여 개인적인 감정들과 느낌들을 규명함에 있어서, 이론적으로나 실천적으로 상당히 중요한 힘을 발휘하게 되기 때문이다. 이러한 설명에 대해서 모든 종교개혁자들이 견지하였고 개신교 교회들이 일반적으로 다 수용한 가장 중요한 견해들에 대한 설명과 해설에 집중하도록 도와주는 것일 수 있다.

실로 그것들을 설명하고 옹호함에 있어서 루터는 성급하고 과장된 언급들을 종종하였다. 그러나 그것은 교황주의 논쟁자들의 흠을 잡기에 유용한 효과를 가져다주었다. 그러나 우리가 이미 언급한 것과 같이 이 입장은 본질적으로 종교개혁가들에 의해서 다 수용된 것이었다. 그리고 개혁파 교회의 신앙고백서들 대부분 안에 삽입되어 있는 것들이다. 트렌트 교회회의는 그것들을 주장하는 것이 하나님의 은혜의 복음을 타락시킬 수 있는 것을 극복하는 데 장애물이 됨을 증명하고 있는 것으로 알았기 때문에 정죄하였다. 그러나 지성적으로나 감성적으로 그 사실을 받아들일 때 그것들은 인간을 죄인의 구원의 방식에 관하여 로마교회가 되풀이하여 가르치고 권장하는 것과 다른 생각과 느낌을 갖게 되는 상태에 있도록 보존시키는 강력한 힘을 지닌 것이다.

인간이 하나님의 특별한 은혜에 복종하는 자가 되기까지, 예를 들면, 하나님의 은혜가 실질적으로 칭의와 중생에서 인간에게 역사하기까지, 인간에게는 하나님의 진노를 사기에 합당한 죄성 외에는 아무것도 존재하지 않는다는 것이 첫 번째 입장이다. 이 입장은 인간이 이 세상에 태어날 때 인간의 실제적 도덕성은 부분적으로가 아니라 전적으로 타락하였다고 말하는 것과 동일한 개념이다. 다시 말해서, 인간은 참되게 선을 행하고자 하는 그 어떤 의향이나 기질을 소유하고 있지 않고 다만 악함이나 죄성만 지니고 있을 뿐이라는 것이다. 자신의 도덕적인 능력을 발휘함에서부터 인간의 도덕적인 요소가 그에게 부어진 특별한 은혜 없이는 실질적으로 선을 행한다거나 선이 나올 수 있는 것이 아니라, 그 자체 안에 그런 것이 전무하다는 것이며 하나님의 율법이 요구하는 모든 것과 일치되게 실질적으로 발생시킬 수 있는 것이 아무것도 없다는 것이다. 다시 말하면, 인생은 전적으로 죄악된 중생하지 못한 자들의 모든 행동들과 다를 바가 전혀 없다는 것이다.

로마교회도 인간은 본성의 능력으로 한 자신의 선행으로 말미암아 하나님 앞에 의롭다 하심을 받을 수 없음을 인정한다.[113] 그리고 그리스도의 은혜가 없이는 불가능하다는 것도 인정한다. 그리고 인간은 성령의 감동하심과 도움이 없이는 믿는 것이나 소망하는 것이나 사랑하는 것이나 칭의의 은혜가 주어지기 위해서 반드시 필요한 회개하는 것이 불가능하다는 것도 시인한다. 그러나 트렌트 교회회의는 이러한 교리들을 견지하고 있으면서 '칭의 이전에 행한 모든 행실들은 (로마교회의 교리에 있어서 칭의는 중생을 포함하고 있다는 것을 염두에 두어야만 한다. 실로 개신교 학자들에 의해서 구속의 복락의 적용이라는 일반적인 대목 하에서 규정하고 있는 전부를 뜻하고 있는 것이다.) 어떤 방식으로 실행했든지 간에 다 죄라고 말한다. 그리고 그것은 하나님의 진노를 사기에 합당한 것이며 인간이 은혜를 습득하기 위해서 자기 자신을 철저하게 준비하고 수고할수록 더 죄만 짓고 마는 것임을 굳게 붙들고 있는' 자들에게는[114] 파문을 선언하였던 것이다.

이것은 트렌트에서 무슨 작업이 진행되었는지에 대해서 일반적으로

---

113) Can. Trid., Session vi., can. i. 및 iii.

114) Canon vii. Si quis dixerit, opera omnia, quæ ante justificationem fiunt, quacunque ratione facta, sint, vere esse peccata, vel odium Dei mereri, aut, quanto vehementius quis nititur se disponere ad gratiam, tanto eum gravius peccare: 역자 주) 여기까지의 문장은 커닝함이 인용한 것과 같은 내용을 다루고 있다. 그리고 마지막 문장 anathema sit은 '그렇게 하는 자들에게는 저주를 받을지니라.'는 말을 하는 것이다.

살펴볼 때 그 광경을 설명하는 좋은 사례를 제공한다. 트렌트 교회회의가 정죄하고자 한 개신교 교리의 모든 핵심은 그 법령집의 첫 번째 부분에 제시되어 있다. 동일한 정죄항목에 포함되어 있는 후반부, 즉 인간이 은혜를 획득하기 위해서 노력을 기울일수록 더욱 죄만 짓게 된다는 것을 다루고 있는 후반부는 단지 루터의 강하고 무모한 진술에 불과한 것이라고 기록되어 있다. 루터가 본질적인 면에서 이것을 주장한 것은 맞지만 사실은 주된 교리로 삼은 것은 아니었다. 그것은 좀 설명이 더 요구되고 수정되어야 할 필요성이 있는 것이다. 물론 루터는 이 진술을 작성하면서 염두에 둔 것은 자기 의를 세우려고 애쓰는 인생이었다. 즉, 구원의 중요성을 깊이 자각한 자가 자기 의를 세우고자 애쓰는 것에 대한 묘사를 했던 것뿐이다. 그리고 그 수고를 통해서 하나님의 은혜를 획득하고 율법의 행위로 말미암아 칭의의 은혜도 얻겠다는 발상을 가진 자들에 대해서 언급한 것이었다. 이 주제에 대해서 비록 종종 강하고 성급하게 말하는 것이 있었다 하더라도 루터가 우리에게 가르치고자 한 본질은 이것이었다. '죄인의 구원에 대한 방식을 잘못 이해하고 있는 자로부터 나오는 행동은 심지어 자신의 노력들이 상당한 효과를 발휘한 것이라 하더라도 자신의 영원한 복락이 실상은 더 위험지경에 처해 있다는 것을 돌출시키는 것이다. 이러한 과정에서 보다 더 성공적인 선행을 했다고 하더라도 그의 구원에 있어서 없어서는 안 되는 일을 막을 수 있는 강력한 성향을 가진 것이다.'라는 것을 루터는 말하고자 했던 것이다. 이것은 오직 성경과 경험에 의해서 충분히 납득되는 진술이다.

그러나 이 진술이 설명이 주어지지 않으면 역설적인 면과 반발적인 면을 짚어 낼 수 있기 때문에 트렌트 교회회의는 그들이 정죄하려 했던 주된 교리에 반하는 편견을 일으키고자 그들의 정죄항목에 넣으려는 생각을 하지 않았다. 칭의 이전에 행한 모든 행실들 혹은 중생하지 못한 자가 한 모든 행위들은 죄악들이요 하나님의 진노를 받기에 합당한 것이라는 이 교리는 그 안에 내포 되어 있는 실천적인 결론이 있다. 즉, 하나님의 은혜에 의하여 의롭다함을 받고 거듭나기 전에 인간이 할 수 있는 것은 아무것도 없다는 결론과 더불어 제한적이기는 해도 어떤 측면에서든 하나님의 은총을 획득할 수 있거나 받을 수 있다는 것이다. 또는 하나님의 능력의 은혜로운 수행을 불러일으키거나 그 은혜를 받을 수 있도록 준비하게 하는 방식으로 어떤 호의적인 영향력을 발휘하게 한다는 것이다. 이러한 주장은 모든 개혁가들이 다 유지하였으며 그에 대한 매우 만족스러운 성경적 증거를 확립하였다.

칼빈은 이에 대해 증명하고자 한 장(章)을 썼다.[115] 그가 증명한 것은 다음과 같다. '타락한 인간의 본성으로부터 나오는 것은 정죄받기에 합당한 것 외에는 아무것도 없다.' 그가 사용한 'damnabile'라는 단어는 정죄받기에 합당하다는 뜻이다. 물론 칼빈은 다음과 같은 사실을 가르치고자 한 말이었다. 즉, 인간에 관하여 그 어떤 것도 본성적인 원칙들로부터 파생되는 것은 다 정죄받기에 합당하다는 것과 하나님의 은혜의 강한 역사로 말미암아 되는 중생이 되기 전에 행해진 모든 것들은 칭의를 얻어 낼 수 있다거나 심지어 칭의를 받을 만한 준비를 할 수 있는 것이 아니라 도리어 거기에는 그런 일을 하지도 못하고 할 수 있는 것도 전혀 없다는 것이다. 다만 범죄자는 자기에게 선언되는 하나님의 율법에 복종할 수밖에 없다는 충분한 근거를 제공하게 되는 악의 특성과 성향만 드러낼 뿐임을 가르치고자 한 것이다. 동일한 교리가 성공회 신앙고백 30조항에도 명백히 들

---

115) 기독교강요, Lib. ii., c. iii. 'ex corrupta hominis natura nihil nisi damnabile prodire.'

어 있다. 즉, '그리스도의 은혜와 성령의 감동하심 이전에 행한 행위들은 하나님께 전혀 기쁨이 되지 않는 것들이다. 그 모든 행위들이 다 예수 그리스도를 믿는 신앙으로 말미암은 것이 아니기 때문에 은혜를 받도록 이끌지도 못하며 (스콜라 신학자들이 말하는 것처럼) 은혜를 받기에 적합한 것이 아니다. 실로 도리어 하나님께서 원하시는 대로 그리고 하라고 명하신 바 대로 행한 것이 아니기 때문에 인간은 죄의 속성을 가진 존재라는 것 외에 아무것도 없다는 것을 전혀 의심하지 않는다.'라고 기록되어 있다.

동일한 교리가 우리의 신앙고백서에도 온전하고도 적합하고 명확하게 원리적인 근거들과 관련하여 잘 제시해 주고 있다.[116] 그것은 '중생하지 못한 사람들이 한 행위들은 그 자체들로만 보면 그들도 하나님이 명하신 것들을 행한 것이요 자신들과 다른 사람들에게 유용한 것이라 할지라도 그것들이 믿음에 의해서 청결한 마음에서 나온 것이 아니며 말씀을 따라 올바른 방식으로 한 것도 아니며 하나님의 영광을 위한 올바른 목적을 달성하기 위함도 아니기 때문에 그것들은 죄악된 것들이요 하나님을 기쁘게 할 수도 없는 것들이다. 그렇지만 그 같은 행위들을 게을리 하는 것은 더욱 죄악된 것이며 하나님을 더욱 불쾌하게 하는 것이다.'라고 기록되어 있다.

개신교도들은 언제나 그들의 교리에 이 점을 명백하게 포함시켰다. 그리고 인간이 세상에 태어날 때 인간의 도덕적 특성과 상태에 대하여 성경이 우리에게 일반적으로 제시해 주고 있는 것으로부터 필요한 교리들을 끄집어내어 논쟁에 있어서 그 요지를 명확하고 분명하게 담아내는 성경적인 선언을 확립시켰다. 칭의 이전에 행한 모든 선행들은 다 죄악된 것

---

116) 웨스트민스터 신앙고백서 16장 7항

이라는 자신들의 입장을 유지하기 위하여 로마교도들은 인간 본성의 타락이나 부패가 전적인 것이 아니라 오로지 부분적이라고 주장하지 않을 수 없었던 것이다. 그들은 인간이 타락으로 말미암아 전적으로가 아니라 부분적으로 부패한 것이라고 주장한다. 그러나 인간의 도덕적 본성의 완전한 또는 전적인 부패를 성경에서 증명하는 모든 것은 우리의 신앙고백서가 기술한 것에서 잘 드러난다.[117] '이 원부패로 말미암아 우리는 선을 행하고자 하는 마음을 전혀 가질 수 없으면 선을 행할 수도 없고 모든 선을 대항하며 전적으로 모든 악에 기울여져 있고 실제로 모든 허물을 행하게 된다.'라는 것이다. 마찬가지로 하나님의 은혜의 능력이 역사하여 새로운 사람이 되게 하기 전까지는 인간의 모든 행동은 오직 그리고 전부 죄악된 것임을 증명한다. 성경에 제시하고 있듯이 그 타락이 전적이며 온전한 것이 맞다면 깨어나고 새롭게 되기까지는 인간에게 선한 것 혹은 선한 것 자체를 끄집어낼 만한 그 어떤 것도 전혀 없는 것이다.

우리 구세주께서는 "육으로 난 것은 육이니라."라고 말씀하셨다. 그렇게 말씀하심으로써 그는 위대한 원리를 제시하였다. 즉, 성경에서 '육'의 의미가 무엇인지를 보여 줄 수 있는 것과 관련되어 이해하게 하는 원리를 제시한 것이다. 본질적으로 인간의 타락한 본성은 그 자체가 타락한 것 외에는 아무것도 생산할 수 없다. 은유적인 표현을 사용하셨지만 동일한 원리를 명백하게 주장하셨다. 즉, "못된 나무가 아름다운 열매를 맺을 수 없느니라"(마 7:18, 역자 주)라고 말씀하셨다. 사도의 진술은 매우 강력하고 분명하다. "내 속 곧 내 육신에 선한 것이 거하지 아니하는 줄 아노니"[118] 라는 문장에 사용된 '육신'의 의미가 무엇을 뜻하는지에 관해서는 의심을

117) 웨스트민스터 신앙고백서 6장 4항
118) 로마서 7:18

살 만한 이유가 없다. 그 말의 의미는 욕구를 지닌 육체를 뜻하는 것이 분명하다. 그러나 그 단어는 *전인*(the whole man)을 뜻하기도 한다. 자연적인 본성 혹은 거듭나지 않은 상태 안에 있는 모든 기능과 성향들을 지닌 전인을 뜻한다. 만일 그렇다면 사도는 여기서 자신에 관해서 선언하고 있음이 분명하다. 하나님의 거듭나게 하시는 은혜가 부어진 이후로부터 파생되기 이전에 인간 본성의 모든 다른 지체를 지닌 자기 안에는 선한 것이 없었다는 것이다. 물론 그에게서 선한 것이 나올 수 없다. 이처럼 동일한 교리는 동일한 사도가 명백하게 가르쳤다. 그는 "육신의 생각은 하나님과 원수가 되나니 이는 하나님의 법에 굴복치 아니할 뿐 아니라 할 수도 없음이라 육신에 있는 자들은 하나님을 기쁘시게 할 수 없느니라."[119], "육에 속한 사람은 하나님의 성령의 일을 받지 아니하나니 저희에게는 미련하게 보임이요 또 깨닫지도 못하나니 이런 일은 영적으로라야 분변함이니라."[120]라고 언급했다.

이상의 말씀들은 신적 은혜가 인간의 심령에 부어져서 역사하기 전에 인간의 본성적인 상태나 성향이 어떠한 것인지를 선명하게 묘사해 주는 말씀이다. 거듭남 이전의 깨달음, 사랑함, 순종함, 하나님을 기쁘시게 함 그리고 실제로 그렇게 행하는 능력이나 역량과 관련된 인간의 본래 상태가 어떠한지를 보여 주는 것이다. 간단히 말해서, 어떤 선한 행위나 하나님께서 요구하시는 것을 수행할 만한 것과 관련하여서 할 수 있는 것이 아무것도 없으며 자신의 구원과 건짐을 얻어 낼 만한 그 어떤 것도 할 수 없다는 것이다. 중생 이전의 인간의 상태에 대하여 주어진 선명한 설명은 이것이다. 즉, 인간은 실제적으로 구원을 받을 만한 그 어떤 능력과 역량

---

119) 로마서 8:7-8
120) 고린도전서 2:14

도 가지고 있지 않으며 그런 결과를 낳을 수 있는 일을 하지도 못하고 또 할 수도 없는 것이다.

인간은 하나님의 말씀에서 그러한 진술을 읽게 될 때 문자적으로 읽지 않고 그것들이 어떤 자질을 설명하고 있다는 허망한 생각을 가지고 행동하기 쉽다. 즉, 그들은 이러저러한 방법으로 충분히 잘 해명할 수 있다고 본다. 그러나 이런 유형의 허망한 생각은 전적으로 타당하지 않다. 그 말씀들이 하나님의 기록된 증언이라는 것이 분명할 때 우리가 할 유일한 임무는 그 말씀의 참된 의미가 무엇인지를 확립하는 것이다. 그 말씀들의 자연스러운 의미 위에 어떤 제한이 가해진다면 제기된 제한의 근거들과 이유들이 명확하게 규명되어야만 한다. 그리고 그 이유들은 분명하게 납득이 되어야만 하는 것이다. 그들이 활용하고 있는 것에 대한 정당성 혹은 합법적인 제한으로부터 끄집어낼 수 있는 유일한 근거는 하나님 말씀 자체뿐이다. 예를 들면, 자료들은 성경의 문맥 혹은 성경의 다른 부분에서 언급하고 있는 것들로부터 산출할 수 있어야만 하는 것이다. 모든 것들이 자연스러운 의미의 범위 안에서 취해진 것이 아니며 그 한계를 어느 정도까지 정해야 하는지를 표시해야 하는지를 증명해 보이려면 성경으로부터 나오는 것이라야 한다.

하나님은 우리 안에서, 즉 우리의 육신 안에서 혹은 자연스러운 성향 안에서, 거듭나지 않은 상태에 있는 전인 안에는 선한 것이 존재하지 않는다고 말씀하신다. 만일 이 말씀을 당연히 문자적인 의미로 받아들이지 않으면, 다시 말해서, 인간 본성의 전적 타락을 부정하거나 어떤 차원에서든지 교묘하게 벗어나고자 하는 로마교도들이나 다른 사람들의 견해를 고수하게 된다면 우리의 육체 안에 혹은 본성적인 성향 안에는 어떤 선한 것이 내주하고 있다는 것과 같다. 그렇게 되면 중생하지 않은 인간, 타락한 인간 속에 어떤 선한 것이 있다는 사실을 성경으로부터 만족스러운 증거를 명확하게 제시해야 할 의무가 그렇게 주장하는 자들에게 있음을 알아야 한다. 물론 이것이 성립될 때 사도의 설명은 약간의 제한을 가지고서 설명해야 할 것이다. 그렇지 않으면 그런 주장은 악을 선한 것이라고 부르는 인간을 향한 화를 선언하고 있음이 드러나는 것이다.

로마교도들, 그리고 그와 유사한 견해를 내세우고 있는 자들은 인간 본성의 타락이 전적인 것이 아니라 부분적인 것이라는 일반적인 생각을 늘 내세운다. 이 입장을 옹호하기 위해서 그들이 내세우고 있는 주장은 인간이 책임 있는 존재가 되기 위해서 인간은 뭔가를 소유하고 있어야만 하는 존재임을 말하지 않을 수 없다. 인간의 타락이 어느 정도인지를 규정하고자 하는 그 어떤 시도도 없이, 그리고 그 타락이 어디에서 멈춘 것인지 또는 타락하고 거듭나지 않은 인간을 여전히 특징짓는 선한 무엇이 있다는 것을 표시하는 증거를 제시함이 없이, 그렇게 주장하는 것이다. 그들은 일반적으로 절대적으로 논박하지도 않는다. 인간의 타락으로 말미암아 하나님을 반역하였고 하나님의 형상을 상실했다는 일반적인 설명도 제대로 주지 않는다. 그들은 이 형상이 여전히 남아 있는 흔적들이 있다고 주장한다. 사실 이 부분은 어떤 측면에서는 개신교도들도 인정하는 것이다. 벨라민[121]과 같이 그들 중 일부 사람들은 이 개념에 대한 가능성과 정의(定意)를 제시하고자 노력하였다. 또는 인간이 하나님의 형상을 상실하였다는 고백을 취소하거나 교묘히 변명하고자 성경에 근거도 없는 하나님의 형상과 하나님의 모양 사이의 구분을 고안해 냈다. 그리고 주장하기를 인간이 상실한 것은 하나님의 모양이었지 형상이 아니라고 주장

---

121) Moehler's Symbolism, vol. i., 65.

한다.

뮐러(Moehler)는 이 견해가 트렌트 교회회의의 교리 속에 내포되어 있다고 시인한다. 즉, 타락한 인간은 여전히 하나님의 형상을 가지고 있다는 것이다. 그는 고백하기를 사람 안에 있는 하나님의 형상은 전적으로 말살되지 않았음을 시인함으로 말미암아 인간의 자연적인 상태와 관련하여 더 합리적인 가르침과 가톨릭 교리를 위하여 칼빈에게 더 큰 무게를 둔다고 공언하였다.[122] 그는 루터가 더 오류투성이요 터무니없는 자로 묘사하였지만 이 주제와 관련하여서는 그의 견해가 더 일관성이 있다고 말한다. 그리고 칼빈에 대해서는 타락한 인간 안에는 신적 형상이 남아 있다는 것과 관련하여 약간 편파적이고 혼란과 불일치성을 지니고 있는 자라고 평가한다.

이러한 주장들을 위한 그럴듯한 근거를 제시함에 있어서 뮐러는 루터와 칼빈의 입장을 왜곡하였다. 이 주제에 대한 개혁가들의 훌륭한 추종자들을 정반대되는 방향으로 틀어 버렸다. 그들 사이에 명백한 모순이 존재하는 것으로 만들었던 것이다. 그는 루터를 타락한 인간 안에 종교성 혹은 도덕적 역량들이 존재한다는 것을 부인하고 있는 자로 묘사한다. 비록 그것이 한두 가지 어설프고 미숙한 표현을 지니고 있다고 할지라도 마치 인간이 나무나 돌 혹은 비이성적인 동물처럼 공정하고 견고한 발판을 지니지 않은 존재로 비방하고 있다고 묘사한 것이다. 뮐러는 칼빈을 전적타락설과 불일치하는 것과 관련해서 타락한 인간 안에 신적 형상이 남아 있음을 시인하는 자로 평가하고 있다.

그러나 진실은 이것이다. 칼빈은 이 주제를 다룸에 있어서 루터와 불

---

122) Moehler, vol. i., 103-109.

일치하는 면을 지니고 있다거나 또는 자기 스스로와 모순에 빠져 있지 않았다는 것이다. 칼빈은 타락한 인간 안에 신적 형상의 흔적들이나 잔재가 남아 있음이 발견되는데, 그것은 자신의 이해력이나 그 흔적의 특성과 진리 안에서 남아 있는 것으로 발견되는 것이고, 적어도 인간 본성의 전적 타락을 견지하는 것과 모순된다고 시인한 것이 아니다. 또 중생하지 못한 자 안에는 실제로 선한 것이 전혀 존재하지 않으며 인간의 모든 행동들은 죄악된 것뿐이라는 주장과 일치되지 않는다고 말하지도 않았다. 이 주제에 대해서 루터와 칼빈의 유일한 차이는 우리가 반복적으로 주장한 것에 있다. 즉, 루터는 자신의 표현에 있어서 그렇게 신중을 기함이 없이 강하고 역설적인 문구로 자주 표현한 것에 비해서 칼빈은 놀라운 통찰력, 건전성, 사려 깊은 판단력, 그리고 루터가 결코 가지지 못한 정확성과 적확성을 가지고 자신의 입장을 잘 소통해 나갔다.

칼빈이 시인한 타락한 인간의 본성에 신적 형상이 남아 있다는 것은 타락한 인간에게서 여전히 발견되는 것이다. 그것은 진정으로 선한 것을 행하고자 하는 경향이 실제적으로 남아 있다는 것이 아니고, 그렇다고 자신의 능력으로 선을 실현시킬 수 있다는 것이 아니다. 그리고 인간의 본성적인 원칙들의 역사들을 통해서 하나님께서 인간에게 요구하시는 지식과 의로움 혹은 거룩함과 일치되게 작동된다는 것이 아니다. 그것은 주로 인간의 정신적 기능의 구조 안에서 작용하는 것이다. 그리고 하등동물들과는 대조되는 것으로 구성되는 하나님을 사랑하고 섬기는 이성적인 존재로, 확실한 의미로는 종교적인 존재로 진리와 하나님에 대한 지식을 획득하는 역량들 안에서 작용하는 것이다. 또한 하나님께 복종케 하며, 진리의 수단을 통해서 중생하게 되거나 하나님의 형상을 다시 회복하게 되는 하나님의 영의 은혜로우신 역사하심을 받아들이는 자가 되게 하는 측면에서 그러하다는 것이다. 그런 측면에서 칼빈이 타락한 인간에게 신적 형상이 남아 있다고 시인했던 것이고, 개신교 학자들도 일반적으로 그렇게 시인한 것이다. 그 신적 형상이 인간으로 하여금 창조 시에 모든 피조물 중 만물의 영장이 되게 한 것이다.

하나님과의 관계에 있어서, 인간의 본래적인 적합성 혹은 주관적인 역량은 자신의 정신적이고 도덕적인 구성요소적인 차원에서 그 관계를 적절하게 처리할 수 있는 행위를 위하여 비록 하나님의 은혜로운 역사하심만이 일으킬 수 있는 가장 중요한 변화들이 없을지라도, 인간의 정신적 구성 요소와 기능들에 대한 일반적인 골격의 재구성 없이도 그렇게 수행할 수 있는 자신의 존재의 가능성이 있게 하는 신적 형상은 존재한다는 것이다. 이런 차원에서만 인간은 하나님의 형상의 흔적들이나 잔재가 남아 있다고 말할 수 있다. 그러나 인간의 전적 타락과 관련하여 성경에서 명확하게 가르치고 있는 것처럼 일반적으로 칼빈과 개신교도들 사이에 불일치성이 존재하는 것은 하나도 없다. 진정한 선을 추구할 능력이 인간에게 본성적으로 부족하기 때문에 인간의 모든 행동들은 다 죄악된 것이다. 인간이 하나님의 은혜로 말미암아 심령이 거듭나기 전까지 인간의 본성의 원칙들로부터 파생되는 모든 행위들은 다 악한 것이다. 이것이 이 주제에 대한 칼빈의 생각이었다. 그 개념은 반복해서 설명하고 다른 진술들로부터 완벽하게 증명된다. 심지어 뮐러 자신이 칼빈의 교리를 설명하면서 지지하고 있는 면이기도 하다.[123] 그는 '아담이 처음 상태를 상실했을

---

123) Calvin Lib. i., c. xv., sec 4. Moehler, vol. i., 104

123) Calvin Lib. i., c. xv., sec 4. Moehler, vol. i., 104

'Quin Adam, ubi excidit e gradu suo, hac defectione a Deo alienatus sit, minime dubium est. Quare etsi demus non prorsus exinanitam ac deletam in eo fuisse Dei imaginem, sic tamen corrupta fuit, ut quicquid superest, horrenda sit deformitas…Ergo quum Dei imago sit integra nature humanæ præstantia quæ refulsit in Adam ante defectionem, postea sic vitiata et prope deleta, ut nihil ex ruina nisi confusum, mutilum, labeque infectum supersit.'

때 이 반역의 행위로 인하여 하나님으로부터 멀리 떨어져 있음을 결코 의심하지 않는다. 그리하여 우리는 물론 아담 안에서 하나님의 형상이 소멸되었다거나 파괴된 것은 아니지만 타락한 존재이며 그 안에는 흉측한 것들이 남아 있는 것이다. …… 그러므로 아담이 타락하기 이전에 인간 존재 안에 있는 본성에 비춰진 그 놀라운 것들이 타락 후에는 거의 오염되었거나 상실되어서 파괴되고 혼돈되고 불완전하게 된 것만 남아 있고 지금도 그러한 상태로 남아 있다.'라고 설명한 바 있다.

로마교도들은 이 교리를 지지하기 위해서 각국의 종교적인 의식들과 예전들에 의해서 명시하고 있는 것처럼 다양한 모든 외적인 환경들 가운데 모든 국가들에 의해서 드러나고 있는 종교적인 감각에 안주하고자 한다. 그리고 고대 이교도들이 추앙하는 자들이 제시한 고상한 행동들에 대한 사례들을 가지고 논하기를 즐겨 한다. 그러나 그러한 분야들로부터 무슨 효과적인 방안을 끄집어낼 수 있다고 하는 것은 큰 착각이다. 왜냐하면 문제는 바로 이것이기 때문이다. 즉, '그것을 입증할 수 있는가?'라는 문제이다. 다시 말하면, 성경이 우리에게 확신시켜 주는 사실, 인간의 본성적인 특성, 혹은 거듭나지 않은 인간의 특성 안에는 그 어떤 선한 것이 잔재하지 않는다는 성경의 명백한 선언과 반대되고, 수정된 내용으로 도덕적이거나 종교적인 인간의 행동들 안에는 진정으로 선한 것이 남아 있음을 입증하는 충분한 증거를 가지고 증명할 수 있는가?

이 문제를 해결하기 위해서 우리는 선이 무엇인지에 대한 성경적인 표준을 살펴보아야만 한다. 그리고 그 기준을 그것들에게 적용해야만 한다. 동시에 기억할 것은 증빙의 책임(onus probandi)은 우리가 인용하고 언급했던 일반적인 설명에서 기본적으로 하나님의 말씀이 이 사실을 부인하고 있기 때문에 선한 것이 있다고 확언하는 자들에게 있다. 이러한 차원에서 그 질문을 살펴보게 될 때, 그리고 그러한 상태들을 논쟁하게 될 때 로마교도들은 트렌트 교회회의가 정해 버린 이 주제에 대한 그들의 교리를 확립시킬 수 없다는 것을 보여 주게 될 뿐이다. 앞서 인용한 우리의 신앙고백서 안에 담겨 있는 것과 일치되는 성경적인 기준에 맞는 선한 행실이 있다면 하나님의 말씀을 따라 바른 태도로 행해진 믿음의 역사로 말미암아 정결케 된 심령으로부터 양산된 것일 뿐이다. 그리고 하나님의 영광을 드러내고자 하는 올바른 목적으로 한 믿음의 행위에서 나온 것일 뿐이다. 그렇다면 인간의 도덕적 경향이나 종교적 성향이 어떤 것이든 진짜 선한 행동들이 있다는 것을 입증한다는 것은 확실히 불가능하다. 사람에 의해서 실행된 어떤 선한 것이 있다고 한다면 그것은 진리에 대한 신앙을 통해서 하나님의 말씀으로 거듭난 사람이 했다고 믿는 것이 가장 타당한 사유가 된다.

종교개혁가들이 가르친 교리와 트렌트 교회회의가 정죄한 교리, 즉 칭의 이전에 행한 행위들, 당연히 거듭나지 않은 자들이 행한 것들은 다 죄악된 일뿐이요, 하나님을 진노케 하는 것이요, 정죄받아야 마땅한 것들이라고 하는 이 교리는 성경에서 아주 선명하게 가르치고 있는 것이다. 이 교리는 사람들의 죄과와 부패 상태로부터 건짐을 받는 방식이나 태도에 대해 우리가 연구하게 될 때 출발점으로 삼아야만 하는 원리이다. 이는 교황주의 신학자들이 언제나 *공로가 되기에 적합한 것들은* 일체 존재할 수 없다는 주장에 대해 충분한 증빙을 제공하는 원리이다. 예를 들어서, 도덕적 가치 면에서 탁월한 일을 앞서 행한 우월적인 존재들이 다른 이들에 비해서 신적 은총을 받기에 더 적합한 수령자들이라거나 사람들 안에는 진정으로 선한 모든 것의 시초가 있다는 것, 그리하여 자신의 구원에 매우 호의적인 영향을 끼치는 탁월한 존재가 있다는 것은 다 그리스도 안에 있는 하나님의 특별한 은혜나 호의로 인한 것이며 성령의 초자연적인 역사로 기인된 것으로 간주해야만 하는 것이다.

찰머스 박사도 여러 번 종교적이지 않은 자들의 확신을 다루면서 매우 정확하게 진술하곤 했다. 즉, 아직 하나님의 은혜를 받지 못한 자들의 도덕적 특성과 상태가 어떤지를 명확하게 지적했다. 그러면서 그는 이 주제에 대한 매우 실천적인 가치와 중요성이 담긴 입장들을 표명했다. 찰머스 박사는 비종교인의 지식과 양심에 대해서 실천적인 입장을 담아내는 견해를 가지고서 중대한 차이점을 시인하지 않을 수 없는 타당하고 매우 호감 가는 입장을 피력하는 데 특별히 수고를 아끼지 않았다. 즉, 고결성, 자비심, 호의성, 그리고 유사한 자질들과 관련하여 비종교인들에게서 발견되는 것들을 관찰하였던 것이다. 그리고 사회적인 의무들과 가정적인 의무들을 수행하는 것과 관련해서 비종교인들에게서 나타나는 것을 기반으로 하여 거듭난 사람이 하는 것과 비종교인이 하는 것의 중대한 차이점을 예리하게 제시하여 주었던 것이다. 그리고 그는 비종교인들은 자신들의 확신과 관련하여 다 *경건치 못한 자*들이라는 사실을 강력하게 제시하였다. 비종교인들은 누구든지 다 동일하게 그런 말을 들을 수밖에 없는 자들이라고 주장했던 것이다. 그는 존경과 존중히 여김을 받기에 매우 타당한 감탄스럽고 유용한 인물들의 자질들과 행위들을 담아내는 몇몇 인물들을 드러냈다. 그런 자들은 하나님과 올바른 관계를 가짐으로부터 나온 결과가 아니어도, 하나님께 마땅히 해야 할 의무로서 실천하는 것이 아니어도, 그렇게 존경받기에 합당한 사람들의 자질들과 행위들을 보이는 자들이 있음을 잘 묘사했던 것이다.

이 주제에 대한 찰머스 박사는 그의 매우 중요하고 흥미로운 강론에서 내가 종종 언급하며 설명했던 주제에 대한 견해들을 언급하지 않았다. 결과적으로 그는 얼핏 보면 내가 설명하고자 심혈을 기울였던 입장과 거의 조화를 이루지 않는 것 같은 인상을 심어 준다. 그러나 실제로는 차이가 전혀 없다. 그 주제를 다룬 시각에 차이가 있고, 그것을 적용하고자 한 다른 목적으로 인해 차이가 나는 것처럼 보이지만 실상은 차이가 없는 것이다. 물론 나는 그가 사용한 모든 어법을 다 인준하지는 않지만 찰머스 박사가 제시한 견해들은 전부 다 동의한다. 다만, 중생하지 않은 자들을 착하다(good)고 한 부분에서 그 말을 절대적인 의미로 사용한 것인지 어떤 설명도 없이 그렇게 부르는 것이 적합한 것인지에 대해서는 의문을 가지고 있다. 사도 바울은 우리의 육신에는 그 어떤 선한 것도 없다고 분명히 주장했음에도 말이다. 또한 우리의 신앙고백서에서 인용된 선행에 대한 설명과도 전혀 일치하지 않는 행위들을 그렇게 통칭하거나 적용하는 면에서는 의혹을 가지고 있다.

7. 중생 이후 행실의 죄악성

원죄 교리로부터 개혁자들이 유추한 두 번째 실천적인 결론은 의롭다 함을 받았고 중생하였음에도 불구하고 이 땅에서 살아가면서 행함의 모든 것들에는 여전히 죄악성이 있다는 것이다. 중생한 자들의 모든 특성과 행동들에는 그 자체가 하나님을 불쾌하게 하고 형벌을 받기에 합당한 것으로 여길 만한 오점들이 있다. 그러므로 당연히 공로와 공덕으로 내세울 수 없는 더러움이 있는 것이다. 이 입장에 대해서 우리는 이제 간략하게 설명하고자 한다.

거듭난 사람 안에 진정한 선함이나 하나님의 율법이 요구하는 것에 일치하는 뭔가가 있다는 것을 부정하지는 않는다. 그들의 심령은 믿음으로 정결케 되었다. 그들의 행위들도 상당한 영역에 이르기까지 정당한 규범인 하나님의 말씀에 의해서 실천되어진다. 그리고 하나님의 영광을 목적하는 올바른 방향으로 나아간다. 그들은 그들 속에서 역사하시는 성령의 내주하심이 있다. 그 성령의 역사하심의 결과는 *적어도 주님에게 속한 자들로서* 반드시 선한 것이어야만 한다. 그들은 그리스도 예수 안에서 선한 일들을 위하여 새롭게 지으심을 받은 자들이다. 그들은 선한 일을 하며 사는 자들이다. 이 모든 것이 다 사실이다. 그러나 그들 역시 매일 생각으로나 말로나 행실로 하나님의 계명을 어기며 사는 것 역시 사실이다. 그들의 최선을 다한 행위라 할지라도 불완전함과 죄로 오염된 것들이다.

앞에서 논의한 것도 마찬가지이지만 이 점에 있어서 루터는 좀 성급하고 신중치 못한 말을 하였다. 즉, 중생한 자들에 의해서 행해진 것이라 할지라도 그 안에 선한 행실들은 없고 다만 모든 행위들은 다 죽어야 마땅한 죄악들이라는 것을 개신교도들도 견지하고 있다는 교황주의 저자들의 일반적인 잘못된 주장을 더 심화시켜 버리고 말았다. 루터는 이 부분에 대해서 개신교도들의 주장을 어느 정도 지지하고 있는 것은 사실이라할지라도 그의 진술은 개신교도들에 대하여 사실이 아닌 공정치 못한 것이었다. 개신교도들은 중생한 자들이 심령의 선한 의지로부터 선한 것들은 낳고자 하며, 그들은 하나님의 말씀 안에서 선하다 일컬음 받는 행실들을 한다는 사실을 반박하지 않는다. 그 선한 행실들은 성경적 표준으로 점검해도 틀림없는 착한 행실들이다. 그러나 그들이 주장하는 것은 중생한 자들도 그 행실 안에는 악한 것이 있다는 것이다. 전체적으로 보면 착한 행위들이기는 하지만 최선을 다한 그들의 행위 안에도 여전히 죄악과 결함이 있는 행위들이 있는 것이다. 하나님의 율법이 요구하는 것에 미치지 못하는 것이 존재한다. 그들의 행실을 그처럼 최고의 수준으로 검증하고 시험한다고 할 때 그들은 나는 죄인이라고 고백하지 않을 수 없다. 공

로적인 면이 있다면 상을 받는 것 대신에 도리어 형벌뿐이라고 시인할 수밖에 없는 것이다.[124)

트렌트 교회회의는[125) '모든 선한 행위에서 의로운 자는 적어도 용서받을 만한 가벼운 죄를 짓는다. 그렇지 않으면 용납할 수 없는 죽을 죄를 짓게 되어 영원한 형벌을 피할 길이 없다.'고 말하는 자들을 정죄하였다. '그 의인의 죄악들을 하나님께서는 그의 정죄하심 목록에 포함시키지 않으셨기 때문에 정죄를 받지 않는다.'라는 것이다. 개신교도들은 이것을 인정하지 않는다. 도리어 반대로 교황주의자들이 죽을 죄와 용서할 만한 죄 사이를 구분하는 것을 전적으로 거절한다. 적어도 그것들의 특성이나 본능적인 과실을 고려할 때 더욱 그러하다. 그리고 더욱이 그 구분을 사용하여 직접적으로 설명한다는 것은 전혀 근거가 없는 주장이요 공정한 설명이 아니다. 개신교도들은 모든 죄는 하나님의 율법에 일치함에 부족하거나 어기는 것으로 그 자체가 죽을 죄이며 하나님의 진노와 저주를 받기에 합당한 것임을 믿는다. 하나님의 계시된 목적들과 배열하심을 떠나서 그 행위들 자체를 보거나 그리고 하나님께서 인간들을 실제로 대하시고 일하신 것들을 보아도 그 어떤 불공정함이 없는 정죄받기에 다 합당한 것들이다.

그렇다면 그들이 모든 선한 일들을 묘사하는 것은 그것이 의인 혹은 중

---

124) 이 점은 매우 잘 묘사되었다. 그 문제와 관련하여 루터가 말한 것과 개혁자들이 말한 것의 참된 의미는 매우 명확하고 분명하게 설명되고 있다. 특히 감독 데이브런트의 '습관적인 공의와 실제적인 공의에 관하여(Prælectiones de Justitia Habituali et Actuali)'라는 다음의 글에서 명료하게 설명되고 있다. '루터와 우리의 믿음의 선진들인 다른 사람들이 중생한 자들 안에 선한 것이 무엇이 있든 그것은 다 멸망받기에 합당한 죄성이 있다고 말한 것을 부연하고자 한다. 중생한 자가 하고자 결심하고 행하는 것은 율법 안에서 완전한 것을 달성하고자 함이 아니고 그 안에 죄의 특성을 지닌 것들이 뒤섞여 있는 선함이다. 결과적으로 엄격한 판단에 의하면 중보자의 공로로부터 작동되어 비참함이 제거되지 않는다면 그 행위들 역시 비참한 사망의 형벌을 피할 수 없는 것들이다.' Cantab. 1631, 435.

125) Sess. vi., can. xxv.

생한 자들의 선한 일들은 하나같이 용서받을 만한 것이 아니라 다 죽을 죄인 것이다. 그 말의 의미는 그들의 착한 행실 속에 있는 죄악성은 그 자체가 죄라는 것이지 그 이상 그 이하도 아니다. 단순히 조금 부족한 면이 있다거나 별 신경쓸 만한 결점이 있는 것이 아니라고 치부할 일이 아니라는 말이다. 그 행위가 엄중한 처벌을 받을 만한 것이 아니라거나 하나님의 율법의 요구에 일치됨이 조금 결여된 어떤 것으로 여기는 것이 아니다. 개신교도들이 중생한 자들의 선행에 대해서 비록 죄로 오염된 것이라 할지라도 죽을 죄로 간주하지 않는 이유가 있다. 즉, 본질적인 특성과 단점이 아니라 실질적인 효과를 고려하게 되면 죽을 죄로 여기지 않는 것이다.

중생한 자들은 의롭다함을 받았고 하나님의 은혜를 받아 누리는 자리로 나아가게 된 자들이다. 그들은 다 하나님의 왕실 가족의 일원이 된 것이다. 하나님은 그들을 다 자기 자녀요, 자기 식구로 여기신다. 그들은 그리스도 안에 있고 그들을 위한 정죄는 더 이상 존재하지 않는다. 그들의 죄악들은 다 그들에게 책임을 지게 하거나 정죄로 이어지는 벌이 가해지는 것들이 아니다. 그들의 죄들은 이제 사망에 굴복하게 된다거나 하나님의 저주에 복속되는 것이 아니다. 그러나 그들의 행위에 죄악된 면이 존재한다면, 행위들이 정말로 죄악된 것들이라고 한다면 그 행위들의 특성이나 원칙들, 동기들은 그들 역시 정죄를 *피할 수 없는* 것이다. 만일 중생한 자들이 그 정죄에 복속되지 않는다면 그 죄들이 그들에게 전이된다든지 그들에게 책임을 묻는 것이 아니기 *때문에* 트렌트 교회회의가 그렇게 말하는 자들을 정죄함에도 불구하고 사실상 중생한 자들의 행위는 다 정죄판결을 받기에 합당한 유죄여야만 하는 것이다.

로마교회 저자들이 일상적으로 실천하고 있는 것 중 또 다른 옳지 못한 것은 트렌트 교회회의에 의한 것이 아니라 할지라도, 이 주제에 대한 질문을 설명함에 있어서 개신교도들이 의로운 자 혹은 거듭난 자들의 선행이 죽을 죄악들이라는 일반적인 주장을 펼친 것임을 인정하지 않을 수 없다고 하면서 동시에 개신교도들은 이것이 참되고 타당한 진술로 제시하는 자들이라고 폄훼하고 있는 점이다. 지금 개신교도들은 모든 중생한 자들이 선한 행실을 한다는 것을 부인하지 않는다. 그들은 선행은 선행이며 선행으로 기술되어야 한다고 인정한다. 물론 그 선행들이 동일한 측면에서 선행이 되고 동시에 죄악들이 될 수 있는 것이 아니다. 그러나 그것들은 그렇게 될 수는 있다. 그러므로 넓은 측면에서 보거나 또는 그들이 하나님의 계명을 따라서 인도함을 받는 주도적인 특성들과 관련해 보아도 그것은 선행이라고 부를 수 있다. 그렇지만 어떤 측면에서 보면 하나님의 율법의 요구에 미치지 못하는 죄악으로 간주될 수밖에 없는 부족함이 분명히 있는 것도 사실이다. 그렇기 때문에 그 선행들도 죄들이라고 말할 수 있는 것이다.

'과연 그 선행들은 무엇이란 말인가?' 막연하게 이 질문을 던질 때 그 답은 가장 주도적이고 명백한 특성들에 따라서 묘사되어야만 할 것이다. 그리고 그것이 선한 행실들이라고 묘사될 수 있는 것이어야 한다. 그러나 그 안에 죄성이 포함되어 있음이 사실이라 한다면 비록 '그 선행들은 무엇인가?'라는 질문에 대한 참되고 타당한 답변으로 그 행위들이 선행이라는 주장은 모든 진실이 다 들어 있는 것이 아니다. 그 선행들에 대한 온전한 답변을 주는 것이 아니다. 그래서 이 추가적인 중요한 요소가 소개되어야만 한다.

그렇다면 개신교도들은 중생한 자의 선행에 대한 참되고 적합한 설명을 주는 것이 아니다. 그 행위들이 죄악이라고 하는 것은 일반적으로 벨라민과 다른 교황주의 논객들에 의해서도 제기된 것이다. 그들 역시 그 선행들은 선행들이지만 그 행위들에 관해서는 죄성이 들어 있는 것이라는 성경적인 증거들이 풍성하게 있음을 발견한다고 믿고 있다. 그들도 중생한 자들의 선행에는 여전히 죄성을 담고 있다고 생각한다. 그것이 그들의 주된 주장은 아니지만 일상적으로 그리고 직접적으로 그 행위들이 지니고 있는 특징에 의해서 그 행위들에 대한 참되고 실제적인 양상을 설명하는 데 꼭 포함시키고 있다. 어쨌든 선한 행실들은 하나님의 율법의 요구에 부합하는 행위들이지만 여전히 죄로 얼룩지거나 오염된 것들이라는 사실이다. 그러므로 그 자체는 정죄받기에 합당한 것이다.

트렌트 교회회의는 앞에서 인용된 교회법이 정죄하고 있는 것과 반대되는 이 교리적 견해를 명확하고 긍정적인 행태로 공식적으로나 직접적으로 제시한 적은 없다. 그러나 의인은 모든 선한 일에 있어서 죄를 짓는다는 견해를 정죄함으로 말미암아, 이 세상의 삶에서 중생한 자가 하나님의 모든 율법을 성취할 수 있다는 교리를 유지하며, 중생한 자의 선한 행실로 말미암아 은혜와 영생을 증폭시키는 공적을 쌓거나 누리게 하기에 적합하다는 견해를 지켜 내고 있다. 또한 그들은 우리가 로마가톨릭교회 입장을 기술하는 일에 있어서 로마교회가 인정하고 따르는 교리 중의 하나가 분명히 다음과 같다고 말할 충분한 근거를 제공하고 있다. 즉, 그들은 이 세상에서 인간은 전적으로 죄로부터 자유하며 그 어떤 것도 능히 정죄받기에 합당한 죄에 오염되거나 더렵혀지지 않은 행실들을 수행할 수 있다는 견해를 고수하고 있는 것이다.

이와 반대되는 교리, 즉 심지어 중생한 자들의 행실에는 죄악된 뭔가가 들어 있다는 것과 중생한 자들의 선한 행실들도 더렵혀지거나 오염된 것들이라는 교리는 모든 종교개혁자들의 입장이다. 그 교리는 선한 행실의 공적에 관한 로마교회 안에 널리 분포되어 있는 개념을 송두리째 뒤집어 놓는 것이었다.

이 주제는 두 가지로 분류된다. 하나는 중생한 자의 도덕적 특징으로서 중생한 자의 성향, 정서 및 최초의 욕구들에 대한 이해가 포함되어 있는 것이다. 다른 하나는 실질적인 동기들과 완성된 행위들에 대한 이해를 다루는 것이다. 첫 번째 분류에 해당되는 것과 관련하여 논쟁의 요지는 원죄에 대한 트렌트 교회회의의 칙령을 검증할 때 우리가 논의했던 것과 일치되는 것이다. 그리고 그들의 견해를 반대하면서 우리가 보여 주었던 것과 일치된다. 즉, 세례 혹은 중생은 원죄 본래의 부패성이나 타락을 전적으로 제거하는 것이 아니라는 것이다. 중생한 자 안에 있는 현세의 강한 욕망은 이미 설명했던 것과 같이 죄이다. 이 점이 전제 논쟁에 있어서 본질적으로 중요한 문제이다. 실로 그것은 단호하게 선언되는 요점이다. 만일 중생한 자 속에 남아 있도록 허용된 현세의 욕구가 죄라고 한다면, 트렌트 교회회의도 사도 바울이 그것을 죄로 불렀다는 것을 시인하고 있듯이, 중생한 자들도 영과 육 사이의 싸움으로부터 전적으로 해방되기까지는 자신들이 수행하는 모든 행위들은 다 죄악된 오염이 섞여 있는 것들이어야만 하는 것이다.

따라서 벨라민은 교황주의의 교리를 성공적으로 지켜 내야 할 필요성을 시인한다. 즉, 중생한 자들의 선한 행실들은 확실하고 보편적으로 죄성의 오염이 섞여 있는 것이 아니라는 것을 고수할 필요가 있다는 것이다. 현세의 욕구가 죄라고 주장하는 것을 제거하기 위하여 그리고 그것은 죄가 아니라 단지 취약성 혹은 결함에 불과한 것임을 보여 주기 위해서 반드시 교황주의의 입장을 고수해야 한다는 것이다.[126]

---

126) Bellarmin, De Justif., Lib. iv., c. xvii.

그러나 우리가 이 현세의 욕구가 죄라는 사실을 충분히 논의했기 때문에 여기서 이 문제를 길게 또다시 다룰 필요는 없다. 다만 이 주제의 두 번째 부분, 즉 중생한 자들의 실질적인 동기들과 완성된 행위들이 포함하고 있는 것이 무엇인지를 언급하고자 한다. 현세적 욕구와는 다른 실질적인 동기들은 악하거나 불법적인 것에 눈을 돌리게 하는 최초의 욕망의 발흥 혹은 움직임이 포함되고, 마음에서 소중히 간직되며, 전적으로 동의된 것들이 포함된 욕망이다. 이것들은 실질적인 행동으로 이어지게 만든 진짜 근인(根因)들과 관련된 것들이다. 그 행동들은 중생한 자의 도덕적 특성을 결정하는 것이다. 이 점에 관한 로마교회의 교리를 지지함에 있어서 로마교도들이 예증하고자 하는 직접적인 성경적인 증거들은 주로 온전히 흠이 없는 자로서 하나님을 기쁘시게 하는 자들로 묘사되는 성경구절들이다. 그리고 그런 자들의 행위들을 선한 행실로서 하나님의 율법에 부합하고 하나님 보시기에 열납될 만한 것으로 묘사되는 성경구절이 전부이다. 그리고 그들은 성인들의 행위들을 내세운다. 그리고 그 성인들의 무죄와 의에 호소한다.

그러나 성경에는 땅에 산 인간들 중에 어느 누구도 죄악성이 없는 행위들을 했다거나 죄의 오염으로부터 완전히 해방된 행위들을 수행한 자가 있었다는 것을 확실하고 분명하게 가르쳐 주는 성경구절은 하나도 없다. 이 주제를 논의함에 있어서 로마교도들이 언급하고 있는 성경적인 진술 몇몇 가지가 만일 중생한 자들의 행동들에 내포되어 있는 것들보다 그 입장과 관련된 것에 대해서 성경이 우리에게 제공하는 것보다 더 많은 정보가 없다고 한다면, 로마교도들의 결론을 뒷받침하는 것으로 보일지도 모른다.

그러나 우리가 전에도 유사한 주제를 다루면서 주지시켰던 것처럼 세례 혹은 중생이 원죄적 타락에 미친 실질적 효과를 생각할 때, 그리고 현세적 욕구가 죄라는 입장을 확립시킬 때, 사실 논쟁에 있어서 심지어 중생한 사람들의 선한 행실들도 죄악된 오염으로 더럽혀진 것이라는 증거가 성경 밖의 다른 자료로부터 실질적으로 찾아진다거나 찾아질 수 있다는 가능성이 없다는 점에서 그 요점을 직접적으로 분명하게 드러내는 것은 아니다. 어쨌든 완전함, 무죄함, 및 하나님을 기쁘시게 하는 선한 행실들에 관한 일반적인 진술들은 중생한 자들의 선한 행실들이 전적으로 죄로부터 자유로운 것이라는 사실을 부정하는 자들에게 그 증거를 *대야할 책임*(onus probandi)이 있다는 효과를 가질 수 있는 것이다. 첫 번째 사례에서 성경 밖의 자료들을 적용하거나 사용하고자 하는 것들은 인간의 성향들을 지나치게 과대평가할 경향이 농후하고 하나님의 말씀 안에서 제시되는 주도적인 입장들의 일반적인 성향이 인간의 자연스러운 성향을 상쇄하기 때문에 배격해야 한다.

우리의 임무는 이 주제에 관련된 모든 문제에 대해서 하나님의 말씀이 가르치고 있는 바 전부를 규명하는 것이다. 그리고 그 모든 것을 신적 권위 위에서 되풀이하여 가르치는 모든 교리를 수용하는 것이다. 우리는 그 주제와 관련하여 하나님께서 말씀하시고 설명해 주신 모든 것의 의미와 중요성을 정확하게 규명하였을 때만이 당면한 주제를 안다고 말할 수 있다. 그리고 거기에서 우리에게 주어진 정보의 다른 분량들을 취합하였을 때, 그 모든 것들이 순서대로 그리고 서로의 연계점에 있어서 우리가 다루고 있는 전체 주제를 말하는 일반적인 입장들과 잘 연결될 때 우리는 그 주제를 안다고 말할 수 있다.

그러나 우리가 하나님의 말씀이 어떤 특별한 주제에 대해서 제공하는 정보를 다른 부분들의 설명들이나 교리들과 함께 전부 취합하여 정리하고자 할 때, 우리가 그 다른 진리들이나 진리의 다른 분량들을 일반적인 교리에 삽입시켜 각각 존속하게 하거나 녹아들게 하여 조화를 이루어 내기에는 상당히 어려운 사례들이 더러 있다. 그러나 우리가 조심해야만 하는 것은 그 어려움 때문에 무엇이 사실인지 혹은 무엇이 가능한 것인지를 가늠하는 척도를 구성하는 우리의 기능들과 뚜렷한 이해력이 실질적으로 추정하는 개념 중 하나인 이것을 부정할 만한 충분한 이유가 있다는 우를 범하지 말아야 하는 것이다. 만일 중생한 자의 선행이 죄성이 뒤섞여 있는 더럽혀진 것이라는 증거를 성경에서 보여 줄 수 있다면, 그 문제에 대해서는 성경이 가르치고 있는 것으로 수용해야만 한다. 그것은 이 주제에 대한 성경적 교리의 전반적인 설명에 삽입되어야 한다. 그리고 성경에서 가르치고 있는 교리가 아닌 것들인 완전함, 무죄함, 선함, 그리고 용납할 만한 것들에 관하여 일반적이고 불명확한 것들이 무엇인지 설명해야 한다. 전혀 다른 결론으로 이어질 수 있는 이 부분은 개정해야만 하는 것이다.

중생한 자들의 행위들은 어쩌면 선하고 받아들여질 만한 일반적인 특성과 주도적인 요소들을 지닐 수 있다. 그러한 용어들을 사용하여 그것을 평범하게 일반적으로 그렇게 부를 수 있다. 물론 그것들은 여전히 불완전성과 오염으로부터 완전히 해방된 것은 아니다. 그러한 것들은 자격이 없다거나 절대적인 것이 아닌 완전함이나 무죄함을 말하는 것이 아니지만 포괄성이나 상대성을 지니고 있는 것은 틀림없다. 이것은 실로 하나님의 말씀이 이 주제를 가르친 전제 교리 안에서 교리적인 진술로 구성되고 조화롭게 병합될 수 있는 것이다. 이 주제에 대한 로마교회의 입장을 지지함에 있어서 성경적인 본문들 위에서 벨라민이 세운 반박의 대부분은 다 검증이 필요한 그들의 중매체가 요구되는 것이다. 논쟁에 있어서 이 문제에 대해 그들이 내세운 중재사항은 내가 이미 밝혀낸 타당한 질문의 *상태*

(*status quæstionis*)에 대한 불공정한 제안이라는 점이 놀랍다.

예를 들면, 의심의 여지없이 중생한 자의 선행에 대해서 말하고 있는 사례를 바탕으로 그런 자들은 선하고 뛰어나고 하나님을 기쁘게 해 드리는 자로서 다음과 같은 방식으로 논증하였다.[127] '만일 그것이 죽을 수밖에 없는 죄와 같은 것이라면(이것은 그가 개신교도들에 대해서 설명한 것이다. 그 다음에 다음과 같은 추론을 제시하였다), 선한 것만이 아니라 악한 것도 논의되어져야만 한다. …… 그러나 그 선행들이 상대적으로가 아니라 절대적인 측면에서 선한 것이 아니라 단지 악한 것이라고 한다면 어떻게 성경이 그 행위를 선한 것이라고 말할 수 있겠는가? 이 점에서 성령께서 실수를 하셨든지 아니면 루터나 칼빈이 오류를 저지른 것이라고 말하는 것이 절대적으로 필요한 것이다.'

우리는 이 딜레마에서 완벽하게 벗어날 수 있다. 그렇지만 우리는 성령께서 오류를 저질렀다든지 루터나 칼빈이 이 주제에 대해서 오류를 범했다는 주장을 할 필요가 전혀 없다. 문제가 되는 행위들의 일반적이고 주도적인 특징들이 선한 것이요, 하나님을 기쁘시게 하는 것들임을 인정한다. 물론 당연히 그렇게 말해야 하고 그렇다는 것이 일반적인 생각이다. 우리가 생각하는 이것은 벨라민이 예증하고 있는 성경적인 자료들 안에 모든 것이 다 내포되어 있다는 것을 보여 줄 수 있어야 한다는 것이다. 반면에 우리는 또한 이것과 온전히 일관되게 성경 안에는 성령께서 제공해 주시는 자료들이 충분히 있다고 생각한다. 즉, 그 행위들은 다 절대적인 측면에서가 아니라 단순히 악함이 포함되어 있다는 측면에서 그것을

---

127) Si opera omnia justorum essent peccata mortalia, dicenda essent potius mala, quam bona…Quomodo igitur Scriptura prædicat absolute opera bona, si non sunt bona, nisi secundum quid, sed absolute, et simpliciter mala? Omnino necesse est, ut vel Spiritus Sanctus in hac parte fallatur, vel Lutherus, et Calvinus erret.

증명하는 성경적인 사례들이 충분하다는 것이다. 벨라민은 루터나 칼빈을 전혀 근거도 없이 그들의 오류로 지적하였지만 그것은 오로지 부차적인 것이다. 간단히 말해서, 루터나 칼빈은 이 주제에 대한 성경의 모든 교리 안에서 살펴본 것이다. 그에 비해 벨라민과 로마교회는 성경의 일부에서만 취합하여 해석하고 적용하였다. 그런데 그것은 성경이 가르친 것과 모순되는 결과를 낳고 말았다. 그리고 그 모순된 가르침에 절대 복종하는 것으로 수용하고 만 것이다.

로마교회는 이 교리를 지지함에 있어서 성경으로부터 충분한 증거를 산출할 수 없었던 것이다. 이제 개신교가 내세우고 있는 성경적인 근거들을 간략하게나마 주장하고자 한다. 물론 상세하게 나열하지는 않을 것이다. 로마서 7장에서 사도 바울이 주장하고 있는 것은 현세의 욕구가 죄성을 지니고 있다는 것을 증명하는 것만이 아니라, 이미 우리가 관찰하였듯이 중생한 자의 모든 행위들에는 죄성이 섞여 있다는 것을 현세의 욕구 그 자체가 증명할 뿐 아니라, 중생한 자가 실행하는 모든 행위들에는 결함과 불완전한 죄성을 드러내고 있다는 것도 여실히 증명한 것이다. 특별히 사도의 가르침을 보라. "나의 행하는 것을 내가 알지도 못하노니 곧 원하는 이것은 행하지 아니하고 도리어 미워하는 그것을 함이라", "내 속 곧 내 육신에 선한 것이 거하지 아니하는 줄을 아노니 원함은 내게 있으나 선을 행하는 것은 없노라."[128]

우리가 지금 살펴보고 있는 주제와 관련하여 본문이 진술하고 있는 강조점은 철저하게 행하는 것 또는 완전함과 온전함에 도달하고자 하는 일함을 뜻하는 카테르가제스다이(κατεργαζεσθαι)라는 단어에 있다.

---

128) 로마서 7:15, 18.

심지어 사도 바울이 선을 행하고자 했을 때 그렇게 원하는 만큼 하나님께서 요구하시는 것에 부합하게 온전히 또는 완벽하게 수행하는 데 실패했다면, 이것은 우리에게 그의 모든 선한 행실은 여전히 죄악된 뭔가가 있다는 것이며 그 행위들에는 뭔가 죄악된 결함이 부착되어 있고 오염된 것이었다는 동일한 가르침을 우리에게 주고 있는 것이다. 동일한 결론은 다윗이 경험한 것과 관련한 가르침을 성경이 주고 있는 것에 의해서 확립된다. 그리고 하나님의 감동하심을 받은 다른 종들의 경험을 통해서도 성립된다. 물론 때때로 그들 역시 상대적으로 무죄하고 의로운 길로 행하였다고 말할 수 있는 경우들도 있었다. 또 그들의 원수들이 행하는 것과 정반대로 선하고 의로운 일을 했다고 고백하는 경우들이 있었다. 하지만 그들도 고백하기를 그 행위들에는 자랑할 만한 것이 아무것도 없다는 것을 알고 있었고 그렇게 느꼈다는 점이다. 그들이 실행한 그 어떤 선한 행실들이나 선한 일들도 하나님 보시기에 엄격한 잣대로 판단하면 주 앞에 설 자가 아무도 없음을 잘 드러내 준 것이다. 하나님의 값없이 베푸신 은혜와 자비하심이 전혀 필요 없는 상황에 놓여질 수 있는 자들이 결코 아님을 절감한 것이다. 그들 안에 하나님이 받으실 만한 뭔가가 있어서 하나님의 자비와 은총이 전혀 주어지지 않아도 된다거나 그들을 대적할 만한 것을 전혀 발견할 만한 것이 결코 없음을 알았다. 그들의 모든 선행도 다 정죄의 타당한 근거일 뿐이었던 것이다.

이 교리는 하나님의 율법이 요구하는 다양한 방식과 형태들 안에서 성경이 가르치고 있는 것에 의해서 성립되는 것이다. 심지어 거듭난 사람들에 의해서 그 율법에 실질적으로 부합하여 순종하는 일들조차도 그 교리를 입증해 준다. 이것은 다 그 교리적 입장을 제공하는 직접적이고 보편적인 증거이다. 신적 율법에 불완전한 순종은 죄요 허물이다. 하나님의 율법은 매사에 마음을 다하고 뜻을 다하고 힘을 다하고 목숨을 다하여 하나님을 사랑하라고 요구한다. 이 최고의 사랑 구현에 결함을 보이는 것이나 그 특성상 혹은 행동의 원칙과 동기로서 부족한 것은 하나님께서 요구하시는 것에 부합함이 모자라는 죄성이 존재한다는 것을 의미하는 것이다. 또는 마땅히 해야 하는 의무를 실행하지 못한 죄악된 나태함을 포함하고 있는 것이며, 심지어 거듭난 사람이 수행한 것이거나 실천하는 것이라도 그것들이 죄악된 불완전함과 오염에 더럽혀진 것이 아니라는 모든 개념을 우리들의 생각으로 제외시킬 수밖에 없는 것들임을 증명하는 것이다.

실로 하나님께서 우리에게 요구하시는 의무와 관련하여 성경적인 진술과 정확하게 일치하게 행한 모든 시대의 모든 최고의 사람들의 경험은 교만하고 뻔뻔한 개념하고는 정반대되는 증거이다. 종교적으로 대단한 능력을 소유하였다고 느끼는 자들이나 또는 하나님께서 요구하시는 성경적인 가르침들을 엄청나게 잘 수행하고 있다는 인상을 심어준 자라고 하더라도, 특히 하나님을 사랑하라는 그 최고의 의무사항을 마음 중심에 놓고 살아가는 자이며 우리의 모든 행위들의 동기와 특징적인 원리를 살펴보아도 전혀 하자가 없다고 여기는 자들이라도 하나님의 율법이 요구하시는 것들에 대해서 죄에 오염되거나 부적합한 것이 아니었다고 양심적으로 그렇게 생각할 수 있는 가능성은 거의 없는 것이다. 데이브넌트 (Davenant) 감독은 이 주제를 논의하면서 '자신의 선행에는 오염된 것이 들어 있다는 것을 전혀 느끼지 못하는 자들이 하나라도 선한 기적들을 수행할 수 있는지는 나는 전혀 알지 못한다.'[129]라고 단언했다.

---

129) Qui in bonis suis actionibus hanc peccati adhæsionem non sentit, illum ego nunquam vel unam actionem bonam edidisse sentio. Davenant, Prelect., 427.

교황주의 신학자들이 모든 인간, 심지어 중생한 자들에게는 다 죄성이 들어 있으며 그들이 행하는 모든 일들은 다 죄악된 불완전함이 내포된 것이라는 성경적인 주장에 대한 답변의 본질을 하나님의 율법의 표준과 비교하면서 밝힌 것은 이것이다. 즉, 그 행위들이 죄악된 것이라고 하는 것은 죽어 마땅한 죄가 아니라 용서할 수 있는 경미한 죄라는 것이다. 실천적으로 말해서 그것은 결코 죄는 아니라는 것이다. 이제 이것은 벨라민이 개신교도들의 가르침, 즉 중생한 자들의 선행들은 일반적으로 다 *죽어 마땅한 죄*(mortal sins)라는 입장을 왜 그렇게 표명하고 싶어 하는지 그 이유 중 하나를 설명해 준다. 물론 개신교도들은 죽을 죄와 용서받을 죄를 구분하는 것을 거부한다. 교황주의자들의 주장은 비성경적이고 매우 위험한 구분을 함으로써 매우 유해한 적용을 가하고 있음을 보여 주는 것이다.

벨라민은 만일 의인의 선행들이 개신교도들이 주장하는 것과 같이 다 죄로 더럽혀진 것이고 오염된 것이라고 한다면, 그것은 하나님의 사랑에 대한 부족함이나 결핍으로부터 발생하는 현세적 욕구라고 말했다. 또는 용서받을 수 있는 죄악들과 뒤섞여 있는 것으로부터 파생된 것이어야만 한다고 했다. 이것은 교황주의자들이 이해한 것과 같이 죽을 죄와 용서받을 수 있는 죄 사이의 구분을 개신교도들에게도 돌리고자 하는 것을 제외하면 전반적으로 옳다고 본다. 동시에 내가 이미 설명했던 것과 같이 개신교도들이 중생한 자들의 선행에 부가되어 있는 죄성은 죽을 죄에 해당하는 것으로 보지 않는 측면이 있다. 개신교도들도 행위들을 고려할 때 주로 선행에 가미되어 오염시킨 죄들은 물론 그 자체도 성경적인 가르침과 개신교 원리들로 판단해 볼 때 죄이며 그 자체가 죽을 죄의 특성을 지니고 있어서 모든 죄들이 다 받아야 할 형벌의 대상인 것은 맞지만, 그럴지라도 중생한 자들의 선행은 다른 죄악들과 비교해 볼 때 엄청 유해한 것이 될 수 없다는 것을 인정한다.

그러나 이 설명을 곁들여서 중생한 자들의 선행에 죄가 가미되어 있다는 우리의 설명에 대한 근거들과 이유들을 말하는 벨라민의 주장은 본질적으로 맞다고 인정할 수 있다. 그런데 그는 그것들을 어떻게 배치하고 있는가? 그는 매우 간단하고도 집약하는 과정을 철저하게 분석하고 적용시키는 방법으로 다음과 같이 배열하고 있다.

현세의 욕구는 죄가 아니고 단지 유약한 것이다. 하나님을 향한 우리의 사랑의 부족 부분, 즉 그가 설명하고자 선택한 문구처럼 우리가 천국에 도달할 때 우리가 해야 할 만큼 하나님을 사랑하지 않은 것은 실로 결함이 분명하다. 그러나 그것은 '실책과 죄가 아니다(defectus quidem est, sed culpa et peccatum non est).' 이러한 것들과 섞여 있는 용서받을 수 있는 가벼운 죄와 관련하여 '그 죄는 자선이나 사랑에 반대되는 것이 아니다. 그리고 율법에 반하는 죄가 아니라 율법 곁에 있는 것이다(it is not properly *against* the law but *beside* the law).'[130] 또는 좀 분명한 의미에서 보면 그것은 전적으로 죄가 아니다.

이것은 확실하게 자신들의 전통에 의하여 하나님의 말씀을 무기력하게 만드는 주장이다. 이것은 성경의 가장 명백하게 가장 중요한 가르침을 왜곡시키는 주장이다. 그렇게 하는 것은 기독교인의 겸손을 박멸하는 것이요, 인간으로 하여금 자신의 가치와 탁월성에 대해서 우쭐하게 만드는 전혀 근거가 없고 위험스러운 생각을 가지게 하는 것이다. 그리고 이것은

---

130) peccatum veniale non est contrarium caritati, nec proprie contra legem sed præter legem.

전체 구원의 복음 역사가 산출하는 명백한 흐름 및 계획과는 정반대되는 심령상태를 소중히 여기게 하는 것이다. 그리고 인간의 영혼 속에 위험으로 가득 차게 하는 것이다. 이러한 황당한 논리로 옹호되고 있는 이 교리를 반대함에 있어서 더 이상 말할 것이 하나도 없다.

그러나 죽을 죄와 용서받을 수 있는 죄 사이의 구분에 대해서 교황주의자들이 만든 광범위하게 해를 끼치고 있는 적용에 대해서 우리에게 자연스럽게 제기된 실증을 언급하고 지나가는 것이 적절하다고 본다. 벨라민은 교황제를 진전시키고자 이 구별된 견해의 중요성을 확실하게 성립하고자 자신의 여섯 권의 책 중 첫 권인 『은혜의 상실과 죄의 상태에 대하여』에서 분명하게 명시하고 있다. 실로 그것은 교황주의자들의 체제에서는 우선적으로 중요한 것으로 부각되는 것이다. 그것을 지켜 내기 위하여 수많은 성경적인 진술들을 왜곡시키거나 곡해하고 있는 것이다. 일단 증명이 되거나 추정되면 우리가 살펴본 것과 같이 수많은 다른 성경구절들의 의미를 왜곡하고 곡해하기 위한 유용한 방편이 즉각적으로 준비되어 도입된다.

그 일의 직접적이고 즉각적이며 가장 타당한 적용은 사람들로 하여금 하나님을 공격하는 것이어서 회개하지 않으면 영혼이 파멸될 수밖에 없는 죄악이라고 하나님의 말씀이 가르쳐 주는 많은 것들을 대수롭지 않은 것들로 간주하게 하며 실제적으로는 죄가 되는 것이 아니라는 생각을 가지게 하는 것이다. 이런 개념은 인간의 도덕적 책임감을 죽이는 것이다. 그리고 자신들의 구원에 대해서 하찮게 여기게 만든다. 구원을 확실하게 보장해 주는 은혜의 방편들을 소홀히 취급하게 한다. 또 실천적으로 보면 결과는 같은 것으로서 그것은 '죄는 오직 그리스도의 피로서만 씻겨질 수 있고 오직 믿음과 회개를 통해서만 용서받는다.'고 믿어야 하는 이 성경적인 원리를 내버리게 만드는 것이다. 도리어 사람들로 하여금 개인적이거나 인간적인 다른 만족되는 것으로 말미암는 외형적인 의전에 참여하는 것이 속량함을 받는 것으로 믿게 하는 것이다. 그리고 사제들의 사죄 선언과 중재로 가능한 것같이 말하는 것이다.

그러한 방식으로 타락한 이 교리는 사람들을 교황주의 제도 교회로 끌어들이거나 떠나지 못하게 붙잡아 두려고 미혹하는 강력한 흡인력을 지니고 있는 것이다. 이것은 인간의 본성과 행실에 작용하는 교황주의제도에 의해서 부패한 영향들 안으로 빨려 들어가게 한다. 그리고 그들을 안전하게 포장함으로 말미암아 그런 일을 계획한 진짜 저자(마귀, 역자 주)의 의도대로 이루어 간다. 그리하여 사람들의 영혼을 파멸케 하는 것이다.

이러한 구분의 방편을 통해 성경 안에서 가장 직접적으로 지적하며 경고하고 있는 것들을 중립화하거나 약화시켜 버린다. 확신의 화살을 방어하기 위하여 하나의 방패가 제공되는 것이다. 그리고 하나님의 말씀의 여러 곳에서 말씀하는 참된 의미를 인간의 생각으로부터 숨기기 위하여 먹구름을 끼워 넣는 것이다. 하나님의 말씀은 죄인들의 구원을 위한 참된 길을 직접적으로 열어 주는 매우 중요하고 올바른 적용을 담아내고 있는 것인데, 이 말씀이 말하는 것을 보지 못하게 만든다. 인간의 본성은 죄성을 지니고 있어서 불완전하고 오염된 것이므로 중생한 자들의 선행일지라도 다 형벌을 피할 수 없는 것에 불과하다는 개혁자들의 교리는 옳은 것이다. 그들의 가르침은 교황주의자들의 공적과 과분한 적선(積善) 개념을 뒤집은 것이다. 중생한 자들의 모든 행위들이 다 증명하고 있듯이 인간은 은총을 얻어 낼 만한 그 어떤 것도 수행할 수 없음을 증명한다. 그리스도를 위하여 하나님에게 하는 것이 무엇이든지, 그리고 그리스도와 연합하여 선행을 하는 자들의 수고를 하나님께서 기쁘게 받으시며 용납하신다고 해도 그 행위들 자체만 보아도 그리고 하나님의 율법에 비추어 보고, 실제적으로 행동한 것을 따라 반추해 보면, 그들의 행위들은 다 형벌을 피할 수 없는 것이요 상을 전혀 기대할 수 없는 것들임을 알 수 있다.[131]

나는 생각보다 이 주제에 대해서 많이 다루었다. 이 주제가 종교개혁자들의 신학에 있어서 실질적으로 매우 중대한 위치를 차지하고 있기 때문이다. 또한 내가 설명해 온 요점들에 대한 개혁주의 교리는 특별히 로마교도들의 교리를 공격하는 것이기 때문이다. 로마교회가 소중하게 여기고 있고 대체로 교황제 체계를 뒷받침하는 인간의 능력과 공로사상에 대한 모든 개념의 근본 뿌리를 내리치는 것이기 때문이다. 하나님의 말씀이 우리에게 가르쳐 주고 있는 것처럼 만일 그것이 사실이라면 하나님의 의롭게 하시며 회개케 하시는 은혜를 수용하여 복종하는 자가 되기 이전에, 의롭다 함을 받지 않고 거듭나지도 않은 자들의 모든 행동들은 오로지 전적으로 죄악된 것이다. 그 자체에는 어떤 선함도 존재하지 않는다.

또한 심지어 의롭다함을 받았고 거듭난 사람이라 할지라도 실질적으로 일반적이고 주도적인 면들을 살펴볼 때 참 착한 것들이라고 하더라도 그 모든 행위들은 죄악된 것으로 더렵혀지고 오염된 것들이다. 만일 이 모든 것이 다 사실이라면, 교황주의자들이 먼저 칭의라고 하는 것과 관련해 보면 전혀 *적합한 공로*(meritum de congruo)가 될 수 없거나 두 번째 칭의라고 말하는 *대체할 수 있는 공로*(meritum de condigno)도 아니다. 인간이 죄책과 파멸로부터 건짐을 받아 천국에서 복락을 누리기 위해 준비하는 인생 여정의 매 단계에서 개개인의 삶은 하나님 자신에 의해서 다뤄지고 취급되어지거나 또한 그들 자신들이나 다른 이들의 시각으로 비추어 보면

---

131) 칼빈이 쓴 『선택의 자유(De libero arbitrio)』에서 이 주제를 다룬 루터의 매우 훌륭한 강론과 옹호하는 내용이 있다(이것은 위에서 언급한 데이브넌트 감독으로부터 인용된 것과 일치하는 것이다).

인간은 값없이 베푸시는 하나님의 은총과 친절하심을 받을 자격이 전혀 없는 존재인 것이다. 즉, 하나님의 자비와 은총을 받을 만한 자들이 전혀 아니다.

복음 구원의 방도에 대하여 그리고 신학에 대한 성경적인 계획에 대한 정확한 개념을 세우려면 반드시 이 원리들을 적용해야 한다. 동시에 결론에서 우리가 결코 빼먹어서는 안 될 것은 그 모든 것이 다 매우 중요하고 명백한 개인적인 일이요 실천적인 일임을 강조하는 것이다. 이 위대한 원리들을 제대로 이해하고 확실하게 깨닫게 되면 자신들의 의를 세우고자 자신들을 잘 준비하여 그리스도 안에서 하나님의 은혜를 받기에 적합하거나 타당한 존재가 되도록 헛되이 수고하게 하는 모든 것들을 다 끝내 버려야 한다. 대신에 곧장 값없이 제공되는 복음의 자비와 은혜에 붙잡혀야 한다. 성경적인 측면에서 믿음으로 말미암아 그리스도에게 연합된 모든 자들에게 그리스도의 은혜가 부어짐을 통해서 자신의 구원을 이루어 가고자 하는 사람들과 관련하여 보면 그들은 "두렵고 떨림으로" 그 일을 수행해 가고 있다. 그 사안의 중대성 때문에 사력을 다하는 것이다. 그리고 그 일을 마음 깊은 곳에서 겸손하게 수행하고자 하며, 하나님의 성령의 공급해 주심에 전적으로 의존하여 나아가는 것이다.

제20장

자유의지론

제20장

자유의지론

트렌트 교회회의 제6차 회기의 첫 세 가지 법령들은 불필요하게도 모두 다 펠라기안들을 대적하는 것들이었다. 그리고 그 내용들은 본질적으로 펠라기우스와 세미펠라기우스의 오류를 정죄한 6세기 오렌지(Orange) 교회회의의 법령들과 유사한 16세기 것이었다. 그 안에는 종교개혁자들이 반대한 것들은 하나도 없다. 칼빈이 그의 『해독제(Antidote)』라는 글에서 그것들에 대해서 언급한 유일한 것은 그 법령들에 대한 반응으로 아멘이라고 한 것이 전부이다. 트렌트 교회회의 법령들에서 독차지하고 있는 것과 관련해서 볼 때 세미펠라기우스 법령들은 신학의 역사가 종종 드러내고 있는 하나의 사례를 제공한다. 즉, 그것은 이 주제들에 대한 성경적인 교리로서 인간의 본성적인 결함과 무기력함과 관련하여 성경에서 말씀하고 있는 명백한 교훈에 이끌림을 받으며, 칼빈주의자들만의 전유물은 아니지만 대체로 칼빈주의자들이 선호하는 모든 거룩함과 인간이 얻을 수 있는 모든 행복의 출처로서의 하나님의 은혜의 필요성에 강렬하게 이끌림을 받는 사람들의 주장이다.

이 주장이 제대로만 전달된다면 그 교리들과 관련된 것들은 대체로 건전한 견해들을 낳게 될 것이다. 그러나 잘못된 개념으로 설명을 시도하거나 강요된 것들은 그 개념들로부터 파생한 것들까지 다 진짜 모순덩어리로 만들게 되고 만다. 이것은 지난 세기에 저술된 많은 책들에서 여실히 드러났다. 심지어 현재 영국 성공회의 신학자들 중 한 사람에게서도 발견되고 있다. 칼빈주의라는 이름하에 복음의 근본적인 교리들을 대적하는 개념이 그대로 노출되어 있는 것이다. 예를 들면, 감독 톰라인(Tomline)의 『칼빈주의 논박(Refutation of Calvinism)』이 그러하다.

성경적인 용어의 분명한 의미를 존중하는 사람들 중 대부분은 인간 본성의 무력함에 대해서 언급하였다. 칼빈주의자들은 이 주제들에 대해서 주장하는 모든 것들을 공정하고 정직한 의미들 안에서 신적 은혜의 필요성에 대해 기술한 것이다. 한편, 그 개념들이 정말 옳다면 그들이 용인하지 말아야 할 입장들을 고수하면서 신적 은혜의 필요성을 제기한 것이다. 칼빈주의에 반하는 글들을 쓴 감독주의자들의 책들은 언제나 펠라기우스 입장이다. 그 책들은 엄밀하게 말해서 트렌트 교회회의의 칙령들보다 더 복음에 대한 근본적인 교리들을 대적하는 것들이다. 트렌트 칙령들의 첫 세 개 법령들은 그리스도를 통한 신적 은혜가 없이는 인간 자신들의 노력에 의해서 의롭다함을 받을 수 없음을 명시하고 있다. 그리스도로 말미암는 하나님의 은혜는 필요하며 그 은혜는 은혜 없이 할 수 있는 착한 일들보다 사람으로 하여금 훨씬 더 착한 행실을 잘 하게 할 뿐 아니라 전적으로 착한 일을 하게 한다고 명시하고 있다. 성령의 감동하심과 도우심이 없이는 인간이 믿는다거나 소망하거나 사랑하거나 혹은 회개한다는 것은 불가능하다. 인간에게 부여되는 칭의의 은혜를 얻기 위해서는 반드시 성령의 도우심이 필요한 것이다.

이미 우리가 살펴본 것과 같이 원죄에 대하여 그들의 앞선 회의에서 제기한 교리들과 잘 접목된 이 교리가 제대로 이해되고 적용되었다면 인간의 능력과 인간의 공적에 대한 모든 개념을 뒤집기에 충분한 것으로 보인다. 그러나 우리가 여러 사례를 통해 이미 살펴본 것처럼 그들은 이 보편적인 진리들을 너무나 부패시켰고 왜곡해 버렸다. 모호한 표현으로 두루뭉술하게 처리함으로써 그렇게 하였다. 보다 제한적이고 한정적인 표현을 사용하여 성경이 제시하는 죄인들의 구원 방법과는 정반대되는 흐름으로 나타나 버린 것이다. 그와 유사한 방식은 칭의에 대해서 제기한 세미펠라기우스 입장을 자유의지에 대한 두 개의 이론으로 이어지게 한 설명에서도 찾을 수 있다. 즉, 선행과 공로에 의해서 의롭다함을 받는다고 설명하는 것과 인간 스스로의 능력과 황량함에 대해서 부분적으로 기술함으로써 죄인들의 구원을 위해서 전적으로 하나님의 은혜가 필요한 것이 아니라는 논리를 편 것이다.

자유의지라는 이 주제는 원죄와 신적 은혜 사이의 연결고리 문제이다. 타락하게 한 죄와 타락에 의한 인간의 본성적인 상태와 은총 및 거룩함과 행복함으로 나아가게 하는 방식 사이의 문제인 것이다. 아마 이 주제만큼 인간으로 하여금 고민하게 하고 많은 시간을 들여 생각하게 하는 것은 없을 것이다. 나는 이 복잡하고 얽히고설킨 주제에 대해서 일반적인 논의를 제기하지는 않을 것이다. 그러나 나는 이 주제에 대해서 종교개혁자들이 견지한 입장을 설명하고자 노력할 것이다. 로마가톨릭과 알미니안들이 가르쳤던 내용과 대조해 봄으로써 개신교 교회들이 믿고 있는 신앙고백서들 안에 구체적으로 기술된 견해들을 설명하고자 한다.

종교개혁 당시에 이 주제를 다루는 방식에 있어서 우리가 주목해야 하는 한 가지 일반적인 내용이 있다. 예를 들면, 개혁자들은 이 주제와 관련하여 형이상학적으로 질문하지 않았고 다만 신학적으로 질문하였다. 심지어 신학적인 측면과 관련하여서도 개혁자들은 그 문제에 대한 다른 견해에 전혀 눈길을 주지 않았다. 타락한 사람에 대하여 하나님의 말씀이 뭐라고 하는지에 대한 설명에 전념하였다. 그들의 주된 관심은 타락한 인간이 하나님의 은혜와 형상으로 회복되는 실제적인 과정에 있었다.

이러한 측면에서 개혁자들은 본 주제가 성경이 말하는 교리임을 만장일치로 주장하였다. 인간의 의지는 타락으로 말미암아 모든 영적인 것들을 볼 수 없는 장님과도 같다. 타락한 인간은 하나님의 은혜가 작동하기 전에는 악을 행할 수 있는 자유를 가지고 있지만 진짜 선한 무엇을 할 수 있는 의지의 자유는 없다. 또 자신을 죄로부터 돌이키거나 하나님의 은혜를 받을 수 있는 일을 위하여 스스로를 잘 준비할 수 있는 의지의 자유도 없다. 이것이 모든 종교개혁자들의 교리이다. 그 교리는 개혁파 교회 신앙고백서들 안에 다 기술되어 있다. 특히 우리의 신조인 웨스트민스터 신앙고백서 안에 온전히 잘 설명되어 있다. 이것만이 개혁자들과 개혁파 신앙고백서들이 의미하는 것이다. 즉, 성경적 근거들 위에서 개혁자들은 거듭나지 않은 인간의 자유의지는 전적으로 죄의 노예가 되어 있기 때문에 영적으로 선한 것과 관련하여 선을 행할 수 있는 의지의 자유는 없다는 것이다.

형이상학적이고 신학적으로 다루어야 하는 다른 주제들은 이 질문을 논의하는 과정에서 제기될 수 있을 것이다. 그리고 형이상학적인 입장이든 신학적인 입장이든 주장하는 근거들을 분명히 제시할 것이다. 그러나 정말 문제가 되는 것은 타락하여 거듭나지 않은 인간이 앞에서 *설명하였던 의미*나 *결과와* 같이 의지의 자유 혹은 자유의지를 일말이라도 가지고 있느냐 없느냐라는 것이다. 개혁자들은 이 질문에 대해 성경을 기반으로 하여 부정적인 견해를 주장하였고 증명하고자 했다. 그것을 하나님의 계시된 진리의 한 부분으로 주장하였다. 가치가 없다고 생각하지 않았지만 그들의 교리가 인간의 정신적 구성요소와 정신적인 진행과정에 대해서 심리학적으로 혹은 형이상학적인 연구를 곁들여서 그것을 바탕으로 주장한 것이 아니었다. 그들은 성경적 증거를 가진 이 한 가지 견해에 전적으로 만족하였다. 즉, 죄인이 구원받는 전반적인 과정과 관련하여 성경으로부터 증명한 결과들을 위한 논쟁에서 적절히 제시하게 될 근거를 충분히 만들어 낼 수 있다고 생각하였다. 간단히 말해서, 복음의 모든 특별한 교리들을 제대로 강론할 수 있는 근거는 성경으로 충분하다고 믿었다.

영적인 선함과 관련하여 타락한 인간의 자유의지가 다 속박되어 있다는 이 교리를 개혁자들은 인간 본성이 전적으로 완전하게 타락하였다는 성경적인 교리 안에 포함되어 있거나 성경으로부터 충분히 추론할 수 있는 것으로 간주하였다. 또한 그들은 그 자체가 독특하고 적절한 성경적인 증거를 가지고 있다고 가르쳤다. 트렌트 교회회의가 타락한 인간 안에 하나님의 형상이 상실되었고, 본성의 부패 및 타락함은 전적인 것은 아니고 부분적인 것일 뿐이라고 대담하게 주장하지는 않았을지라도 인간 본성의 전적인 타락은 부정한 것이 되었다. 인간 본성의 전적 타락을 부정하는 트렌트 교회회의가 제정한 한 가지 적용점은 중생하지 못한 자들의 행실의 도덕적 특성에 관한 결정에서 그 행실들이 전적으로 죄악된 것이라는 사실을 부정해 버린 것이다.

어쨌든 그들이 만들고자 한 주된 활용과 적용, 그리고 그들이 실제로 만든 것은 개혁자들의 견해와는 정반대되는 입장을 위한 토대가 된 것이었다. 다시 말해, 타락한 사람은 영적으로 선한 것과 관련하여 여전히 선을 행할 수 있는, 즉 하나님의 뜻을 행하는 본성적인 능력을 가진 자유의지가 있다는 것이다. 따라서 인간 자신의 구원에 영향을 미치는 실질적인 기여 혹은 호의적인 면을 발휘할 수 있게 된다는 것이다. 로마가톨릭교회는 세례에서 효과적으로 제공해 준 이래 인간 본성의 타락을 더 강력하게 명시적으로 주장하기를 마다하지 않았다. 그럼에도 자유의지라는 우상을 내세우기 위해서 혹은 타락한 사람도 여전히 영적으로 선한 일을 행할 수 있는 본능적인 능력을 가지고 있다는 주장을 지키고자 인간이 전적으로 타락하였다는 것을 부정해야 할 필요성을 세례식에서 강조한 것이다. 즉, 세례 때에 타락한 죄성이 완전히 제거되었다고 한 것이다. 따라서 트렌트 교회회의는 타락한 인간이 몇 가지 자유 혹은 자유의지를 여전히 보유하고 있다고 의도적으로 주장한 것이다. 그러나 원죄에 대한 결정문을 작성할 때 추구한 정책에 따르면, 종교개혁자들의 이론과는 반대되는 것이라고 말하는 것을 빼고는 그들의 이론이 구체적으로 무엇인지에 대해서 쉽게 설명하기가 매우 의심스럽고 만족스럽지 못한 토대 위에 있음을 알 수 있다. 트렌트 교회회의는 아담의 타락 이후 인간의 자유의지가 상실되었다거나 소멸되었다고 주장하는 자들을 정죄해 버렸다.

루터가 명명한 것처럼 *자유의지*(liberum arbitrium)는 실체가 존재하지 않는 단지 이름뿐이거나 칭호에 불과한 것이다. 또 그것은 사단이 교회에 심은 허구였으며 타락한 인간에 있는 자유의지는 '비록 찢겨지거나 구부러진 것이라 할지라도 다 소멸되었음'을 뜻한다고 주장했던 것이다.[132]

이제 자유의지라는 주제에 관하여 스콜라주의 학자들 사이에서만이 아니라 트렌트 교회회의 이전에 종교개혁자들과 로마교도들 사이에 취해진 논쟁을 생각해 보자. 정도의 차이는 있겠지만 자유의지라는 표현에 첨부될 수 있거나 첨부되기도 한 것이었다. 그리고 그것과 반대될 수 있는 속박이나 그 불가피성의 유형이나 정도(이것은 칼빈이 1543년에 트렌트 교회회의에 참석한 피기우스(Pighius)에게 답한 것을 출판한 속박으로부터 인간의 *자유와*

---

132) Session vi., c. I. 'minime extinctum esse, viribus licet attenuatum et inclinatum.'

해방(De servitute et liberatione humani arbitrii)이라는 중요한 논문에서 아주 잘 설명된 것이었다)를 고려한다면 자유의지에 대한 표현 자체는 매우 모호하고 평범한 결정이었다. 그런데 이것을 자유의지에 대해서 직접적으로 명백하게 결정한 것이라고 말하기는 어렵다.

종교개혁자들은 타락한 인간이 여전히 정신적인 기능으로서 하고자 하는 의지력을 보유하고 있음을 부인하지 않았다. 의지력(the power of volition)은 인간이 지음을 받았을 때 주어진 정신적 본질의 일반적인 구조나 형태로서 모든 본질적인 본능으로 남아 있는 것이다. 그들은 하나의 정신적 기능으로서 혹은 의지력의 실천으로서 의지적 활동은 *어떤 측면에서 보면 분명히 자유를 함축하고 있음*을 인정했다. 예를 들면, 강요나 강제적인 억압에 예속되지 않고 흔히 자발적인 행동(spontaneity) 혹은 하고 싶은 대로 한 행동(freedom)이라고 부르는 자유가 함축되어 있다는 것이다. 이것이 우리의 신앙고백서에서 다음과 같이 기술하고 있는 자유의지에 대한 근본적인 입장을 맨 처음 표현한 그 진리의 핵심이다. 이는 '하나님은 사람의 의지에 선천적 자유를 부여해 주셨다. 그 의지는 선이나 악을 행하도록 강요된다든지 또는 어떤 절대적인 필요에 의해 결정되는 것이 아니다.'[133]라는 것이다.

이것은 타락 *이전*만이 아니라 그 *이후*에도 인간이 처해 있는 모든 상황들에서 인간의 의지에 보편적으로 적용되는 위대한 일반적인 진리를 담아내고 있는 문구이다. 이 문구가 인간에 대해서 선언하는 것은 인간이 의지력을 소유함에 있어서 실질적으로 함축된 것보다 더한 무엇이 있다면 선택할 수 있는 본성적인 역량 그리고 외압에 의해서 훼손당한 행함

---

133) 웨스트민스터 신앙고백서 9장 1항.

이 함축되어 있음을 일반적으로 묘사한 것이다. 의지력을 포함한 인간의 정신적인 구조나 틀은 타락에 의해서 영향을 받지 않은 상태로 남아 있는 것이다. 이 의지력은 *이성적인 존재로서* 인간에게 계속적으로 속해 있다. 또 이성적인 모든 활동과 연계된 것들을 수행함도 계속되는 것이다.[134]

타락에 의하여 인간은 나무가 된다거나 돌멩이가 되는 것이 아니다. 그렇다고 비이성적인 동물이 되는 것도 아니다. 인간은 본래 정신적인 구조의 한 부분으로서 이성적인 의지력을 보유하고 있다. 인간이 소유했고 지금도 소유하고 있어서 선택의 자유를 본성적으로 사용할 수 있는 것이다. 인간이 타락의 결과로 인하여 의지력의 사용에서 외압이나 어떤 강압에 복속되는 것이 아니다. 다시 말하면, 외부적인 요인에 의해서 영향을 받아 의지에 반하는 일을 할 수밖에 없는 존재가 아니다. 자기 자신의 실제적인 선택으로부터 자신이 선을 할 것인지 악을 행할 것인지 선택의 오류가 없이 스스로 결정할 수 있는 것이다.

그렇다면 하나님께서 인간의 의지를 부여해 주신 것과 관련된 본성적인 자유에 있어서 신앙고백서가 언급하고 있는 것은 두 가지 요소이다. 하나는 심지어 타락한 후에도 보유하고 있는 본성적인 의지력의 구성요소에는 실질적으로 아무것도 없다는 것이다. 다른 하나는 선과 악을 행할 수 있는 본인의 선택에는 어떤 외압도 없다는 것이다. 오로지 본인의 자유로운 선택에 의해서 선을 하거나 악을 행한다는 것이다. 만일 이것이 실제로 사실이라면 타락하여 거듭나지 않은 인간은 의지라는 측면에서

---

134) 튜레틴은 본성적 자유를 언급하면서 그가 표현한 대로 '선택의 능력'에 대해 이렇게 말하고 있다. per quam homo facit quod lubet prævio rationis judicio. '사람이 어떻게 이성적인 판단을 하는가?'에 대해서 튜레틴은 이렇게 말하고 있다. '먼저 자신의 기뻐하는 생각대로 인간이 행동하는 이성적인 자발성…… 그것은 인간의 모든 상태에 드러나는 이성적 기능의 부속물로서 분리할 수 없는 것이다. 그렇지 않으면 인간은 이성적인 존재일 수 없다. 또 이성을 빼앗김이 없이는 자유 역시 박탈될 수 없는 것이다.'(Loc. x. Qu. iii. 735-6.)

볼 때 언제나 악을 선택하여 행한다는 것이다. 선은 결코 택할 수 없다. 그 원인은 선과 악을 선택할 수 있는 의지력의 본성적인 무능함에 기인하는 것이 아니기 때문이다. 그렇다고 그 어떤 외압에 의한 것으로 추정할 수 있는 것도 아니다. 왜냐하면 그것은 하나님께서 본래 인간에게 주신 의지와 함께 있는 자유와 그리고 여전히 보유하고 있고 남아 있어야 하는 자유와는 서로 모순되는 것이기 때문이다. 그렇기 때문에 다른 근원을 찾아내야만 한다. 종교개혁자들도 이 모든 것들을 다 인정하였다. 이런 측면에서 비록 종교개혁자들이 자유의지론을 반대한 것은 아니었지만, 그 문구는 성경적이지 않고 매우 위험스러운 방식으로 흔하게 사용되어 왔다. 이에 개혁자들이 일반적으로 생각한 것은 그렇게 표현하는 것을 전부 그만두고자 한 것이었다. 또는 자유의지를 전면적으로 부정하는 것이었다. 자유의지는 타락의 결과로 혹은 타락한 것 때문에 속박되거나 예속되어 버린 것이라고 주장하였다.[135]

---

135) 역자 주) 칼빈은 우리의 신앙고백서와 일치되는 내용을 인정하였다. '강압이나 강요에 의한 불가피성으로부터 나오는 자유는 본성에 의해서 인간 속에 본래부터 타고나는 것이다. 그렇기에 인간에게서부터 제거할 수 없는 것이다.' 그러나 명성이나 사소한 것들에 관하여 트집 잡거나 싸우는 것과 같이 모든 것보다 온건하고 우월한 기능을 지닌 자유에 대한 용어 사용에 관하여 칼빈은 다음과 같이 묘사하고 있다. '혹시 누구라도 이 용어에다 악한 의미를 붙이지 않고 그것을 순전하게 사용할 수 있다면 나는 굳이 그것을 문제 삼고 싶지 않다. 그러나 이 용어를 계속 사용하게 되면 크나큰 위험이 따르게 되므로 오히려 그것을 폐기하는 것이 교회를 위하여 큰 유익이 되리라고 본다. 나 자신은 이 용어를 사용하지 않을 것이며 혹 다른 사람이 나의 조언을 구한다면 그들에게도 역시 쓰지 말라고 하고 싶다.'(『기독교강요』 2권 2장 8항, 원광연 역, 크리스천 다이제스트사, 상권, 323). 의지의 자유로운 선택(De libero arbitrio Tractatus) 215-16을 보라. 이 책은 어거스틴이 쓴 논제이다.
내 입장에서 내 기관이 입증하는 것은 움직이도록 긴장을 일으키는 말들뿐인 미신적인 것이 아니라고 선언하는 것이다. 즉, 겉으로만 들려지는 이해는 동일한 것이다. 만일 강압적인 것이 자유로운 선택과 반대되는 것이라면 그렇지 않다고 여기는 자들이 누구든지 간에 그것은 이단적인 것이라고 나는 분명하게 선언할 수 있다. 만일 당신이 자유의 감정이라고 말한다면 이것이 외부의 압력이나 어떤 힘에 의해서 강요되는 것이 아니고 오직 자신의 의지에 따라서 행하는 것이기 때문에 그런 용어가 들리거나 읽게 될 때 일반적으로 전적으로 다른 개념이 되므로 나는 그런 용어 사용을 좋아하지 않는 것이다. 인간은 자유의지를 가지고 있기에 인간이 악을 행하

나는 여기에서 이 주제에 대해서 더 깊이 다루고 싶지는 않지만 정통 개신교 신학자들이 붙들고 있는 자발성인 이 자유는 어쩔 수 없는 강요나 강압에 의해서 발생하는 불가피성으로부터 자유이든 의지력의 본성적인 구조와 본래 타고난 역량으로부터 발생한 것이든, 혹은 외압에 의한 적용으로부터의 자유이든 상관없이 본인의 의지에 영향을 미치는 것과 함께 자신의 행동에 대해서 인간은 책임을 져야 하는 자발성에 대해서 주시하는 것이다. 사실 이 주제는 막강한 난제에 속한 것이지만, 적어도 증명이 되어서 안심하고 주장하는 부분은 그 자발성이 책임을 묻는 근거가 되는 것 이상의 무엇은 꺼낼 수 없다는 것이다. 인간이 저지른 악에 대하여 책임을 물을 수 있는 것이 *아니라*고 단정하게 하는 그 어떤 증거도 없는 것이다.

그러나 트렌트 교회회의가 결정한 것에는 또 다른 측면이 있다. 즉, 자유의지는 비록 취약하긴 하지만 타락한 사람에게서 소멸된 것이 아니라

는 것이 있다면 그것은 인간이 자발적으로 선택한 것에 의한 것이다. 여기에는 자유의지의 본성에 반하는 것이기 때문에 압박이 속히 제거된다. 그러나 우리는 이것이 자유라는 것을 부정한다. 왜냐하면 자유의지는 본성적으로 악한 것을 생각할 수밖에 없는 불가피성 때문에 인간은 오로지 악만을 욕구할 뿐인 것이다. 어거스틴의 *의지의 자유로운 선택*, 215-16— 229, Ed Geneva 1576.

Ego vero, quantum ad vocem pertinet, adhue profiteor, quod im mea Institutione testatus sum, non adeo me superstitiosum esse in verbis, ut ejus causa velim contentionem aliquam movere: modo rei intelligentia sana maneat. Si coactioni opponitur liberatas, liberum esse arbitrium, et facteor, et constanter assevero: ac pro hæretico habeo, quisquis secus sentiat. Si hoc, inquam, sensu liberum vocetur, quia non cogatur, aut violenter trahatur externo motu, sed sponte agatursua, nihil moror. sed cum aliud prorsus vulgo concipiant, dum hoc epitheton hominis voluntati attributum, vel audiunt, vel legunt, hæc causa est cur mihi displiceat. Homini arbitricum concedimus, idque spontaneum, ut si quid mali facit, sibi ac voluntariæ suæ electioni imputare debeat. Coactionem et violentiam tollimus, quia pugnet cum natura voluntatis, nec simul consistat. liberum autem negamus, quia propter ingenitam homini pravitatem ad malum necessario feratur, nec nisi malum appetere queat.(라틴어를 이해하는 독자를 돕기 위해 두 번째 문단의 글에 대한 원문을 옮겼는데 번역상 정확하지 않은 부분은 역자에게 알려 주기를 바란다.)

고 결정한 부분은 모호하고 만족스럽지 못한 결정이라고 비난을 살 수밖에 없는 것이다. 이것은 우리에게 개신교도들과 로마교회 사이에 발생한 논쟁의 주된 주제로 접근하게 한다. 비록 루터와 멜랑흐톤은 의지의 속박을 주장하는 데 있어서 좀 강하고 성급한 진술을 하였고, 모든 측면에서 인간의 행동의 필요성과 어떤 측면에서든 인간이 본래 가졌던 의지의 자유를 부정하는 것처럼 보이는 것 같지만, 이 일은 트렌트 교회회의가 열리기 훨씬 이전에 주장했던 것으로 수정된 것이었다. 그렇지만 루터와 멜랑흐톤의 주장은 매우 심오한 정확도가 있었다.

실로 루터파 교회의 교리를 가장 공식적으로 엄숙하게 담아낸 아우구스브루크 신앙고백서에서 그들은 이렇게 표현하였다.

> 의지에 관하여, 인간은 사회정의를 선택할 자유를 가지고 있고 이성에 복종케 하는 자유를 가지고 있다, 그러나 성령의 의로운 역사하심이 없이는 의를 결코 행할 수 없다. 그것은 불가능한 것이다.[136]

개혁자들도 이 개념에 동의하며 일반적으로 다음과 같이 언급하였다. 즉, 영적인 일에 관해서는 불가능하지만 인간의 자유의지는 외형적으로 사회적이고 도덕적인 특성을 드러내는 능력이나 자유를 지니고 있다고 한 것이다. 영적인 일은 직접적으로 하나님께 관련되거나 자신의 구원 문제와 관련된 뭔가를 할 수 있는 것들인데, 이것은 자유의지가 할 수 없는 일이다. 인간의 의지는 하나님의 율법과 관련하여 그 모든 요구 사항을 성취할 수 없다. 그 자유와 불가피성에는 또 다른 일반적인 빛이 비춰져

---

136) Augsburg Confession, 18조.

야만 한다. 만일 트렌트 교회회의가 자유의지론에 대한 개혁자들의 교리들을 명확하게 정죄하고자 했다면, 그들은 특별히 루터파 개혁자들의 입장인 이 구분에 대해서 언급을 했어야 했다. 그들의 입장을 형성함에 있어서 염두에 둔 것은 루터파들의 견해였기 때문이다. 그러나 동시에 그 구별은 신학적 입장에서 보면 그렇게 중요한 것은 아니다. 사회적이고 도덕적인 것들과 관련하여 인간이 가지고 있는 의지력이나 의지의 자유의 문제를 고려할 때[137] 그 주제에 대해서 성경이 가르치고 있는 간추린 내용에서 그 구별이 무엇인지 굳이 결정할 필요성을 느끼지 못하는 것이기 때문이다.

칼빈은 이 구별과 관련하여 그것이 참되고 사실일지라도 신학적인 측면에서 중요성을 별로 느끼지 못하였다. 루터가 한 것처럼 그 역시 인간은 지적이며 도덕적이고 사회적인 것들과 관련하여 의지의 자유를 지니고 있다는 입장을 견지했다. 그러나 인간은 영적인 것들에 관해서는 의지력을 가지고 있지 못하다. 실제로 칼빈은 특별히 인간의 무능과 무기력함 및 자신의 영혼 구원을 얻기 위해서 철저하게 무능한 상태에 있는 것과는 정반대로 이 부분에서 인간이 할 수 있는 것이 무엇인지 아주 놀랍게 진술하고 있다.[138] 성경은 인간의 본성적인 의지력이 결정하고 실천하는 원인들이나 원리들이 무엇인지에 관하여 특별히 우리에게 설명해 주고 있는 것은 없다. 그것은 인간 자신을 점검함으로 규명되어져야만 한다. 인간 자신의 정신적인 구성요소와 일상적인 정신적 과정을 검토하면서 알아보아야 할 문제인 것이다. 그것은 철학적인 문제이지 신학적 과제가 아니기 때문이다. 인간이 철학적인 근거에 의해서 성경이 가르치고 있는 것

---

137) 칼빈의 『의지의 선택에 관하여』, 199.
138) 『기독교 강요』, Lib. ii., c. ii.

을 부정하지 않는 한, 본성적이고 타당한 증거를 가지고서 스스로 결정할 자유가 있음을 성경은 우리에게 가르쳐 준다. 즉, 하나님은 미리 내다 보시며 무엇이 일어나게 될지를 미리 정하셨다는 이 성경적인 명백한 가르침을 부정하지 않는 한, 인간 스스로의 일상적인 활동을 통해서 규명해야 한다. 하나님은 가장 지혜롭고 거룩하며 가장 능력 있는 섭리하심으로 모든 피조물들과 그들의 행동들을 관장하시고 자신의 계명을 수행하게 하시는 하나님이심을 부인하지 않는다면 말이다. 또는 우리의 신앙고백서가 말하는 대로 '타락한 인간은 구원에 이르게 되는 영적으로 선한 것들을 행할 의지의 모든 능력은 다 상실된 것임을' 부인하지 않는다면 철학적 논거를 가지고 인간의 행동 원인이나 원리들을 규명할 자유가 있다.

나는 인간의 정신적인 구성요소와 정신적 과정을 잘 점검하여 철학적 논거 위에서 철학자들이 유추한 인간 의지의 자유나 속박 문제를 다룬 특별한 이론이나 교훈이 있는지는 전혀 알지 못한다. 그 자체가 증명될 수 있다거나 그 결과로서 하나님 말씀에서 우리에게 가르치고 있는 것과 반대되기 때문에 성경적이고 신학적인 논거들을 거부해야 하는 어떤 이론이나 무언가가 발견되었는지 정말 알지 못한다.[139] 그러나 비록 트렌트 교회회의가 타락한 인간에게 부여하고 있는 자유의지가 무엇을 의미하는지 공식적으로 명확한 정의를 내리고 있지 못할지라도 타락에 의해서 좀 취약해진 것이지 완전히 파괴된 것이 아니라는 것이 무엇을 뜻하는지 정확하게 규정해 주지 않는 한, 자유의지의 특징과 작동의 근거 혹은 영역과 관련된 근거들을 전혀 제시하지 못하고 있기 때문에 그들의 주장을 수용할 수 없는 것이다. 이런 방식으로 어쩌면 로마교 안에 남아 있는 잔센

---

139) 커닝함의 종교개혁자들과 종교개혁 신학 471쪽을 보라.

파들과 같은 어거스틴의 추종자들이 활동할 여지를 충분히 남겨 준 것이지 않나 생각된다.(잔센파 논쟁과정에서 선포된 결정문에 의해 크게 변동된 것이었지만 원래 처음 반포될 때 그 교리 문제에 잔센파들이 찬동했었던 것이었다.)

그러나 트렌트 교회회의는 타락한 인간은 자유의지가 없고 영적으로 선한 것을 행할 능력이 전혀 없다고 하는 종교개혁자들의 그 위대한 가르침을 부정하고자 한 의향이 있었음을 보여 주는 증거는 충분하다. 그리고 그들은 타락한 인간은 여전히 하나님께서 받으실 만한 것을 할 수 있다고 주장하였다. 그리하여 자신의 구원이 이르게 되는 신적 은총을 충분히 획득할 수 있게 하는 선하고 탁월한 일들을 인간은 할 수 있다고 주장하는 증거들이 넘쳐 나는 것이다. 따라서 벨라민은 이 주제에 대한 로마교회의 교리를 제시함에 있어서 첫 번째로 그리고 주도적인 입장으로 이 교리를 '인간은 은혜를 받기 전에 자유의지를 가지고 있었으나 이는 자연적인 행실들과 도적적인 행실들만 위한 것이 아니라 종교적이고 초자연적인 일들을 위한 것이다(homo ante omnen gratian, liberum habet arbitrium, non solum ad opera naturalia, et moralia, sed etiam ad opera pietatis, et supernaturalia).'[140])라고 제시하고 있는 것이다. 이 견해는 트렌트 교회회의가 정직하게 자신들의 입장을 밝히고자 했다면 명백하게 드러내야 했던 진술이다. 또한 이것은 로마교회 저자들에 의해서 일반적으로 가르쳐 온 교리였다. 그 가르침으로부터 파생된 것들은 지금도 더욱 펠라기우스적인 입장들을 띠고 있는 것이다. 바이우스(Baius)와 쿠어스넬(Quesnel)은 이 문제에 대한 종교개혁자들과 같이 동일한 교리를 가르쳤다. 그들이 가르친 것과 같이 그 교리에 대한 교회의 정죄는 트렌트 교회회의에서 우리가 발견하는 그 어떤 것보다 더

---

140) Bellamine, de Grat. et Lib. Arbit., Lib. vi., cap. xv.

명백한 것이었다. 바이우스는 '하나님의 은혜의 도움이 없는 자유의지는 죄짓는 일뿐이다(Liberum arbitrium sine gratiæ Dei adjutorio non nisi ad peccandum valet).'라고 가르쳤고, 쿠어스넬은 '죄인은 악하게 행하는 것 외에는 자유롭지 못하다(Peccator non est liber nisi ad malum).'라고 가르쳤다.[141] 이들의 교리들을 정죄함으로 말미암아 로마교회는 트렌트 교회회의의 결정들로부터 증명될 수 있는 것보다 더 명백하게 펠라기우스적이 된 것이다.

1. 타락 전후의 자유의지

이 주제에 대한 개신교 교리의 논거들을 고려함에 있어서 그 교리가 참으로 무엇을 의미하는지 제대로 설명하는 견해와 함께 남아 있는 사항이 있다. 그것은 인간이 타락하기 전에 지음받은 상태에 있을 때 인간이 소유하였던 자유의지와 관련하여 개혁자들이 설명했던 의견을 언급하는 것이다. 종교개혁자들은 이 부분에 대해서 늘 염두에 두고 있었다. 타락사건은 인간의 특성과 상태에 한 위대한 변화를 만들었다. 지금은 인간학이라고 하는 신학분야에서는 인간이 무엇인지 성경이 가르치는 입장에 대해 제기되는 의문은 거의 없다. 이 학문은 타락한 인간과 타락하지 않은 인간 사이에 존재하는 차이를 언급하지도 않고도 인간은 어떤 존재인지를 완전하게 정확하게 진술하고 설명될 수 있는 분야이다. 이 요점 위에서 종교개혁자들은 인간이 타락하기 전에는 타락한 인간이 소유하지 못한 의지의 자유를 가졌다는 것을 일반적으로 다 고수하였다. 이 이론은 펠라기우스파와 소시니안들이 주장하는 인간이란 진짜 무엇인가? 라는

---

141) Dens' Theology, tom. ii., 407.

것과 매우 유사한 입장이었다.[142]

개혁자들의 신학과 전적으로 일치하고 있는 우리의 신앙고백서는 이 견해를 피력하면서, 즉각적으로 하나님께서 사람에게 의지를 부여해 주심으로 인해 인간은 본성적으로 자유를 지니게 되었다는 글을 인용하며 설명했다. 그리고 그것은 모든 변화 가운데서도 남아 있는 것이고, '무죄한 상태에서 인간은 선하고 하나님을 기쁘시게 할 것을 소망하고 행할 수 있는 자유와 능력을 가졌으나 그것은 변하기 쉬워 그것으로부터 타락할 수도 있었다.'[143]라고 기록되어 있다. 요리문답서들도 '우리의 첫 부모는 자유의지를 가진 상태에서 죄를 지었고 타락하였다.'[144]라고 같은 방식으로 기술하고 하고 있다. 내가 지금 이 주제를 언급하고 있는 것은 주로 지금까지 붙들어 온 이 교리가 종교개혁자들과 우리의 표준문서들을 작성한 자들이 이 주제에 관해 견지해 온 일반적인 견해들에 대해서 많은 영향을 주고 있다는 사실을 지적하려는 목적 때문이다. 그들은 인간이 자유의지를 가지고 있고 타락하기 전에 행할 수 있는 능력과 영적으로 선한 것을 행하는 자유를 지닌 존재였음을 피력하였지만 타락한 이후에는 그럴 능력이 있다는 것을 부인하였다.

이제 이런 사실은 그들(개혁자들과 웨스트민스터 총대들을 말함, 역자 주)이 타락한 인간의 의지를 탓하는 속박이나 불가피성의 실질적 특성과 관련하여 몇 가지 중요한 결론들을 위한 자료들을 제공한다. 그리고 그들의 교리적 입장에 대한 논거들을 제공한다. 개혁자들이 그러했던 것처럼 우

---

142) 칼빈은 어거스틴의 놀랍고도 함축적인 표현을 동의하면서 반복적으로 인용하곤 했다. 그것은 '인간은 자유의지를 악용함으로 자신과 자유의지 둘 다 잃게 되었다.(Libero arbitrio male usus, homo, et se perdidit, et ipsum)'이다. Antidotum; Tractatus, 403. Ed. Genev., 1576.

143) 역자 주) 웨스트민스터 신앙고백서 9장 2항.

144) 역자 주) 대요리문답서 21문과 소요리문답서 13문.

리의 표준문서 작성자들도 하나님께서 발생한 것들이 무엇이든지 다 예정하셨으며, 물론 아담의 타락도 하나님께서는 예정하셨고 그 결과로 사건의 불가피성 혹은 불변의 불가피성이 된 것임을 믿었다. 즉, 아담의 타락은 하나님께서 예정하셨기 때문에 필연적으로 그렇게 되었다고 믿었다. 동시에 그들은 인간이 타락한 것은 인간 자신의 자유의지에 맡겨 둔 것이기 *때문이며*, 자유의지를 가지고 있음으로써 인간은 자발적으로 죄를 짓게 되었고 죄를 선택한 것이었다고 믿었다. 이 교리로부터 즉각적으로 수반되는 것은 하나님은 인간의 자유의지와 불일치하는 사건을 미리 정하신 것이 아니라는 것이다. 물론 그들은 타락한 인간의 의지를 탓하게 되는 속박을 어떻게 하든지 인간들의 행동들에 대한 하나님의 작정하심으로부터 나왔다거나 그 작정하심에 의해서 발생한 것으로 간주하지 않았다.

더 나아가서 그들은 하나님의 작정하심을 실행하시는 하나님의 섭리하심은 같은 차원에서 아담의 타락에 관련되어 있으며, 사람들이 지금 행하고 있는 죄악된 행동들과도 관련이 있다고 믿었다. 그러나 그들은 하나님께서 인간으로부터 자유를 제거하신 것이라는 주장은 부정하였다. 또한 하나님의 작정하심이 모든 피조물들과 모든 피조물들의 행동들을 지속적으로 관장하시는 하나님의 섭리하심의 영향 혹은 그 결과로 인해 인간이 실제적으로 죄를 범하였다거나 타락한 인간의 의지가 전적으로 죄에 빠져 버렸다는 주장들은 다 부정하였다. 실로 의심할 여지가 전혀 없는 것은 그들도 인간의 정신적인 진행과정들을 규정하는 일반적인 규범들이 있다고 믿었다는 점이다. 예를 들면, (불변하거나 불가피한, 혹은 그렇지 않은 다른 무엇 때문에)판단의 결정들과 의지의 행위들 사이의 연계점을 결정하는 규범들이 있어서 타락하기 이전에 인간이 했던 것과 같이 지금도 그렇게 작동한다는 것이다. 왜냐하면 인간의 정신적 구성요소가 변하지 않고 그대로 남아서 활동하기 때문이다. 그리고 영적인 것들과 관련하여서는 타락으로 말미암아 그것들의 특성과 기능들에 의해서 인간의 모든 지성적이고 도덕적 구성 요소들이 다 동일하게 손상되었기 때문이다.

그러나 이들 규범들의 작동은 그것들이 무엇이든지 인간으로부터 인간의 자유나 자유의지를 강탈하지 않았으며 그것 자체가 인간의 의지가 굴복할 수밖에 없는 속박의 원인이 되는 것이 아니다. 종교개혁자들과 표준문서 작성자들에 의하면 인간은 타락하기 이전에 하나님의 예정하심과 섭리하심에도 불구하고 자유의지를 가졌으며, 인간의 정신적 진행과정의 규정을 위한 인간의 정신적 구성요소 위에 하나님께서 부여하신 어떤 규범들이 존재한다고 했다. 인간은 타락한 이후 이 자유 혹은 자유의지를 더 이상 *지니고 있지* 않으며, 반대로 인간의 의지는 죄에 속박되어 있거나 죄의 노예상태에 있다. 그리하여 사실 인간이 선택할 수 있고 행할 수 있는 것은 오직 죄악뿐이다. 영적으로 선한 것은 선택도 행할 수도 없다. 그 결론은 피할 수 없다. 이 교리의 체계에 따라서 이제 인간의 의지에 부착되어 있는 죄를 지을 수밖에 없는 불가피성은 인간의 소유본능이다. 단순히 피조물로서가 아니라 타락한 피조물로서 그러하다. 그것은 모든 것을 예정하신 하나님과 실제적인 세상의 통치자와 정사(正使)자와의 관계로부터 발생하는 것이 아니다. 그렇다고 인간의 정신적 구성요소의 일반적인 구조와 틀에 부여해 주신 규범들의 작동들로부터 나온다는 것이 아니다. 이 모든 것들과는 구분되는 것으로서 타락에 의해서 인간의 성품과 상태에 첨가된 한 원인에 의한 것이다.

발생하도록 미리 정하시는 하나님의 작정은 피조물들과 피조물들의 모든 행동들을 지속적으로 관장하시는 하나님의 섭리하심, 인간의 정신적 진행과정의 규범을 위한 정신적 구성요소에 부여된 규범들, 어쩌면 인간의 의지에 부착되어서 필연적으로 혹은 속박된 일들을 낳거나 함축하고 있는 것일 수 있고, 종종 인간에게 기인하는 것으로 언급되는 자유 혹은 의지의 자유와 불일치하는 것일 수 있다. 나는 이것이 그런 경우가 될 수 있음을 보여 주고 있음에 대해 전혀 의심하지 않는다. 그러나 우리의 표준문서가 명확하게 가르치고 있듯이 *그것이 사실이라면 이 모든 것들은 다 동일한 교훈이다.* 즉, 인간은 자유를 가졌으나 지금은 아니다. 실제적인 존재와 작동에 관해서 그렇게 할 수밖에 없게 하는 원인들에 직접적으로 의존되지 않는 불가피성 혹은 속박이 사람들에게 부착되어 있다는 것을 말하지 않을 수 없다. 그러므로 존재와 작동하는 그 자체의 직접적인 타당한 증거에 의한 검증에 필요한 매개체로서 이러한 교리들에 대한 가정이나 증명함을 요구함이 없이 증명될 수도 있는 것이다. 그러나 그것이 결론을 짓게 하는 방식으로 이어지는 것임을 보여 줄 수는 없다.

이러한 연구를 하는 나의 목적은 일반적으로 사람들이 이해하고 있듯이 예정과 섭리하심, 그리고 인간의 정신적 진행과정을 규정하는 규범들로부터 추론하게 하는 불가피성을 지지하는 논쟁에 어떤 입장을 표명하고자 함이 아니다. 단순히 개혁자들과 우리 표준문서 작성자들의 판단에 따라서 타락한 존재로서 인간의 의지에는 불가피성 혹은 속박이 부착되어 있다는 것을 보여 주고자 함이다. 이 교리에 포함되어 있다거나 이 교리로부터 연역할 수 있는 것이 아니요, 그 교리를 충분히 확립하기 위해서 사전에 증거자료들을 제시할 필요성이 없다는 것을 보여 주고자 함이다. 종교개혁자들과 표준문서 작성자들이 성경적인 교리로서 가르친 유일한 불가피성이나 속박은 타락한 인간에게 부착되어 있는 것이다. 타락이 제공해 버린 부패함이 그 불가피성이나 속박의 출처요 혹은 원인이라고 추적해 갈 수 있는 것이 전부이다. 나는 이 교리는 그 자체의 위치에서, 그 자체에 의해서 독립적으로 살펴보는 것이 매우 중요하다고 생각한다. 그리고 그 자체의 구분되고 타당한 증거와 관련해서 살펴보아야 한다.

종교개혁자들과 표준문서 작성자들은 성경에서 가르치는 또 다른 어떤 유형의 불가피성이나 속박이 있다고 보지 않았다. 그리고 복음적인 진리 체계에 대한 온전한 강론을 위하여 어떤 다른 필요성이 있다는 주장도 하지 않았다. 상식선상에서 인간의 자유의지는 폐쇄되었고, 우리의 정신적 진행과정을 규정하는 규범들을 살핌으로 말미암아 확립된 불가피성은 철학적으로 다룰 문제이지 신학적으로 취급할 것이 아니냐에 대한 내 입장은 확실하지 않다. 그러나 나는 흔히 말하는 자유의지는 대체로 논박될 수 있다고 본다. 그리고 불가피성은 형이상학적이며 철학적인 논거들 위에 성립될 수 있다고 생각한다. 그러나 나는 성경에서나 우리의 표준문서에 내포된 것에 의해서 이 질문에 대한 어느 한쪽을 지지한다고 말하지 않는다. 내가 기쁘게 생각하는 것은 내가 설명하고자 노력해 온 논거들 위에서 영적으로 선한 것과 관련하여 타락 때문에 타락한 인간의 자유의지의 속박 교리는 단지 철학적 질문에 대한 어떤 증거에 달려 있는 것이 아니라는 점이다.

의지의 자유나 속박에 대한 문제에 하나님의 예정과 섭리하심을 담아내는 것과 관련하여, 간단히 말하자면 인간의 의지의 자유나 속박과 관련하여 타락이나 부패한 존재로서가 아니라 단지 피조물로서 전적으로 하나님에게 의존되어 있고 하나님의 선하신 뜻에 따라서 인도되고 통치되어진다는 입장에서 볼 때, 하나님의 말씀과 우리 교회의 표준문서는 그 이상의 무엇을 언급하는 것은 전혀 없다. 타락 이전의 인간 혹은 단지 지음을 받은 존재로서 인간은 하나님께서 예정하시고 섭리하심에 있다고 하더라도 타락한 인간이 가지지 못한 선을 행할 자유와 능력 또는 선을 할수 있는 힘을 가졌던 존재였다. 종교개혁자들은 타락한 인간의 의지는 다속박되어 있다는 의견을 성경적인 진리로서 고수한 자들이다. 타락 이전의 인간 역시 그 자체의 특성이 무엇인지는 우리가 잘 알 수 없는 신비한 것이지만, 성경에서 그것에 관한 분명한 정의를 규정해 주고 있는 정보는 거의 없다. 복음 진리 체계에 대한 온전한 강론을 위하여 필요하지 않다고 하는 것도 거의 없다. 특별히 칼빈은 예정과 불가피성 사이의 관계에 관하여 루터나 멜랑흐톤이 자신들의 초기 작품에서 강력하게 진술한 것과 같이 한 번도 언급하지는 않았지만, 그의 신중한 자세나 지혜를 가지고서 여러 차례 이러한 견해들을 분명히 적시하였다.[145]

타락하기 이전과 이후의 인간 의지의 자유 상태 사이의 실천적 구별은 개혁자들에 의해서 제기된 적이 없다. 그 구분은 전적으로 어거스틴에 의해서 제기되어 적용된 것이었다. 스콜라 학자들의 사색에서도 자리를 차지하고 있다. 피터 롬바르드(프랑스어 명은 피에르 롱바르)는 스콜라 신학의 주교제인 자신의 『4권으로 된 명제』에서[146] 인간의 4중 상태 안에 있는 인간의 의지의 자유를 구분하여 설명하고 있다. 4중 상태란 타락이전의 상태, 타락 이후 그러나 중생이전의 상태, 중생 이후의 상태 및 천상에서 부활의 상태를 말한다. 이 주제는 루터교회의 일치신조문서 안에서도 같은 방식으로 설명되고 있다.[147] 그 내용은 우리의 신앙고백서와 매우 동일한 것이다.[148] 이 문제는 또한 17세기 위대한 신학자들의 작품들 속에

---

145) 커닝함의 종교개혁자들과 종교개혁 신학, 365.

146) Lib. ii., Dist. xxx, 160-1.

147) Formula Concordiæ of the Lutheran Church, De. Lib. Arbit.

148) 실로 17세기 후반에 와서야 루터교도들에 의한 비로소 상징적인 문서로 마련되어 채택된 이 중요한 문서에 우리의 신앙고백서에 있는 것과 같이 인간의 4중 상태라는 제목으로 자유의지라는 주제를 설명하고 있다. 그러나 각 항목에 의하여 구분하여 설명하고 있는 그 교리의 세밀한

서도 그대로 등장한다.

그러나 최근에 들어서 의지의 자유에 대한 전체 주제를 하나의 큰 연구 과제로 여기고 살피는 경향이 있어 왔다. 그리고 그 주제를 신학적인 연관성에 크게 주의함 없이 주로 철학적 관점에서 살피는 흐름이 일어났다. 그것은 일반적으로 신학적인 주제로 다루게 될 때 요구되는 구별들과 분리들에 대해서 별로 관심을 기울이지 않고 철학적인 입장에서 살피는 경향이다. 이러한 방식으로 다룸으로 우리는 명망 있는 철학자와 신학자 각각의 영역에 다 상당한 손상을 가하는 혼란이 발생하였다고 생각한다. 전체 이 주제에 엄청 많은 혼돈이 소개되었다. 기독교 신앙체계의 독특한 교리들에 대한 가장 중요한 몇몇을 내세움에 있어서 더 많이 밀접한 관계를 찾고 전체 주제에 대해서 정확하고 포괄적으로 이해하려는 근거를 찾아 가려는 것보다 특정한 철학적 이론들을 확립함에 더 많이 의존되어 있다는 인상을 창출해 버리고 말았다.

첫째로 일반적으로 확산된 인식은 무관심의 자유와 자기점검능력이라고 부르는 것을 포함하고 있는 자유의지론이 알미니안 신학체계의 본질로 굳어진 것이다. 예를 들면, 한편으로는 알미니안주의는 자유의지를 반드시 있어야만 하는 신학체계의 한 부분으로 요구하는 것이요, 다른 한

부분은 우리의 웨스트민스터 신앙고백서에서 가르치고 있는 것과 일치된다. 루터파의 일치신조 문서는 다음과 같이 기술하고 있다. '인간의 4중 상태를 고려할 때 첫째는 타락 이전의 상태, 둘째는 타락 이후의 상태, 셋째는 중생 이후의 상태, 그리고 넷째는 육체의 부활 이후의 상태가 있음을 말하는데, 지금 우리가 논하고자 하는 것은 둘째 상태에 대한 인간의 의지와 능력에 관한 것이다.' 이 주제에 대해서 루터파는 다음과 같이 가르친다. '둘째 상태에 있는 인간은 영적인 것들에 대한 이해와 사유에 대해 전혀 알지 못하는 상태에 있다. 그들 자신의 힘으로는 이해할 수 있는 것이 아무것도 없다.' 더 나아가서 그들은 의지에 대해 보다 더 직접적으로 언급하면서 다음과 같이 가르친다. '중생하지 않은 인간의 욕망을 충족하고자 하나님으로부터 멀리 달아나는 것만이 아니라 직접적으로 바라고 욕구하는 의지는 하나님의 뜻과 적대적인 의지만 가지는 것이다.'

편으로는 자유의지에 대한 증거 혹은 자유의지를 인정하는 것이 알미니안주의를 성립하는 것이 되어 버린 것이다. 둘째로 정확하게 그와 유사한 관계가 철학적 불가피성 이론과 칼빈주의 신학체계 사이에 존재하는 것이 되어 버린 것이다. 알미니안주의를 고려할 때 이러한 인식을 가지게 된 것에는 다른 원인이 있을 수도 있다. 물론 나는 이 부분에 대해서는 다룰 생각이 없다. 그러나 내가 주목하는 것은 자유와 알미니안주의를 생각할 때 그런 인식이 바른지 그른지에 대한 부분이 제대로 규정되어 있지 않다는 데 있다. 특히 철학적 불가피성과 칼빈주의 신학 체계를 고려할 때 그러하다. 나는 이것이 논쟁의 관점에서 칼빈주의에 중요한 이점이 된다고 판단한다.

철학적 불가피성 이론은 인간 본성의 한 기능으로서 인간의 의지 실행이 작동된다는 원리나 이론에 불과한 것이다. 그리고 인간 의지의 활동과 그에 수반되는 결과를 결정하는 원리로 본다. 그 이론은 일반적으로 양심에 비추어 보아 우리의 정신적 진행과정에 대한 점검에 기초하고 있는 것이다. 양심은 분명히 그 주제에 대한 직접적이고 적법한 출처이다. 그리고 부분적으로 인간의 의지와 행동들을 담아내는 하나님의 예지, 예정, 그리고 섭리하심으로부터 추론하여 주장하는 이론이다. 그 주제의 후자 영역과 그들이 제공하는 증거들은 계시 아니면 자연종교의 빛과 그것들에 대해서 제시하는 정보의 빛 안에서 숙고해야 할 것이다. 따라서 철학적 불가피성 이론은 같은 차원에서 많은 칼빈주의 학자들에 의해서도 주장되고 있는 것이다. 홉스(Hobbes)와 콜린스(Collins)와 같은 계시의 권위를 믿지 않는 사람들도 이러한 근거들 위에서 철학적 불가피성 이론을 아주 잘 대변하였다. 그러나 그것은 일반적으로 이해하듯이 철학적 불가피성 이론을 확립할 수 있는 증거들의 일급 유형일 뿐이다. 예를 들면, 그것은 무관심의 자유와 의지의 자기점검 능력을 반대하는 것이다.

왜냐하면 비록 결정적인 논거들이 의지와 행동들의 불가피성을 선호하는 측면에서 하나님의 예지와 예정 및 섭리하심으로부터 추정된다 하더라도, 의지와 행동들이 실제 존재하기에 그리고 그것들이 아니면 다른 존재로서 그런 일을 한다는 것이 불가능한 것이기 때문에 이 출처를 가지고서 우리의 의지의 *즉각적이거나* 혹은 *타당한* 원인과 관련된 결론을 확실하게 내릴 수 있는 것은 없다. 또는 우리의 정신적인 구성요소 안에서 명확한 근거를 만들 수 있는 것도 아니다. 그리고 비록 예지와 예정이 있다고 하더라도 그 결과를 나타내기 위한 우리의 정신적 진행과정을 규정하는 규범들을 가지고 이것이 결론이라고 단정 지을 수 없는 것이다. 실로 사람들의 정신적인 진행과정에 대한 규정과 특별히 의지의 결정을 위한 주된 규범들이 확립됨이 없이 철학적 불가피성 이론을 내포하고 있는 인간의 의지와 행위들을 하나님께서 예견하시고 예정하신다는 것은 불가능하다고 주장하지 않는 한 그러하다. 이것은 성립하기가 상당히 힘겨운 이론이다.

하나님께서 한 가지 방식과 어떤 특별한 예비하심에 의하여 마련된 것을 제외하고는 확실한 결과를 도출하거나 의도하신 목적을 달성할 수 없다는 입장을 취하게 될 때, 그렇게 추정하거나 추론하기 위한 매우 안전한 근거는 좀처럼 찾을 수 없다. 그것이 심리학적이거나 형이상학적 근거들 위에 증명될 수 있거나 언도할 수 있다 할지라도 철학적 불가피성 이론은 찾아지지 않는다. 반대로 인간은 무관심의 자유를 가지고 있고, 인간의 의지는 자기를 점검하는 능력을 소유하고 있다는 것과 관련하여 우리는 모든 다른 교리들을 배제하면서 하나님의 예정과 섭리하심에 대한 칼빈주의적 교리를 포기할 만큼 타당한 것으로 간주하지 않는다. 이러한 교리들은 사건 혹은 결과의 확실성이 예비된 것이요 보장된 것이라는 측면에서 나타난 것으로 증명될 수 있는 것뿐이다. 이러한 교리들은 사람들의 정신적 진행과정과 의지를 결정짓도록 규정하는 규범들이 있다는 자유주의자들의 입장과 일치된 정신적 구성 요소를 지니고 있는 이성적이고 책임감 있는 존재들에 있어서, 하나님께서는 정하신 대로 성취할 수 없다는 결론을 내릴 만한 적합한 근거들은 제시하지 못한다.

만일 인간의 무관심의 자유와 의지에 있어서 자기점검 능력을 가지고 있다는 이론과는 반대되는 철학적 불가피성 이론이 심리학적인 질문에 적용 가능한 직접적인 증거에 의해서 성립될 수 있다고 한다면, 개인적으로는 그렇게 할 수 있다고 보는데, 만일 그렇다면 이것은 예정과 섭리에 대한 칼빈주의 교리를 강력하게 확언할 수 있는 것이다. 왜냐하면 이 철학적 입장의 올바른 가정 위에서 무신론주의에 안주하지 않는 한 피한다고 될 법 하지 않은 실천적인 신학적 교리들을 지지함에 있어서 추론들이 도출될 수 있기 때문이다. 그러나 앞에서 언급한 근거 위에서 이 철학적 입장의 그릇됨이 증명된다고 해서 그로 인하여 도출된 신학적 교리들은 결과적으로 폐기되어야만 한다는 주장 역시 받아들이기 어렵다. 만일 이 견해가 건전한 것이라고 한다면 칼빈주의 주장이 내세우고 있는 기반에 대한 확고함을 설명하려는 뜻이 담겨 있는 것으로 보아야 한다.[149]

그러나 이 주제를 논의하고자 함이 내 의향은 아니다. 나는 앞에서 제기한 이러한 고찰로 되돌아가야만 한다. 즉, 종교개혁자들과 옛 칼빈주의 신학자들은 타락 이전에 인간은 자유 혹은 의지의 자유가 인간에게 있었다고 언급하였다는 것, 지금의 타락한 인간 탓으로 여기는 오직 불가피성

---

149) 커닝함의 종교개혁자들과 종교개혁 신학, 508.

이나 속박은 영적으로 선하고 하나님께서 받으실 만한 어떤 것을 하려는 능력이 전혀 없다는 것, 그 결과 인간의 도덕적 본성은 실질적인 의향과 성향들에 있어서 전적으로 타락한 것이라는 점이다. 이것은 그들이 유일하게 성경으로부터 직접적으로 그리고 명백하게 재가받는 것으로 옹호되는 것이다. 또는 그들의 신학체계에 대한 강론과 변호에 필수적으로 필요한 것이다. 그것은 하나님의 목적하심과 섭리하심 안에 있는 그 어떤 무엇으로부터 도출되는 필요성은 아니다. 그렇다고 단순히 피조물로서 인간의 정신적인 구성 요소에서 인간에게 적용 가능한 무엇으로부터 도출되는 필요성도 아니다. 그것은 타락하고 부패한 인간의 성품에 있는 특별한 양상으로부터 도출된 것이다.

타락한 인간으로서 그들이 붙잡고 있는 불가피성이나 속박은 타락하지 않은 인간과는 완연히 구분되는 것으로서 타락한 인간에게는 전적으로 결여된 거룩이나 선한 의향 혹은 성향들이 없는 상태에 놓여 있는 것이다. 타락한 인간에게는 불경건하고 타락한 것들이 그의 도덕적 본성에 널려 있게 된 것이다. 따라서 타락한 인간은 확실한 정신적 구성요소를 가진 인간으로서 철학적이든 신학적이든 인간에게 적용 가능한 것을 일반적으로 고려해 볼 때, 나중에 발생된 자유의지와 불가피성에 대한 논쟁의 근거에서 하나님께 의존되어 있고 하나님께 복종하는 피조물과는 확연하게 구별되는 존재로 서 있는 것이다.

내가 말했듯이 신학자들은 현대에서 타락 이전의 인간과 타락 이후의 인간 사이를 구분하는 것을 너무나 간과해 버리고 말았다. 심지어 이 구분을 인정하는 자들과 그 문제를 토론하도록 이끌림을 받았다고 한다면 능히 옹호하고 나섰던 사람들에 의해서도 마찬가지였다. 그것은 지나치게 배경에만 몰두하여 왔다. 그리고 일반적으로 취급된 형식에서 자유와 불가피성에 대한 일반적인 주제에 한정되어 버렸다. 그 결과 나는 이 건전한 교리에 해를 끼쳤고 관심을 기울이지 못하게 만들었다고 생각한다.

2. 의지의 속박

이제 좀 더 직접적으로 모든 종교개혁자들이 가르쳤고 트렌트 교회회의가 정죄해 버린 이 위대한 교리를 간략하게나마 설명하고자 한다. 인간에게는 자유의지가 결여되어 있고 타락한 인간은 타락 때문에 죄를 짓는 죄의 종 혹은 죄에게 속박되어 있다는 교리를 살펴보고자 한다. 이 교리가 다른 주제들과 연관관계를 지니고 있음에 대해서는 이미 설명했기 때문에 그렇게 주장해 온 근거들과 반대한 자들의 근거들을 제기하는 것 외에 다른 설명이 더 필요하지 않다고 본다. 우리의 신앙고백서 9장에 있는 자유의지에 대한 첫 두 가지 설명들을 인용하고 설명할 수 있는 기회를 가졌기 때문에 우리는 계속해서 그 지침을 따라서 설명하고자 한다. (즉, 신앙고백서에 언급된 것 중 첫째는 하나님께서 인간에게 자유의지를 부여해 주셨음으로 자연스러운 의지를 지니고 있다. 이것은 모든 상황에서도 지니고 있어야만 하는 것이요 남아 있다는 것이다. 둘째는, 인간은 무죄한 상태에서 하나님의 뜻을 행할 수 있는 자유와 능력을 가지고 있다는 것이다.) 왜냐하면 다른 모든 주제들이 다 그러하듯이 이 주제 역시 성경에서보다 더 명확하고 정확하게 가르쳐 주고 있는 주도적인 교리들의 진술을 밝히고 있기 때문이다. 그리고 이 교리는 우리가 잘 알고 있는 그 어떤 문서들보다 모든 개혁자들이 반포하였고 성경에서 명확하게 가르치는 것이기 때문이다.

그 교리는 우리의 신앙고백서에서 다음과 같이 기술하고 있다. 즉, '하나님은 사람의 의지에 선천적 자유를 부여해 주셨다. 그 의지는 선이나 악을 행하도록 강요된다든지 또는 어떤 절대적인 필요에 의해 결정되는 것이 아니다. 무죄한 상태에서 인간은 선하고 하나님을 기쁘시게 할 것을 뜻하고 행할 수 있는 자유와 능력을 가졌다. 그러나 변하기 쉬워 그것으로부터 타락할 수도 있었다.'[150]라고 쓰여 있다.

만일 인간의 자연 상태에서 영적으로 선한 것을 전혀 할 수 없다고 한다면 이에 대한 유일한 원인은 이것이다. 즉, 보편적으로 인정하듯이 인간은 자신이 원하는 바를 행할 능력을 지니고 있기 때문에 원하는 바를 해야 하는데(물론 이것은 인간이 전능자가 아니기 때문에 주어진 여건 속에서 하고자 하는 바를 행할 수 있다는 것이다), 영적으로 선을 행할 수 없는 것은 인간이 영적인 선한 것을 행하고자 하는 의지 자체가 없기 때문이다. 자연 상태에서 인간이 영적으로 선한 그 어떤 것도 했다거나 하고자 마음을 먹었다는 사람이 한 사람도 없다면, 인간은 본성적으로 선을 행할 수 없다는 결론에 이르게 된다. 왜냐하면 그런 능력을 가졌다고 하면 그것은 누군가에 의해서 그렇게 행동하도록 크고 작은 압박을 나름 받았음이 분명하기 때문이다. 인간의 도덕적 본성의 전적 타락에 대한 일반적인 교리와 영적으로 선한 것을 결코 행할 수 없는 인간의 무능력 사이에 명백하게 존재하는 연관성 외에도 이 특정한 주제에 직간접적으로 관련된 인간의 도덕적 본성과 상태에 대한 성경적인 설명들이 몇몇 존재한다. 죄의 종 혹은 죄의 노예로서 자연인을 말씀하고 있는 것들과 사단의 포로가 되어 자신의 의지가 이끌림을 받는 모습들에 대한 성경적 설명이 있다. 그러나 분명한 것은 사단은 인간들에게 외적인 압박을 가하지 않는다. 특별히 자연인은 죄로 죽은 자요, 그들의 마음은 눈먼 자요, 어둠에 사로잡힌 자임을 말하

---

150) 웨스트민스터 신앙고백서 9장 1항 2항(개혁교회 예배찬송가, 진리의 깃발, 2017, 407. 서창원 역).

는 성경적인 설명들이 있다.

이러한 말씀들을 붙잡고 살펴볼 시간은 없다. 우리는 원죄를 다룸에 있어서 관찰되어야 할 불가피성에 대한 경고를 반복할 필요도 없다. 수동적이고 부주의하게 매우 모호하고 불명확한 개념을 내세우고 있는 것들 또는 능동적이고 열성을 다해 설명하고자 하는 것들에 대항하여 명백한 성경적인 근거 없이 그렇게 탈선할 수밖에 없는 불가피성을 강조하고, 그로 인해서 갖은 죄악된 행위들이 나타날 수밖에 없다는 주장에 맞서서 주의사항을 여기서 다 되풀이할 필요는 없다.

만일 자연인 상태에서 인간이 신적 은총이 없이 죄로부터 하나님께로 돌이키는 것이 불가능하다면, 또는 자기 자신을 하나님께로 돌아서도록 준비할 수 없는 존재라면, 이것은 전적으로 그렇게 하고자 하는 *의지*를 가질 수 없는 무능력으로부터 발생하는 것으로 보아야만 한다. 왜냐하면 하나님께로 돌아서게 하는 데 방해하는 외적인 걸림돌이 없기 때문이다. 그렇지 않으면 영적으로 선한 일을 왜 하지 못하겠는가! 만일 인간이 죄로부터 돌이켜 하나님께 나아갈 수 없다면 그것은 돌이키고자 하는 의향이 없기 때문이다. 즉, 인간이 돌이킬 수 없다면 그것은 그렇게 돌이킬 의지의 능력이 없는 것 때문이다. 인간이 하나님께 돌이킬 수 있는 존재요, 그리고 하나님께 돌이킬 의향을 지니고 있는 자라면, 그가 그렇게 함으로써 혹은 그렇게 할 의지를 가지고 있음으로써 영적으로 선한 무언가를 분명히 할 것이다. 분명한 것은 죄로부터 돌이켜 하나님께로 행하고자 하는 인간의 방식에는 내외적으로 존재하는 특별한 장애물은 없다는 것이다. 그것은 하나님께서 요구하시는 것 또는 하나님을 기쁘시게 하고 하나님이 받으실 만한 것을 행하는 방식과는 같은 선상에서 놓여 있는 것이 아니다.

자연인이 자신의 힘으로는 하나님께로 돌이킬 수 없는 것이라면 분명히 인간은 영적으로 선한 그 *어떤* 것을 할 의지의 능력을 가지고 있지 않다는 것이다. 이제 우리는 우리 구세주의 매우 엄숙하고 명백한 선언들을 가지고 있다. 즉, 아버지께서 아들에게 인도하는 것이 아닌 한, 또는 아버지께서 그를 이끄시지 않는 한 하나님께로 나올 수 있는 인간은 아무도 없다는 것이다(이 표현은 죄로부터 돌이켜 하나님께로 나아갈 수 없다는 표현과 정확하게 일치되는 혹은 분리해서 생각할 수 없는 문구이다). 이것은 간결하고 온전하게 성경을 통해 증명될 수 있는 것이다. 인간이 전능하신 성령의 은혜로운 역사하심에 복종하게 되지 않는 한 그리고 성령에 이끌림을 받게 되기 전까지는 누구도 하나님께로 나아갈 자는 없다. 그러한 변화가 가능하다는 성경적인 설명들 외에도, 즉 성령의 역사하심의 결과로서 그리스도에게 혹은 하나님께로 돌이키는 일은 일반적으로 성령의 산물이라는 성경적인 설명들 외에도, 인간 스스로의 의지력에 의해서 그런 일은 일어날 수 없다는 개념을 우리에게 명백하게 전달해 주는 말씀들도 많이 있다. 하나님께로 나아올 수 있는 주도적인 일은 인간 스스로에게서 먼저 나올 수가 절대 없다. 그러한 과정을 인간이 먼저 시도할 수 있는 의지력이 전혀 없다.

물론 내가 언급하는 것은 이러한 과정은 전적으로 하나님의 영의 역사하심으로만 되는 것임을 기술하는 본문들만이 아니라 눈먼 자의 눈을 열어 진리를 보게 하는 장면들을 기술한 것들도 포함하고 있는 것이다. 즉, 새로운 창조, 새 심령의 창조, 거듭남, 사망으로부터 부활을 다 포함하고 있는 것이다. 이러한 진술들이 전적으로 잘 설명이 되고, 그리고 그것들의 본래 참된 의미로부터 왜곡되지 않고 성경 자체가 근거하고 요구하는 것임이 증명될 때만 합법적으로 이 일이 성립될 수 있는 것이다. 그것들은 우리에게 하나님께로 돌아가는 과정이 시작됨에 있어서 인간 자신의 본성적인 의지력은 진정한 영향력을 발휘할 수 없으며 적절한 효력을 결코 발할 수 없는 것임을 잘 가르쳐 주고 있는 것이다.

만일 그렇다면 이미 설명한 근거들 위에서 인간은 영적으로 구원에 이르는 그 어떤 선한 일을 할 수 있는 의지의 능력이 없는 것이다. 인간은 타락한 상태에서 영적으로 그 어떤 선한 것을 할 능력이 없다는 것을 일반적으로 증명하는 것이 무엇이든, 그것은 동일하게 특별히 인간 스스로 하나님께로 돌이킬 수도 없는 것 역시 증명이 되는 것이다. 인간 스스로의 힘으로 그리스도에게로 혹은 하나님께로 나올 능력이 없다는 것은 가장 중요한 상태에서도 인간은 선한 것을 행하기에는 전적으로 무능한 존재라는 이 위대한 교리를 실천적으로 성립하게 하는 것뿐 아니라 이미 설명한 생각의 연속선상에 의해서 일반적인 교리도 성립시키는 것이다. 이 명백한 관찰을 통해서 구원에 이를 만한 영적으로 그 어떤 선한 것도 할 수 없다는 인간의 무능에 대한 교리는 믿음의 추론에 의해서만이 아니라 많은 성경적인 진술들에 의해서 지지를 받는 것이다. 그리고 다른 중요한 성경적 교리들과 분리할 수 없는 연결점도 이를 지지하고 있다.

3. 의지의 속박-반대의견들

영적으로 선한 그 어떤 것도 행할 수 있거나 하나님께로 돌이킬 수 있는 역량을 전혀 가지지 못한 타락한 인간의 무능에 대한 교리를 반대하는 것과 관련하여, 그리고 로마교도들과 다른 이들이 이 교리를 반대하고 나선 근거들과 이유들과 관련하여, 가장 먼저 고려해야 할 중요한 문제는 바로 이것이다. 먼저 *직접적으로* 그 교리를 반대하는 입장 혹은 그 교리와 어긋나게 말하는 그 어떤 진술도 성경에 존재하지 않는다는 사실이다. 예를 들면, 하나님의 말씀으로부터 타락한 인간이 영적으로 선한 것을 할 수 있는 능력을 가졌다거나 자신의 힘으로 하나님께로 돌이킬 수 있다거나 스스로 그런 일을 할 준비가 되어 있다고 말해 주는 그 어떤 주장도 찾을 수 없다. 이 주제에 대해서 종교개혁자들의 교리와 우리의 신앙표준문서의 교리를 대적하고자 제시된 반대의견들은 성경의 특별한 진술들로부터 추론한 것이거나 연역해 낸 결론들이 아니다. 성경으로부터 직접적으로 유추하여 낸 것들이 아닌 반대의견들은 성경이 인준하고 있다고 주장하는 *일반적인* 원리들로부터 추정한 것들에 불과한 것이다. 이 두 유형의 추론 혹은 영역적 결론들 사이에는 *확실성* 측면에서 상당한 차이점이 있다.

타락한 인간의 무능력 교리에 대한 반대의견들은 궁극적으로 한 가지 보편적인 입장에 용해될 수 있다고 본다. 즉, 성경에서 사람들에게 명령하고 있고 권면하고 있는 것은 죄를 버리고 하나님께로 돌아갈 것을 요구하고 있다는 원리를 말하는 것이다. 인간은 이 명령에 응해야 할 책임이 있는 자이며 불순종하게 되면 죄에 빠진다는 원리인 것이다. 그러나 인간이 명령받은 것들을 수행할 수 있고 그럴 의지가 있는 것이 아닌 한 이러한 명령들이 부각되거나, 책임감이 부여되어 있다거나, 못한다고 해서 죄책에 빠진다고 볼 수 없다.

지금 분명한 것은 이 모든 논쟁이 진짜 유일한 기본 및 근거와 관련하여 성경에 실질적으로 진술되어 있는 그 어떤 것에도 직간접적으로 스며들어 있는 것이 없다는 것이다. 그러나 하나님께서 왜 이러한 명령들이나 권면사항들을 제기하셨는지 그 이유들과 관련된 확실한 개념들 속에 들어 있을 뿐이다. 그 근거들은 도덕적 책임감에 달려 있는 것들이다. 본질적으로 심오하고 신비한 이 주제들은 우리의 신체기능의 인식 범위에 놓여 있는 것이 아니다. 그리고 인간 자신의 사유의 능력에 대한 단순한 적용을 통해서 교리적으로 선언하기에 적합하지 않는 자들과 관련하여, 그리고 성경에 의해서 명백하고 독특하게 인도함을 받지 않는 한, 우리 능력 밖의 일이라고 말하지 않을 수 없다.

실질적인 문제라고 할지라도 논박 혹은 반대의견은 다음 두 가지 견해에 녹아들어 있다고 말할 수 있다. 첫째는 하나님께서는 인간이 순종할 수 있는 자들이 아닌 한 그들에게 그러한 명령과 권면들을 발의하지 않으시거나 발의할 수도 없다는 것이다. 일반적으로 동의하게 되는 이유는 적어도 순종할 수 없는 사람들에게 명령들을 내린다는 것은 선한 목적을 달성할 수 없다는 것이다. 둘째는 명령받은 것을 할 수 있고 하고자 하는 의지력은 인간에게 책임성을 부과하고 그렇게 하지 않음으로써 죄를 짓는 것이라는 질서 차원에서 불가피하게 제기되는 것이다. 문제는 '그 추정들과 결론들이 어떻게 해서 나오게 되는 것인가?'이다. 이 주제는 모든 시대마다 논란이 너무나 많은 것이었다. 결코 해결을 보지 못한 문제들을 상당히 많이 검토해 왔던 주제였다. 그러나 인간의 현재 상태에서는 그 문제들에 대한 해답을 결코 얻을 수 없었던 주제였다. 나는 이 주제에 대해서 상세히 강론하거나 발전시켜 나가기보다는 반대의견들에 대한 답변들을 다루는 방식으로 몇 가지 요점을 제시하고자 한다.

먼저 기억할 것은 그 논쟁의 진정한 상태나 조건이 무엇이냐는 것이다. 타락한 인간은 전적으로 다 잃어버린 존재라는 매우 강력하고 결정적인 증거가 되는 것은 성경으로부터 입증이 된 것이었다. 그리고 타락한 인간이 자신의 구원을 수반하는 그 어떤 영적인 선한 것을 할 수 있는 능력을 지금은 소유하고 있지 않다는 것도 충분히 증명이 된 것이었다. 그것을 반대하는 입장을 지지함에 있어서 그들이 내세우는 증거는 문제에 대한 답변을 *직접적으로* 줄 수 없는 것이며, 성경으로부터 직접적인 증거와 같은 것으로 보이는 그 어떤 것에도 모순되는 것이 아닌 증거를 제시할 수 있는 것도 아니다. 타당한 질문은 이것이다. '위에서 언급한 반대자들의 일반적인 사유들 안에 우리에게 근거로 제시하는 것이 분명하게 참되고 적합한 것인가?', '이 증거를 부정하거나 또는 모든 어려움을 무릅쓰고서도 그 문제를 이것 외에는 잘 설명해 주는 그 어떤 다른 것이 없기 때문에 그렇게 주장하는 것인가?'라는 것이다.

그렇게 중요한 것은 아니지만 이미 언급한 반대자들의 논박을 해결하는 두 가지 입장은 다음과 같다. 인간이 하나님의 명령에 순종할 수 있는 능력이 있지 않는 한 하나님은 그러한 명령들과 권면들을 제기하시지도 않을 것이라는 점이다. 그것은 근거도 없고 단지 그렇게 추정했을 뿐이다. 즉, 인간은 신적 규정을 준수할 수 있고 준수해야 하는 모든 사유(思惟)들에 대한 그 이유들을 판단할 역량을 지닌 자라고 가정하는 것처럼, 일반적인 특성과 양상들을 가지고 추론한 것에 불과한 것이요, 이에 대한 명확한 성경적 근거는 전혀 없는 것이다. 이 주장의 일반적이면서도 매우 선명한 결함은 인간의 무능력에 대한 교리의 성경적 증거를 뒤집거나 중간적 태도를 취하게 할 만한 그 어떤 확실하고 결정적인 힘이나 설득력을 가지고 있지 않다는 데 있다. 이 때문에 그 교리를 능히 박탈시킬 수 없다. 이 반대의견은 다음과 같은 근거 위에서 불만족스럽고 불충분한 것이라고 부르기에 적합하다고 본다. 즉, 반대자들은 잘은 모르지만 또는 성립할 수 있을지 모르겠지만 하나님께서 그러한 명령들과 권면들을 인간이 순종할 역량이 없을지라도 인간에게 제안했어야만 하는 선하고 충분한 이유들을 가지고 계셨어야만 했다는 것이다.

이에 대한 반대 제안은 다음과 같다. 하나님께서 인간이 순종할 능력이 없을지라도 그러한 명령들과 권면들을 말씀하신 것은 그만한 이유들이 충분히 있을 것이다. 앞에서 설명한 그 논지의 조건으로부터 *입증의 책임*(onus probandi)은 반대자들에게 있는 것과 같이 우리의 단순한 반대제안은 그들의 입장을 지지함에 있어서 긍정적인 증거를 산출하거나 우리의 논지를 긍정적으로 붕괴시킬 수 있는 증거를 제시할 수 있지 않는 한 그들의 진전과 성공을 결정적으로 막는 장벽이 된다. 따라서 우리는 여기서 멈추고, 이 방식으로 반대자들의 논지를 충분히 막아 냈기에 우리는 더 이상 논리적 요구의 엄격한 규범들 안에 매일 필요는 없다. 우리는 그 반대의견을 들춰냄으로 직접적으로 논거에 필요한 자료들을 더 찾을 수 있었다. 그중 특별히 우리가 보여 줄 수 있는 것은 인간이 순종할 수 없음에도 불구하고 왜 하나님께서는 그러한 계명들과 권면들을 주셨는지에 대한 이유를 설명하는 것에 대해서 성경이 제시하고 있는 것들이었다.

이 주제는 루터가 쓴 위대한 논문 노예의지론(De Servo Arbitrio)에 매우 잘 논의되었고 설명되었다. 이 글은 에라스뮈스에게 답변한 것으로, 루터가 신학자로서 자신의 자질을 남긴 가장 훌륭한 작품이다. 그리고 그의 신학적 기조가 칼빈주의적 입장이었음을 보여 주는 대표작이기도 하다. 그것은 칼빈의 기독교강요 제2권 5장과 자유의지 장에서 칼빈이 잘 논의하였다. 그리고 튜레틴의 글에서도 칼빈주의자들이 붙들고 있는 입장들에 대해서 간략하게나마 매우 잘 요약되어 있다.[151]

성경에서 하나님께서 인간에게 명하신 계명들과 권면사항들은 영적인 것과 관련하여 두 가지로 분류할 수 있다. 첫째는 본래의 도덕법의 범주 안에서 파악되는 것들이다. 그리고 이성적이고 책임감 있는 피조물로서 단순하게 사람에게 지워진 의무들과 온 마음을 다하여 우리 하나님을 사

---

151) 칼빈의 기독교 강요, 2권 c.v., s. 6-9. Turrettin, Loc. x., Q. 4. secs, 22-24, tom. i., 746-7.
    Calvin, de Lib. Arbit., Tractatus, 276-7.

랑하고 우리의 이웃을 우리 몸처럼 사랑하라는 의무 안에 집약된 것들이다. 둘째는 죄로부터 돌이켜 하나님께로 나아가게 하고 그리스도 예수를 믿는 믿음을 가지게 하는 회개 혹은 회심과 같이 구원에 이르는 일을 위하여 인간에게 계시된 은혜의 치유적 계획을 즉각적으로 언급하는 것들이다. 이들 두 가지 종류의 의무들은 하나님을 향한 사랑과 그리스도 안에 있는 믿음의 이 위대한 두 가지 의무들로 이해되거나 설명되는 것이다. 이것들은 하나님의 말씀 안에서 하나님이 직접 인간에게 명령한 것이다. 인간은 그렇게 행해야 할 의무가 있다. 그렇지 않으면 죄에 빠지고 만다. 이것에 대해서는 의문의 여지가 없다.

그러면서도 우리가 주장하는 것은 자연 상태에 있는 인간은 그렇게 행할 능력이 없다는 것이다. *왜냐하면* 그것을 행하고자 하는 의지를 가질 수 없기 때문이다. 그러나 우리는 지금 책임성과 그 근거에 대한 주제와 관련하여 그 문제를 다루고자 함이 아니다. 나중에 이에 관해서 온전히 취급하게 될 것이다. 다만, 인간이 순종할 수 있지 않는 한 그러한 계명들을 드러내는 어떤 근거도 있을 수 없다는 제한적인 반대와 연관하여 설명하려는 것이다. 이제 우리는 인간이 순종할 능력이 없음을 아심에도 불구하고 왜 하나님께서는 타락한 인간에게 그러한 명령들을 주셨는지에 대한 타당한 근거들을 발견할 수 있는지 아니면 상상할 수 있는지를 살펴보고자 한다.

첫째 유형을 보자. 이는 본래의 도덕법의 범주 안에서 파악되는 계명들이다. 그리고 하나님을 향한 최상의 사랑 안에 집약된 계명들이다. 여기에서는 하나님께서 왜 타락하고 부패한 인생들에게 그런 명령들을 주셨는지에 대한 이유들을 찾아내는 것은 그리 어려운 것이 아니다. 도덕법은 하나님의 도덕적 완전함에 대한 복사판이다. 그리고 영원히 불변하는 법규들이다. 이것은 모든 이성적이며 책임감 있는 피조물들에게 항상 모든 범주에게까지 다 미치는 것이어야만 한다. 그 피조물들의 존재가 시작되었을 때부터, 그리고 하나님과 필연적으로 관계를 맺기 시작한 때부터 변함없이 따라야 할 규례들인 것이다. 그것은 보편적인 의무가 무엇인지를 정확하게 나타내고 이성적인 피조물들에게 언제든지 부과되는 의무사항이 무엇인지를 말해 주는 것이다. 그 의무는 하나님께서 인간에게 반드시 해야 할 사항으로 부과한 것이며 요구한 것이다. 인간은 창조되었을 상태에서 이 율법을 순종할 수 있었고 이 전체의 의무를 준행할 수 있었다.

만일 인간이 지금 다른 여건에 놓여 있다면, 즉 그 모든 의무사항을 준행할 수 없는 여건에 있다고 할지라도 여전히 그 율법을 지켜야 할 의무가 제거되거나 무효가 된 것이 아니다. 인간의 변질된 상황이 하나님의 합당성과 타당성에 영향을 미치는 것이 아니기 때문이다. 하나님의 완전성에 근거하여 그리고 하나님께서 자신의 피조물들과 가지는 관계에서 이 의무사항들을 선언하시고 부과하신 것을 기반으로 보아도 하나님께서 순종을 요구하신 것에 전혀 영향을 주지 않는 것이다. 인간은 타락했을지라도 여전히 하나님께서 요구하시고 부과하신 것을 수행해야 할 책임이 있는 것이다. 이러한 근거 위에서 우리가 지금 그렇다고 주장하는 유일한 요점으로서 타락한 인간이 더 이상 하나님의 요구사항을 따를 수 있는 상태에 있는 것이 아님에도 불구하고 왜 하나님은 온 마음을 다하여 하나님을 사랑하고 지속적으로 요구하시고 있는지 그 이유들을 확인하는 일에 전혀 어려움이 없다.

인간이 여전히 도덕법을 전반적으로 소유하고 있다는 주장은 옳고, 당연히 기대해야 하는 것이다. 지식의 수단이자 확신의 방편으로서 인간에게 부가된 도덕법을 소유하고 있어야 한다. 물론 그것은 인간이 실제적인 표준으로서 그 의무들을 다 따르기에는 불가능하다 할지라도 말이다. 그럼에도 불구하고 그 율법에 순종할 수 없는 존재라고 하더라도 여전히 지식의 수단으로서 유용하고 활용되는 것이다. 하나님의 성품이 어떠한 것인지를 아는 자료들로서 유용한 것이다. 그리고 우리가 그 창조주 하나님과 어떤 관계를 지니고 있어야 하는지, 하나님께서 요구하시는 의무가 무엇인지를 알게 하는 방편으로서 매우 유용한 것이다. 이는 또한 우리의 죄가 무엇인지와 우리가 얼마나 무능한 존재인지에 대한 확신을 가지게 하는 지식의 방편으로서 매우 유용한 것이다.

인간이 죄인이라면 그 사실을 인지하고 있는 것은 매우 중요하다. 이 사실을 직접적으로 깊이 인식하게 할 수 있는 유일한 과정은 의무를 제시하고 지킬 것을 명하는 것이다. 인간에게 부가된 의무사항들을 지켜야 한다고 요청하는 것이다. 그런 다음에 인간이 그 의무수행에 있어서 얼마나 부실하고 결함이 많은 존재인지를 지적하는 것이다. 만일 인간이 자신에게 부가된 그 의무들을 진짜 수행할 능력이 없다면, 인간의 상태에서 자신의 진정한 모습이 어떠한 것인지를 깨닫는 것이 참으로 중요하다. 이성적인 존재로서 인간의 현 상태 안에 있는 원리들과 부합하며 안전을 획득하는 유일한 방편은 그들에게 부과된 의무사항을 하라고 요구함으로 얻어진다.

그렇다면 부과된 하나의 계명을 정당화하거나 설명하는 유일한 고려사항은 인간이 그것을 순종하는 것이다. 인간이 그 계명을 순종할 수 있음을 내포하는 것으로서 인간이 순종할 수 없을지라도 하나의 계명이 부가된 근거 혹은 요구하신 것에 대한 이유들이 충분히 있기 때문에, 순종함으로 그 계명의 타당성을 증명하는 것이다. 이러한 환경 가운데서 의무사항들의 요구는 유익한 것이 산출될 수 있다. 우리가 살펴보고 있는 것에 대한 반대의견은 하나님께서 인간에게 지키라고 계명을 주셨을 때 하나님께서 그 계명을 발의하신 것 자체가 인간은 그 계명을 지킬 수 있는 것을 전제하신 것이라고 추정하는 것이다. 그러나 우리가 이미 충분히 말했듯이 이런 효과를 얻으려면 그 명령을 발의하신 것 안에 필연적으로 그것이 함축되어야 하는 것은 아니다. 그러나 적어도 그 계명을 발의하신 목적이 그와 반대되는 입장을 가르치고 인식하게 하기 위함으로 볼 가능성은 있다. 즉, 인간은 순종할 능력이 없다는 것을 깨우치기 위함이라는 것이다. 여기에는 이것이 타당하지 않다거나 전혀 가능성이 없는 말은 하나도 없다. 그러므로 반대 입장이 내세우는 어떤 추정은 우리가 이것이 진짜 인간의 상태라고 입증할 수 있는 강력한 성경적인 증거 외에 충분한 근거를 제시하고 있는 것은 분명 아니다. 타락한 인간에게 하나님의 계명을 지켜야 한다는 모든 의무사항을 하나님께서 부가하신 목적 중 하나는 자신의 힘으로는 그것을 지킬 수가 없다는 것을 확신시키기 위함이다. 또는 하나님의 특별한 은혜가 돕는 것과 하나님 자신의 영의 초자연적인 역사하심이 있지 않고서는 수행할 수 없음을 깨닫게 하려는 것이다.

둘째 유형을 보자. 여기에는 인간에게 요구하고 있는 영적 의무사항들과 관련하여 은혜의 치유적 계획 속에 해당되는 회개와 신앙이 있다. 이것은 본래의 도덕법 아래에서 직접적으로 이해한 것들과는 다른 몇 가지 요점들을 가지고 있다. 그러나 그 다른 요점들도 우리의 현재 논쟁에 자료적으로 영향을 미칠 만한 것은 되지 못한다. 실로 하나님께서 동일한 차원에 매여 계신 분은 아니다. 그리고 동일한 근거들 위에서 이러한 의무사항들을 계속해서 부과하고 계신 분이 아님도 사실이다. 인간은 본래 자신의 존재 그 자체만으로 그 모든 것을 순종해야 할 의무에 예속된 자가 아니었다. 그 계명들은 인간의 존재와 책임과 관련하여 잃어버린 인간의 구원을 위한 계획을 고안하시고 실행하시는 하나님의 은혜로운 계획 속에서 시작된 것이다. 하나님의 주권과 지혜의 섭리하심 안에서 하나님께서는 그 구원에 대한 혜택들에 지대한 관심을 가지도록 개별적으로 부과하신 것이다. 그러나 이 차이점도 지금 우리가 생각하고 있는 논지에 별다른 효과를 미치지 못한다. 첫째 유형의 계명들과 관련하여 우리가 앞에서 언급한 동일한 보편적 입장은 다음과 같은 사실에 적용된다. 즉, 하나님께서는 인간이 모두 다 순종하지는 못하지만 계명들을 인간에게 부과하신 선하신 뜻을 분명히 가지고 있다는 것을 의미한다. 인간이 도저히 지킬 수 없지만, 하나님께서 부과하신 계명들을 지킬 가능성 희박하지만, 그래도 하나님께서는 그렇게 할 수밖에 없는 선하고 충분한 이유들을 보여 주는 효과를 얻게 될 가능성은 있다. 그러한 인간은 자신의 힘으로 회개할 수도 없고 믿을 수도 없는 존재이다. 하나님의 특별한 은혜가 없이는 스스로의 힘으로 회개도 할 수도 없고 믿을 수도 없는 자들은 교황주의자들과 알미니안들도 다 마찬가지로 이 반대의견을 내세우기에 매우 익숙한 자들이다.

만일 이것이 옳다면 인간이 이 사실을 깊이 깨닫고 있는 것이 참으로 중요하다. 인간 스스로는 무능하고 독립적으로 뭔가를 할 수 없으며 하나님의 은혜가 절실하게 필요하다는 것을 깨닫는 것이 정말로 중요한 것이다. 어거스틴이 좋아한 말 중 칼빈이 인용한 문구는 다음과 같다. 그것은 '하나님께서 우리에게 할 수 없는 것을 명령하신 것은 우리로 하여금 하나님께 도움을 요청해야 할 자임을 알게 하시는 것이다.'[152]라는 것이다. 이는 영적으로 복을 내리시는 하나님의 도덕적 행정원리와 전적으로 일

---

152) 칼빈의 기독교강요, 2권 c.v., sec. vii.

치한다. 인간에게 부과하신 명령들 안에서 하나님께서는 이러한 결과를 낳게 되기를 원하시는 것이다. 이 유형의 의무사항과 관련하여 계명이 주어진 것에 대한 설명에 있어서 고려해야 할 것이 하나 더 있다. 특히 그 계명을 인간이 지킬 수 없다는 것과 어울리는 고려사항은 계명을 부과하신 것이 하나님의 지혜와 은혜의 산물이었다고 믿을 만한 훌륭한 근거가 성경에 있다는 사실이다. 그리고 그 계명을 지킬 능력이 인간에게 없다는 것을 처절하게 느끼게 함과 계명을 따르도록 인간에게 힘을 공급해 주시는 소통의 방편을 주시어 순종할 수 있게 하시는 근거들을 성경에서 충분히 발견할 수 있다는 것이다.

그리하여 하나님은 인간에게 회개하고 믿으라고 명령을 내리신다. 이는 인간이 이미 그렇게 할 수 있는 준비가 된 자라서가 아니라 자신들의 무능력을 절감하게 함으로써 *가장 지혜롭고 가장 유익한 차원에서* 그 계명을 순종할 수 있도록 필요한 은혜와 능력을 부어 주시기 위하여 그렇게 명령하시는 것이다. 이 원리는 우리 구세주께서 하신 기적들을 내세워 종종 타당성 있게 설명해 왔다. 예를 들면, 주께서 앉은뱅이를 일어나 걸으라고 명령하셨을 때 그 당시 그 사람은 전적으로 걸을 수 없는 상태에 있는 상황이었지만 동시에 그 명령과 관련하여 그리고 어떤 측면에서 보면 그 명령을 도구로 *삼아* 주님께서는 그 사람으로 하여금 그 명령을 수행할 수 있게 하는 능력 내지는 힘을 주신 것이다.

이러한 근거들 위에서 자연 상태에서 인간은 무능력하다는 교리에 어긋나는 반대의견을 처분하는 것은 쉬운 일이다. 신적 은총이 없이 영적으로 구원을 수반하는 어떤 선한 것을 할 수 없다는 것은 하나님께서 명령하시고 요구하신 것에 근거한 것이다. 그러나 이러한 고려사항들은 반대의견을 해결하는 데 충분할지라도 이 주제와 연관된 난제를 뿌리 뽑게 하지는 않는다. 왜냐하면 정말 큰 어려움은 그러한 계명들과 권면들이 단지 인간이 결코 할 수 없는 상태에서 주어진 것(이것은 우리가 아직 다 살펴본 것은 아니다)이라는 사실에 놓여 있는 것이 아니라 인간은 그 명령들을 순종해야할 *책임이* 있는 존재라는 사실에 놓여 있기 때문이다. 그리고 불순종에 의하여 죄에 빠지기 때문이다. 그럼에도 불구하고 그들은 그 명령들에 보답할 수 있는 능력이 없다. 왜냐하면 순종으로 보답하고자 하는 의지조차도 없는 무능력 때문이다.

이것이 큰 문제이다. 우리는 이 문제를 살펴보아야만 한다. 그러나 인간이 계명들을 지킬 수 있지 않는 한 하나님은 그러한 계명들을 부과하시지도 않으며 할 수도 없다는 주장으로 반대의견을 내세우는 것은 인간이 순종으로 보답할 수 있다는 것을 내포하면서 그 명령을 내리신 것이라는 가정하에서 말하는 것이다. 우리는 이러한 주장에 대해서 반대하는 입장을 처음에 피력하였다. 그리고 간략하게나마 그것은 결론적으로 말해서 실제로 무게감이 떨어지고 설득력이 결핍되어 있는 것이라고 주장했다.

인간 혹은 인간의 자유의지를 언급할 때 불가피성이나 속박과 같은 이유를 내세우는 것에 반대하여 추론한 그 큰 반대의견은 인간이 자기 행동에 책임을 지는 존재라는 사실과 자기 죄악들과 결점들로 말미암아 죄책을 지닌 존재라는 사실과 모순되는 주장이다. 인간은 자기 행위에 대해서 책임을 져야 한다. 그리고 죄를 짓는다. 그렇기 때문에 하나님의 율법을 어김으로 인한 형벌은 피할 수 없는 존재이다. 이런 사실은 보편적으로 다 인정하는 내용이다. 성경과 양심의 증언에서 즉시 찾을 수 있는 것이다. 물론 이 위대한 진리와 모순되는 진리는 진리로서 받아들일 수 없는 것이다. 그것이 맞는다면 어떤 교리들에 대하여 신학적으로나 철학적으로 종종 주장되는 것은 인간의 행동들에 대한 책임성을 완전히 뒤집는다는 것이다. 거기에 내재되어 있는 것이 무엇이든지 일반적으로 그리고 추상적으로 안착시키고자 시도함에 있어서 앞서 제기된 것들보다도 이 주제만큼 더 많이 복잡하고 당혹스럽게 하는 논쟁으로 이어진 주제는 아마도 없었을 것이다. 이성적인 피조물들의 책임성은 반드시 필요하다. 인간에 대해서 설명하는 다양한 입장들을 제시함에 있어서 그 원리는 자기 자신들에 의해서 설명되는 하나님과의 관계에 의해서 설명되든지 간에 잘 적용되었다. 상대적으로 이 원리가 인간의 행동에 대해서 책임을 질 줄 아는 존재라는 사실과 일치되도록 수용하거나 거부하거나 둘 중의 하나로 귀결된다.

그러나 인간의 행동에 대해서 인간은 책임을 져야 한다는 것을 부정하거나 실천적으로 떨쳐 버리는 일들이 참으로 많은 이론들을 접하게 된다고 해서 우리는 크게 걱정하지 않는다. 왜냐하면 그들이 그렇게 수용하게 만든 의견들이 사색적이거나 사색적인 방편들을 사용한 것에 기인한 것들이기 때문이다. 인간을 지으신 조물주께서는 인간은 책임 있는 피조물임을 사실적으로 느끼도록 만드셨다. 이 확신이 단순히 사색에 의해서 삭제되는 위험성은 결코 일어나지 않을 것이다. 인간이 자신의 책임성을 부정하도록 이끌림을 받을 때, 그리고 실천적으로 그런 느낌으로부터 도피하게 되는 것처럼 보일 때, 이것은 사색에 의한 것으로 추적되는 것이 아니라, 물론 일어나지 않은 그 일들에 대해서 때때로 사색이나 변명에 의하여 방어되더라도 실제로는 무지막지할 정도로 엄청난 부도덕성의 영향에 기인하는 것이다. 이러한 사실에 기초하여 우리는 책임성을 내세우는 것과는 좀 모순된다는 가능성을 제기하는 것과 관련된 모든 교리들을 거부하거나 설명하고자 하는 혹자들에 의해서 명백해진 극단적인 두려움에 대해서 전혀 동정심을 가지지 않는다.

물론 이 주장이 제기되는 각각의 경우는 그 자체의 적절한 이점들 위에서 시도되고 결정하는 것이어야만 한다. 그러나 이 근거를 통해서 건전한 교리들을 반대하는 상대편 입장들로 쉽게 기울어지는 경향은 전체적으로 무엇이 진리인지를 수용하게 하기보다는 도리어 거부하는 쪽으로 이끈다고 생각한다. 그리고 그 논리 역시 그 자체의 타당한 증거에 의해서 만족스럽게 성립될 수 있다. 지성적인 사람들과 착한 성품을 지닌 사람들 사이에서 인간의 책임성과 어울리는 것인지 아닌지에 대한 논쟁이 벌어진다. 그럴 때 지지하는 쪽과 반대하는 쪽의 입장과 관련하여 우리는 그러한 견해를 내세우는 *사람들* 사이에서 의문시되는 의견들이 책임성과 모순되지 않는다고 주장하는 사실에서 논박될 강력한 추론이 있다고 생각한다. 실제로 이 견해들을 순수하게 붙들고 있는 자들이 그들이 내세우는 원칙들보다 더 낫다고 주장될지도 모른다. 인간은 실제로 계명을 믿지 아니하며 그것들의 실천적인 결과들을 따르지도 않는다. 그러나 이것은 매우 강압적이고 있을 법 하지 않은 주장이다. 만일 의심되는 의견들이 오랫동안 널리 확산되어 있다면 그것은 전적으로 근거가 전혀 없는 것에 불과한 것이다.

이러한 보편적이고 명확한 고려사항들 위에서 우리는 칼빈주의자들이 너무나도 자주 자신감 있게 말한 것처럼 우리 교리가 인간의 책임성과는 모순된다고 주장해 온 것들에는 신경 쓸 것이 없다고 생각하는 것이다. 그리고 주로 관심을 가지고 조사해서 그 증거에 대하여 직접적으로 타당하게 강론해야 하는 것은 그런 교리들이 *참된* 것인지를 입증하는 것이다. 그러나 여전히 그럴듯한 반대의견들을 다 무시할 수 있는 것은 아니다. 자신의 입장을 매우 지적으로 확고하게 붙들고 있는 자들은 그것이 더 일반적이든지 아니면 특별한 것이든지 반대의견을 내세우는 논지의 개념을 분명하게 제시할 필요가 있다. 그러므로 우리는 영적으로 인간은 선한 일을 할 수 있는 능력이 전혀 없으며, 책임감을 지닌 존재이며 계명을 어기면 죄책을 피할 수 없다는 교리와 상반되는 그 주장의 커다란 난제가 무엇인지를 상세하게 다루지 않아도 제대로 확인할 수 있다. 특별히 도덕적 책임감이 무엇으로 구성되어 있는지, 그 근거들이 무엇인지, 그 책임감을 실행할 수 있는 조건들이 무엇인지에 대해서 일반적으로 조사하는 척하지 않아도 충분히 다룰 수 있다. 그런데 사실상 이 주제는 철학자의 영역에 속한 것이지 신학자의 소관은 아니다.

그것은 저항할 수 없는 일반상식적인 지시와 유사하다. 자유의지의 힘을 상실한 것은 인간에게 미치는 영향들이 있을 뿐만 아니라, 의지의 자유를 다 상실해 버리고 만 것들이며, 모든 측면에서 자유의지 기능에 대한 특징들을 잃어버린 것이다. 결과적으로 책임감과 죄책과는 모순될 수밖에 없는 *불가피성들이* 있게 되는 것이다. 뿐만 아니라 인간은 죄책을 공정하게 붙들 수가 없다. 물론 그것은 *어떤 차원에서든지* 하고자 하는 의지나 하고자 할 마음조차도 없어서 할 수 없는 것을 하지 않은 것 때문에 형벌을 받을 수밖에 없게 되는 것이다. 따라서 인간의 무능력 교리를 옹호하는 자들도 인간은 어떤 측면에서든지 하고자 할 의향을 가지고 있고 요구되는 것을 실행할 능력이 있다거나 반드시 있어야만 한다는 것을 일반적으로 인정했다. 그들은 어떤 차원에서 어떻게 인간이 자신에게 요구되는 것을 할 수 있는지에 대해서 설명하고자 노력을 기울였다.

물론 모순되는 것이 있더라도 다른 차원에서 보면 인간은 그 일을 할 수 없다는 것이 사실일 수 있다. 그들은 인간의 무능력에 대해서 말하는 것과 일관되게 인간에게 부여된 능력은 책임감과 죄책감을 말할 수 있는 충분한 근거가 된다는 것을 보여 주고자 애썼다. 또는 적어도 이것은 그들에게 부과된 모든 것을 논쟁적으로 다루는 것으로서, 그것이 아니라고도 증명할 수 없다는 것을 보여 주고자 한 것이다. 이것은 옳은 것처럼 보이고, 인간의 무능력 교리 옹호자들에 의해서 늘 인용되는 논쟁 과정의 기본요건에 대한 간략한 설명이다. 이 반대를 취급하는 양상은 일반적인 범위와 특성 안에 있다. 완벽하게 공정하고 율법적으로 바른 지도자 안에서 발견되어야만 한다. 만일 다른 입장이 일관성 있게 성립되는 것이 있다면, 그들은 그 작업을 우선적으로 할 자들이다. 그것에 대해서 전격적으로 드러내기에 충분하다. 모든 사안들은 다음과 같이 서 있어야 한다. 즉, '성경은 매우 명확하고 분명하게 가르친다. 자연 상태에서 타락하여 하나님의 거듭나게 하시는 은혜를 받아야 할 존재가 되기 전에는 인간은 그 상태에서 구원을 수반하는 영적으로 그 어떤 선한 것을 할 수도 없으며, 하고자 하는 의지도 없다. 또한 성경은 인간은 하나님께서 요구하시는 것을 하려고도 안 했고 하지도 않음으로 말미암아 죄에 빠진 자임을 가르친다.'라고 정립되어 있어야 한다.

　인간은 자기에게 요구되는 것을 하고자 나서는 한 죄짓는 것은 아니라는 것이 자명하듯이 그것을 반대하는 의견은 분명히 어려운 문제를 야기한다. 이러한 환경들 안에서, 즉 우리가 지금 다루어야 하는 실제적인 존재들이 처해 있는 상황에서 제일 먼저 인생 자체에게 솔직하게 제기되는 질문은 다음과 같다. 즉, 그 주제를 믿도록 인간에게 주어진 의무가 무엇인지를 제대로 규명하고자 할 때 드러나게 되는 진리의 발견에 대한 걱정스러운 마음으로 제기되는 질문은(나는 성경의 신적 권위를 다 인정하는 사람들에 대해서 언급하는 것이다.) 바로 이것이다. '이 두 상반된 교리가 서로 조화를 이룰 방도가 없는가?' 아니면 '적어도 그 둘이 화해 불가능한 것이 됨을 증명할 수 없다는 것을 보여 줄 수 있는가?' 아니면 '각각은 필연적으로 상대를 배제할 수 있는 것이 아님을 어떻게 증명해 볼 수 있는가?'라는 질문이다.

인간은 하나님께서 요구하시는 것은 하고자 하며, 할 수 있는 존재가 된다는 것은 인간의 무능력과 관련하여 성경이 명백하게 가르치는 교훈과 잘 조화가 된다고 보여 줄 수 있는 무언가가 있는가? 그렇지 않으면 그 교리는 인간의 무능력 교리와 조화될 수 없음을 증명할 수 없다는 그 어떤 무엇이 있는가? 더 나아가서 인간의 책임감과 죄책감을 위한 기본 혹은 바탕으로서 충분히 증명이 되는 것이 있는가? 아니면 적어도 이 결론을 내리기에는 충분하다고 주장할 뭔가가 있는가? 등 이러한 것들이 자연스럽게 제기되는 질문들이다. 이 같은 질문들은 실제적 상황에서 인간에게 공명정대하게 즉각적으로 제안할 수 있는 것들이다.

만일 그렇다면 그 질문들에 확고하게 답하고자 시도하는 것은 정당한 검증으로 이루어져야 함이 분명하다. 이러한 질문들을 답하고자 제기되는 모든 수고는 매우 공정하고 신중한 검증이 필요하다. 인간의 무능력 교리를 거절하는 근거를 제시하기 전에 성경이 명백하게 가르치고 있는 교리가 불만족스러운 것임을 단호하게 증명할 수 있어야 한다. 심지어 단호한 주장을 내세우기 전에, 물론 그렇게 하는 것이 필요하겠고, 이 주제에 대해서 제기하는 그 선언들의 특성과 의미가 무엇인지를 명백하게 설명해야 할 것이다. 나는 이 질문들이 반드시 필요한 것으로 보일 수 있는 한, 인간이 영적으로 어떤 선한 것을 하고자 하는 것엔 무능력한 존재임을 옹호하는 자들에 의해서 만족스럽게 해결되었다고 생각한다. 이 주제를 논의함에 있어서 실수를 저지를 수 있거나 혹은 논박함에 있어서 부족함이 보일 수 있다고 생각한다. 그러한 현상들은 논쟁의 조건들보다도 지금 제시되어진 것과 같이 그들에게 요구된 것들을 잘 설명하고 증명하고

자 하는 방식에서부터 항상 발생한 것들이다.

이 주제를 설명하는 가운데 명백한 것은 반대의견에 대한 검증은 다음 질문으로 좁혀진다는 것이다. 즉, 이것은 어떤 의미가 있는가? 만일 있다면 영적으로 선한 것을 인간이 할 수 있다고 말하는 의미는 무엇인가? 한편, 증명될 수 없는 것과 관련하여서는 첫째로 성경에서 인간이 어떤 존재인지를 분명하게 가르치고 있는 것과 일치되지 않든지, 아니면 둘째로 책임감과 죄책감을 지닌 존재라고 말하는 근본이나 토대로서 그렇게 말하는 것이 충분하지 않든지, 둘 중에 하나로 귀결된다. 그렇지 않다면 논쟁의 요점에서 동일하게 만족스러운 답변은 무엇인가? 인간은 영적으로 선한 일을 할 수 없는 무능력한 존재라는 언급에 대한 만족스러운 답변이 있는가? 특히 책임감과 죄책감을 고려할 때 그것은 인간의 책임감에 대한 주장과 *상응하는* 설명인가?

이제 이 주제에 대하여 성경의 교리를 옹호하는 자들을 위한 기본적인 토대로서 상식적인 주장은 다음과 같다. 즉, 책임감에 관한 반대의견에 대답함에 있어서 *본성적 무능함*과 *도덕적 무능함* 사이를 구분함으로써 도덕적으로 하나님께서 요구하시는 것을 인간이 할 수 없을지라도 본성적으로는 그것을 할 수 있으며, 그런 차원에서 그렇게 하지 않은 것 때문에 인간은 책임을 져야 할 존재라는 것이다. 본성적 무능함은 몇 가지 물리적인 율법이나 어떤 초월적인 통제력이나 어떤 외부적인 격렬함으로부터 직접적으로 발생하는 것이든 혹은 그것들로 인하여 즉각적으로 발생된 것이든 간에 어쨌든 인간의 책임감은 박탈된 것임을 대체로 시인하는 것이다. 그리고 죄책감에 대한 면죄부를 주는 것이다. 그러나 그들은 이것들 중 그 어떤 것도 작동되지 않는 곳에서 인간은 본성적 능력을 소유한 자라고 주장한다는 것이다.

도덕적 무능함은 언제나 요구받은 것을 하고자 하는 의지의 결핍으로 부터만 발생한다. 그 무능함은 의지의 반대와 요구받은 것을 하지 않은 것에 대한 원인이나 출처로서 의향의 결함으로부터 방금 묘사한 것처럼 외형적으로나 본성적 장애로부터 발생하는 것이다. 이러한 정의들과 설명들이 일치하는 측면에서 인간은 본성적 능력을 가지고 있다고 말할 수 있거나 본성적 무능력은 없다고 말하는 것이다. 인간의 실제 행할 수 없는 무능력은 오직 그것을 하고자 하는 의지의 결함으로부터 생기는 것이다. 그리하여 그 논리는 만일 인간이 원하거나 하기로 선택한다면 할 수 있고 할 능력이 있다고 말하는 것이다. 우리 앞에 놓인 본 주제에 이를 적용하면 다음과 같다.

이러한 정의들과 설명에 맞게 인간은 본성적으로 능력을 지닌 존재임을 말할 수 있다. 또는 영적으로 선한 것을 행하고 하나님께서 받으실 만한 것을 행하는 일에 본성적으로 무능력한 존재는 아니다. 왜냐하면 물리적인 율법이 없고 초월적인 통제력이 없으며 인간의 의지하고는 상관없이 작동되는 외부적인 압박이 없기 때문에 만일 인간이 뭔가를 가지고 있다면 하지 못하도록 방해하는 것이 없으며 또 그것을 행하는 것을 하지 못하는 무능력의 원인이 될 만한 뭔가가 있다고 말할 수 없다.

그러나 동시에 인간은 하나님의 뜻을 행하는 일에 도덕적으로 무능한 자라고 말할 수 있다. 왜냐하면 사실 무능력한 존재이기 때문이다. 그 반대의견에 답함에 있어서 이 논리를 펼치는 자들의 견해에 따르면, 그 무능력의 원인은 전적으로 인간 자신의 의지에 달려 있다는 것이다. 그렇게 하고자 하는 의지의 결함에 놓여 있으며, 그것을 하고자 선택하지 않은 자신의 의지에 달려 있다는 말이다. 이런 방식으로 그들은 인간은 요구받는 것을 수행할 능력을 지닌 존재라고 말하는 것이며, 동시에 어떤 측면에서는 할 수 없는 존재라고도 말하는 것이다. 인간은 본성적으로 할 수 있지만 도덕적으로는 할 수 없다는 것이다. 만일 이 두 가지가 각각 모순되어 보이지 않는다면, 본성적 능력 혹은 본성적 무능력이 전혀 들어 있지 않은 이 능력은 책임감을 설명하는 근거로서는 충분한 것이 될 수 없다. 그렇기 때문에 그 반대의견은 전적으로 제거되고 마는 것이다.

나는 본성적 무능력과 도덕적 무능력 사이의 구분이 실제로 그리고 실질적으로 존재하는 것이고, 말뿐이라거나 임의적인 것이 아니라고 생각한다. 그것은 *인간의 책임감*을 드러내는 매우 중요한 것이다. 그렇지만 나는 전체 난제에 대한 설명을 위해서 문제의 근원으로 나아가는 것에는 만족하지 않는다. 그 구분은 의심의 여지가 없이 실천적이다. 왜냐하면 외압에 굴복하여 자신의 의지가 방해를 받거나 원치 않는 것을 하도록 강요받을 수밖에 없는 인간의 상태와 자신이 원하는 것이나 선택한 것을 할 자유를 가진 인간의 상태 사이에는 다른 점이 있음이 명백하기 때문이다. 따라서 실질적으로 존재하는 그 구분은 인간의 실질적인 상황에서 구현된다. 인간의 무능력을 강력하게 내세우는 자들이 인정하는 것은 물질세계를 통제하는 것과 같은 물리적인 율법이 없다는 것이다. 사람에게 죄짓는 일이 필요하다는 것을 부과하거나 하나님의 뜻을 행할 수 없거나 죄로부터 돌이킬 수 없게 하는 어떤 물리적인 율법은 존재하지 않는다. 그리고 인간의 의지력 혹은 인간의 의지와 행동 사이의 관계성에 직접적으로 영향을 주는 초월적 통제력이나 외적인 폭압은 없다.

인간이 일상적으로 하는 일은 다 자발적으로나 즉흥적으로 뭔가에 의해서 통제받음이 없는 임의적 선택에 의하여 하는 것들이다. 인간에게 작동되는 어떤 강요도 강압도 없다. 인간이 악을 행하는 것은 악을 선택하거나 악한 일을 하고자 의도하였기 때문이다. 인간의 본성적인 상태에

서 악을 행하는 유일한 직접적인 근인(根因)은 지속적으로 그가 악을 하고
자 하거나 그렇게 선택하였기 때문이다. 그러므로 이제 이성적이고 지성
적인 존재가 외압이나 강압적인 것이 전혀 없이 즉흥적으로 악을 선택하
거나 하고자 하는 의지에 의해서 악을 행하는 것이라고 주장하는 것이 들
어맞는다. 악을 행하는 유일한 원인은 악을 선택하였고 악을 하고자 하는
의지 때문이다. 인간은 자신이 행한 악한 행위에 대해서 책임을 져야 할
존재이다. 적어도 인간은 무책임한 존재로는 비춰지지 않을 것이다. 인간
은 *자신과 관련한 것은 무엇이든 증명하거나 입증할 수 있기에 책임이 없*
는 존재로는 나타나지 않는다.

이것은 일반적으로 인간이 하나님의 뜻을 행하거나 죄로부터 돌이키
는 일에는 도덕적으로 무능력한 존재라는 사실을 고수하는 자들에 의해
서 제기되었듯이, 본성적 능력과 도덕적 능력 혹은 무능력 사이를 상식적
으로 구분하는 것에 내포되거나 그 구분으로부터 끌어낼 수 있는 모든 것
의 핵심이나 본질이 되는 것으로 여겨진다. 이것은 그것을 적용하는 방식
이기도 하며 인간의 책임성 문제를 언급함과 더불어 그것을 만들어 낼 수
있는 모든 적용이자 유일한 적용이다. 이러한 구분들을 만드는 적용은 엄
청난 가치가 있으며 중요한 것이다. 특히 의지의 자유와 철학적인 불가
피성 사이의 차이를 논할 때 그러하다. 따라서 조나단 에드워드의 위대
한 글, 즉 의지의 자유가 확립시킨 가장 가치 있고 중요한 반대의견은 책
임을 지고자 반드시 필요한 것이 될 수 있는 인간이 하려는 것 혹은 선택
함으로써 수행하는 힘인 본성적인 능력(natural ability)만큼 강한 것은 더 이
상 없다는 것을 입증한 것이다. 다시 말하자면, 인간에게 부착되어 있는
본질상 무능력함과 구분되는 도덕성은 오류로부터 면제시키는 것이 아니
다. 인간이 원한다면 얼마든지 요구받는 것을 수행할 수 있는 자들로 말

하는 것을 인정하는 한 인간이 가진 본래의 도덕성 그 자체가 오류로부터 면제를 받는 것이 아닌 책임을 져야 하는 것임을 말하는 것이다.

그러나 이 분야에서 적용되고 있는 구분으로서 가치 있고 중요한 문제는 그 반대의견에 대한 완벽한 해결책 가운데에는 내가 수용하기에는 어려운 점들이 있다는 것이다. 왜냐하면 그것이 개혁자들이 가르치고 우리 교회의 표준문서들에 잘 제시되어 있는 인간의 무능력에 대한 신학적 교리와 어긋나는 것이기 때문이다. 여기서 난제는 바로 이것이다. 인간의 내적 동기나 의향과는 구분되는 것으로서 외적 행실 혹은 행위들에게 적용되었을 때 그것이 하나님의 뜻을 행하기에는 *인간이 무능하다는 것에만* 적용시키는 것으로 보인다는 것이다. 그리고 그것을 하려는 의지를 가지는 데에는 무능한 존재라는 것을 *다루지 않고* 지나가는 것처럼 보이는 것이 내가 수용하기가 힘든 요인이다.

하나님의 은혜가 새로운 피조물이 되게 하기까지 인간은 쉼 없이 악을 행한다. 그 점에 있어서 인간은 그런 행위를 강요받음 없이 자신이 원하는 것 혹은 하고자 선택한 것을 즉시 저지른다는 것을 증명하는 것이 중요하다. 그러나 만일 개혁자들과 우리의 표준문서 작성자들이 성경으로부터 끄집어내서 제정한 교리, 즉 인간은 본질적으로 영적인 그 어떤 선도 행할 수 없는 존재라는 이 교리가 맞는 것이라면 그 문제에서 *이 입장을* 고수한다고 해서 모든 문제가 단번에 다 해결되지 않는다. 여기에서는 그 *의지가 무능함*을 단호하게 천명하기 때문이다. 그리고 이것은 인간의 책임감과는 모순되는 입장을 띠는 반대의견에 답변함에 있어서 기초를 삼아 논리전개를 해야 할 모든 원리로서 주목해야만 한다. 우리가 이미 살펴본 것과 같이 만일 이 반대의견에 답하는 과정에서 일반적으로 다루는 본질적인 문제가 지금 논의하는 과정에서 말하듯 인간에게는 무능력도 존재하지만 일말의 능력이라도 있다고 말하는 것이라면, 인간은 자신이 원하는 것 혹은 하고자 선택한 것을 수행할 수 있다는 것 때문에 인간은 뭔가를 성취할 역량을 지닌 존재라고 명백하게 말한다는 것은 충분한 논리가 될 수 없다.

그러나 이 설명은 하려는 의지력에 관해서는 아무것도 언급하고 있지 않다. 그리고 그 의견에 반대하는 교리에서처럼 그것은 무능력이 선이나 악한 외적인 행실을 위한 역량이 아니라 의지에 달려 있다는 것이다. 그래서 의지에 근거하여 반응하는 능력에 대한 것이어야만 하는데, 이는 반대의견에 대한 답변을 형성하는 것이 되어야 성립한다. 때때로 설명되고 적용된 것과 같이 본성적인 무능력과 도덕적 무능력 사이의 구분은 어떤 의미에서나 어떤 차원에서 능력을 의지로 서술하거나 그와 유사한 것으로 언급하는 일을 위한 충분한 근거나 기초를 제공하는 것으로 보이지 않는다. 그러나 그 구분은 인간이 원하는 것 혹은 선택한 것을 할 능력이 있다고 서술한다. 그러므로 우리가 설명한 것을 근거하여 볼 때 그것은 모든 문제를 충족시키기에는 부적합하다.

종교개혁자들과 우리의 신앙표준문서 작성자들이 한 것처럼 만일 무능함이 의지에 근거한 것으로 설명된다면, 그리고 우리가 반드시 그렇다고 생각하듯이 어떤 측면이나 관점에서든지 능력이 무능력과 마찬가지로 오직 의지에 기인한다는 것을 보여 줌으로써 책임감과 무능함의 불일치에 대한 명백한 반대의견은 제거될 수 있다고 인정한다면, 그것은 종종 설명하고 적용한 것과 같이 문제의 핵심에 이르지도 못할 뿐 아니라 여전히 접근하지 못하는 신비적인 어떤 것이 남아 있게 된다. 그렇기 때문에 그 일반적인 구분 자체는 불충분한 것이라고 말할 수밖에 없다.

그 난제의 완전한 해결책을 촉구할 때, 이 반대의견에 대한 일반적인 답변이 충분하다는 점은 의심을 살 수밖에 없으며, 여기에는 또 다른 근거가 있다. 즉, 그 반대의견에 답하는 이 양상은 의지의 결핍이 유일한 혹은 궁극적인 장애물이거나 예방책이라는 것을 넌지시 암시하는 것처럼 보인다는 점이다. 이제 만일 우리가 그 문제를 오로지 형이상학적 근거들을 가지고 논의하였거나 그리고 일반적으로 그렇게 이해하고 있듯이 철학적인 불가피성 이론에 의존해서만 논의해 왔었다면, 어쩌면 이 진술은 오류가 없는 주장은 아니지만 적어도 종교개혁자들과 우리 교회의 표준문서를 작성한 자들에 의해서 가르친 *신학적* 교리를 충족시키거나 설명할 수 있는 것이 될지는 매우 의문스럽지 않을 수 없다.

신학적 교리에 따라서 선을 행하고자 하는 의지의 결핍은 엄격히 말해서 때때로 본성적 무능력과 도덕적 무능력 사이의 구분에 대한 적용에 내포된 것과 같이 책임성에 관한 반대의견에 답변하지 못한다. 즉, 왜 인간은 하나님께서 요구하시는 것을 행하지 못하는지 그 유일한 원인을 제대로 답변해 주지 못한다. 비록 이 의지의 결핍이 영적인 의무들을 수행하지 못하는 유일한 주요인이라 할지라도, 인간의 의지력과 관계없이 그 의지력과 별개로 작용하는 모든 외부 통제의 영향들을 배제시켜도, 성경적이고 신학적인 원리들 위에서 의지의 무능력 자체는 원의(原義)의 결함과 인간의 도덕성의 완전한 타락함에 근거하는 것으로서 충분히 설명된다. 인간이 영적으로 선한 것을 할 수 없다는 인간의 무능력에 대한 이 신학적 교리가 성경에서 가르치는 교리라고 한다면, 그것은 원죄 또는 원초적 도덕적 타락 교리와 연루되어 있거나 그렇게 연역할 수 있는 것으로 표현되는 것이다. 그리고 이 교리가 언급하고 있는 문제들의 상태는 인간 본성의 기능으로서 인간의 실제적인 도덕적 특징의 구부러진 성향에 의해서 규정되거나 결정되는 의지나 의지력에까지 거슬러 올라간다.

우리의 종교개혁자들과 표준문서 작성자들에 따르면 '무죄한 상태에서 인간은 선한 것을 할 수 있는 자유와 능력을 지니고 있었다.'고 한다. 이와 같은 자유와 능력을 가질 수 있었던 이유는 의와 거룩함 가운데 있는 하나님의 형상으로 지음을 받은 자였기 때문이다. 그리고 그것은 인간의 도덕성이 구성하고 있는 특징이었고 경향이었기 때문이다. 동일한 신학적 교리체계에 따르면, 우리의 신앙고백서에서는 '인간은 타락으로 말미암아 죄의 상태에 떨어지게 되었으며 이로 인하여 구원을 수반하는 그 어떤 영적인 선한 것을 할 수 있는 의지력을 상실해 버렸다.'라고 말한다. 인간은 하나님의 형상을 상실했고 부패의 통치력 밑으로 떨어졌기 때문에 하고자 하는 의지력을 다 잃게 된 것이다. 우리의 신앙고백서가 말하는 것처럼 '이 원부패로 말미암아 선을 행하고자 하는 마음을 전혀 가질 수 없으며 선을 행할 수도 없고 모든 선을 대항하며 전적으로 모든 악에 기울어져 있고 실제로 모든 악을 행하게 된다.'[153)]

만일 이것이 사실이라면 인간이 타락한 상태에서 왜 영적인 선한 것을 실행할 수 없는지에 관한 유일한 혹은 궁극적인 원인은 그 선한 것을 선택하지 않아서라거나 그것을 하고자 하는 의지가 없어서가 아니라, 그 의지 자체의 결핍 혹은 하려는 의지의 무능력은 그보다 훨씬 더 깊고 숨겨 있는 어떤 무엇으로 추적해야 하는 것이다.

나는 이 근거들 위에서 본성적 능력과 도덕적 능력 사이를 일반적으로 구분하는 것은 그 자체로서는 맞는 것이라는 생각이 들지만, 그로 인한 결과적인 측면에서 보면 우리의 신앙고백서가 가르치고 있듯이 죄에 떨어진 타락한 인간은 전적으로 모든 의지력 혹은 영적인 선을 행할 모든

---

153) 웨스트민스터 신앙고백서 6장 4항.

능력을 다 상실하였다. 그렇기 때문에 이 신학적인 문제와 연결된 난제를 온전히 해결할 수 있는 길은 튜레틴의 다음과 같은 설명을 수용할 수밖에 없다고 생각한다. 튜레틴은 그의 책 제1권 끝부분에 언급된 그의 열 번째 로커스(Locus)에서 자유의지 문제를 논의하였다. '이 무능력이 본성적인 것이 아니라 도덕적인 것이라고 한다고 해서 더 나은 해결책을 만들 수 있는 것이 아니다. 그런데도 그들은 인간이 원하기만 하면 그 일을 할 수 있는 것이 절대적으로 혹은 순수하게 불가능한 것이라고 주장할 수 있는 것이 아니라는 것이다. 우리는 그 무능력의 원인이 본성적이든 도덕적인 것이든 그것은 분명히 해결할 수 없는 문제라고 본다. 인간이 이것을 할 수 있다고 말한다는 것은 허망한 짓이다. 또는 인간은 짐승과 다른 존재이기 때문에 원한다면 얼마든지 할 수 있다고 말하는 것은, 하고자 하는 의지의 결핍 때문이 아니라 선한 것을 하려는 성향이 없다는 것(이 질문에 대해서 우리가 다루어 온 것과 같이)이 명백한 이상, 다 헛된 주장에 불과한 것이다.'[154]

그렇다면 본성적이고 도덕적인 무능함에 대한 이 구분은 본질상 인간이 무능하며 신적인 은혜가 없이는 영적인 그 어떤 선한 것도 할 수 없다는 신학적 교리에 반하여 제기된 난제를 충분히 설명해 주는 것으로 적용할 수 없다. 그래도 여전히 남아 있는 질문이 있다. 그것은 어떤 측면에서 인간의 책임 문제를 고려할 때 인간이 선한 것을 기꺼이 행하는 능력 또는 그에 상응하는 어떤 무엇을 할 수 있다는 의견과 무능력과 죄책 사이에 반박된 불일치성 위에 근거한 반대의견만큼 더 완벽한 근거를 제공해 주는 견해나 입장이 있겠는가?라는 것이다. 이 질문을 살펴보기 전에 내가

---

154) Turretin, Locus X., Quest. iv., sec. xix.

재차 강조하고자 하는 것은 이 문제와 관련하여 다뤄진 논쟁들의 개요에 관한 두 가지 명백한 생각이다. 첫째는 본질적으로 이 주제에 대해서 수천 번 다루면서 한 번도 다루어진 적이 없는 이야기는 하나도 없다는 것이다. 둘째는 이 문제에는 결코 완벽하게 설명된 적이 없는 난제들을 포함하고 있다는 것이다. 그리고 이 난제는 결코 완벽하게 설명될 수 없을 것이다. 적어도 인간이 새로운 계시를 가지거나 기능이 더 확대되기 전까지는 그런 일은 불가능하다는 점을 다시 한 번 주장한다.

그 주제는 지성을 만족시키는 데 큰 무게와 영향력을 가져야 하는 *일반적인 고려사항*을 크게 끌어들이기 위해 필요한 것뿐만 아니라 필요로 하는 것을 다룬다. 그것이 *직접적으로*나 *즉각적으로* 특별한 난제들이나 추론되는 반대의견들을 다 드러내지는 않을지라도 이것보다 다른 평범한 주제들에게 적용 가능한 가치 있고 중요한 면들을 드러낸다. 우리는 그러한 고려사항들을 두 가지 교리 중 하나를 거부하는 비합리적인 것이라고 지칭한다. 그 둘은 직접적이며 적합한 증거에 의해서 충분히 확립되는 것으로 여겨진다. 그 증거는 성공적으로 반박을 받거나 심지어 그럴듯한 가능성 있는 반박을 직접적으로 받을 수 있는 것이 아니라는 데 있다. 단지 그것들이 *우리에게* 서로 모순되게 나타난다는 것 때문에 또는 어떤 방식으로 그 둘이 조화를 확정시킬 수 있는 것 자체가 불가능한 것이기 때문에 그 두 가지 교리들 중 하나를 거부하는 불합리성을 언급하는 것이다. 사실 우리는 그 둘이 서로 본질적으로 참된 것인지 거짓된 것인지에 대한 표준이나 잣대로 잘 어울린다고 인식함이 입증되기까지는 그것을 당연한 것으로 말할 근거가 없다. 이와 비슷하게 똑같은 원리를 제시하고자 함은 적합한 증거에 의해서 확립되었을 때 비록 그 증거가 설명할 수 있는 면도 있고 설명할 수 없는 면이 있을지라도, 그리고 이미 확정되고 인정된 다른 요소들과는 불일치하는 면들이 드러난다고 하더라도, 하나의 사실을 거부하는 것을 허용하지 않는 원리에 기반을 두기 때문이다.

영적으로 그 어떤 선한 것도 인간이 할 수 없다는 무능함과 하려고도 않고 하지 않은 것에 대한 책임성은 즉각적으로 교리들과 실제 현상들로 간주될 수 있다. 그 교리들은 성경에서 명확하게 가르치고 있는 것들이다. 그것들은 실제로 성경적인 진술에 의해서 확립된 인간의 상태에서 드러나는 현상들이다. 그러나 그것들 중 그 어느 것도 성경의 권위에 대한 증거에 전적으로 독점적으로 의존하지 않는다. 그러한 경우에 타당하고 합리적인 과정은 그것들이 선언하고 있는 이 교리들과 그 실제적인 현상들을 수용하고 인정하는 것이다. 만일 그 증거에 대해서 신중하게 철저히 탐사한 후에 충분히 확립되는 것으로 나타난다면, 비록 그것들이 우리에게는 여전히 서로 일치하지 않는 것들로 비춰지더라도 그 교리들과 실제적 현상들을 수용하는 것이 타당하다고 본다.

우리는 이전에 이 문제에 대해서 언급한 기회를 가진 적이 있었기 때문에 더 이상 이 일반적인 고려사항들에 머물 필요가 없다. 특히 인간 본성의 완전한 부패에 대한 교리나 실제를 다룰 때 아담의 첫 번째 죄가 그의 후손들에게 전가되었다는 것이 무능력의 근거요 이유라고 하는 교리와 관련된 주장은 충분히 다루었다. 그렇다면 이 일반적인 주제들에 대해서 언급한 것은 무엇이었는가? 특히, 한편으로 이것이 필요한 것이었고 다른 한편으로는 매우 실천적인 것이었다고 제기되는 어려운 문제들이나 반대 의견들에 이르기까지 확장된 것이 무엇이었는가에 관한 것은 우리의 현재 논지에 더욱 타당한 것이다. 왜냐하면 이미 충분히 언급한 것과 같이 타락한 인간의 상태에서 영적으로 그 어떤 선한 것도 할 수 없는 인간의 무능력은 이에 반대하는 이들에 맞서서 반드시 필요하고 실제적인 것이 되는 내용이다. 이것은 인간에게 미친 죄악의 상태의 필연적인 결과로 보거나 일부분으로 말해지는 인간 본성 전체에 번진 부패나 타락 때문이다.

우리의 신앙고백서가 진술하고 있듯이 '죄의 상태로 떨어트린 타락에 의하여' 인간은 영적으로 선한 것을 행할 모든 능력을 상실하였다. 그렇기 때문에 지금 인간은 신적인 은혜로 말미암아 새롭게 거듭나기까지 선을 행할 의지의 어떤 능력도 지니고 있지 않다. 이것이 진정 우리가 고수하는 교리의 중요한 근거이다. 그리고 이것은 우리가 주장하는 인간 상태의 진정한 모습이다. 우리가 직면하고 있는 난제들과 반대의견들은 본질적으로 같은 것으로서, 의지의 무능력에 대한 교리를 반대하는 것들이다. 그것들은 일반적인 도덕성의 부패에 더 내포되어 있고 그로 인해 파생되는 실제 현상들에 반하는 것들이다. 그렇기 때문에 그것들을 대하는 방식 역시 본질적으로 동일한 것이어야 한다. 우리는 그 난제들을 설명하고 그 반대의견들을 해결하는 데 필요하고 실천적인 것들은 두 가지 경우 모두 동일한 것임을 즉시 발견할 것이다. 특별히 여기서 우리가 발견할 것으로 기대되는 것은 그 주제에 대한 철저한 강론과 연결된 것으로 난제들과 신비스러운 것들이 있다는 것이다. 사실 그것들에 관해 설명하기는 불가능하다. 그것들은 인간적인 역량이 인지하는 것을 뛰어넘는 것들이기 때문이다. 그리고 하나님의 통치하에서 도덕적 악의 존재와 악이 창궐함에 대한 엄청난 어려움에 봉착하게 만드는 것이기 때문이다.

우리는 이러한 반대의견들과 관련된 논의들을 할 때 진짜 해결할 수 없는 난제가 차지하는 영역과 관련된 질문들에 주목하지 않을 수 없다. 그리고 명확한 형태와 양상이 드러나게 되기를 기대한다. 난제는 뒤로 제쳐두고 더 일반적인 원칙을 가지고 해결하고자 함으로써, 아마도 우리가 인정할 수밖에 없는 견해의 일반적인 흐름보다는 반대의견을 다루는 방식으로 처리하게 됨은 우리가 수용하거나 생각하게 할 만한 것들은 거의 없거나 전혀 없다고 보기 때문이다.

이러한 일반적인 입장들을 염두에 두고 그들의 무게 있는 주장들을 허용하면서 우리가 다시 살펴보아야 할 것은 특별히 무능력과 책임감이 서로 상반된다는 반대의견이다. 이미 설명한 근거 위에서 이제 우리는 그 반대의견에서 만나는 난제에 대한 설명을 그 어떤 것보다 잘 답변해 주고 있는 원리에 만족해야 한다. 그것은 전 인류 역사에서 모든 인류 역사를 다 하나님과의 관계 속에서 종합적으로 보면 타락 이전과 타락 이후의 인류역사가 다 같은 한 인류의 역사로 보는 성경적인 교리의 원리이다. 인류의 합법적 지위와 책임감들을 고려할 때 하나님과의 관계는 *실질적이고 분리할 수 없는* 관계이다. 인류 족속의 전 역사를 숙고하는 것은 이 관계 속에서 본질적으로 그리고 실천적으로 같은 족속의 역사를 보는 것이며, 영적으로 선한 일에 대한 의지의 무능력과 관련해서도 동일한 관계 속에서 집합적으로 취급하는 것이다. 타락한 인류에게 실질적으로 부착된 형벌의 고통, 즉 아담의 최초의 범죄로 인하여 그의 후손들에게 전가된 죄책에 대한 설명에서 언급한 것과 같이 아담의 후손들도 본질적으로 다 동일한 형벌이 붙어 있다는 성경적인 원리에 우리는 만족해야 한다.

원죄를 다루면서 설명한 적이 있는데 아담의 도덕적 본성은 그의 개인적이고 자발적인 죄의 행동으로 말미암은 자연스러운 결과로 혹은 형벌의 방식으로 아니면 그 두 가지 방식으로 다 철저하게 더럽고 부패한 것이 되었다. 물론 이 방식으로 그리고 이 매개체를 통해서 인간은 전에 가지고 있었던 영적으로 선한 것을 행할 수 있었던 의지의 능력을 다 잃게 되었고 몰수당했다. 그리고 이제는 신적인 초자연적 은혜에 의해서만 제거될 수 있는 의지의 무능력에 복속되었다. 만일 이 첫 번째 죄의 죄책이 후손들에게 전가되었다고 한다면 의지의 타락과 그로 인하여 생긴 무능력을 포함하고 있는 모든 적절한 형벌이 후손들에게도 수반되는 것이다. 아니 수반되어야만 할 것이다. 따라서 *이미 언급된 제한들과 함께* 인간의 본래 상태에서 인간에게 붙어 있었던 영적인 선한 것을 할 수 있는 의지가 무능한 것이 되었다는 것에 대한 설명 혹은 *합리적인 설명*이 추가로 제공되어야 한다.

우리의 신앙고백서의 교리는 이와 같다. 복수의 *인간들*로 표기하지 않고 인간이라는 단수로 표기한 것을 주목하라. 첫 언약 하에 있는 아담에 의해서 표상되는 인간은 죄의 상태로 떨어진 그의 타락으로 말미암아 의지의 이 능력을 상실하였다. 만일 하나님과의 관계 안에 있는 다양한 시대와 환경에서 인류의 역사를 다른 환경들 가운데 놓인 한 족속의 역사를 가지고 합법적으로 비춰 보게 된다면, 하나님께서 인간에게 요구하신 것을 행하는 일에 인간은 현재의 존재 상태에서는 무능하다는 교리 안에 포함되어 있는 특별한 난제는 제거된다. 즉, 그 난제는 인간 타락 혹은 인류 족속의 타락에 대한 하나의 큰 난제 속으로 귀착된다. 난제들과 반대의견들의 근거들을 고려할 때 도덕적 사악함이 유입되어 창궐하게 된 것이 비록 다양한 형태들과 양상으로 나타난다 할지라도 그에 의해 일어나는 동일한 난제는 하나님의 존재와 도덕적 통치를 시인하는 모든 체계로 해결 가능하다.

칼빈주의자들이 믿는 인간의 타락과 아담의 첫 죄가 그의 후손들에게 미친 전가교리는 앞에서 설명한 적이 있듯이, 이 개념을 내포하고 있는 것으로 간주하는 것이 매우 합리적일 수 있다. 즉, 아담에 대한 재판은 결과적으로 그리고 합법적으로 인류 족속의 재판이었다는 개념이다. 자신의 주권과 지혜로 하나님은 아담을 시험당하게 하고 도덕적 유기 상태에 굴복되게 정하신 것이다. 그리고 하나님께서는 이 피조물에게 계속해서 분명한 방식으로 그 시험을 성공적으로 감당하도록 충분한 능력을 소유한 특별한 자질들과 역량들을 부여해 주셨다. 그리고 하나님께서는 인간이 이 능력을 잘 수행할 수 있는 가장 좋은 환경들 속에 세우셨다. 또한 하나님께서 이 한 사람의 시험이 실질적이고 합법적인 전 인류의 시험으로 간주하시기로 결심하셨다. 그리하여 하나님께서는 적어도 인류의 법적인 의무들과 관련하여서 마치 그들 모두가 다 실패한 자들인 것처럼 단번에 그들 모두를 다루시거나 아니면 그들을 그렇게 다루시려고 정하셨던 것이다. 그로 인하여 인류 모두는 범죄에 대한 형벌적 결과를 피할 수 없게 된 것이다.

만일 아담의 첫 범죄의 죄책이 그의 후손들에게 전가되었다는 교리가 사실이라면 그것은 그와 같은 개념을 포함하고 있는 것으로 여겨져야 한다. 그다음, 우리의 실제적 상태에 적용된 이 개념은 일종의 밝은 빛을 비추어 준다. 일반적으로 그 교리에 반대하여 제기된 반대의견들의 몇 가지 강한 주장들을 파괴시킨다. 특히 우리가 짓지도 않은 죄로 인하여 형벌적 고통을 피할 수 없다는 것은 매우 불공평한 것이라는 주장에 일침을 가한다. 그것은 하나님께서 인간을 매우 불공정하게 다루신다는 주장을 펼치는 근거들은 하나도 입증될 수 없는 것임을 보여 주는 자료들을 제공한다. 즉, 인간은 형벌적 결과들을 생각할 때 마치 자신이 아담의 죄를 지은 존재인 것처럼 여길 수밖에 없는 자료들을 제공하는 것이다. 마치 그들도 아담처럼 시험을 받았으나 그들 역시 실패한 존재인 것처럼 여길 수밖에 없는 자료들을 제공하는 것이다. 그리하여 그렇게 취급을 받았다고 한다면 그들 역시 불평할 그 어떤 타당한 근거를 제시할 수 없는 것이다.

이 주제를 다루면서 우리가 더 고찰할 것은 정통 신학자들이 성경에서 인준된 원리로서 죄란 어떤 측면에서 보면 죄에 대한 형벌이라고 일반적으로 가르쳐 온 부분이다. 정통 신학자들은 언제나 이 원리를 붙들었다. 게다가 타락과 관련한 성경의 교리가 되는 것으로 믿고 있는 것들에 대하여 충분히 강론하는 주제들 속으로 집어넣었다. 따라서 이 원리는 튜레틴의 글 속에서 설명되고 입증되고 변호되었다.[155]

따라서 나는 인간의 타락 혹은 인류의 타락에 대한 일반적인 교리에 내포되어 있는 것 혹은 그로 인하여 파생된 것들이 어떠한 것들이었는지 간략히 요약하여 제시하였다. 그리고 인간의 특성과 상태가 어떠한 것인지도 설명했다. 왜냐하면 *전반적으로* 책임성과 관련하여 답변이 필요하다고 여겨지는 반대의견들에 대한 충분한 답변이 이 교리 위에 기초하고 있기 때문이다. 우리가 타락한 인간에 대하여 주장한 것들을 설명하거나 변호하게 될 때 이것보다 더 타당한 것은 아무것도 없다. 우리는 성경이 이 주제에 대해서 가르치고 있는 교리 *전체*를 소개하고 적용시켜야만 한다. 그리고 우리의 모든 교리가 다 공정하게 살핀 것이요 다양한 분야와 다양한 관계들 속에서 세밀하게 살핀 결과물들이라는 점을 주장해야만 한다.

이제 이러한 견해들을 당면한 문제에 적용하기 위해 책임감과 죄책감 문제와 서로 모순되는 주장에 어떻게 대처해야 할지를 생각해 보자. 타락 이전의 인간은 선한 것을 행할 자유와 능력을 지니고 있었다고 말하는 것과 죄의 상태에 떨어지게 된 타락으로 말미암아 그 모든 것을 다 상실해서

---

155) Turretin, Locus ix., Quest. xv.

지금은 그런 자유와 능력이 없다고 말하는 것 사이에는 불일치되는 점이 없다는 것이 분명하다. 그리고 그 반대의견에 대한 우리의 답변의 본질은 우리가 간략하게 요약하여 설명한 일반적인 입장들에 기초한 답변이었고, 책임감과 관련한 어려운 문제는 그로부터 유추한 것들이다. 즉, 인간은 실제적으로 선을 행하고자 하는 의지도 능력도 없음에도 불구하고 선을 하고자 하는 의지도 없고 하고자 함도 전혀 없는 것에 대해서 스스로 책임을 져야 할 존재라는 것이다. 아담의 죄에 대해 법적 책임을 지고 있는 것처럼 그 무능력 자체에 책임이 있기 때문에 첫 번째 범법으로 인한 형벌적 상실의 일부로서 무능력을 상속받은 것이다. 만일 인류의 역사가 다른 환경에 처해 있는 한 사람의 역사와 같은 것으로 취급된다면, 다시 말해서 아담의 첫 범죄행위의 전가된 죄책감이 인간이 타락한 상태로 떨어진 죄악성의 구성 요소 중 하나로 취급된다면, 하나님과의 법적 관계 속에서 해석되는 한, 우리가 방금 선언한 이 입장은 *참되고 연관성이 있* *는 것이다.* 참되다는 것은 인간의 타락과 관련된 우리의 근본적인 교리들이 참되다는 가정 위에서 그러하다. 나는 여기에 대한 설명이 더 필요하다고 생각하지 않는다. 그것의 연관성은 우리가 다루고 있는 그 반대의견에 대한 답변으로서 그 문제가 다음의 사실에 놓여 있다는 것이다. 즉, 인간의 현재 상태처럼 어떤 측면에서 인간은 영적으로 선한 것을 하고자 하는 능력을 가지고 있다고 문자적으로나 명확하게 주장할 수 있다는 것에 대해 충분한 근거를 제공해 주지 않을지라도, 그것은 적어도 우리에게 그 *와 유사한 것이 무엇인지를* 말해 주는 하나의 근거를 제공한다는 것이다. 그것은 책임감과 죄책감을 생각하게 될 때 본질적으로 동일한 것이다. 다시 말하자면, 아담 안에서 예표된 인간 혹은 인류 족속은 선한 것을 하려는 의지도 가지고 있었고 할 능력도 있었다는 것이다. 그리고 그의 죄로 그 의지력을 상실한 것이라고 말하는 것이다.

그러므로 그 의지력의 결핍에 대한 책임은 인간에게 있다. 법적 의무감을 고려할 때 무능력으로부터 파생되는 모든 일들에 대해 책임을 져야 하는 것이다. 마치 지금도 처음 창조되었고 철저하게 몰수당했던 그 능력을 여전히 가진 것처럼 하지 못한 것에 대한 책임을 질 존재인 것이다. 그것은 제대로 된 이성과 평범한 정서와 인류의 느낌이 명령하는 것과 정확하게 일치하는 것이다. 한번 소유했던 능력 그러나 마땅히 제거된 그 능력은 책임감과 죄책감을 생각할 때 마치 현재도 가지고 있는 것과 같이 인간을 책임져야 할 동일한 상태에 남겨 둔 것이다. 그 주제에 대한 우리들의 근본적인 교리들과 관련하여 일반적으로 모두가 인정하는 이 원리에 대한 입장은 그 반대의견이 성립될 수 없다는 것을 보여 주는 합법적인 견해로 통용되는 것이다.

나는 지금도 인간이 어떤 측면에서는 영적으로 선한 것을 수행할 능력을 가지고 있다고 말하는 것이 참되다고 문자적으로 명확하게 말하는 것에 대해서 만족하지 않는다. 다만 이성적인 존재로서 인간의 정신적 구성요소들과 기능들의 구조와 틀에 해당되는 것으로서 그 말이 사용되는 것은 예외로 여긴다. 이성적인 인간은 타락에 의해서 영향을 받지 않은 의지력을 가지고 있다. 우리가 보여 준 대로 이것은 우리가 직면해 있는 난제를 위한 설명을 충분히 제공해 주지 않는다. 나는 인간이 선한 것을 하고자 할 능력도 하려는 의지도 없음에도 불구하고 자신의 무능력에 대해서 자신은 책임을 질 존재라는 것을 보여 주는 것 외에, 자신의 죄악들과 허물들에 대해서 인간은 책임을 져야 할 존재라는 주장이 직면하는 난제를 해결할 방책이 있다고 생각하지 않는다.

이 무능력은 타락한 인간에게 붙어 있는 본성의 타락 혹은 부패에 포함되어 있거나 그로 말미암은 것이라는 것은 자명한 사실이다. 그러므로 그 것이 실제로 설명될 수 없을지라도 만족스러운 증거에 의해서 지지받는 다면, 인간의 실제적 상태의 진정한 모습이 바로 이것이라고 인정해야 할 것이다. 그러나 나는 인간이 이전에 아담이 범한 것 때문에 부과된 형벌 의 일부분으로서 간주되는 형벌적 고통으로서 자신의 행위에 대한 책임 을 져야 한다는 원리가 무엇인지 어떻게 그런 과정을 거친 것인지에 대해 서는 아는 바가 전혀 없다. 이 원리는 난제를 설명하는 방향으로 나아간 다. 왜냐하면 그것이 모든 인간을 특징짓고 있는 보편적인 부패 혹은 타 락과는 구분되는 것으로서 이 무능력에 대한 주제에 붙어 있는 특별한 어 려움이 없거나 불가피한 결과들로 구성되어 있다는 것을 만족스럽게 보 여 주고 있기 때문이다.

그렇다면 우리가 성경의 교리를 수용하기를 주저할 이유가 하나도 없 다. 타락한 상태에 있는 인간은 영적으로 구원을 수반하는 그 어떤 선한 것을 할 의지의 능력을 가지고 있지 않으며 인간은 자신의 힘으로 회심 할 수 없고 회심을 위한 그 어떤 준비도 할 수 없기 때문이다. 특히 하나님 의 율법이 요구하는 것을 행하지 않은 것에 대하여 책임을 져야 할 존재라 는 것과 불일치하는 것들을 검토해 보아도 성경이 가르치고 있는 교리를 받아들이지 못할 이유가 하나도 없다. 왜냐하면 우리는 그 가르침이 진 리임을 보여 주는 직접적인 증거를 충분히 가지고 있을 뿐만 아니라 그러 한 증거는 그에 대해서 주어지는 어떤 설명이 없을지라도 단순히 난제들 로서 그 성경적 교리에 반하여 주장한 반대의견들을 한쪽으로 치워 버리 게 하는 근거가 되기 때문이다. 그러나 더 나아가서 우리가 이 주제와 연 관된 모든 교리를 성경이 가르치고 있는 것을 취하게 될 때 적어도 인간이 어떻게 이 무능력에 대한 책임을 져야 하는지 좀 더 추가적인 설명을 요하는 자료들을 접하게 된다. 무능력에도 불구하고 왜 책임을 져야 하는지 더 강한(a fortiori) 설명을 요구하는 것이다. 동시에 우리는 이 깊고 신비한 주제는 여전히 어둠과 어려움을 포함하고 있음을 시인해야만 한다. 우리 자신의 추측적인 사고들과 사색들로부터 신중하게 억제하고 있는 의무가 우리에게 드리워진 느낌에 관하여 그리고 매우 겸손하고 은연중에 하나님이 그것에 관해 우리에게 기쁨으로 계시해 주신 것에 관하여 그것이 무엇이든지 간에 우리가 수용해도 여전히 어려움이 존재하는 것이다.

이 논의는 내가 이전에 고찰했던 진리를 단호하게 확언하고 어떻게 설명했는지에 주목하게 한다. 첫째로 인간의 타락과 그 결과에 대하여 성경적인 모든 교리를 정확하게 이해하는 것이 중요하다는 것이다. 그리고 인간이 타락한 상태의 죄악성이 구성하고 있는 요소들에 대하여 자료들을 우리에게 성경이 제시하고 있는 한, 그 개념들에 대한 명확한 이해와 독특한 개념들을 잘 파악하는 것이 중요하다. 둘째는 아담의 첫 번째 범죄의 죄책이 그의 후손에게 전가되었다는 교리를 정확하게 이해하는 것이다. 거기에 내포되어 있는 것이 무엇인가를 논하는 것 대신에 깊고 신비한 이 주제에 종종 제기되었듯이 어둠과 난제 가운데서 일종의 빛을 던져 주고 있는 것이다. 셋째는 이 주제들에게 쏟은 우리의 모든 연구과정에서 지속적으로 간주하는 불가피성에 대한 올바른 이해이다. 타락한 인간과 타락하지 않은 인간 사이에 실제적인 특징과 상태와 관련해서 엄청난 차이가 존재하고 법적인 지위와 의무와 관련하여 대체로 일치하는 것이 어떤 것인지를 정확하게 이해하는 것이 중요한 것이다.

인류 족속의 상태에 대한 견해는 하나뿐이다. 성경에서 특별하게 언급하고 있는 것과 같이 가든지 아니면 모든 시대 모든 나라들에서 드러나는 세상의 현상들과 함께 가는 것이다. 그것은 우리들이 살펴보고 있는 것에 드러난 것으로서 성경이 우리에게 제시하고 있듯이 죄로 인하여 온 인류가 정죄받은 상태에 놓여 있는 것과 같이 하나님의 성품과 통치의 일반적 양상과 더 관계있는 입장이다. 전 인류에게 내린 그 정죄의 실행이 일시적으로 중단되었고, 도리어 인내와 친절을 보여 주시는 징후들이 있다. 동시에 위대하고 영광스러운 예비하심이 소개되었다. 이 잃어버린 세상의 주민들 중 얼마를 영원한 구원을 얻게 하는 일을 하시고 적용시키시는 의향을 드러내신 것이다. 그 무리는 결국 수를 헤아릴 수 없는 무리를 형성하게 될 것이다. 이것이 성경이 우리에게 인류의 상태에 대해서 제시하고 있는 견해이다. 이것은 인간의 상태에 대한 실제적인 것들을 조사함으로 말미암아 확정된다. 이것은 다른 방식으로는 *전적으로* 설명이 안 되는 현상들이나 사실들에 일종의 빛을 비추어 주는 것이다. 이 심오하고 신비한 실제에 대해서 제대로 설명해 줄 수 있는 그 어떤 타당한 자료들을 성경도 이성도 결코 제공하고 있지 않지만 우리는 적어도 확신을 가지고 주장한다. 즉, 성경이 가르치고 있는 교리에다 어떤 어두움이나 어려움이 첨가되어야 하는 것은 없다고 말이다. 다시 말하면, 한 사람의 죄에 의하여 죄가 세상에 들어왔고 죄로 인하여 세상에 사망이 들어온 것이다. 한 사람의 불순종으로 말미암아 많은 사람이 죄인이 되었으며 한 사람의 불법에 의하여 심판이 모든 사람에게 임하여 정죄를 받게 되었다는 이 분명한 사실을 우리는 단호하게 주장한다.

4. 중생한 자의 의지

트렌트 교회회의는 신앙의 규범으로서 믿고 따른다고 고백하는 원리들을 따라서 펠라기안에 반대하여 5세기와 6세기에 내린 교회의 옛 결정들로 말미암아 그리고 그들 중에 있던 다른 의견들에 의하여 잘 결속된 교회회의였다. 그런데 이 교회회의는 대다수 사람들이 동의할 만한 것으로 믿게 하는 충분한 이유를 제시하지 못했고, 그들 총대들이 바라는 대로 온전하고 명백하게 종교개혁자들의 성경적인 교리들이 불건전한 교리들로 반대되는 이유를 자신들의 결정사항들에 잘 반영시키지 못했다. 동시에 그것은 교황제가 토대로 삼고 있는 많은 교의들과 실천사항들, 그리고 은혜의 교리는 부패되어질 수밖에 없다는 교황제의 주된 실체를 고수하기 위하여 절대적으로 필요한 것이었다. 즉, 그들은 죄인들의 구원을 종교개혁자들이 묘사한 것처럼 전적으로 하나님의 은혜요 역사로 말미암은 것이라는 은혜의 교리를 드러내지 못했다. 그들이 제시하고 있는 죄인의 구원문제는 어떤 측면에서 인간 스스로에 의해서 결정되는 것으로 묘사되었다. 즉, 인간 자신이 수행하는 일들과 공적에 의해서 영향을 미친다는 것이다.

우리는 이러한 교리가 어디까지 파장을 미쳤는지 충분히 설명했다. 원죄에 대한 그들의 교리를 추적하면서, 그것을 얼마나 억눌러 왔는지 그리고 그들이 처해 있는 어려운 상황들에 의해서 어떻게 발전되며 수정되어 왔는지에 대해서 충분히 지적하며 설명했다. 원죄에 대한 법령에는 모호한 결함들이 많이 있을지라도 긍정적인 차원에서 보면 오류가 상대적으로 그렇게 많지 않다. 그러나 6차 회의에서 그들이 중요한 칭의론을 다루게 되었을 때 원죄에 대한 그들의 법령 안에 중생하지 않은 모든 사람들의 행동은 전적으로 죄악된 것이라는 것을 전적으로 부정함으로써 오류와 결함투성이의 내용들을 가장 폭넓게 적용시켜 버렸다. 그리고 심지어 중생한 자들의 모든 행동에도 죄악된 불완전함이 존재함도 부정하였다. 타락으로 말미암아 인간은 구원을 수반하는 영적으로 그 어떤 선을 행할 의지의 모든 능력이 상실되었다는 것도 부정하였다.

그러나 개신교도들의 교리, 즉 중생하지 않은 자들은 다 죄의 노예로 죄에 속박되었다는 교리, 영적으로 선한 그 어떤 것도 행할 의지력은 다 상실되었다는 교리에 대한 부정은 인간 스스로의 구원과 관련하여 인간 본성의 능력들을 담아내면서 인간 본성의 부패와 타락에 대한 오류와 결함을 적용시킨 것만이 전부가 아니다. 그들은 그들의 교리로부터 도출하여 더 나아간 것은 구원을 수반하는 영적으로 선한 것들과 관련하여 타락한 인간의 자유의지가 좀 약화되었고 취약적인 것이 되었을 뿐이지 잃었다든지 소멸된 것이 아니라고까지 주장하였다. 즉, 인간의 자유의지는 인간의 중생의 과정에서 하나님의 은혜와 공동으로 작동한다고 주장하였다. 그것은 일명 신인(神人)협동설이다. 이것은 종교개혁자들과 정통 개신교도들이 주장한 인간의 본성적인 역량들과 구원의 복음적인 방도의 교리들과 일치되지 않는 것으로 간주된다.

중생의 일에 있어서 인간의 자유의지와 하나님의 은혜가 공동으로 협력한다는 그들의 교리는 우리가 이미 그들의 6차 회기의 법령 서문을 살피면서 이미 로마교회의 오류들이라고 제시한 바 있다. 이 교리는 칭의 주제에 대한 근본적으로 엄청난 이단사상을 위한 길을 닦아 놓은 것이다. 그 내용은 다음과 같다.[156] '만일 누구든지 하나님에 의해서 움직이고 돋우어진 인간의 자유의지가 인간을 자극하고 부르시는 하나님께 동의하거나 양보함으로 말미암아 협력하는 것이 아니라고 말한다면, 칭의의 은혜에 기울어지게 하거나 칭의의 은혜를 받도록 자신을 준비하는 일을 위하여 또는 원한다면 자신이 선택한 것을 거절할 수 없고 단지 어떤 무생물처

---

156) Sess. vi., Can. iv.

럼 행동하는 것이거나 매우 수동적인 입장일 뿐이라고 말한다면, 그런 사람은 저주를 받을지어다.'

이처럼 이 법령에는 자유의지와 중생 이전에 작동하는 선한 것을 행할 능력이 있다고 기록되어 있다. 그러나 그 인간은 선한 것을 행하고자 그 자유의지를 실행함에 있어서 중생을 위한 진행과정과 준비하는 예비단계에서 하나님의 은혜와 협력한다고 말한다. 물론 이것은 타락한 인간의 자유의지가 선을 행할 능력을 가지고 있다는 것을 주장하는 그들 교리의 기초로 삼고자 중생을 위하고 중생을 산출함에 있어서 인간의 자유의지가 하나님의 은혜와 함께 협력사역을 한다고 내세운 것이다. 이 방식으로 이루어진 중생의 역사는 명백하게 하나님의 은혜의 한 부분이요 부분적으로는 인간의 자유의지의 활동으로 부여된 것이다. 즉, 인간 자신의 본성적 상태 안에 하나의 능력을 소유하고 있는 것이다. 비록 그들이 트렌트 교회회의가[157] 그들의 법령의 다른 부분에서 말하고 있는 것처럼 "신적 은혜에 의해서 자극되고 도움을 받는 것이" 되기까지 중생은 실질적으로 효과적으로 작용되지 않는다고 말할지라도, 타락한 인간의 자유의지에는 능력이 있다고 주장하는 것이다.

만일 타락한 인간이 구원을 수반하는 선을 할 수 있는 영적인 능력을 다 상실하였다면(그 교리는 우리가 성경적인 교리라고 이미 밝혔다), 당연히 거기에는 그런 협력사역이 존재할 수 없다. 하나님과 인간 사이에 중생을 위한 준비작업이나 중생을 일으키는 일을 위하여 일종의 부분적인 공동작업은 있을 수 없다. *왜냐하면* 타락한 인간의 본성적 상태에는 그런 협력사역을 할 만한 여지라든지 중생을 도출할 수 있는 그 어떤 무엇이 인간에

---

157) Cap. vi.

게 전혀 없기 때문이다. 그러므로 우리는 이 주제에 더 머물러 있어야 할 이유가 없다. 그것은 중생의 과정에서 인간을 다루고 있는 종교개혁자들과 개혁파 신앙고백서들의 교리에서 인간은 전적으로 수동적이라는 것과 밀접한 관계를 지닌 것이 아니던가! 개혁파들이 붙들고 있는 의지의 갱신은 인간이 영적으로 선을 행할 수 있기 이전에 반드시 필요한 것이다. 개혁파들이 묘사한 인간의 의지의 자유는 의심의 여지가 없이 중생한 *이후의* 것이다. 이 주제들에 대해서 이제 우리는 잠시 살펴보고자 한다.

일반적으로 종교개혁자들은 중생의 역사에 있어서 인간은 수동적이라고 주장하였다. 이 교리는 인간 도덕성의 전적인 부패와 타락의 교리와 영적으로 선한 그 어떤 것도 할 의지의 능력이 없다는 교리에 반드시 내포되어야 한다는 입장이었다. 또한 종교개혁자들은 성령의 역사하심으로 말미암아 인간에게 효과적으로 미친다는 위대한 변화의 기원과 특성에 대하여 하나님의 말씀 안에서 우리에게 제시하고 있는 특별한 성경적인 증거를 가지고 있는 자들이었다. 그러나 그 주제가 약간 복잡한 면이 있고, 협력설과 반대되는 수동적인 입장은 개혁자들의 견해일 뿐 아니라 우리의 표준문서 작성자들의 입장이기도 하지만 오해할 수 있고 잘못 묘사될 가능성이 있다. 그리하여 그 부분에서 대해서 적절한 설명이 필요하고 그들이 고수하고 있는 그 교리적 한계가 무엇인지도 언급하는 것이 타당하다고 본다.

트렌트 교회회의가 저질렀던 것과 같이 종교개혁자들은 이 문제에 있어서 인간을 단지 돌이나 줄기 또는 무생물과 같은 부분으로 묘사하지 않았다. 물론 루터의 경솔한 몇몇 표현이 그런 비난을 받을 만한 핑곗거리를 제공하고 있는 것은 사실이다. 이 주제에 대한 루터의 표현을 문제 삼아서 로마교도들이 만든 불공정한 지적을 언급하면서 칼빈은 루터가 가르친 이 교리의 본질은 모든 종교개혁자들이 붙들고 있는 것이고 옹호하는 것이라고 다음과 같이 주장하였다. '루터는 이 문제에서 최상의 입장에 선 사람입니다. 다른 모든 은혜로 확장시킨 그 문제는 처음에 루터나 다른 누구에게서 온 것이 아닙니다. 오늘 이 문제는 우리가 가장 많이 옹호하고 있는 것이고, 나는 믿음에 대해 언급하면서 이것들이 그렇게 많이 필요한 것이 아니라고 했습니다. 표현상 조금 완화되었지만 그렇다고 해서 장애물이 될 정도는 아니라고 봅니다.'[158]

내가 앞서 밝힌 것과 같이 종교개혁자들이나 우리의 신앙고백서가 가르치고 있는 것은 인간은 타락 이후에도 하나님께서 인간에게 주신 의지의 자유를 본성적으로 유지하고 있어서 인간은 나무 줄기나 돌과 같은 또는 비이성적인 짐승과 같은 존재가 결코 될 수 없고, 그 모든 이성적 활동을 내포하고 있는 본래의 의지력을 유지하고 있다는 것이다. 그러나 종교개혁자들이 중생의 과정에서 인간이 수동적이라고 언급한 것은 주로 다음 두 가지 내용이 함축되어 있다. 첫째는 *시초에* 인간 스스로에게서 나오는 어떤 도움이나 협력이 없이 하나님의 은혜가 먼저 역사해야만 한다는 것이다. 인간은 영적으로 선한 것을 행할 그 어떤 능력도 가지고 있지 않기 때문에 인간 안에, 인간의 본성 안에는 도움이나 협력할 만한 그 어떤 것이 나올 수 있는 것은 아무것도 없다는 것이다. 둘째는 인간 자신이 어떤 무엇을 하기 전에 또는 중생 문제에 있어서 어떤 영적인 선한 것을 하려는 의지를 보이거나 하고자 함에 의하여 인간이 뭔가를 하기 전에 먼저 하나님의 은혜 그 *자체가* 인간 속에서 어떤 변화를 일으켜야만 한다는

---

158) Calvin, De Libero Arbitrio(Tractatus. ed. 1576), 199. 'quod summum est in hac quæstione, et cujus gratia reliqua omnia dicuntur, quemadmodum initio propositum fuit a Luthero et allis, ita hodie defendimus, ac ne in illis quidem, quæ dixi ad fidem non adeo necessaria esse, aliud interest, nisi quod forma loquendi sie fuit mitigata, ne quid offensionis haberet.'

것이다. 이 모든 것은 분명 인간의 타락과 의지의 무능력에 대한 성경적인 교리에 명백하게 내포되어있는 가르침이다. 그리고 중생의 기원과 특성에 대한 성경적인 표현들에서 확실하게 가르치고 있는 것이다.

다시 말하지만, 종교개혁자들은 넓은 의미에서 사용하는 중생이라는 이름하에 이해하고 있는 모든 과정에서 인간은 전적으로 수동적이라거나 신적 은혜나 성령의 역사하심에 대한 할 일 없는 존재라고 가르치지 않았다.[159] 중생은 보다 제한적인 의미로 사용되거나 광범위한 의미로 사용된다. 전자는 영적 생명이 처음으로 이식되는 것만을 포함한다. 죄와 허물로 죽은 인간이 깨어나거나 거듭나게 되어서 더 이상 죽은 자가 아닌 것이다. 후자는 하나님의 형상을 따라 지음을 받은 인간 속에서 중생이 발생하게 되는 전 과정을 다 포함하는 것이다. 여기에는 구원을 얻게 하는 믿음과 그리스도와의 연합이 포함되어 있으며 우리의 신앙고백서에서 효과적인 부르심이라는 제목으로 언급되어 있는 모든 내용을 포함하는 것이다.

종교개혁자들이 고수한 것은 중생의 과정에서 인간은 전적으로 수동적이지 능동적이지 않다는 제한적인 의미의 중생을 이해한 부분이었다. 왜냐하면 그들은 광의적 측면에서 이해하는 중생에 대해서 논하지 않았기 때문이다. 즉, 중생이 다 완성되기 전에 인간은 영적으로 다시 살아나고 영적으로 능동적이며 성화의 모든 과정을 지나는 동안에도 중생의 과정은 계속해서 이루어지는 것이라는 문제를 논의하지 않았다. 이것은 우리의 표준문서에서 가르치는 것이다. 신앙고백서에는 효과적인 부르심의 역사에 있어서 인간은 '성령으로 말미암아 깨우침을 받고 새롭게 되어 이 부르심에 응답할 수 있게 되고 제공되고 전달된 은혜를 가슴에 품으며 받

---

159) Witsius, De æcon, Fæd,. Lib iii., c. vi., sec. xii. Mastricht, Theologia, Lib. vi., c. iii., 659-663.

아들이기까지는 전적으로 수동적이다.'[160]라고 기록되어 있다. 또한 대요리문답 67번에서는 효과적인 부르심에서 '하나님은 인간의 의지를 갱신하시고 강력하게 결단하게 하신다. 그리하여 인간은 (비록 죄로 인하여 죽은 자라고 할지라도) 하나님의 부르심에 자원하는 마음과 자유로운 마음으로 응답할 수 있게 된다.'라고 가르치고 있다.

종교개혁자들은 종종 로마교황주의자들이 지적하는 '하나님께서 인간의 의지에 반하여 중생시키거나 회심케 한다.'는 것을 결코 가르치지 않았다. 이 모든 주제에 대해서 그들이 가르친 것과 일치하는 것은 하나님께서 인간의 의지를 새롭게 하심으로 말미암아 인간으로 하여금 자발적으로 결단하게 하시는 것이다. 또는 악한 처지에서 인간의 의지가 선을 택하도록 하시는 것이다. 이것이 종교개혁자들이 가르친 교리이다. 그리고 이 교리가 트렌트 교회회의에 의해서 정죄를 받은 것이자 우리가 앞서 인용한 법령에서 정죄당하도록 의도된 것이었다.

루터가 중생의 사역에 있어서 인간의 수동성을 제시하면서 사용했던 강하고 경솔한 표현은 앞에서도 이야기하였듯이 칼빈이 인용하며 옹호하였던 내용 중 일부로, 이 주제에 대해서 루터교회에서 민감하게 반응을 보인 것 같다. 그래서 그들은 루터가 죽기 전까지는 아니었지만 죽고 난 후에 벌어진 신인협력설 논쟁(Synergistic Controversy) 혹은 수네르게이아(συνεργεια) 혹은 이 문제에 있어서 하나님과 인간이 협력한다는 논쟁을 낳았다.

멜랑흐톤은 여러 기회들에서 신인협력설의 오류를 은근히 밀어 주는 것으로 보인다. 물론 그의 이러한 입장은 루터가 죽기까지는 드러나지 않

---

160) WCF x. sec. 2.

앉다. 그들이 사용한 표현들에는 공정하게 말해서 신적 은혜가 인간 속에서 처음 작동하게 되었을 때 중생이나 회심과 관련된 그들의 입장에 신인협력 자체가 처음부터 발견된다는 것을 함축하고 있다. 그 일은 단순히 이성적으로 그리고 의지의 본성적인 능력이 아니라 실제적인 효력이 인간에게 미치기 이전에 선행되는 것으로 보는 것이다. 그들은 그것을 초자연적인 영적 영향들을 다루는 적합한 주제들, 적합한 수령자들로 간주하였다. 그러나 그러한 영적으로 선한 본성적인 의지의 역량은 하나님의 영의 첫 번째 움직임과 더불어 즉시 능동적으로 협력하는 것이나 성령의 첫 움직임에 의해서 발생하는 것으로 해석하고 있다.

이 논쟁은 멜랑흐톤의 사후에도 수년 동안 루터교회를 흔들어 댔다. 신입협력교리를 주도적으로 옹호한 스트리겔리우스(Strigelius, 1524-1569)와 그의 맞수로 나선 폴라쿠스 일리리쿠스(Flaccus Illyricus, 1520-1575) 사이에 논쟁이 계속된 것이다. 그것은 다른 많은 논점의 차이점들이 그런 것처럼 마침내 1580년에 채택되고 선포된 '조화 협약서(Formula Concordiæ)'에 의해 종지부를 찍었다. 물론 그것은 신인협력설 교리의 옹호자들의 입장에서 이해되는 것을 명백하게 정죄한 문서이지만 스트리겔리우스 자신이 서명한 것이었다.[161]

조화협약서가 심지어 상당히 부드럽고 개정된 형태에서조차도 신인협력설 교리에 대한 정죄를 매우 뚜렷하게 포함하고 있는(이것은 멜랑흐톤의 제자들에 의해서 주장된 것이었다) 그 문서는 오랫동안 논쟁하면서 그 주제에 대해 샅샅이 조사하고 살펴보고 준비한 것을 담아내고 있기 때문에, 그것은 문제의 어려운 난제들과 애매모호한 것들에 상당한 빛을 비춰 준다.

---

161) Weismanni Hist. Ecclesiast., Pars. i., 1536, etc.

그것은 그것으로부터 발췌하여 인용하도록 그 주제에 대한 설명에 큰 도움을 주는 것이다. 그것은 이 교리를 다음과 같이 정죄한다.[162]

> (cum docetur, 가르침과 함께) 비록 인간은 중생에 앞서 자유의지와 관련하여 너무나도 나약하여 스스로 거듭날 수 없고 스스로의 힘으로 회심할 수도 없으며 하나님께로 돌이킬 수 없고 하나님의 율법에 온 마음을 다하여 복종할 수 없다. 그럼에도 불구하고 성령께서 말씀 선포 사역을 통해서 주도적으로 역사하실 때에 인간의 의지에 제공되는 은혜는 인간으로 하여금 자신의 연약함이나 병듦 자체가 전혀 문제가 되지 않고 자신의 의지와 본성적인 힘과 협력적으로 역사하여 회심을 위하여 준비하여 회심하게 되는 호의를 입게 된다.

나는 *다양한 역사*(*The History of Variations*)라는 책 제8권에서 보수에(Bossuet)가 협력설 주제에 대해 조화협약서가 세미펠라기우스 이단이라고 입증하고자 하였다는 것을 언급하고자 한다. 그는 평소의 파렴치하고 대담한 언사를 사용하여 그렇게 하였다. 물론 그는 의심의 여지가 없이 트렌트 교회회의의 법령들처럼 펠라기안주의에 가깝게 다가간 것은 전혀 없다.[163] 실로 보수에는 이 주제와 관련된 루터교회의 조항들 중 몇몇은 분명하지도 않고 일관성이 없는 것임을 만족스럽게 보여 준다. 그러나 그가 산출해 낸 불일치성들로부터 추론하여서 공정하게 언급할 수 있는 유일한 것은 트렌트 교회회의의 법령들과 로마교회보다 교리적인 입장에서 보다 더 건전한 교회들이 사용한 상징적인 책들을 조사함으로써 동일하게 설

---

162) Formula Concordiæ, de Libero Arbitrio.
163) Moehler's Symbolism, i., 128.

명된다. 즉, 인간 누구도 또는 어느 집단도 철저하게 일관되게 세미펠라기우스적이라는 것은 가능하지 않다. 심지어 인간 본성의 타락과 무능력, 그리고 성령의 능력에 의한 중생이라는 주제의 측면에서 그러하다. 물론 사람들은 세미펠라기우스적인 척은 할 수 있다. 그리고 그들 역시 칼빈주의의 독특한 교리를 인정하지 않는 한 세미펠라기우스 입장이라고 생각할 수 있지만 철저하게 지속적으로 일관성 있게 세미펠라기우스적일 수는 없다.

중생에 있어서 인간의 수동성과 관련하여 종교개혁자들이 주장한 교리들로부터 끌어낸 위대한 실천적 결론(실로 이 교리에 함축된 교리의 본질적인 것으로부터 유추한 것)은 하나님의 유일한 권능에 의해서 인간의 의지가 반드시 혁신되어야 할 필요성에 관한 것이었다. 그것은 인간이 영적으로 선한 그 어떤 것을 할 의향과 행함에 있어서 어떤 실제적인 행동을 발휘하기 전에 선행되어야 한다. 만일 인간이 본질상 그 어떤 영적인 선을 할 수 있는 능력을 가지고 있지 않다면 그것을 전적으로 오직 은혜로부터 받아야만 한다. 인간 안에 의지의 능력이 없다고 한다면 그것을 하나님께로부터 받아야만 한다. 그 의지력이 존재하지 않는다면 그것은 하나님의 권능으로 인간에게 주입되어야만 한다.

이 모든 것이 필요하다는 것은 인간 본성의 상태에 대해서 언급하고 있는 성경적인 진술 안에 명백하게 함축되어 있다. 중생의 과정에서 발생하는 이 모든 것은 다 죄와 허물로 죽은 자들을 살리는 것으로 표현되고 있는 성경적인 설명들에 다 들어 있는 것이다. 인간에게 새 마음을 부어 주시고 인간에게서부터 돌같이 굳은 마음을 제거해 주시고 인간의 육신적인 심령에게 그 은총들을 주신다는 설명들 속에 다 들어 있다. 따라서 종교개혁자들은 중생의 과정에 인간의 의지에 대한 쇄신이나 회복이 포함되어 있는 것으로 즐겨 묘사하였다. 이것은 인간을 악에서 선으로 변화시키는 쇄신이다. 물론 이것은 의지에 대한 새롭고 차원이 다른 능력을 창조한다거나 수여한다는 것이 아니다. 다른 역량을 주는 쇄신이다. 전적으로 다른 영향들로 들어가게 하는 것이다. 이것은 중생의 완성을 위하여 신적 능력의 즉각적이고 독점적인 기능인 성령의 특별한 역사하심이 필연적으로 요구되는 중생의 전 과정에서 두드러지게 나타나는 의지의 쇄신인 것이다. 이 용어는 광의적인 차원에서 취해진 효과적인 부르심의 과정에서 취해지는 것이다.

효과적인 부르심의 사역에 있어서 성경적인 근거들 위에서 주도적인 단계를 구성하고 있는 것으로 간주되는 일반적인 것은 죄의 자각과 이해력에 대한 조명, 그리스도를 영접함이다. 이것들은 초자연적인 신적 기능이 동원됨 없이도 또는 트렌트 교회회의가 말하고 있듯이 우리를 자극하고 돕는 하나님의 은혜로운 능력보다 더한 무엇이 전혀 없이도, 성경에서 우리에게 알려진 견해들의 영향으로부터 결과를 제시할 수 있는 자연스럽고 용이한 과정들로 보인다. 신적 은혜는 성경에서 말씀하고 있는 것을 주목하도록 우리를 자극한다. 그리고 그것을 이해하고 실감하고자 하는 우리의 노력을 돕는다. 우리 자신의 본성적인 주목하는 능력을 실행하도록 격려한다. 그리고 지식 탐구력을 잘 활용하도록 돕는다. 우리가 아는 것들로부터 얻은 것들을 수용하는 역량을 자극한다. 자극하고 돕는 신적 은혜가 충분하다는 것으로 그럴듯하게 표현될 수 있는 그 이상의 필요한 것은 아무것도 없다.

그러나 인간의 본성적인 특성과 상태가 진리를 수용하고 그리스도를 영접하게 하는 것으로 나타나는 것을 막는 큰 장애물은 영적으로 선한 것에 대한 전적인 의지의 싫어함이다. 하나님을 기쁘시게 하는 것을 행하고

자 하는 의지의 전적 무능력과 전적인 죄에 예속이나 속박됨이다. 그러므로 죄에 대한 자각과 이해력에 대한 조명만이 아니라 인간이 그리스도를 영접하기 위해서는 의지의 쇄신이 전적으로 필요하다.[164] 하나님과 신적인 것들을 향한 인간의 혐오감이나 적대감은 반드시 제거되어야만 한다. 중생하지 못한 인간에게 존재하는 것들과는 전혀 다른 새로운 기질과 맛, 그리고 성향들이 주어져야 한다. 인간의 평범한 원칙들로부터 산출될 수 있는 것들과는 다른 것들이 주어져야만 한다. 이것은 성령의 특별한 역사인 신적인 은혜의 즉각적인 역사하심으로부터만 나올 수 있다.

이 혐오감을 제거하고 전혀 다른 반대되는 기질을 갖기 위한 필요한 과정은 단지 자극을 주고 게으름을 일깨우고 무감각한 것을 깨우는 정도의 것과는 정말 다른 것이어야만 한다. 그것은 나약하고 무기력한 것을 돕는 정도의 것이 아니다. 그런 정도의 도움에 대해서는 트렌트 교회회의의 교리에서도 언급하고 있다. 정통 개신교는 로마교회의 맥없고 점잖게 말하는 이러한 교리와 주제에 대해서 성경의 강하고 힘찬 언어를 대조시키는 데 능숙한 자들이다. 그들은 나약하고 무기력한 의지를 자극하고 돕는 그것이 새 마음을 창조하는 것과 같은 무엇이냐고 따졌다. 우리 안에서 뜻하게 하고 행하게 하시는 하나님의 역사하심이 우리 자신의 능력으로 원하는 선을 하고자 하는 우리의 의지와 하나님에 의해서 우리에게 제공하는 도움으로 하는 것과 유사한 것이냐며 따졌다.[165] 그러나 그 비교는 명백하게 다르다. 로마교회는 인간이 가지고 있지 않은 것 그리고 영향을 미칠 수 없는 것을 가지고 말하고 있고, 우리는 하나님께서 하나님 자신에게 선언하신 것으로부터 취하여 말하는 것이다. 그리고 하나님의 전능하신 능력만이 성취할

---

164) Mastricht, Theol., Lib. vi., cap. iii. 666.

165) Calvin, Antid. (Tractat., 387, ed. 1576).

수 있는 것을 말하는 것이다.

신적 은혜의 필요성에 관하여 트렌트 교회회의도 많은 말을 할 수 있다. 만일 전혀 외부적인 도움 없이 인간 자신의 능력에만 맡겨진 것이라면 회심이나 중생함은 불가능하다는 것에 대해서 그들 역시 자주 언급한다. 그러나 개신교도들의 이름으로 자주 지적된 것과 같이 로마교회가 펠라기우스주의로 길을 열어 주는 죄를 지은 것은 아니지만, 인간이 할 수 있는 것보다 더한 것을 인간에게 부여함으로써 중생의 과정에서 하나님께서 하나님 자신에게 선언하신 것보다 하나님을 덜 필요한 존재로 묘사하는 죄를 범한 것은 사실이다. 그로 인하여 로마교회는 그 엄청난 중요한 문제에 있어서 비성경적인 오류가 자리 잡도록 재가해 버린 것이다. 특별히 해로운 영향을 발휘하기에 적합한 오류들을 인준해 버린 것이다. 인간은 자신의 능력들과 역량들을 증폭하기를 매우 즐겨하는 존재이다. 인간은 자신의 성품과 행복에 영향을 미치는 것은 뭐든지 행사할 수 있는 영향력을 지니고 있다고 주장하기를 좋아한다.

중생의 과정에 있어서 돕거나 지원해 주는 신적 은혜의 필요성에 대한 일반적인 선언들은 교만, 주제넘음 및 인간의 마음의 자만심을 막아 내는 무기력한 경계선에 불과할 뿐이다. 인간은 이러한 진리들을 인정할 것이다. 그러나 로마교회가 가르치고 있듯이 인간 안에는 몇몇 본성적인 능력 내지는 의지의 자유를 가지고 있다. 그로 말미암아 인간은 맨 처음 신적 은혜가 제공될 때 하나님의 은혜와 협력 작업을 할 수 있게 된다고 그렇게 가르침을 받는다면, 또는 묄러(Moehler)가 표현한 것과 같이[166] '성령과 피조물의 자발적인 상호협력 작업에 의하여 칭의가 진정으로 시작되는 것

---

166) Moehler, Symbolism, vol. i., 117.

이다.'라고 교육을 받는다면, 그런 인간의 시야에서는 하나님의 은혜가 쉽게 사라지며 떠나게 된다. 이는 실천적으로 칭의에 대해 전적으로 자신들을 의존하게 만드는 것이다. 경험들이 그 사실을 증명하고도 남는다. 이 모든 주제들에 대한 인간의 잘못된 견해들은 바르게 교정되고 정립되어야만 한다. 성경으로부터 벗어난 오류는 무엇이든지 그 자체가 잘못일 뿐 아니라 직접적으로 그것이 미치는 곳에 불확실하고 혼란스러운 인상을 심어 주는 엄청난 해악을 끼치는 것이다.

사람들이 중생의 역사에 있어서 신적 은혜의 필요성을 인정하는 것을 듣는 것보다 더 흔한 것은 없다. 거기에 어떤 실천적인 생각을 첨부하지 않는다. 그 원인은 사람들이 자신들이 인정한 것을 믿지 않으려고 한다는 것에 있지 않고, 그 주제에 대한 몇 가지 결함이 있고 오류 섞인 입장들을 붙들고 있는 데서 찾아진다. 몇 가지 오류에는 진리도 더러 섞여 있다. 그 오류는 그 주제와 관련하여 자신들의 생각에 불확실하고 혼란스러운 개념들을 소개하고 있는 것이다. 따라서 중생의 역사에 있어서 신적 은혜가 필요하다고 주장하는 교황주의자들이 허용한 것에는 인간은 영적으로 선한 것을 행할 본성적인 능력과 하고자 하는 자유를 지니고 있다는 것이 포함되어 있는 것이다. 그것을 견지하고 있는 한 이 본성적인 자유의지의 능력을 실행함에 있어서 인간은 적극적으로 중생의 전 과정 속에서 하나님과 함께 협력사역을 하는 것이 된다. 이것은 전체 문제에 혼란과 표현의 부정확성을 양산하는 것이다. 반대로 성경의 교리는 인간이 영적으로 선한 그 어떤 것도 할 본성적 능력을 가지고 있다는 것을 부정함으로써 독특하고 분명한 입장에 가장 잘 어울린다. 그리고 어떤 영적인 행동이 구체화될 수 있기 전에, 어떤 선한 의지가 산출될 수 있기 전에, 먼저 하나님의 은혜로운 능력의 역사하심으로만 되는 의지의 쇄신이 필요하다는 것을 주장함으로써 성경적인 교리 자체가 가장 적절한 것임을 입증한다.

　여기에 자신의 본성적 능력을 증폭시키고자 하는 인간의 본능을 억제시키는 명확하고 분명한 경계선이 삽입되는 것이다. 만일 사람들이 이 사실을 인정한다면, 그들 자신은 전적으로 무기력하고 전적으로 신적 은혜에 의존되어 있다는 이 이론만큼 더 참되며 명확하고 분명한 것은 없게 된다. 한편, 로마교회의 교리나 다른 유사한 교리의 흐름을 보면 중생의 과정에서 한 부분도 오직 신적 은혜에만 남겨 둔 것은 전혀 없다. 그러나 그 *과정의 전체 흐름*에서 자유의지의 본성적인 능력을 보다 많이 혹은 보다 적게 사용하는 협력적인 역사로 묘사하고 있는 것이다. 그것은 인간으로 하여금 전적으로 자기 자신을 의존하게 만들고 그들 자신의 행복과 복지를 조성하는 일에 상당한 역할을 감당하는 것으로 선언하게 되는 것이다.

　그러나 우리는 지금 중생과 회심 혹은 효과적인 부르심과 같은 주제를 다루고자 함이 아니라 그것과 관련된 자유의지만을 다루는 것이다. 우리는 아주 간략하게 주목해야만 하는 것은 인간이 중생한 *이후에* 인간의 의지가 어떤지를 설명한 종교개혁자들이 말하는 자유이다. 여기에서 다시 우리는 우리의 신앙고백서에 진술된 것으로부터 종교개혁자들이 가르친 일반적인 진술을 살펴보고자 한다. 그것은 "하나님께서 한 죄인을 회심시키시고 은혜의 상태에 들어가도록 변환시키실 때, 그는 그 죄인을 그의 본성적인 죄의 속박으로부터 해방시키신다. 오직 그의 은혜로 말미암아 영적인 선을 행할 의지를 자유롭게 가지며 선을 행하게 될 수 있는 것이다."[167]라는 것이다. 여기에서도 중생의 상태에 있는 인간에게 의지의 자유에 대해서 언급하고 있다. 이는 악한 것이든 선한 것이든 그것을 하

---

167) WCF, 9장 4항.

고자 하는 능력을 말하는 것이다. 중생하기 전에는 오로지 악한 것을 하려는 의지의 자유나 능력을 지니고 있었을 뿐이었다. 그의 본성의 중생에 있어서 부패가 통치하는 능력은 제압되었고 그것이 산출하는 모든 영향들은 다소간에 제거되었다. 이러한 영향들의 주된 원칙 중 하나는 하나님을 불쾌하게 하고 공격적인 성향을 지닌 전체 도덕성의 불경건하고 부패된 경향 때문에 죄를 짓고자 하는 의지의 전적인 속박 혹은 노예상태이다.

이 불경건함과 타락한 성향은 이제 회심에서 대부분 제거되었다. 그리고 그와 반대되는 성향이 심겨졌다. 따라서 의지는 해방되었거나 그동안 붙들고 있었던 속박으로부터 자유롭게 된 것이다. 그것은 이제 더 이상 인간의 도덕적인 본성의 일반적인 특성과 성향으로부터 발생하는 불가피성에 굴복되는 일이 없게 되었다. 그러나 선한 것을 자발적으로 하고자 하는 성향을 가진다. 의지는 이제 선한 것을 하고자 하지만 인간의 본성에 남아 있는 부패와 타락으로부터 벗어났을지라도 악을 하고자 하는 의지도 여전히 있다. 그 의지가 하나님의 법령, 미리 정하심의 영향으로부터 자유롭게 벗어난 것이 아니다. 의지는 하나님의 칙령들을 실행하는 하나님의 섭리하심의 통제로부터 벗어나 있는 것이 아니다. 하나님께서는 피조물들과 그들의 모든 행동들을 직접 관장하시고 다스리신다. 의지는 인간의 신체 기능들과 정신적 활동이 작동되도록 지시하는 인간의 정신적 구성요소에 하나님께서 심으신 일반적인 법들의 영역에서 자유로워진 것이 아니다. 그러나 의지는 죄의 지배로부터 벗어났으며 오로지 악을 하고자 하는 의지의 불가피성으로부터 제외되었다. 그리고 동일하게 선한 것을 자유롭게 할 수 있는 존재로 만들어졌다. 의지는 대체로 회복되었다. 잃어버렸던 유일한 자유를 회복한 것이다. 인간의 타락 이전과 이후에 인간의 일반적인 도덕적 특성과 성향들에 의해서 인간 역사 이전의 모든 무대에서 가졌던 것과 같이, 이제는 하나님께서 하나님의 형상으로 만드셨을 때 그리고 원의를 가지고 있을 때처럼 선한 것을 자유롭게 행하게 된 것이다. 그러나 여전히 악한 것도 행할 수 있는 변덕스러운 존재라는 점도 사실이다.

인간이 죄의 종으로 있을 때의 속박에서는 선한 것이 아닌 오로지 악한 것만 행하였다. 그러나 인간이 거듭나게 되었을 때 그 속박으로부터 자유롭게 되어서 이제는 비록 이전의 속박의 상태에 저질렀던 것들을 해로운 영향들로 추적해 갈 수 있는 요소들을 여전히 지니고 있을지라도 악한 것만이 아니라 선한 것도 할 수 있게 된 것이다. 마지막으로 이 주제에 대하여 우리의 신앙고백서가 마지막 항목에서 사용하고 있는 매우 탄복스러운 표현을 사용하여 보자. '사람의 의지는 오직 영화의 상태에서만 완전하게 만들어지고 변함없이 자유로이 선만 행할 수 있게 된다.'[168]

이제 종교개혁자들과 우리의 표준문서 작성자들이 붙들었던 입장을 고찰하는 것은 거의 필요하지 않다. 중생에서 전적인 속박 혹은 죄의 노예로부터 의지의 자유를 얻었다는 것과 관련하여, 그리고 그로 말미암아 의지가 악한 것만이 아니라 선한 것도 즐거워하고 실천할 수 있는 능력 혹은 자유를 가짐에 관하여, 인간의 의지의 자유 혹은 해방에 관한 전체 교리의 중요성과 관계성, 그리고 죄에 탓하게 되는 속박이나 불가피성에 대해서는 확실히 우리가 이미 전에 확정한 진술들에서 충분히 다루었다. 그러나 이 주제에 대한 논쟁의 결함이 어떤 것인지를 지적하는 자유는 매우 탁월한 정통 신학자들의 입장이었다. 마치 철학적 불가피성의 교리가 참된 것인지 거짓된 것인지에 관한 질문의 논지가 무엇인지를 전적으로 잘 파악하고 있는 것처럼, 우리가 이해하고 있는 우리의 표준문서에는 철학

---

168) WCF 9장 5항.

적 불가피성의 교리와 불일치하는 것은 전혀 없다고 받아들이는 것이 적절하다고 본다.

이미 주어진 설명들로부터 확인할 수 있는 충분히 명백한 사실은 한편으로는, 타락 때문에 부패하고 거듭나지 않은 자가 죄에 속박되어 있는 죄의 종이라는 교리도 아니고 칼빈주의의 그 어떤 다른 교리도 철학적 불가피성 교리를 수용하거나 견지해야 한다고 *요구하지* 않는다는 것이다. 다른 한편으로는, 우리의 신앙고백서가 모든 환경 가운데서 인간의 의지에 언급하고 있는 일반적인 자유도 아니며 그렇다고 타락하지 않은 그리고 거듭난 인간의 의지를 말하고 있는 특별한 자유를 배제시키는 것도 아니고, 그 교리와 불일치하는 것이 아니라는 것이다. 전체 칼빈주의 신학체계를 믿는 자들은 우리 교회의 표준문서가 지적하고 있듯이 그들의 신학적 확신과 일치하는 것으로서 일명 철학적 불가피성이라 부르는 것을 철학적인 질문으로 취급해야 한다는 주장은 전적으로 근거가 있는 것이라고 생각한다. 그리고 그것들이 변호되었거나 반대해 온 심리학적이고 형이상학적 근거를 형성했다는 입장 차이에 따라서 인정되거나 거부된 것이었다.[169]

5. 하나님의 섭리하심과 인간의 죄

종교개혁자들과 로마교회 간에 벌어진 논쟁들 중 유일하게 남은 주제가 하나 있다. 그것은 죄의 원인과 특별히 인간의 죄악된 행동들과 관련되어 있는 하나님의 섭리하심이다. 이것은 내가 마지막으로 주장하고자 한 것으로서 트렌트 교회회의의 제6차 회기에서 다룬 법령의 서론 부분에서 언급

---

169) 커닝함의 *종교개혁자들과 종교개혁의 신학*, 482, etc.-Edrs.

된 것이었다. 이것은 지난 세월 동안에 인간의 머리로 다룬 것 중에서 가장 어렵고 당혹스럽게 한 주제였고, 아마 앞으로도 그러할 것이다. 그것은 전혀 근거도 없고 그럴 것이라는 추정으로부터 전개되어 왔기 때문이다. 실제로 종교적인 주제들에 대한 우리의 사색에 포함되어 있는 주도적인 난제들에 빠져들게 되는 큰 어려움 하나는 그것들이 해결되어질 수 있는 것처럼 보이는 것 때문이지 않는가 생각한다. 그 어려움은 당연히 이 주제를 다루고자 하는 모든 사람들에게 발생하는 것이다. 실로 그것은 도덕적 악함의 기원에 관한 문제이다. 두렵고 영구적인 결과를 낳게 되는 이 도덕적 악함이 왜 허용되는가? 그것도 무한하신 능력과 지혜와 거룩함과 선하신 하나님의 다스림 가운데서 왜 이런 일을 발생하게 하셨는가? 게다가 하나님께서 지으신 피조물들의 특성과 운명에 파멸적인 영향을 끼치는 일들이 끊임없이 발생하고 있는 이유는 무엇인가? 이러한 질문은 근본적인 것으로서 인간의 역량의 영역 너머에 있는 것이다. 그리고 하나님 자신께서 직접 우리에게 계시해 주시지 않는 한 확실한 대답이나 만족스러운 대답에 대해서는 아무것도 알 수 없는 근원적인 질문이다.

　도덕적 사악함의 기원이나 확산문제에 대한 일반적인 질문은 인간 영역 밖의 문제에 놓여 있는 것으로 인정되어 왔다. 그러나 이 주제와 관련하여 좀 더 제한적으로 설명을 요하는 다른 질문들도 있다. 그것들은 많은 사람들이 자유롭게 사색에 빠지게 한 생각들로서 솔직히 그것들에 붙어 있는 어려움들은 상당히 큰 것들이었지만 다시금 그 일반적인 질문에 둘러싸이게 된다.

　종교개혁자들과 로마교회 간에 벌어진 논쟁의 질문은 주로 이것이었다. 하나님의 책임 있는 피조물의 죄악된 행위들과 관련하여 하나님께서 사용하시는 역할의 속성은 무엇인가? 그리고 더 특별히 종교개혁자들이 언급하고 있는 에이전트가 하나님께서 죄의 조성자로 삼게 하는 근거가 되느냐 아니냐에 관한 것이었다. 도덕적 악함의 기원에 대한 일반적인 주제는 그들 사이에서 공식적으로 논의가 되었던 것이 아니었다. 하나님의 예정 혹은 일어날 것에 대하여 미리 정하심에 대한 주제 역시 종교개혁자들과 로마교회 사이에 벌어진 적절한 논쟁의 주제 중 하나였다고 말할 수 없다. 왜냐하면 16세기에 로마교회 지도자들은 특히 그 이후로도 이 주제에 대한 개혁파 교회의 교리를 집중적으로 반대했음에도 불구하고, 그리고 모든 사건들에 대한 하나님의 미리 정하심을 적극 부인하였음에도 불구하고, 로마교회는 이 질문에 대해서는 양쪽 진영 어느 곳에서도 일절 취급하지 않았기 때문이다.

물론 이 주제는 트렌트 교회회의에서 취급하였다. 그런데 이상하면서도 재미있는 사실은 이 질문의 양면성(왜냐하면 중간적인 입장 혹은 중간적인 것으로 보이는 입장들을 성립하고자 제시된 모든 정교한 시도들이 있었을지라도 그것은 오직 양면성만 있기 때문이다)은 그 교회회의의 반대 진영에서 변론되었고, 반대 진영의 의견들이 취한 견해들이 전적으로 전면에 등장한 것이었다는 점이다.[170] 어거스틴의 입장에 맞서서 반대하기를 꺼려하고, 자기들 사이에 엄연히 존속하고 있는 반대의견으로부터 다루기가 좀 껄끄러워서 그런지 트렌트 교회회의는 모든 사건들에 대한 하나님의 예정과 관련된 일반적인 질문이나 영생에 이르는 인간 개개인의 선택 문제에 대해서 어떤 결정을 하지 않았다. 물론 이 주제들은 종교개혁자들의 신학에 현저한 위치를 차지하고 있는 것이었음에도 불구하고 그들은 아무것도 결정한 것이 없다. 종교개혁자들이 가르친 것들을 반대한 견해들도 로마교회 당국에 의해 언

---

170) F. Paul, Liv. ii., sec. lxxx.

제나 지지를 받았음에도 다루지 않았다. 이 교회회의의 제6차 회기였던 17번째 법령에서 칭의의 은혜가 영생에 이르도록 예정된 자들에 의해서만 누리는 것이요, 그들만이 최종적으로 획득하는 것이라고 가르친 교리를 정죄하였다. 그러나 이 오류에서 그들은 칭의에서 중생을 포함시킨 어거스틴으로부터 지지를 얻어 냈다. 어거스틴은 영생에 이르도록 예정되지 않았어도 중생한 자들이 있다고 하였다. 왜냐하면 그는 이 두 가지를 구분하였기 때문이다. 그 구분은 성경에서 매우 명확하고 온전하게 일치되는 것이다. 즉, 중생한 자도 타락하여 멸망에 이를 수 있다는 것이다.

그들은 또한 신자들은 특별한 계시가 없이는 택자의 수에 속해 있다는 확신을 획득할 수 없다고 가르쳤다.[171] 그러나 이것은 선택론에 그 어떤 해결책을 주는 것이 아니다. 따라서 우리는 이것이 16세기 종교개혁자들과 로마교회 간에 논쟁이 벌어졌던 섭리하심에 있어서 하나님의 칙령들의 실행과 관련되어 있는 하나님의 칙령 문제라고 보기는 어렵다. 종교개혁자들은 인간이 전적으로 타락하였고 중생하지 않은 상태에서 인간의 의지는 영적으로 선한 것을 하기에는 전적으로 무능한 것이라는 입장으로 자신들의 견해를 펼쳤다. 그리고 그 입장으로부터 인간의 죄악된 행위들이 발생하는 원인이나 방도들을 논의하였다. 다시 말하면, *죄의 원인*을 다룬 것이다. 그러므로 죄의 원인 혹은 인간의 죄악된 행위의 출처나 근원으로 탓하는 이것은 논쟁의 중요한 것이 되었다. 즉, 인간 본성의 타락과 관련된 것으로 그리고 죄에 대한 의지의 본성적인 속박과 관련된 것으로서 매우 중요한 주제였던 것이다.

그 시기의 신학적 작업의 대부분은 '죄의 원인'(De causa peccati)에 대한

---

171) Sess. vi., c. xii.

난(欄)이 항상 있었다. 칼빈은 *기독교강요* 제2권 서두에는 인간의 타락과 의지의 속박 문제를 논의한 후에 '하나님은 인간의 마음속에서 어떻게 역사하시는가?(Quomodo operetur Deus in cordibus hominum?)'를 설명하는 단락이 있다.[172] 이것은 칼빈이 자유의지를 변호함에 있어서 그의 교리에 반하는 반대의견들에 답변하기 전에 먼저 언급한 것이다. 로마교도들은 이 주제에 대한 종교개혁자들의 진술들을 열정적으로 붙들었다. 즉, 죄의 기원과 인간의 죄악된 행위들에 대한 하나님의 직간접적인 역할 등에 대한 것을 붙들었고 하나님이 죄의 저자라는 자신들의 교리를 뒷받침하고자 그들의 글들로부터 몇 가지 가능성 있는 근거들을 뽑아내고자 애썼던 것이다.

따라서 이미 논의한 자유의지에 대한 두 가지를 즉시 진행해 나간 법령에서[173] 트렌트 교회회의는 종교개혁자들을 암묵적으로 전가교리로 정죄하였다. 즉, '하나님께서 선한 것만이 아니라 악한 행위들도 역사하신다(operari). 허용적으로만이 아니라(non permissive solum), 적절하게 그리고 본질적으로(*per se*) 역사하신다. 그리하여 유다의 반역적 행위도 하나님께서 바울을 부르신 것 못지않게 하나님의 적절한 역사인 것이다.'라는 것을 함축시켜서 개혁자들을 정죄하고 나섰다. 그런데 그들이 종교개혁자들에게 유다와 바울에 관하여 공격적인 진술을 설명하기 위하여 사용한 유일한 근거는 멜랑흐톤의 최초 로마서 주석에서 언급된 것이었다는 점이 매우 주목할 만하다.[174] 반면에 다른 종교개혁자들의 글, 심지어 칼빈의 글에서 그와 유사한 진술들은 전혀 언급하지 않았다. 실로 칼빈은 그의 해독제라는 글에서 [175] 멜랑흐톤의 입장, 즉 유다의 반역적 행위에 대한 것이나 바울을 부른 것

---

172) 존 칼빈, *기독교강요*, 2권 4장.

173) Session vi., can. vi.

174) Moehler, vol. i., 52.

175) Calvin, Antid., in Can. vi., sess. vi.

이 다 하나님의 타당한 역사이었다는 주장에 대해 반대하는 입장을 표명하였다.

그러나 독단적으로 멜랑흐톤의 초기 작품들에 포함되어 있는 그러한 경솔하고 공격적인 진술에 대하여 로마교도들은 일반적으로 종교개혁자들의 의견으로 간주하였고, 종교개혁자들이 인간의 죄악된 행위들과 관련하여 하나님을 죄의 저자로 만들며 그런 행위의 역사는 하나님이 하신 것으로 주장한다고 정죄한 것이다. 이것은 그 시대만이 아니라 그 이후의 모든 시대 가운데 로마교도들의 작품들에서 그렇게 말할 뿐만 아니라 개혁자들에 대한 주도적인 정죄들의 죄목 중 하나로 언급하고 있다.

1527년 초 소르본대학교 당국은 루터를 마니키아주의(Manichæism)자라고 비난했다.[176] 어거스틴이 동일한 근거 위에서 펠라기안들에 의해 비방을 받은 것과 같았다. 우리 시대에서 로마교회의 논객들 중 더 정직한 그룹에 속한 묄러(Moehler)는 크게 칭찬을 받을 정도는 아니지만, 그의 솔직함에도 불구하고 그 이상의 인물이었음이 분명하다. 그는 솔직하게 우리를 확신케 한다. 즉, 루터의 입장은 영지주의 마니교도와 엇비슷하다고 했으며, 반면에 츠빙글리는 만유신교적인(Pantheistic) 입장과 닮았다고 했다.[177] 벨라민은 이 비난을 종교개혁자들에게 퍼부었다. 개혁자들이 하나님을 죄의 저자로 만들었다는 것이다. 엄청 진지한 자세로 그는 그의 6권의 책인 은혜의 상실과 죄의 상태(de Amissione gratiæ et statu peccati)의 두 번째 책에서 이 문제에 전적으로 매달렸다. 첫 권에서 그는 용서받을 수 없는 치명적인 죄와 용서받을 수 있는 경미한 죄 사이의 적절한 구분을 확립하고자 엄청 힘썼다. 이 견해는 이론적으로나 실천적으로 교황주의 체계에

---

176) Luther, Op., tom. ii., 454.
177) Moehler's Symb., vol. i., 281.

서는 그 책이 처음 등장했던 때에 비해 훨씬 중요한 것이 되었다.

벨라민 시대 이전에 루터교는 그들의 창시자의 가르침으로부터 이런 비난을 살 가능성이 있는 것들은 대부분 다 폐기하였다. 따라서[178] 벨라민은 그것들을 털어 버리고 츠빙글리와 칼빈, 그리고 베자를 직접 공격하고 나섰다. 사실상 멜랑흐톤은 이 주제에 대해서 한 극단으로부터 또 다른 극단으로 나아갔다. 그의 책, 『신학총론(Loci Communes)』의 후기 판본에서 죄의 원인을 죄를 즉흥적으로 선택하는 인간의 의지로 여겼다. 적어도 그것은 진행되는 과정을 볼 때 적절한 말이었다. 그리고 그 자신의 위치에서 중요한 것이었다. 그러나 그 답변은 문제의 뿌리까지는 나아가지 못한 것이며, 주된 난제는 전혀 건드리지도 못한 것이다. 멜랑흐톤의 사후에 루터교는 칼빈과 그의 추종자들을 대항하는 가장 유해한 독소를 드러냈다. 베스트팔루스(Westphalus)와 헤스휴지우스(Heshusius)의 격노한 공격에 칼빈과 베자가 답했는데, 그것은 우리가 본 것처럼 그들이 하나님을 죄의 저자로 만든 자들이라고 묘사함에 있어서 교황주의자들과 공통된 입장이었던 것이다. 이 비난을 성립시키기 위하여 뛰어난 루터파 학자가 『칼비누스 투르키잔스('Calvinus Turcisans' 터키인들과 같은 칼빈)』와 『칼빈 투르키징(Calvin Turkising)』이라는 책을 썼다. 이 말은 칼빈과 베자의 가르침이 터키인들의 가르침 혹은 모하멧의 가르침이라는 말이다. 이 용어는 16세기 후반과 17세기 초반의 신학에서 이것과 관련되어 종종 등장했던 용어이었다.

벨라민은 츠빙글리, 칼빈, 그리고 베자가 하나님께서 죄의 저자라는 교리를 폐기한 자들임을 인정했다. 그리고 그들이 가르쳤던 그 어떤 것에서부터 그러한 억지 추론을 끄집어낼 수 없다는 입장도 고수하였다. 그러나

---

178) Bellamine, Oper. Tom. iv., 40, Ed. 1615.

벨라민은 인간의 죄악된 행동들과 관련하여 하나님의 일이나 섭리와 관련된 그들의 교리들은 다음과 같은 결론적인 내용들을 위한 만족스러운 근거들을 제공하고 있음을 보여 준다고 고백하였다. 첫째로, 개혁자들은 하나님을 죄의 저자로 만든 자들이다. 둘째로, 그들은 하나님을 참으로 죄를 지으시는 분으로 제시하는 자들이다. 셋째로, 그들은 하나님만을 드러낼 뿐이지 죄악된 행위들을 저지르는 죄인으로서의 인간은 전혀 부각시키지 않는 자들이라고 하였다. 그다음에 벨라민은 공적으로 매우 정교하게 입증하기를 하나님은 죄인이 아니며 죄의 저자도 아니라고 했다. 결과적으로, 그는 이 주제와 관련된 이들 종교개혁자들의 교리는 거짓이라고 증명하고자 애를 쓴 것이다.

물론 종교개혁자들은 이러한 결론들이 자신들의 교리로부터 교황주의자들과 루터파들이 끄집어낸 것들이라고 간주하였다. 이것은 신성모독적인 것으로서 개혁자들의 반대파들이 한 것 못지않게 혐오하는 가르침이었다. 개혁자들은 이러한 신성모독죄를 저지른 자들이라고 비난을 살 만한 어떤 근거를 제공한 자들이라는 주장을 부정하였다. 이 비난에 대한 그들의 반박의 핵심은 다음과 같은 전제로 나타난다. 첫째, 그들은 하나님의 섭리에 대해 언급하기를 인간의 죄악된 행동들과 관련하여 한 부분을 차지한다거나 역할을 하는 분으로 묘사한 것이 아니라 하나님의 말씀이 단지 허용하신다는 것보다 좀 더한 어떤 것이라고 설명하는 것을 언급한 것이다. 둘째, 인간의 죄악된 행동들과 관련하여 단순히 허용하신 것보다 뭔가 더한 것을 하나님께 두었다고 해서 그것이 하나님이 죄의 저자라고 하거나 인간들이 저지른 모든 죄악된 행동들의 죄책에는 하나님이 포함되어 있다는 것을 반드시 함축하고 있는 것은 아니라는 것이다. 셋째, 이 주제를 강론함에 있어서 따라다니는 난제들, 즉 그들 입장에서 결코 해결할 수 없는 것들이라고 말하는 난제들은 성경이 가르치고 있는 것을 받지 못할 충분한 근거를 제공하지 못한다. 또는 그것이 하나님께서 계시하신 진리의 몫으로서 고백되고 유지되어야 할 성경적인 가르침의 본질을 거절해야 할 만큼 충분한 근거들을 제시하지 못한다.

이제 모든 것은 이 주제에 대한 성경의 가르침이 무엇이냐에 대한 답변에 달려 있음이 명백해졌다. 그 질문의 핵심은 이것이다. '하나님께서 장차 일어나게 될 것들을 미리 정하셨는지 아닌지', '비록 그 문제와 직결되어 있다 하더라도 하나님의 섭리하심에서 인간이 행하는 악한 행위들과 관련하여 하나님께서 사용하시는 방편의 특성과 범위가 무엇인지' '거기로부터 성경이 그 문제에 대한 원인을 하나님께서 하신 것으로 설명하고 있는 내용에는 인간의 죄악들에 대해 책임져야 할 것에 하나님이 포함되어 있는지 혹은 제외되는 분인지를 입증할 수 있는지' 이것이 질문의 핵심이다.

이러한 질문들에 대한 연구는 매우 복잡한 논의의 한도 끝도 없는 다툼을 일으켜 왔다. 그 동안 다뤄진 것들을 보면 수를 헤아릴 수 없을 정도로 많은 회의록이 있고 당혹스러운 이야기들이 오고갔음을 알 수 있다. 나는 그 상세한 부분을 다루지 않고 가장 명백하고 중요한 면들만 잠시 언급할 뿐이다.

첫 번째로 주목할 중요한 면은 인간의 죄악된 행실들에 대한 하나님의 섭리하심 혹은 역사하심과 관련하여 성경에서 분명하게 가르치고 있는 것들에 대한 본질적인 뛰어난 전제들을 모든 종교개혁자들이 느끼고 인지한 난제이다. 성경은 하나님께서 죄의 저자가 아님을 분명히 가르친다. 하나님의 지적이고 책임성 있는 피조물이 하나님께로부터 받은 율법을 깨뜨렸을 때 하나님께서 그 죄를 초래하신 것이 아니다. 하나님은 죄를 짓지도 않으신다. 성경은 이 점을 분명히 하고 있다. 그럼에도 그런 일이 발생한 것에는 하나님께도 일말의 책임이 있는 것처럼 보인다. 탁월한 모습을 지닌 하나님의 피조물의 죄악된 행실들에 대한 일련의 체계가 벌어지는 일이 도입된 것과 관련하여 그렇다는 것이다. 이 주제에 대하여 성경의 교리가 무엇인지를 잘 집약하여 요지를 만들고자 하는 모든 사람이 느끼는 어려움이 하나 있다. 그것은 성경이 가르치는 본질적인 것을 드러내고자 하는 것으로, 하나님께서 선한 것들에 대한 저자이자 원인으로 간주되어진다면 하나님은 악한 일들을 *허용만* 하시는 것이고, 그 자체가 그 악한 일의 저자라거나 원인제공자라는 의미는 아니라는 점이다. 허용하신다는 것은 물론 그 악행들을 금하시지 않으신다는 의미는 아니다. 왜냐하면 모든 죄는 하나님께서 금하시기 때문이다. 죄는 하나님께서 계시하신 뜻에 대한 불순종 행위인 것이다. 그러나 허용하신다는 것은 그 악행이 발생하는 일을 막지 않으신다는 차원에서의 허용이다.

그것은 하나님께서 막지 않으시고 허용하신다는 차원에서 죄악된 행위들은 하나님이 금하시는 것이지만 원하신다면 얼마든지 막으실 수 있다는 점도 사실이다. 심지어 허용하시는 이 입장 역시 우리에게 하나님의 운행하심과 관련하여 어려움을 가져다준다. 하나님께서 정하신 규정적 원리가 어떻게 작용하는지 여전히 해결할 방도가 보이지 않는 어려움들이 있는 것이다. 그러나 이 문제와 관련하여 우리가 다루고 있는 주된 질문은 이것이다. 하나님께서 그의 피조물들의 죄악된 행실들을 허용하심이 그것들과 관련되어 하나님이 사용하시는 방편으로서 성경이 우리들에게 가르치고 있는 모든 내용을 다 담고 있는 것인가?

로마교회는 앞에서 이미 인용하였던 것처럼 이것이 그 법령에 함축되어 있음이 분명하다는 입장이다. 반면에 종교개혁자들은 일반적으로 사람들의 악행을 하나님 탓으로 돌리지 않았고 단순한 허용 그 이상의 무엇이라고 가르친 적도 없다. 그들은 *빈약하고 비활성화되어 있고 비효율적인 허용*(nuda, otiosa, et inefficax permissio)이라고 칭하기를 좋아했다. 물론 그것은 하나님을 죄의 저자로 비난하고 있는 근거보다 더한 뭔가에 기초하고 있는 것이다. 종교개혁자들은 이것을 뚜렷하게 그리고 명확한 명제로 제시하기가 참 어렵다고 느꼈다. 그들 중 몇 몇은 이 부분을 해결해 보려다가 경솔하고 부주의한 말들도 했다. 그러나 개혁자들은 분명했다. *단순한 허용*(permissive solum)은 인간의 죄악된 행위들과 관련하여 하나님 탓으로 돌리는 비난으로부터 전적으로 벗어난 것은 아니었다. 그들은 언제나 허용이라는 말이 부정적인 의미가 아니라 긍정적인 의미로 사용되었다면, 다시 말해서 인간의 죄악된 행위에 대해서 하나님께서 관여하신 것이 전혀 없고 그럴 마음조차도 없었다는 것을 지칭하는 것으로서가 아니라 의지의 긍정적인 행동에 의한 것이었다면, 하나님께서 인간이 죄를 짓고자 하여 감행한 행위에 개입하지 않기로 결심하셨다는 것을 뜻하는 허용으로 인정한 것이라고 했다. 즉, 그 단어는 인간의 죄악된 행위들에 관하여 하나님께서 하신 것에 대한 간결하고 정확한 표현으로 사용된 충분한 용어이다. 특별히 그 주제에 대하여 성경적인 가르침을 표현하는 간결한 방식은 다른 용어가 없고 다만 그 외의 다른 것들은 의미를 곡해하거나 잘못된 표현을 남기게 될 뿐이다.

그러나 종교개혁자들은 허용보다 좀 더 강한 표현을 위한 성경적 증거를 붙들었다. 심지어 이 긍정적인 입장에서조차도 결론적인 것이 되는 성경적 증거를 찾았다. 그것이 무엇인지 탁월하고 분명한 진술로 이것이 그것이라고 단호하게 설명하기에는 어려움을 느꼈고 그렇게 인식하고 있을지라도 성경적인 증거를 단단히 붙들었다. 따라서 칼빈은 유다의 반역적 행위나 사도 바울을 부르신 일이 다 같은 하나님의 일이라는 입장을 거부하는 트렌트 교회회의의 법령에 동의한다고 표현하면서, 다음과 같이 말을 즉시 이어서 언급하였다. '만일 하나님께서 인간에게 악을 하도록 허용하셨다면 오직 성경의 가르침이 무엇인지 전혀 알지 못하는 자들을 제외하고는 누구도 확신시키지는 못할 것이다.'[179] 칼빈은 계속해서 몇몇 성경적인 진술들을 언급한 후에 어거스틴의 글로부터 몇 가지를 발췌하여 첨가시켰다. '여기에는 성경이 가르치고 있는 동일한 낱말들을 가지고 우리에게 말해 주는 것은 아무것도 없습니다. 왜냐하면 인간은 더 강퍅하게 구는 의향으로 기울어 행동하기 때문입니다. 행동의 언어 속에 그런 것이 표출되어 나타나는 것입니다.'[180]라고 했다.

이 주제에 대한 자신들의 견해들을 설명하면서 종교개혁자들은 인간의 악한 행동들, 즉 하나님께서 금하신 것을 불순종함으로 말미암아 저지른 행동들, 그리고 모든 반역행위자들에 대하여 선언하신 형벌에 그대로 노출되게 한 악한 행위들은 하나님에 대한 지식이 없이 아직 행해지지 않은, 즉 '하나님께서 깨닫고 있지 않거나(Deo inscio)' 또는 하나님께서 '무지(ignorante)'한 가운데서 행해진 것이 아니었고, 하나님의 뜻에 반한 것이나 하나님의 동의함이 없이 '하나님께서 하고 싶어 하지 않은(Deo invito)' 것으로 자주 언급한 것이다. 즉, 어떤 측면에서든 하나님은 그것들이 반드시 일어나야 할 것으로 뜻하신 것을 가지심이 없이, 또는 하나님께서 부주의하게 살피심으로, 다시 말하면 하나님이 적극적이지 않은 구경꾼으로서 응시하고 있는 것이요, 어떤 측면에서든지 그것들이 실제로 벌어지도록 어떤 역할도 하지 않는 자세로 일관하시는 분이 아니라고 자주 언급

---

179) Sed permissive tantum agere Deum in malis, cui persuadeant, nisi qui totam Scripturæ doctrinam ignorat.
180) Calvin, Antid., in Can. vi., sess. vi.

하였다.[181] 만일 이것이 부정적인 측면에서 맞는 것이라면 악한 행동들은 다 하나님께서 알지 못하는 데서(Deo inscio), 하나님께서 하고 싶어 하지 않는 가운데서(invito), 하나님이 먼 산 쳐다보는 가운데서(vel otiose spectante) 저질러진 것이 아니다(이것을 의혹하는 것은 하나님의 무한하신 능력과 지혜와 선하심이 다 실제적으로 세상을 운행하심에 있어서 하나님의 섭리적인 역사하심 속에서 벌어지는 일이라는 것을 전면으로 부정하는 것이다). 그것들과 관련하여 하나님께서 사용하시는 도구는 단순한 허용 그 이상의 무엇이다. 단지 해결책을 수용하고 인간의 행실들을 개입하심이 전혀 없이 일하심으로 말하기보다는 그 이상의 무엇이다.

그러나 사람들이 길을 잃은 미로에서 헤매며 끝을 찾지 못하는 교묘한 문제들을 확대하여 설명함이 없기에 나는 이 주제가 어떤 측면에서 어렵고 당혹스럽게 하는 것인지, 우리의 신앙고백서에서 잘 진술하고 있는 것으로 즉각 나아가고자 한다. 우리의 신앙고백서는 종교개혁자들의 교리와 전적으로 일치되는 것이며 트렌트 교회회의의 '단순한 허용'과는 정반대되는 것이다. 그 내용은 다음과 같다. '하나님의 전능하신 능력과 측량할 수 없는 지혜와 무한한 선하심이 그의 섭리하심에 잘 나타나 있다. 그 섭리하심은 심지어 아담의 첫 타락과 천사들과 사람들의 모든 죄까지 미친다. 그러나 그러한 것은 단순한 허용에 의한 것이 아니다. 하나님의 허용은 여러 세대에 가장 지혜롭고 강력하게 제한하시고 그 밖에도 명하시고 주관하시어 그 자신의 거룩한 뜻을 이루도록 하신다. 그러나 죄악성은 오직 피조물에게서만 나오는 것이지 하나님께로부터 나오는 것이 아니다. 하나님은 가장 거룩하시고 의로우신 분이기에 죄의 저자이거나 승인자가 되실 수가 없

---

181) Amesii Bell. Enervat., tom. iv., 33, etc:Ed. 1629.

다.'[182]라는 것이다.

　이 설명에는 성경이 이 주제에 대해서 가르치고 있는 모든 본질을 다 드러내고자 온전하면서도 선명하게 표현하기 상당히 어렵게 느껴지는 것들과 뒤섞여 있는 인간의 죄악된 행동들과 관련하여 단순한 허용하심 그 이상의 무엇이 하나님께 있다고 말할 필요성에 대한 깊은 확신이 있다. 그 '뭔가 더(something more)'는 이 주제를 논의함에 있어서 종교개혁자들에 의해서 추적한 과정과 관련하여 이미 고찰한 것이다. 즉, 신앙고백서 그 다음 장에서 '허용하다'라는 단어가 아담의 타락과 관련하여 하나님께서 하신 것에 대한 묘사에서도 언급된 것이다. 다시 말하자면, 여기서 허용이라는 말에 대한 오류와 오해를 불식시키기 위하여 설명들과 조건들을 소개할 필요성이 없는 다른 어떤 단어를 사용하는 것에 대한 명백한 부담감을 깊이 느낀 흔적을 엿볼 수 있는 것이다.

　실천적으로 선명하고 안전하게 설명하며 전개하기가 그처럼 어렵고 힘듦에도 불구하고, 허용이라는 단어 너머에 있는 그 무엇을 교리적으로 견지하고자 애쓴 이유가 무엇인지 묻고 싶다. 그런데 그 질문에 대한 답변은 칼빈에게서 찾을 수 있다. 즉, 하나님의 피조물들의 죄악된 행위들과 관련하여 하나님의 섭리하심이나 도구에 대한 주제를 다루고 있는 성경의 모든 교리에 대하여 전적으로 무지하지 않는 한 단순한 허용을 믿을 수 있는 인간은 아무도 없다는 것이다. 그러므로 이 점에 대해서 성경이 가르치고 있는 본질을 잘 요약할 수 있다고 고백하는 자들은 누구든지 단순한 허용교리를 부인해야만 한다. 그리고 하나님께서는 그의 섭리하심 가운데 인간의 죄악된 행실들과 관련하여 단순히 전적으로 금하신 것들

---

182) 웨스트민스터 신앙고백서 5장 4항.

을 하지 못하도록 막기 위해 개입하는 것으로부터 벗어나 있기로 결정하신데는 그 이상의 뭔가가 있다고 주장하지 않을 수 없다.

그렇게 말할 수 있는 증거들은 하나님의 말씀에 고르게 퍼져 있다. 그것은 하나님께서 피조물들과 모든 피조물들의 행위들에 대하여 관장하시는 섭리하심의 특징과 결과들과 관련된 일반적인 진술들이나 특히 악인들의 동기들과 행위들과 관련된 하나님께서 사용하시는 도구(agency)나 시행하심에 대한 일반적인 진술들에서도 발견된다. 그리고 그것만이 아니라 인간이 저지르는 악한 행실들과 하나님께서 정하신 뜻과 목적들 혹은 공의하심과 자비하심을 베푸는 일들을 실제적으로 달성하시는 것 사이에 놓여 있는 연관성과 관련하여 우리에게 알려지지 않은 진술들에서도 찾아진다. 어쩌면 악행을 저지르는 인간들만이 아니라 어떤 특별한 악행들과 직접적으로 관련이 있는 설명들 속에서 명백하게 하나님께 원인이 있다고 언급하는 것들 안에서 더 직접적으로 발견되는 것은 아닌지 모르겠다. 우리는 성경적인 이 증거의 마지막 부분과 한두 가지 고찰에 의해서 그 증거의 특징을 설명하는 것으로부터 한 사례를 꼽아 볼 수 있다.

"여호와께서 다시 이스라엘을 향하여 진노하사 저희를 치시려고 다윗을 감동시키사 가서 이스라엘과 유다의 인구를 조사하라 하신지라"(삼하 24:1). 동일한 사건에 대해서 역대상에서는 이렇게 묘사하고 있다. "사단이 일어나 이스라엘을 대적하고 다윗을 격동하여 이스라엘을 계수하게 하니라"(대상 21:1). 다윗이 이스라엘 백성의 숫자를 센 것은 분명 어떤 강압적인 요인이 없이 자신의 자유의사를 가지고 즉흥적으로 저지른 죄악된 행동이었다. 그 행위는 다윗 자신의 죄악된 마음이나 동기에 내재되어 있는 것으로서 다윗 자신이 강행한 것이었다. 이 점과 관련하여 그 행위는 다윗의 다른 여죄들이나 다른 사람들이 저지르는 죄들에서처럼 동일한 원리 위에 서 있는 것이다. 그것은 야고보 사도가 죄의 세대로 묘사하고 있는 것에 그대로 적용되는 것이다. "오직 각 사람이 시험을 받는 것은 자기 욕심(또는 악한 욕망)에 끌려 미혹됨이니 욕심(또는 욕망)이 잉태한즉 죄를 낳고 죄가 장성한즉 사망을 낳느니라"(약 1:14-15).

그러나 하나님께서 금하신 것을 실행한 다윗의 이 행동(하나님의 율법을 어긴 것이다. 그래서 죄를 낳게 되었고 하나님의 마음을 불쾌하게 했다)을 성경에서 보면 그 원인이 하나님께 그리고 사단에게 있는 것으로 돌리고 있다. 공정하게 판단해 볼 때 다윗의 그 악행이 감행된 데는 사단이 일종의 역할을 감당한 것이며 하나님 역시 그 일이 진행되도록 어떤 역할을 했다는 것이다. 즉, 죄를 범한 이스라엘을 벌하시고자 공의하고 의로운 목적과 계획을 수행하는 하나의 방편으로서 인구계수 문제를 사용한 것이라는 말이다.

그것은 이 점에 대한 성경적인 진술을 진리로 수용하는 사람들에게는 받아들이기 매우 꺼려지는 것이다. 즉, 일말의 책임 있는 간여가 있었다거나 책임질 뭔가가 벌어졌어야만 했기에 다윗은 수를 세었고 이 결과를 낳을 수밖에 없었던 효력적인 뭔가 있었다고 시인할 수밖에 없는 강권적인 뭔가가 있기 전에는 성경을 진리로 받는 자들이 하나님께 책임이 있다는 것을 기꺼이 수용하기 어려운 것이다. 그렇다면 우리는 이 문제에 대해서 성경이 가르치고 있는 본질을 분명히 제시할 수 있어야 한다. 그러려면 우리는 하나님, 사단 및 다윗은 다 이 죄악된 행위를 낳음에 있어서 이러저러한 방식으로 다 연관이 되어 있거나 뒤섞여 있다고 말해야만 한다. 우리는 실로 하나님의 말씀이 그렇게 가르치고 있기 때문에 믿지 않을 수 없다. 즉, 인구 계수의 죄악된 행위는 오로지 피조물들인 사단과 다윗에 의해서 저질러진 일이라고 믿지 않을 수 없다. 사단은 다윗으로 하여금 이스라엘을 계수하도록 다윗을 격동시켰다는 점에 의해서 죄책이 있다는 비난을 피할 수 없다. 그로 인하여 다윗은 시험에 빠진 자신의 죄책을 조금이나마 덜 수 있는 것이 아니었다. 하나님은 죄의 저자라거나 그 죄악된 행위를 승인한 분이 아니시다.

그러나 우리는 또한 사단과 다윗에 의해서 저질러진 그 죄악된 행위 자체와 관련하여 성경이 말씀하고 있는 것을 공정하게 볼 때, 그 안에 내포되어 있는 것도 믿지 않을 수 없다. 즉, 하나님께서 단순히 그 행위를 허용하시거나 긍정적인 차원에서 보아도 금하신 것 그 이상의 뭔가가 있다는 것이다. 그 일이 벌어지지는 것을 막기 위해 개입하시는 것과는 다른 뭔가가 있다. 어떤 방식으로든 하나님께서는 그 일이 발생하도록 뭔가를 행하셨다는 점이다. 어떻게 하나님께서 죄악된 행위임에도 불구하고 다윗에게 역사하여 "가서 이스라엘의 수를 세라."고 하셨고, 반면에 그 죄악된 행위는 전적으로 다윗의 책임이지 하나님은 *아니*라고 말할 수 있는 것에 대한 설명을 하기는 심히 어렵다. 그렇기 때문에 성경이 우리가 인간의 죄악된 행위들과 관련하여 단순한 허용 그 이상의 뭔가가 하나님께 있다는 것으로 이끌어지는 것이 아무것도 없을 때 우리는 그 진술을 설명하기 위하여 좀 과격한 노력을 기울이고자 하는 유혹을 받게 될 것이다. 그러나 이러한 본문들이 명백하게 지적하고 있는 추론은 전적으로 성경 전체에서 가르치고 있는 것과 정확하게 일치되는 것이다. 실로 그 모든 것과 더불어 성경은 일반적으로 하나님의 섭리하심과 인간의 죄악들과 연관하여 우리에게 가르치는 것이다.

사실상 성경에서 죄의 특별한 행동에 관한 책임이 하나님과 사단 그리고 사람에게 있다고 말해 주는 실례들은 많이 없다. 그러나 우리는 비슷한 유형의 사례들을 가지고 있다. 욥의 재산을 앗아 갔던 강도들에 대한 사례와 가장 중요한 사건이자 가장 끔찍한 범죄 행위인 영광의 주님께서 달리신 십자가 사건이 그것들이다. 이 사례들에서 하나님의 역할, 사단의 역할, 그리고 악인들의 역할들은 구별되게 인식되고 주장된다. 그러므로 일반적인 진리로서 우리가 인식해야만 하는 의무는 이 모든 당사자들을 고려하지 않고 배제시키는 일을 하지 말아야 하고, 그 어느 쪽의 역할에 대한 참된 성격을 간과하거나 왜곡시키는 일을 해서도 아니 된다는 것이다. 왜냐하면 우리는 성경에서 우리에게 주는 일반적인 설명과 부합하게 이 당사자들의 그러한 행동이 실제로 벌어지도록 마련된 상황에서 어떻게 자신들의 역할들을 감당했는지에 대해 온전하게 잘 설명할 수 없기 때문이다.

우리의 책무는 인간의 죄악된 행동들에 대한 기원과 관련하여 성경이 우리에게 제시하고 있는 정보의 분량을 있는 그대로 받아들이는 것이다. 그리고 인간의 마음에 영향을 끼치는 독특하고 타당한 설명을 주는 그와 관련된 각각의 진리를 허락하는 것이다. 다른 진리들에 의해서 방해받음 없이 각자 주어진 곳에서 설명하는 것들을 그대로 받는 것이 우리의 임무이다. 그리고 그 진리들의 중요성과 담아내고 있는 진리에 따라서 잘 적용하는 것이 우리가 할 일이다. 죄악된 행위들과 관련하여 성경적인 하나님의 역할, 사단이 역할을 가지고 적어도 인간의 책임성과 죄책을 감소시키는 그 어떤 것도 용납해서는 안 된다. 성경이 가장 온전하게 증명하고 있는 것, 즉 인간의 죄악들에는 하나님의 흠 없는 거룩성과 모든 죄에 대해서 몹시 혐오하시는 성품을 조금이라도 의심하게 하거나 인식하지 못하게 하는 그러한 주장, 즉 어떤 방식으로든 하나님께서 연관이 있다는 하나님의 역할을 허용해서는 안 된다. 그러나 하나님의 '전능하신 능력과 측량할 수 없는 지혜와 무한하신 선하심에' 대한 우리의 인식을 더 깊게 하도록 적용시키는 것이어야 한다.

우리는 종교개혁자들의 교리와 우리의 신앙고백서를 지지하는 성경적인 증명과 트렌트 교회회의의 주장에 더 이상 머물러 있을 수가 없다. 종교개혁자들은 인간의 죄악된 행위들과 관련하여 하나님의 역할의 성격과 정도를 설명하려는 시도에 대해서, 하나님께서 기여하고 있다는 것에 대해서, 어떤 측면에서 그런지 어떤 방식으로 그런지에 대해서, 그것이 무엇인지 알려지지 않은 것과 관련해서 언제나 자신들을 성경이 사용하고 있는 표현들에 국한시켰다. 그것이 참 어렵고 신비한 난제임을 인식하는 가운데 단순한 인간의 사색에만 맡겨 두지 않았다. 그리고 하나님의 감추어지고 보이지 않는 역할에 대해서는 할 말이 아무것도 없다고 주장하였다. 오직 하나님께서 명백하게 제시하신 근거 있는 것만 언급했다.

그러나 인간의 죄악된 행위들과 관련하여서 하나님께서 어떤 방식으로 역사하셨는지 성경적인 용어 외에는 그 어떤 것도 일반적으로 직접 언급하지 않았는데, 그들 역시 종종 유혹을 받은 것은 그 주제에 대한 얽히고설킨 논쟁들에 말려드는 것이었다. 특히 그들의 대적자들이 제기한 논지에 답변할 때 그러했다. 인간의 죄들과 관련해서 단순한 허용보다 그 이상의 무엇을 하나님께서 하셨다는 설명으로 하나님을 죄의 저자로 만든 대적자들의 주장을 반박하면서 말려들기도 한 것이다. 그런 상황에서 종교개혁자들도 인간의 죄악된 행동들과 관련하여 하나님께서 실제로 하신 것이 무엇인지 성경이 우리에게 제공하고 있는 자료들보다 더 설명하고자 하는 결과를 낳고 말았다. 그리고 이 문제에 있어서 하나님께서 규정하신 절차들에 의한 원리들이 무엇인지 그리고 어떻게 그것을 설명할 것인지 성경이 제공하고 있는 것 이상으로 설명하고자 하는 미혹에 빠지기도 했던 것이다.

이 주제에 대한 진리를 옹호하는 자들이 성경의 의미와 중요성을 잘 살핀 후에 그 모든 것들이 무엇을 의미하는지에 대한 엄격한 논쟁 가운데서 정립해야 한다는 의무감으로 변론에 나섰더라면, 즉 그들의 반대자들이 어떤 견고한 증명을 낳지 못하였고 인간의 죄악된 행동들과 관련하여 하나님의 역할이 단순한 허용범위를 너머 뭔가가 있다는 것이 성경에서 명백하게 가르치고 있음을 내세웠다면, 하나님을 죄의 저자로 만드는 결론을 내리게 한 그 허황된 것을 충분히 더 잘 반박했을 것이라고 본다. 그 문제의 본질로부터 끄집어낸 일반적인 고려사항들에 의해서 증명하는 것은 쉽다. 우리의 역량 너머에 있는 그것의 신비성과 이해 불가함의 특성, 신적 의지의 작동에 대한 올바른 개념과 연계된 친근성 등은 성립할 수 없다는 본질로부터 그러한 결론은 쉽게 증명되는 것이다.

증명을 요구하는 이러한 논쟁의 상태에 대한 이와 같은 증명으로 인간은 만족할 수 있어야만 한다. 이는 하나님의 말씀이 우리에게 명백하게 가르쳐 주고 있는 것 외에는 그 어떤 것도 이 주제를 잘 설명하거나 전개시킬 수 있는 자료가 없다는 단순한 신앙으로 되돌아갈 필요를 가지게 한다. 진리를 대적하는 무리의 반대이론들과 흠 잡기들은 어떤 방식으로든 처분되어야 할 것이다. 그러나 "이 사람아 네가 뉘기에 감히 하나님을 힐문하느뇨 지음을 받은 물건이 지은 자에게 어찌 나를 이같이 만들었느냐 말하겠느뇨"(롬 9:20)라고 말함으로써 문제의 본질과 원리를 정확하게 들춰낸 방식으로 스스로 만족한 답변을 준다. 이때 사도의 이와 같은 태도는 그러한 반대들에 대한 답변을 직접적으로 주고자 시도한 자들의 진술들에 대한 많은 부분이 불만족스런 내용들과 엮여 있고, 우리의 역량 밖의 일로 놓여 있는 문제들을 논쟁함에 드러나는 반대자들의 반대의견들에 의해서 주도되는 것을 막는 안전장치의 필요성을 연구함에 있어서, 특히 성경이 그에 대한 정보를 거의 주지 않거나 극소수에 불과할 때, 그리하여 본 주제에 대하여 확고부동한 근거를 가지고 있지 않게 될 때는 매우 유용한 것이다.

그러므로 성경과 이성이 우리에게 확신을 불러일으키고 있듯이 모든 죄악된 행위는 하나님의 율법을 어긴 것임을 확고히 믿으라. 그 악행에는 그것을 저지른 죄인 자신과 형벌받기에 합당한 존재인 자신이 포함되어 있는 것이다. 그 죄악의 진행과정은 전적으로 피조물 탓이다. 죄의 저자라거나 죄의 승인자가 되실 수 없으신 하나님이 아니다. 그러나 우리가 또 믿어야 하는 것은 성경과 이성이 우리에게 그렇게 가르치고 있기 때문에 하나님의 섭리하심은 인간들의 죄악에까지 미치며 이해하게 한다는 것이다. 그리고 거기에는 단순한 허용 그 이상의 뭔가가 있다는 것에 의하여 살펴보게 되는 것이다. 특별히 공의나 자비를 드러내시고자 하신 하나님 자신의 목적들을 달성하시기 위하여 그 모든 것들을 지시하거나 주도하신다는 것이다. 종교적인 주제에 대한 우리의 사색에 드러나게 되는 모든 난제들 중 하나는 궁극적으로 그 난제들 자체를 들여다보고 해결해야 한다. 무신론을 제외하고서 모든 체계에 붙어 있는 것은 하나님과 사람이 각각의 속성들, 능력들, 그리고 환경에 일치하여 인간의 행동들을 낳게 되고, 인간의 운명을 결정짓는 일에 동의하거나 결합하거나 협력하여 발생시키는 것이다.

William
Cunningham

역사신학 2
Historical Theology 2

지은이 | 윌리엄 커닝함(William Cunningham)
옮긴이 | 서창원

펴낸이 | 유명자
펴낸곳 | 진리의깃발

편   집 | 이희수
교   정 | 정희경

펴낸날 | 2018년 9월 15일(초판 1쇄)

주   소 | 04376 서울 용산구 한강대로39길 34-4 위너스타워 1203호 (한강로2가)
전   화 | 02-984-2590
팩   스 | 02-945-9986
　　　　http://www.kirp.org, kirp@chol.com

등   록 | 1995년 1월 27일(제17-203호)

ISBN 978-89-87124-32-2 (94230)
ISBN 978-89-87124-26-1 (세트)

값 28,000원